Langenscheidt

Praktisches Lehrbuch
Polnisch

von Dr. Małgorzata Majewska-Meyers
in Zusammenarbeit mit Sven Döring

Langenscheidt

Berlin · München · Wien · Zürich · New York

Bildquellennachweis:
Corbis Corporation: S.101 (links oben und rechts)
creativ collection Verlag GmbH: S. 17 (Hintergrund), S. 73, S. 89, S. 113, S. 137
alle Bilder, S. 191 (Hintergrund)
elektraVision: S.151
MEV Verlag GmbH: S. 45 (beide), S. 101 (links unten), S. 181, S. 191
(kleines Foto), S. 203, S. 227 (beide), S. 235 (Hintergrund)
PhotoAlto: S. 59 (beide)
Polnisches Fremdenverkehrsamt: S. 31, S. 125, S. 161, S. 171 (beide), S. 211,
S. 219 (beide), S. 235 (kleines Foto)
Stockbyte: S. 17 (kleines Foto)

Illustrationen: Carolin Ina Schröter
Grafik: Ute Weber
Titelgestaltung: Independent Medien-Design
Projektmanagement: Elisabeth Graf-Riemann

*Wir danken Frau Dr. Birgit Krehl und Herrn Dr. Piotr Garncarek für ihre wertvollen
Anregungen, Herrn Pawel Rutkowski für die Erstellung der Lautschrift sowie den
Studentinnen und Studenten der Universität Potsdam für ihre vielen kritischen Tipps.*

Ergänzende Hinweise, für die wir jederzeit dankbar sind, bitten wir zu richten an:
Langenscheidt Verlag, Postfach 40 11 20, 80711 München

www.langenscheidt.de

Druck: Druckhaus Berlin-Mitte
Printed in Germany
ISBN-13: 978-3-468-26263-0
ISBN-10: 3-468-26263-9

1. 2. 3. 4. 5. * 10 09 08 07 06

Wegweiser

Herzlich willkommen! Sie haben sich dazu entschlossen, Polnisch zu lernen – und Sie wollen sich über die bloße Verständigungsmöglichkeit hinaus intensiver mit der Fremdsprache beschäftigen. Dieser Praktische Lehrgang wird Ihnen gründliche Kenntnisse des Polnischen vermitteln. Sie werden die häufigsten 1.800 Wörter und alle grammatischen Strukturen kennen lernen, ideale Voraussetzungen also, um auf Polnisch Situationen des Alltags schriftlich oder mündlich zu bewältigen. Außerdem können Sie sich mit diesem Kurs auch auf das Level B1 der Europäischen Sprachenzertifikate (TELC) vorbereiten, das Sie beispielsweise bei einer Volkshochschule ablegen können.

Sie haben sich dazu entschieden, zu Hause und wahrscheinlich ohne Lehrer Polnisch zu lernen. Weil wir Sie dabei nicht allein lassen wollen, haben wir das Buch durchgängig klar strukturiert und darauf geachtet, besonders ausführliche und einfache Erklärungen, anschauliche Beispiele und nützliche Lerntipps aufzunehmen. In den folgenden beiden Abschnitten erfahren Sie, wie die Lektionen aufgebaut sind und wie Sie mit dem Buch arbeiten können. Sollten Sie lieber gleich loslegen wollen, überspringen Sie sie einfach.

Wie sind die Lektionen aufgebaut?

Alle Lektionen sind auf dieselbe Art und Weise aufgebaut, so dass Sie sich im Buch leicht zurechtfinden werden. Blättern Sie am besten einmal ein paar Seiten durch, damit Sie einen Eindruck von seinem Aufbau gewinnen.

Auf der ersten Seite finden Sie neben der Lektionsnummer einen Kasten, der Ihnen verrät, was Sie in der Lektion erwartet. Danach geht es richtig los: Jede Lektion beginnt mit einem **Lesetext**, der aus der "echten" Alltagswelt Polens kommt und ein Beispiel für eine der vielen Textsorten der geschriebenen Sprache darstellt. Für das leichtere Verständnis haben wir eine Übersetzung hinzugefügt.

In der Rubrik **"Co nowego?"** *Was gibt's Neues?* wird Ihnen der Grammatikschwerpunkt der jeweiligen Lektion erklärt. Mit Hilfe der Erklärungen und der Beispiele aus dem ersten Text wird Ihnen schnell deutlich werden, was es hier zu lernen gilt.

Anschließend kommt schon der Haupttext der Lektion, ein **Dialog**, der Sie vor allem mit dem gesprochenen Polnisch vertraut macht. Diesen Text finden Sie im Anhang auch übersetzt sowie auf den CDs ⊙ vertont, so dass Sie Aussprache, Rhythmus und Melodie der polnischen Sprache erleben können. Alle Texte werden selbstverständlich von polnischen Muttersprachlern gesprochen.

In der Rubrik "Słownictwo" *Wortschatz* sind alle neuen Wörter aus den beiden Texten der Reihenfolge nach aufgeführt und übersetzt. Um Ihnen bei der Aussprache zu helfen, haben wir in den ersten fünf Lektionen auch jeweils die Lautschrift hinzugefügt. Manchmal finden Sie hinter einem Wort eine kleine Anmerkung, die Ihnen einen Hinweis darauf gibt, dass das Wort in einem spezifischen Kontext verwendet oder einer bestimmten Wortart zugeordnet wird. Die Wortlisten sind zum Teil recht lang. Sie müssen aber nicht alle Wörter gleichermaßen intensiv lernen. Die normal gedruckten Wörter benötigen Sie zwar für das Verständnis des Textes, Sie müssen sie jedoch an dieser Stelle nicht aktiv beherrschen. Die fett gedruckten Wörter dagegen sollten Sie sehr gut lernen. Sie gehören zum festgelegten Wortschatz der Europäischen Sprachenzertifikate (TELC).

In "Język polski w kontekście" *Polnisch im Kontext* zeigen wir Ihnen, wie Sie die Sprache verwenden, um alltägliche Situationen auf Polnisch zu meistern. Lernen Sie die Redewendungen gut, und beeindrucken Sie Ihre Gesprächspartner auf Ihrer nächsten Reise durch "waschechtes" Polnisch!

Unter "Dodatkowe konstrukcje leksykalne" *Zusatzwortschatz* finden Sie weitere nützliche Ausdrücke, die zu den Themen der Lektion gehören. Diese Wörter und Wendungen sollten Sie sich gut einprägen.

Sie können übrigens alle polnischen Wörter, die im Buch vorkommen, auch im **Glossar** am Ende des Buchs nachschlagen. Dort finden Sie neben der Übersetzung und der Angabe der Lektion, in welcher das Wort erstmalig vorkommt, auch die Lautschrift für alle Wörter.

Interessante **Informationen** über Land und Leute finden Sie überall dort, wo das Symbol **i** erscheint.

Der anschließende **Grammatikteil** ("Gramatyka") macht Sie Schritt für Schritt mit den neuen Strukturen vertraut. Sie müssen sich aber nicht erst durch die ganze Grammatik einer Lektion durcharbeiten, bevor Sie die Übungen machen können. Der gelbe Pfeil   hinter den Zwischenüberschriften verrät Ihnen, welche Übungen welchen Grammatikthemen zugeordnet sind. Wenn Sie einen grammatischen Begriff nicht verstehen, können Sie ihn in der Liste der **grammatischen Fachausdrücke** auf S. 280 nachschlagen.

Am Ende jeder Lektion heißt es üben, üben und nochmals üben. Dazu dienen Ihnen die vielen "Ćwiczenia" *Übungen*. Durch zahlreiche Übungstypen erhalten Sie die Gelegenheit, den Wortschatz und die neu erlernten grammatischen Strukturen vielfältig und abwechslungsreich zu üben. Die Übungen sollten Sie schriftlich lösen. Sie können das Buch dabei als Arbeitsmaterial benutzen und Ihre Antworten oder Notizen direkt hineinschreiben – in der Regel ist Platz dafür vorgesehen. Die Lösungen aller Übungen sind im Anhang abgedruckt.

Nach jeweils fünf Lektionen können Sie Ihre Lernfortschritte anhand eines **Tests** überprüfen. Erst wenn Sie sich beim Lösen der Tests wirklich sicher fühlen, sollten Sie sich den nächsten Lektionen zuwenden. Die Auswertung und die Lösungen zu den Tests finden Sie ebenfalls im Anhang.

Wenn Sie sich für die Ausgabe mit Buch, Begleitheft und CDs entschieden haben, bieten wir Ihnen auf den beiden Übungs-CDs ein abwechslungsreiches **Hör- und Sprechtraining**, das Sie in die verschiedensten Alltagssituationen hineinversetzt. Es ist den Lektionen im Buch direkt zugeordnet.

Wie sollten Sie mit dem Buch arbeiten?

Grundsätzlich gilt hier wie beim Sprachenlernen überhaupt: Nehmen Sie sich nicht zu viele Seiten auf einmal vor. Üben Sie stattdessen lieber täglich – 30 Minuten reichen schon.

Bevor Sie mit der ersten Lektion beginnen, sollten Sie sich, wenn Sie sich für die Ausgabe mit Buch, Begleitheft und CDs entschieden haben, zunächst unseren Einstieg auf der ersten Übungs-CD anhören, der Ihnen einen Eindruck von der Aussprache des Polnischen vermittelt. Lesen Sie anschließend die Ausspracheregeln auf den Seiten 13–16 des Buches und sprechen Sie alle Beispiele mehrmals laut nach.

Nun können Sie mit der ersten Lektion beginnen. Lesen Sie den ersten Text und erschrecken Sie nicht vor den vielen unbekannten Wörtern. Bei diesem Text ist es nämlich gar nicht wichtig, dass Sie ihn Wort für Wort verstehen. Es genügt, wenn Sie erkennen, worum es geht. Markieren Sie zunächst einmal alle Wörter, die Sie ohne Hilfe der Übersetzung und ohne Wörterbuch verstehen. Sie werden erstaunt sein, wie viele das sind! Auf diese Weise trainieren Sie nach und nach Ihre Fähigkeit, mit fremdsprachigen Texten umzugehen, ohne jedes Wort zu verstehen.

Ganz anders sollten Sie mit dem Dialog, dem eigentlichen Haupttext jeder Lektion verfahren. Da dieser Text aus der gesprochenen Alltagssprache kommt, ist es wichtig, ihn zu hören, also hautnah mit Melodie und Rhythmus zu erleben. Hören Sie sich den Dialog zunächst ein- oder zweimal ohne Buch an und notieren Sie sich alles, was Sie verstanden haben. Das können einzelne Wörter, ganze Satzteile oder auch nur ein paar Assoziationen sein. Damit Ihnen das Zuhören und Verstehen leichter fällt, haben wir die Dialoge auch in einer etwas reduzierten Geschwindigkeit aufgenommen. Vielleicht hilft es Ihnen auch, den Text in mehrere kleine Hör-Etappen zu unterteilen. Hören Sie anschließend den ganzen Dialog noch einmal an. Erst jetzt sollten Sie dabei das Buch vor sich liegen haben. Wenn Sie mit Hilfe des "Słownictwo" und eventuell auch der Übersetzung das Gefühl haben, den Text gut zu verstehen, sollten Sie ihn laut vorlesen. Setzen Sie dabei ruhig Ihr schauspielerisches Können ein und imitieren Sie unsere Sprecher!

Um die neuen Wörter auch langfristig im Gedächtnis zu behalten, kann es sinnvoll sein, sie aufzuschreiben. Sehr bewährt hat sich dabei eine Lernkartei (Zettelkasten).

Die schriftlichen Übungen im Buch dienen dazu, Grammatik, Wortschatz und die Grundlagen der Aussprache zu üben. Mit Hilfe des Lösungsschlüssels im hinteren Buchteil können Sie jederzeit überprüfen, ob Sie alles richtig gemacht haben. Um das Hören und Sprechen zu erlernen, sollten Sie regelmäßig mit den beiden Übungs-CDs arbeiten. Bei manchen dieser Hörübungen werden Sie das Begleitheft brauchen, z.B. um etwas anzukreuzen. Alle anderen sollten Sie aber möglichst ohne Begleitheft lösen, denn schließlich geht es bei diesen Übungen ja darum, Hörverständnis und Sprechfertigkeit zu trainieren! Zur Sicherheit finden Sie jedoch im Lösungsteil des Begleitheftes eine Verschriftlichung aller Hörtexte – auf die Sie aber nur im Notfall zurückgreifen sollten.

Viel Spaß und viel Erfolg!

Abkürzungen

Abk	Abkürzung
Adv	Adverb
Akk	Akkusativ
ćw.	*ćwiczenie* Übung
Dat	Dativ
Dim	Diminutiv
f	feminin
Gen	Genitiv
Imp	Imperativ
Inf	Infinitiv
imperf	imperfektiv
Instr	Instrumental
Komp	Komparativ
Lok	Lokativ
m	maskulin
männl-pers	männlich-persönlich
n	neutral
Nom	Nominativ
perf	perfektiv
Pers	Person
Pl	Plural
Rel	Relativpronomen
Sg	Singular
Sup	Superlativ
ugs	umgangssprachlich
Vok	Vokativ

Inhaltsverzeichnis

Lektionsübersicht

Texte	Themen / Sprechabsichten	Grammatik
1 **Lesetext** Zeitungsüberschriften: *Gazeta* **Dialog** *Witamy!*	Jemanden begrüßen Sich verabschieden Sich oder jemanden vorstellen Vornamen und Koseformen Höflichkeitsformen **Info:** Begrüßung mit Handkuss	Substantiv und Adjektiv Demonstrativpronomen im Nominativ Personalpronomen im Nominativ Das Verb *być* Fragen mit *Czy?, Co?* und *Kto?* Alphabet Betonung Phonetik: *ć, ń, ó, ś, ź*
2 **Lesetext** Fragebogen: *Kim pani / pan jest?* **Dialog** *Jak przyjaciółka z przyjaciółką*	Namen nennen und erfragen Nach dem Wohlbefinden fragen Nationalitäten und Berufsbezeichnungen	Instrumental Singular Besonderheiten der polnischen Deklination Personalpronomen im Instrumental Die *-am, -asz*-Konjugation Die *-ę, -esz*-Konjugation Reflexivpronomen *się* Phonetik: *ł*
3 **Lesetext** Meinungsumfrage: *Jak państwo spędzają czas wolny?* **Dialog** *Czy ona mnie kocha?*	Freizeitaktivitäten Über Sprachkenntnisse sprechen **Info:** Die slawische Sprache Polnisch	Belebtheitskategorie Akkusativ Singular Personalpronomen im Akkusativ Die *-ę, -isz/-ysz*-Konjugation Die *-em, -esz*-Konjugation Adverbien Phonetik: *ą, ę* *taki, taka, takie*
4 **Lesetext** Zeitungsbericht: *Bez rodziny nie ma życia* **Dialog** *Halo! Słucham!*	Begriffe rund um die Familie Telefonieren	Genitiv Singular Personalpronomen im Genitiv "Härtegrad" der Konsonanten Possessivpronomen Die Verben *iść* und *jechać* Phonetik: *cz, sz, ż, rz*

Texte	Themen / Sprechabsichten	Grammatik	
Lesetext Kulturprogramm: *Warszawski przewodnik kulturalny* **Dialog** *Do kina? Na koncert? A może do teatru?*	Sich verabreden Einladen Eine Einladung annehmen oder ablehnen Wochentage **Info:** Frédéric Chopin	Präpositionen mit Akkusativ Präpositionen mit Genitiv Substantiv + Präposition + Substantiv Deklination der Demonstrativpronomen Phonetik: Zischlaute und Konsonantenhäufungen	5
Lesetext Legende: *Legenda o Smoku Wawelskim* **Dialog** *Musimy porozmawiać o miłości*	Auskunft über Wohnort und Familienstand geben Jahreszeiten Deutsche Städtenamen **Info:** Legende über die Gründung Warschaus	Lokativ Singular Präteritum Präteritum des Verbs *iść*	6
Lesetext Leserbriefe: *Czy można nauczyć się języka polskiego?* **Dialog** *Jak będę duży ...*	Gefallen und Nichtgefallen ausdrücken Glückwünsche aussprechen **Info:** Namenstag	Futur von *być* + Infinitiv Futur von *być* + Präteritum Dativ Singular Personalpronomen im Dativ	7
Lesetext Erzählung: *Profesor K. i kolor niebieski* **Dialog** *Kawiarnia "Pod Zieloną Żabą"*	Über Gefühle sprechen	Aspekt des Verbs vollendete und unvollendete Aspektform Übersicht über die Zeitformen des Polnischen Vollendetes Präteritum Vollendetes Futur	8

Lektionsübersicht

Texte	Themen / Sprechabsichten	Grammatik
9 Lesetext Speisekarte: *Restauracja* *"Staropolska"* **Dialog** *Smacznego!*	In einem Lokal bestellen Polnische Küche Sagen, dass man etwas mag, auf etwas Lust hat **Info:** *Bigos*	Instrumental Plural Kategorien *männlich-persönlich* und *nicht-männlich-persönlich* Nominativ und Akkusativ Plural Zahlen 1–10 Einsilbige Verben auf *-ić* und *-yć* Das Verb *jeść*
10 Lesetext Einkaufszettel: *Lista zakupów* **Dialog** *W sklepie spożywczym*	Einkaufen gehen Verpackungs- und Maßeinheiten Geld und Preise Über das Alter sprechen **Info:** Gewichtseinheit *dekagram*	Genitivus partitivus (Teilungsgenitiv) Genitiv Plural Zahlen 11–999 Gebrauch der Zahlwörter
11 Lesetext Fahrplan: *Rozkład jazdy* **Dialog** *Mamy jeszcze mnóstwo* *czasu!*	Nach der Uhrzeit fragen, die Uhrzeit angeben Reiseauskünfte am Bahnhof einholen Eine Fahrkarte kaufen	Ordnungszahlen 1.–49. Uhrzeit Lokativ Plural
12 Lesetext Einladung: *Zaproszenie* **Dialog** *Jak dojść? Jak dojechać?*	Nach dem Weg fragen Einen Weg beschreiben Eine Adresse angeben **Info:** Krakau	Zahlen 1000–9000 Ordnungszahlen 50.–2000. Deklination der Monats- namen Datumsangabe Die Bewegungsverben *iść* und *jechać* Unpersönliche Ausdrücke *trzeba, można, należy,* *warto, wolno* Dativ Plural

Texte	Themen / Sprechabsichten	Grammatik
18 **Lesetext** Meinungsumfrage: *Trzy opinie o Warszawie* **Dialog** *Szerokiej drogi!*	Die eigene Meinung äußern Jemandem zustimmen oder widersprechen **Info:** Warschau	Reflexiv-unpersönliche Konstruktion mit *się* Bildung von Adverbien Steigerung der Adverbien Konstruktionen mit gesteigerten Adverbien und Adjektiven
19 **Lesetext** Werbetext: *Ciasne, ale własne!* **Dialog** *Co byś zrobił, gdybyś wygrał milion w totolotka?*	Über Wohnverhältnisse sprechen Eine Wohnung mieten Möbel **Info:** Polnischer Wohnungsmarkt	Konjunktiv Konjunktiv im zeitlichen Kontext Konditionalsatz mit *jeżeli* und *gdy* Konjunktiv unpersönlicher Verben
20 **Lesetext** Informationstext: *Polskie zwyczaje świąteczne* **Dialog** *Szkoda, że Wigilia jest tylko raz w roku*	Weihnachts- und Osterbräuche Festtagswünsche **Info:** *opłatek*	Possessives Reflexiv-pronomen *swój* Verkleinerungsform (Diminutiv) *obwohl* und *weil*

Aussprache, Betonung und Schreibweise

Alphabet und Aussprache

Das polnische Alphabet besteht aus 32 Buchstaben, die zum Teil mit Strichen (ć, ń, ó, ś, ź), Querbalken (ł), Punkten (ż) oder Häkchen (ą, ę) markiert sind. Darüber hinaus gibt es eine Reihe von Buchstabenkombinationen, bei denen die Buchstaben nicht einzeln gesprochen werden. Darunter finden Sie auch **ch** und **rz**, die in ihrer Aussprache identisch sind mit **h** [x] bzw. **ż** [ʒ]. Identisch ausgesprochen werden auch **ó** und **u** [u].

a	*a*	[a]	Kurz und offen, wie **a** in **A**lltag.	matka, Warszawa
ą	*ą*	[ɔ̃]	1. Vor f, s, ś, w, z, ź, ż, ch, rz, sz: wie **on** in Bonb**on**.	mąż
		[ɔm]	2. Vor b, p: wie **om** in S**om**mer.	kąpać się
		[ɔn]	3. Vor c, d, t, cz, dz: wie **on** in S**on**ne.	mądry
		[ɔŋ]	4. Vor ć, dź: wie **on** in S**on**ne, wobei das **n** dem polnischen **ń** ähnelt.	odpocząć
		[ɔŋ]	5. Vor g, k: wie **on** in **On**kel.	pociąg
b	*be*	[b]	Wie **b** in **B**ahnhof.	babcia, ambasada
c	*ce*	[ts]	Wie **z** in **Z**oo.	co, praca
ć	*cie*	[tɕ]	Wie **tch** in En**tch**en.	ćwiczenie, kochać
d	*de*	[d]	Wie **d** in **d**ick.	deser, dwa
e	*e*	[ɛ]	1. Kurz und offen, wie **e** in B**e**tt.	cena, egzamin
		[e]	2. Zwischen weich ausgesprochenen Konsonanten: kurz und geschlossen wie **e** in s**e**hr.	dzień
ę	*ę*	[ɛ̃]	1. Vor f, s, ś, w, z, ź, ż, ch, rz, sz: wie **in** in Cous**in**.	mięso, język
		[ɛm]	2. Vor b, p: wie **em** in H**em**d.	przeziębiony
		[ɛn]	3. Vor c, d, t, cz, dz: wie **en** in W**en**de.	chętnie
		[ɛŋ]	4. Vor ć, dź: wie **en** in W**en**de, wobei das **n** dem polnischen **ń** ähnelt.	pięć
		[ɛŋ]	5. Vor g, k: wie **en** in **En**ge.	dziękuję
		[ɛ]	6. Vor l, ł oder im Auslaut: wie **e** in B**e**tt.	wypoczęła, proszę
f	*ef*	[f]	Wie **f** in **F**rieden.	Francja

g	*gie*	[g]	Wie **g** in gehen.	gol, godzina
h	*ha*	[x]	Wie **ch** in Buch; vgl. ch.	herbata
i	*i*	[i]	Kurz und offen, wie **i** in Sitte.	iść, bilet
j	*jot*	[j]	Wie **j** in Jahr.	restauracja, Jaś
k	*ka*	[k]	Wie **k** in Kuchen.	Polska, Kraków
l	*el*	[l]	Wie **l** in Leben.	lampa
ł	*eł*	[w]	Wie das englische **w** in Western; a + ł sind dem deutschen **au** ähnlich.	miłość, ładny miał
m	*em*	[m]	Wie **m** in Mutter.	matka, mój
n	*en*	[n]	Wie **n** in Natur.	nauczyciel, nowy
ń	*eń*	[ŋ]	Wie **gn** in Kognak.	dzień, słońce
o	*o*	[ɔ]	Kurz und offen, wie **o** in Woche.	godzina, czerwony
ó	*o kres-kowane*	[u]	Kurz und offen, wie **u** in Buch.	Kraków, król
p	*pe*	[p]	Wie **p** in Papier.	kupować, listopad
r	*er*	[r]	Ein gerolltes Zungen-r.	rok, radio
s	*es*	[s]	Wie **ß** in weiß.	sto, sam, stół
ś	*eś*	[ç]	Wie **ch** in Gesicht.	Jaś, ktoś, Śląsk
t	*te*	[t]	Wie **t** in Tisch.	tak, ten, tatuś
u	*u*	[u]	Kurz und offen, wie **u** in Buch.	sukces, numer
w	*wu*	[v]	Wie **w** in Wald.	Warszawa
y	*i-grek oder ipsylon*	[ɨ]	Wie **i** in Widder.	my, piękny
z	*zet*	[z]	Wie **s** in Sonne.	zupa, zdrowie
ź	*ziet*	[ʑ]	Wie **ś**, jedoch stimmhaft.	źle
ż	*żet*	[ʒ]	Wie **j** in Journal; vgl. rz.	żona, plaża, żaba
ch	*ce-ha*	[x]	Wie **ch** in Buch; vgl. h.	pech, chleb
cz	*ce-zet*	[tʃ]	Wie **tsch** in Tscheche.	Czechy, czas
dz	*de-zet*	[dz]	Eine Kombination aus d und z.	Powodzenia!

dź	de-ziet	[dʑ]	Eine Kombination aus **d** und **ź**.	**dzień, dziadek**
dż	de-żet	[dʒ]	Eine Kombination aus **d** und **ż**.	**dżdżownica**
rz	er-zet	[ʒ] [ʃ]	1. Wie **j** in **J**ournal; vgl. **ż**. 2. Nach **k, p, t, ch** und im Auslaut stimmlos wie das polnische **sz**.	**rzeka, grzyb** **przed, trzy**
sz	es-zet	[ʃ]	Wie **sch** in **Sch**ule.	**szkoła, masz**

▌ Aussprache der Vokale
Das Polnische unterscheidet, anders als das Deutsche, nicht zwischen langen und kurzen Vokalen. **A**, **e** und **o** werden immer offen gesprochen.

Bei den Lautkombinationen **au** und **eu** werden das **a** bzw. das **e** und das **u** getrennt gesprochen. Das **u** ist jedoch sehr kurz.
Austria [awˈstrja] *Österreich*, Europa [ɛwˈrɔpa], Euro [ˈɛwrɔ]

▌ "Härtegrad der Konsonanten"
Die Einteilung der Konsonanten in so genannte "harte", "weiche" und "historisch weiche" (mitunter auch "verhärtete" genannt) ist vor allem für die Deklination wichtig:

hart	b, d, f, g, h, k, ł, m, n, p, r, s, t, w, z
weich	ć, ń, ś, ź, dź, j
historisch weich	c, l, ż, cz, dz, rz, sz, dż

▌ Ein **i** erweicht (palatalisiert) Konsonanten.
In der Buchstabenfolge **Konsonant + i + Vokal** bildet das **i** keine eigene Silbe, sondern hat die Funktion, die Aussprache des Konsonanten durch einen i- oder j-ähnlichen Laut zu erweichen. Auch im Deutschen finden Sie derartige i-Laute, z. B. in *Geranie* oder *dubios*. In der Lautschrift sind erweichte Konsonanten mit einem Häkchen gekennzeichnet:
niebo [ˈn̦ɛbɔ] *Himmel*, kariera [kaˈr̦ɛra] *Karriere*

▌ Vor Vokalen werden die so genannten weichen Konsonanten **ć, ń, ś, ź** nicht mit Strich geschrieben, sondern es steht stattdessen ein **i**, welches jedoch nicht als eigenständiger Laut gesprochen wird: Vergleichen sie hierzu Schreibweise und Aussprache von **ć** und **ci** in miłość [ˈm̦iwɔçtɕ] *Liebe* bzw. życie [ˈʒitɕɛ] *Leben*.
Ein Wechsel der "Variante mit Strich" zu der "Variante mit i" ist zu beobachten, wenn z. B. im Zuge der Deklination eine Endung angehängt wird, die mit einem Vokal beginnt:
gość [ˈgɔɕtɕ] *der Gast* + e (Endung für den Nominativ Plural) = goście [ˈgɔɕtɕɛ] *die Gäste*

Handelt es sich bei dem nachfolgenden Vokal um ein **i**, wird kein zusätzliches **i** geschrieben:
gość ['gɔɕtɕ] *der Gast* + **i** (Endung für den Genitiv Plural) = gości ['gɔɕtɕi] *der Gäste*.

▌ **Doppelkonsonanten**
Stehen zwei gleiche Konsonanten hintereinander, wird jeder Konsonant als einzelner Laut gesprochen:
dziennikarka [dʑɛnːiˈkarka] *Journalistin*, wanna ['vanːa] *Badewanne*
Gleiches gilt für Konsonantengruppen: dżdżownica [dʒːɔˈvn̩itsa] *Regenwurm*

▌ **Stimmhaftigkeit und Assimilation**
Am Wortende werden einige stimmhafte Konsonanten wie die entsprechenden stimmlosen Konsonanten ausgesprochen:

stimmhaft	b	d	g	w	z	ź	ż / rz	dz	dź
stimmlos	p	t	k	f	s	ś	sz	c	ć

pociąg ['pɔtɕɔŋk] *Zug*, dziennikarz [dʑɛnːiˈkaʃ] *Journalist*
teraz ['tɛras] *jetzt*
Ein Wechsel von stimmhaft zu stimmlos ist auch im Wortinneren, z. B. nach **k, p, t** oder **ch** zu beobachten:
przez ['pʃɛs] *durch*, trzeba ['tʃɛba] *man muss*

Darüber hinaus gibt es im Polnischen die Angleichung eines Lauts an den nächstfolgenden, die so genannte Assimilation. Dies geschieht sowohl im Wortinneren als auch über die Wortgrenze hinaus. Im folgenden Beispiel gleicht sich das stimmlose **k** an das stimmhafte **d** an:
tak długo [tag 'dwugɔ] *so lange*

▌ Die Konsonanten **k, p** und **t** werden im Polnischen nicht behaucht. Im Deutschen spricht man nach **k, p** und **t** einen h-Laut, z. B. in den Wörtern *Kino*, *Post* und *Telefon*. Dieses h wird im Polnischen *nicht* gesprochen: **kino, poczta, telefon.**

Betonung
Die meisten polnischen Wörter werden auf der vorletzten Silbe betont. Es gibt nur wenige Ausnahmen: So werden z. B. Fremdwörter wie **matematyka** *Mathematik* auf der drittletzten Silbe betont.

Groß- und Kleinschreibung
Im Polnischen werden nur Eigennamen sowie Satzanfänge groß geschrieben.

In Ihrer ersten Lektion lernen Sie kennen:

■ Gruß- und Höflichkeitsformeln
■ Grundlegendes über **Substantiv** und **Adjektiv**
■ die **Demonstrativpronomen**
■ die **Personalpronomen**
■ das Verb **być**
■ das **Alphabet**
■ die Buchstaben **ć, ń, ó, ś, ź**

Gazeta   Zeitung

POLITYKA
Warszawa – Berlin: współpraca, przyjaźń czy konkurencja?

POLITIK
Warschau – Berlin: Zusammenarbeit, Freundschaft oder Konkurrenz?

ŻYCIE CODZIENNE
Rodzina czy kariera? Małe dziecko czy interesująca praca?

DAS ALLTÄGLICHE LEBEN
Familie oder Karriere? Kleines Kind oder interessante Arbeit?

POGODA
Niebieskie niebo i słońce. Wspaniała pogoda.

WETTER
Blauer Himmel und Sonne. Herrliches Wetter.

SPORT
Polska – Niemcy
Ważny mecz! Duża szansa! Wielki sukces!

SPORT
Polen – Deutschland
Wichtiges Spiel! Große Chance! Riesenerfolg!

PLOTKI
Piękna aktorka i znany dziennikarz znowu razem! Dlaczego?!!! Miłość czy może pieniądze?

KLATSCH UND TRATSCH
Schöne Schauspielerin und bekannter Journalist wieder zusammen! Warum?!!! Liebe oder vielleicht Geld?

Co nowego? ćw. 3, 4

Unter der Überschrift **Co nowego?** *Was gibt's Neues?* geben wir Ihnen einen Überblick über die Grammatikschwerpunkte der jeweiligen Lektion.

Wie hat Ihnen der kurze Blick in eine polnische Zeitung gefallen? Sicherlich waren Sie überrascht, dass Ihnen das eine oder andere Wort bekannt vorkam. – Willkommen in der polnischen Sprache!

In der ersten Lektion erfahren Sie Wissenswertes über das Substantiv und das Adjektiv. Im Polnischen unterscheidet man, genauso wie im Deutschen, drei verschiedene Geschlechter: maskulin (männlich), feminin (weiblich), neutral (sächlich). Anders als im Deutschen kann man bei jedem polnischen Substantiv am Wortauslaut erkennen, ob es maskulin, feminin oder neutral ist.

Substantiv	maskulin	feminin	neutral
Endung	–	-a	-o, -e

maskulin: dziennikarz *der Journalist*, sport *der Sport*
feminin: aktorka *die Schauspielerin*, polityka *die Politik*
neutral: dziecko *das Kind*, życie *das Leben*

Maskuline Substantive lauten meistens auf einen Konsonanten aus, feminine enden auf **-a**, neutrale auf **-o** oder **-e**.

Im ersten Text haben Sie auch schon einige Adjektive kennen gelernt. Die Adjektivendung wird an das Genus des begleiteten Substantivs angepasst. Ist das Substantiv zum Beispiel feminin, so muss auch das dazugehörige Adjektiv eine feminine Endung bekommen. Beachten Sie, dass sich die Adjektivendungen von den Substantivendungen unterscheiden!

Adjektiv	maskulin	feminin	neutral
Endung	-y / -i	-a / -ia	-e / -ie

znany dziennikarz *ein bekannter Journalist*, wielki sukces *ein großer Erfolg*
piękna aktorka *eine hübsche Schauspielerin*, ostatnia praca *die letzte Arbeit*
małe dziecko *ein kleines Kind*, niebieskie niebo *der blaue Himmel*

Hinweis: Nach den Buchstaben **g** und **k** steht immer die maskuline Endung **-i** und die neutrale Endung **-ie**, die feminine Endung bleibt **-a**.
wielki – wielka – wielkie *(sehr) großer – (sehr) große – (sehr) großes*

Das Adjektiv steht in der Regel vor dem Substantiv. Bei feststehenden Wendungen kann es jedoch auch nach dem Substantiv stehen.
Dzisiaj jest **ładny dzień**. *Heute ist ein schöner Tag.* ABER: **Dzień dobry!** *Guten Tag!*

Sehen Sie sich noch einmal die Schlagzeilen der ersten Seite an und markieren Sie die zusammengehörigen Adjektive und Substantive.

Witamy!

Witek:	Cześć!
Jurek:	Cześć Witek! Ooo!! Co to jest?
Witek:	To? ... Nooo ...
Jurek:	Czy to jest bukiet?
Witek:	Tak, to bukiet ... Jola ...
Jurek:	Aha ... Rozumiem: Jola, rodzina, pierwsza wizyta.
Witek:	Mhmmm ...
Jurek:	Powodzenia! Cześć!
Witek:	Dziękuję. Cześć!

Witek dzwoni do drzwi.

Pani Zosia:	Proszę, proszę!
Witek:	Dzień dobry!
Pani Zosia:	Dzień dobry!
Pan Stanisław:	Witamy.
Jola:	To jest Witek.
Witek:	Witold Stary. Bardzo mi miło.
Pani Zosia:	Stary? Oooo ... bardzo oryginalne nazwisko ... Zofia Bystrzycka. A to mój mąż Stanisław.
Pan Stanisław:	Bystrzycki. Miło mi.
Witek:	Mnie również.
Jola:	Witek!
Witek:	Aha ... Rzeczywiście. Proszę. To kwiaty dla pani.
Pani Zosia:	Oooo, dziękuję. Piękny bukiet. – Aha ... A to jest nasz pies Mefisto.
Witek:	Ale to chyba jeszcze nie jest piekło!
Pani Zosia:	Słucham?
Witek:	Ah nic, nic ... Bardzo ładny pies. Czarny, duży i ... oryginalne imię ...

1

Słownictwo

Hier finden Sie den Wortschatz aus dem Lesetext und aus dem Dialog.
Die fett gedruckten Wörter sollten Sie gut lernen, weil Sie sie in den nächsten
Lektionen benötigen und anwenden müssen. Adjektive führen wir – so wie es in
Wörterbüchern üblich ist – immer in der maskulinen Form auf.

Gazeta

gazeta [ga'zɛta]	Zeitung
polityka [pɔ'ļitika]	Politik
współpraca [fspuw'pratsa]	Zusammen-arbeit
przyjaźń f ['pʃijaẓņ]	Freundschaft
konkurencja [kɔŋku'rɛntṣa]	Konkurrenz
czy [tʃi]	hier: oder
życie codzienne ['ʒitɕɛ tsɔ'dʑɛnːɛ]	alltägliches Leben
rodzina [rɔ'dʑina]	Familie
kariera [ka'ŗɛra]	Karriere
mały ['mawi]	klein
dziecko ['dʑɛtskɔ]	Kind
interesujący [intɛrɛsu'jɔntsi]	interessant
praca ['pratsa]	Arbeit
plotki Pl ['plɔtķi]	Klatsch und Tratsch
piękny ['pięŋkni]	schön
aktorka [ak'tɔrka]	Schauspielerin
i [i]	und
znany ['znani]	bekannt
dziennikarz [dʑɛ'ņːikaʃ]	Journalist
znowu ['znɔvu]	wieder
razem ['razɛm]	zusammen
dlaczego? [dla'tʃɛgɔ]	warum?
miłość f ['miwɔɕtɕ]	Liebe
a może [a 'mɔʒɛ]	oder vielleicht
pieniądze m Pl [ṕɛ'ņɔndzɛ]	Geld
sport [spɔrt]	Sport
Polska ['pɔlska]	Polen
Niemcy Pl ['ņɛmtsi]	Deutschland
ważny ['vaʒni]	wichtig
mecz ['mɛtʃ]	Spiel, Match
duży ['duʒi]	groß
szansa ['ʃansa]	Chance
wielki ['vɛlķi]	sehr groß
sukces ['suktsɛs]	Erfolg
pogoda [pɔ'goda]	Wetter
niebieski [ņɛ'ḅɛsķi]	blau
niebo ['ņɛbɔ]	Himmel
słońce ['swɔntsɛ]	Sonne
wspaniały [fspa'ņawi]	hervorragend

Witamy!

Witamy! [ɣi'tami]	Willkommen!
cześć ['tʃɛɕtɕ]	hallo; tschüss
Co to jest? [tsɔ tɔ jɛst]	Was ist das?
to [tɔ]	das
Nooo ... [nɔ]	Ähm ...
czy? [tʃi]	(Fragepartikel)
jest [jɛst]	er, sie, es ist
bukiet ['buķɛt]	(Blumen-) Strauß
tak [tak]	ja
rozumiem [rɔ'zuṃɛm]	ich verstehe
pierwszy ['ṕɛrfʃi]	erste(r)
wizyta [ɣi'zita]	Besuch
Powodzenia! [pɔvɔ'dzɛņa]	Viel Erfolg!
dziękuję [dʑɛŋ'kuję]	danke
dzwoni do drzwi ['dzvɔņi dɔ dʒɣi]	er, sie, es klingelt (an der Tür)
pani f ['paņi]	hier: Frau
proszę ['prɔʃɛ]	bitte; hier: Herein!
Dzień dobry! [dʑɛņ 'dɔbri]	Guten Tag!

pan [pan]	hier: Herr	dla [dla]	für
Bardzo mi miło.	Sehr angenehm.	pani f ['paɲi]	hier: Sie
['bardzɔ mi 'miwɔ]		nasz m [naʃ]	unser
stary ['starɨ]	alt	pies [pɛs]	Hund
oryginalny [ɔrɨgˌi'nalnɨ]	originell	ale ['alɛ]	aber
bardzo ['bardzɔ]	sehr	chyba ['xɨba]	wohl; wahr-
nazwisko [na'zviskɔ]	Nachname		scheinlich
mój m [muj]	mein	jeszcze ['jɛʃtʃɛ]	noch
mąż [mɔ̃ʃ]	Ehemann	nie [ɲɛ]	nicht; nein
Miło mi! ['miwɔ mi]	Angenehm!	piekło ['pɛkwɔ]	Hölle
Mnie również.	Mir ebenso!	Słucham? ['swuxam]	Bitte?
[mɲɛ 'ruvɲɛʃ]		nic [nits]	nichts
rzeczywiście	natürlich, selbst-	ładny ['wadnɨ]	schön, hübsch
[ʒetʃi'viɕtɕɛ]	verständlich	czarny ['tʃarnɨ]	schwarz
kwiaty Pl ['kfjatɨ]	Blumen	imię n ['imɛ]	(Vor)Name

Gramatyka

1. Das Genus des Substantivs   ćw. 1, 3

Sie haben gelernt, dass die Endung jedes Substantivs ein beinahe sicheres Indiz für
sein Genus ist. Aber leider heißt es auch in Polen: **Wyjątek potwierdza regułę.** *Die
Ausnahme bestätigt die Regel.* Hier sind die wichtigsten Ausnahmen:

▌Substantive, die zwar auf **-a** enden, aber dennoch maskulin sind. Dabei handelt es
sich vor allem um Substantive, die männliche Personen bezeichnen; hier ist also
das „natürliche Geschlecht" ausschlaggebend. Die Adjektivendung passt sich aber
immer an das Genus und *nicht* an die Endung des Substantivs an:
znany pianista / dyplomata *ein bekannter Pianist / Diplomat*
dobry kolega *ein guter Freund*
Hinweis: Aufgrund ihrer Endung auf **-a** werden diese Beispiele wie feminine Substantive dekliniert. In der zweiten Lektion kommen wir genauer darauf zu sprechen.

▌Substantive, die auf einen Konsonanten auslauten und feminin sind:
przyjaźń *Freundschaft*, noc *Nacht*, rzecz *Sache, Ding*

▌Substantive auf **-ość**, die stets feminin sind und meist abstrakte Dinge bezeichnen:
miłość *Liebe*, solidarność *Solidarität*

▌Feminine Substantive, die auf **-i** enden. Sie benennen fast immer weibliche Personen:
pani *Frau*, sprzedawczyni *Verkäuferin*

▌Neutrale Substantive, die auf **-um** oder **-ę** enden:
muzeum *Museum*, konserwatorium *Konservatorium*,
seminarium *Seminar*
imię *Vorname*, zwierzę *Tier*

Es ist Ihnen bestimmt aufgefallen, dass bisher noch nicht von Artikeln die Rede war, weder von unbestimmten noch von bestimmten. Und tatsächlich: Im Polnischen gibt es keine Artikel! An diese Besonderheit gewöhnen Sie sich aber schnell, auch wenn Ihnen die Artikel zu Beginn vielleicht noch sehr fehlen werden.

2. Die Demonstrativpronomen   ćw. 2

Die Demonstrativpronomen sind im Polnischen einfach. Aber bitte benutzen Sie sie nur in dem Maße und Kontext, wie Sie es auch im Deutschen tun, nicht als Artikelersatz!

maskulin	feminin	neutral
ten *dieser*	ta *diese*	to *dieses*

ten dziennikarz *dieser Journalist*
ta aktorka *diese Schauspielerin*
to dziecko *dieses Kind*

3. Die Personalpronomen   ćw. 6, 7

	Singular		Plural	
1. Person	ja	*ich*	my	*wir*
2. Person	ty	*du*	wy	*ihr*
3. Person	on / ona / ono	*er / sie / es*	oni / one	*sie*
	pan	*Sie* (männliche Person)	panowie	*Sie* (mehrere männliche Personen)
	pani	*Sie* (weibliche Person)	panie	*Sie* (mehrere weibliche Personen)
			państwo	*Sie* (mehrere männliche <u>und</u> weibliche Personen; auch: Eheleute)

In der 3. Person Plural unterscheidet man zwischen den beiden Formen **oni** und **one**. **Oni** ist die männlich-persönliche Form: Mit **oni** verweisen Sie auf eine Gruppe von Personen, zu der mindestens ein Mann gehört.
One ist die nicht-männlich-persönliche Form: Mit **one** verweisen Sie auf Gruppen von Frauen und / oder Kindern und auf Gegenstände.

Elf Fußballspieler ▶ oni
Elf Fußballspielerinnen und ein Trainer ▶ oni
Elf Fußballspielerinnen und eine Trainerin ▶ one
Elf Fußball spielende Kinder ▶ one
Elf Fußbälle und zwei Tore ▶ one

Bei der Höflichkeitsform *Sie* unterscheidet man zwischen **pan / pani** im Singular und **panowie / panie / państwo** im Plural.

▌Siezen Sie *einen* Mann, so benutzen Sie **pan**:
Czy pan jest stąd? *Sind Sie von hier?*

▌Siezen Sie *eine* Frau, so benutzen Sie **pani**:
Ten bukiet jest dla pani. *Der Blumenstrauß ist für Sie.*

▌Sprechen Sie eine Gruppe von Männern mit *Sie* an, benutzen Sie **panowie**:
Czy panowie wiedzą, gdzie jest muzeum? *Wissen Sie, wo das Museum ist?*

▌Sprechen Sie eine Gruppe von Frauen mit *Sie* an, benutzen Sie **panie**:
Czy panie wiedzą, gdzie jest teatr? *Wissen Sie, wo das Theater ist?*

▌Besteht die Gruppe aus Männern und Frauen, benutzen Sie **państwo**:
Państwo mają ładne mieszkanie. *Sie haben eine hübsche Wohnung.*

Hinweis: Im Polnischen steht ein Verb in den meisten Fällen ohne Personalpronomen. Personalpronomen verwendet man nur dann, wenn man die jeweils gemeinte Person besonders hervorheben möchte. Vergleichen Sie:

● Dlaczego nie jesteśmy razem? *Warum sind wir nicht zusammen?*
● Dlaczego **my** nie jesteśmy razem? Bo **ja** jestem stary, ale **ty** jesteś jeszcze młoda.
● *Warum **wir** nicht zusammen sind? Weil **ich** alt bin, aber **du** noch jung bist.*

4. Das Verb być *sein*　ćw. 7

	Singular		Plural	
1. Person:	(ja) **jestem**	*ich bin*	(my) **jesteśmy**	*wir sind*
2. Person:	(ty) **jesteś**	*du bist*	(wy) **jesteście**	*ihr seid*
3. Person:	(on / ona / ono	*er / sie / es ist*	(oni / one	*sie sind;*
	pan / pani)	*Sie sind*	panowie / panie /	*Sie sind*
	jest		państwo) **są**	

Hinweis: Bei der Konstruktion **to jest** kann man das Verb weglassen:
To jest Witek, a to Jola. *Das ist Witek, und das ist Jola.*
Auch bei Definitionen (im weitesten Sinne) mit **to** kann das Verb weggelassen werden:
Jola to ładne imię. *Jola ist ein hübscher Name.*

5. Fragen mit Czy?, Co? und Kto? ćw. 5

Die Fragepartikel **Czy**? hat die wichtige Funktion, eine so genannte Entscheidungs-
frage einzuleiten, auf die Sie nur mit **Tak**. *Ja.* oder **Nie**. *Nein.* antworten können.
- Czy to jest Witek? ● Tak, to jest Witek. ● *Ist das Witek?* ● *Ja, das ist Witek.*
- Czy to jest miłość? ● Nie, to nie jest miłość. To jest przyjaźń.
- *Ist das Liebe?* ● *Nein, das ist keine Liebe. Das ist Freundschaft.*

In der gesprochenen Sprache wird die Fragepartikel **Czy**? häufig weggelassen.
Um eine Frage als solche zu kennzeichnen, genügt es die Stimme am Satzende
anzuheben.

Mit **Co**? (*Was?*) stellen Sie Fragen nach einer Sache, mit **Kto**? (*Wer?*) nach einer Person.
- Co to jest? ● To jest bukiet. ● *Was ist das?* ● *Das ist ein Blumenstrauß.*
- Kto to jest? ● To jest pani Zosia. ● *Wer ist das?* ● *Das ist Frau Zosia.*

6. Das Alphabet ćw. 9

Das polnische Alphabet hat 32 Buchstaben. Unter jedem Buchstaben finden Sie
jeweils in kursiver Schrift seinen Namen.

a	ą	b	c	ć	d	e	ę	f	g	h	i	j
a	*ą*	*be*	*ce*	*cie*	*de*	*e*	*ę*	*ef*	*gie*	*ha*	*i*	*jot*

k	l	ł	m	n	ń	o	ó		p	r	s	ś
ka	*el*	*eł*	*em*	*en*	*eń*	*o*	*o kreskowane*		*pe*	*er*	*es*	*eś*

t	u	w	y	z	ź	ż
te	*u*	*wu*	*i-grek*	*zet*	*ziet*	*żet*

7. Die Betonung

Bis auf wenige Ausnahmen liegt die Betonung im Polnischen immer auf der vorletzten Silbe. Zu den wenigen Ausnahmen gehören Fremdwörter, die auf **-yka / -ika**
enden, zum Beispiel **matematyka** *die Mathematik*, **gramatyka** *die Grammatik* oder
polityka *die Politik*. Bei diesen Wörtern liegt die Betonung auf der drittletzten Silbe.

8. Die Buchstaben mit Strich ć, ń, ó, ś, ź   *ćw. 10*

Wie Sie sicherlich schon bemerkt haben, gibt es im polnischen Alphabet Buchstaben mit Strichen, Punkten oder Häkchen. Einen Strich gibt es über den Buchstaben **c, n, s, z** und **o**.

▎ Ein Strich über den Konsonanten **c, n, s** und **z** zeigt an, dass sie weich ausgesprochen werden. Die weiche Aussprache entsteht durch eine Bewegung der Mittelzunge zum Gaumen, dem Palatum. Deswegen werden diese Konsonanten auch Palatale genannt.

Palatale können auch durch ein nachgestelltes **i** gekennzeichnet sein (**ć / ci** = [tɕ], **ń / ni** = [ɲ], **ś / si** = [ɕ], **ź / zi** = [ʑ]). Die Variante mit dem **i** wird in der Regel vor Vokalen gebraucht: **Jaś** [jaɕ], **Gosia** [ˈɡɔɕa]; **cześć** [tʃɛɕtɕ] *hallo*

Das **i** hat die Funktion, den jeweiligen Konsonanten als „weich" zu markieren. Das **i** selbst wird in dieser Position – bis auf wenige Fremdwörter – *nicht* gesprochen: **ciemny** [ˈtɕɛmnɨ] *dunkel*, **sieć** [ɕɛtɕ] *Netz*, **zielony** [ʑɛˈlɔnɨ] *grün*.

▎ Ein Strich über dem Vokal **o** zeigt an, dass es wie ein **u** ausgesprochen wird: (**ó / u** = [u]): **mój** [muj] *mein*, **(Mnie) również.** [ˈruvɲɛʃ] *(Mir) ebenso.*

Język polski w kontekście

„Polnisch im Kontext" zeigt Ihnen, wie Sie die gelernten Ausdrücke und Strukturen verwenden können. Wir orientieren uns dabei immer an der gesprochenen Alltagssprache.

Grußformeln   *ćw. 8*

Dzień dobry!	*Guten Morgen!* *Guten Tag!*	Do zobaczenia! / Do widzenia!	*Auf Wiedersehen!*
Dobry wieczór!	*Guten Abend!*	Na razie!	*Bis bald!*
Cześć!	*Hallo!*	Cześć!	*Tschüss!*
Dobranoc!	*Gute Nacht!*		

Cześć hat die Bedeutung von *Hallo* und *Tschüss*. Es wird nur in kollegialen und informellen Situationen gebraucht.

In allen anderen Situationen benutzen Sie **Dzień dobry!** oder **Dobry wieczór!** zur Begrüßung und **Do widzenia!** oder **Do zobaczenia!** zur Verabschiedung.

Wenn Sie jemanden bei sich zu Hause begrüßen, so können Sie auch die Form **Witam!** *Willkommen!* (wörtlich: *Ich begrüße!*) benutzen. Auf Willkommensschildern finden Sie die Form **Witamy!** *Willkommen!* (wörtlich: *Wir begrüßen!*).

Powodzenia! *Viel Erfolg! Gutes Gelingen!* **Powodzenia!** wird gerne zum Abschied gesagt.

Polnische Vornamen und ihre Koseformen `ćw. 10`

In Polen ist es wesentlich gebräuchlicher als in Deutschland, Personen mit einer Verkleinerungsform ihres Vornamens anzureden. Deshalb haben Sie im Dialog **Witold**
als **Witek, Jerzy** als **Jurek, Jolanta** als **Jola** und **Zofia** als **Zosia** kennen gelernt. Nicht
immer sind sich der Vorname und seine Koseform ähnlich.

Mädchennamen:
Dorota ▶ Dorotka / Dosia
Małgorzata ▶ Małgosia / Gosia / Gośka
Katarzyna ▶ Kasia / Kasieńka / Kaśka
Joanna ▶ Joasia / Asia / Aśka

Jungennamen:
Stanisław ▶ Staś / Stasio
Jan ▶ Janek / Jaś / Jasio
Krzysztof ▶ Krzysiek / Krzyś / Krzysio

To jest Zofia Bystrzycka

Sich oder jemanden vorstellen `ćw. 8`

▌Sie stellen sich vor:
   Jestem Witek Stary. *Ich bin Witek Stary.*
   Nazywam się Witek Stary. *Ich heiße Witek Stary.*
▌Sie stellen jemanden vor:
   ● To jest Zofia Bystrzycka. *Das ist Zofia Bystrzycka.*
   ● Bardzo mi miło. *Sehr angenehm.*

Verwendung der Höflichkeitsformen mit Namen `ćw. 6`

Die deutsche Höflichkeitsform *Sie* entspricht im Polnischen den Formen **pan**, wenn
Sie einen Mann ansprechen, und **pani,** wenn Sie eine Frau ansprechen:
● Jak pani się nazywa? *Wie heißen Sie?*
● Nazywam się Zofia Bystrzycka. *Ich heiße Zofia Bystrzycka.*
● Jak pan się nazywa? *Wie heißen Sie?*
● Nazywam się Stanisław Bystrzycki. *Ich heiße Stanisław Bystrzycki.*
Eine Gruppe mehrerer Personen (Männer und Frauen) reden Sie mit **państwo** an.

In Polen wird die Höflichkeitsform **pan / pani** oft in Verbindung mit dem Vornamen
der angesprochenen Person gebraucht. Obwohl Witek die Eltern von Jola siezt, lernt
er sie als **pani Zosia** und **pan Stanisław** kennen. Die Anrede **pan / pani + Nachname**
wird im Polnischen eher nicht verwendet. Sie kann sogar als unhöflich gelten.

Die meisten polnischen Nachnamen werden wie Adjektive an das Geschlecht des Substantivs angeglichen. Deshalb heißt Zofia mit Nachnamen Bystrzycka und Stanisław
Bystrzycki. Nennen Sie Zofia und Stanisław zusammen, so müssen Sie den Nachnamen
in den Plural setzen: **Zofia i Stanisław Bystrzyccy.** Für die Pluralendungen der Adjektive verweisen wir an dieser Stelle auf eine spätere Lektion (→ L 9, → L 14).

Es gibt aber auch Nachnamen, die zur Gruppe der Substantive gehören. Hierbei wird nicht zwischen einer männlichen und weiblichen Form unterschieden:
pan **Nowak**, pani **Nowak**; pan **Wałęsa**, pani **Wałęsa**

i In Polen hat sich bis heute der Brauch erhalten, Frauen mit einem Handkuss zu begrüßen. Wundern Sie sich als Frau also nicht, wenn sich ein Pole Ihrer Hand mit seinen Lippen nähert! Als Mann wiederum sollten Sie einer Polin den Vortritt lassen. Reicht eine Polin Ihnen also die Hand – greifen Sie zu oder küssen Sie sie (die Hand, versteht sich!).

Dodatkowe konstrukcje leksykalne

An dieser Stelle finden Sie ergänzenden Lernwortschatz zum Thema der Lektion.

młody	*jung*	⟵ ⟶	stary	*alt*
nowy	*neu*		stary	*alt*
ładny	*schön, hübsch*			
piękny	*schön*	⎫	brzydki	*hässlich*
przystojny	*gut aussehend (nur Männer)*	⎭		
duży	*groß*		mały	*klein*
wysoki	*hoch / groß (Körpergröße)*		niski	*niedrig / klein (Körpergröße)*
szczupły	*dünn*		gruby	*dick*
trudny	*schwierig*		łatwy	*einfach*
dobry	*gut*		zły	*schlecht, böse*
sympatyczny	*sympathisch*		niesympatyczny	*unsympathisch*
miły	*nett*		niemiły	*nicht nett*
inteligentny	*intelligent*	⟵ ⟶	nieinteligentny	*einfältig, dumm*
mądry	*weise, klug*		głupi	*dumm*

Ćwiczenia

1 Sortieren Sie die folgenden Substantive nach ihrem Genus.

życie wizyta praca dziecko dziennikarz miłość pogoda nazwisko
gazeta mąż bukiet pies niebo poeta aktorka sukces mecz szansa

maskulin	feminin	neutral
....	....	....
....	....	....
....	....	....
....	....	....
....	....	....
....	....	....
....	....	....

2 Ordnen Sie jedem Substantiv das richtige Demonstrativpronomen zu: **ten, ta, to**.

1. _ten_ mecz

2. .... szansa

3. .... pogoda

4. .... muzeum

5. .... imię

6. .... pies

7. .... pani

8. .... pan

3 Ergänzen Sie die richtige Adjektivendung.

1. mał_e_ dziecko

2. wielk....... szansa

3. czarn....... piekło

4. oryginaln....... imię

5. znan....... dziennikarz

6. piękn....... aktorka

7. ważn....... mecz

8. star....... pies

9. ładn....... pogoda

10. trudn....... język

4 Welche Gegensatzpaare werden hier dargestellt?

....

....

5 Co to jest? – Kto to jest? – Czy to jest...? Stellen Sie die passende Frage.

1. ● .... ● To jest bukiet.

2. ● .... ● To jest Jola.

3. ● .... ● Tak, to Witek.

4. ● .... ● Nie, to nie jest miłość. To jest przyjaźń.

5. ● .... ● To jest pani Bystrzycka.

6. ● .... ● To jest gazeta.

7. ● .... ● Tak, to jest czarny pies.

8. ● .... ● To jest mój mąż.

6 Ergänzen Sie **pan**, **pani** oder **państwo** und ordnen Sie sie den Bildern zu.

.... Stanisław   .... Jola Bystrzycka

.... Zosia   .... Witold Stary

.... Stanisław i Zofia Bystrzyccy

7 Ergänzen Sie in der Tabelle die fehlenden Personalpronomen und die Formen des Verbs **być**.

ich	du	er	sie	es	Sie (m)	Sie (f)
....	*ty*	....	....	....	....	....
....	....	....	....	*jest*	....	....

wir	ihr	sie (m)	sie (f)	Sie (m)	Sie (f)	Sie (m/f)
....	....	....	....	....	....	....
....	....	....	....	....	....	....

8 Ergänzen Sie die Dialoge.

1.

Witek: Dzień .... Jestem Witold Stary.

Pani Zosia: Ooo, bardzo oryginalne .... Jestem Zofia Bystrzycka.

Witek: Miło mi.

2.

Pani Zosia: To mój mąż Stanisław.

Pan Stanisław: Stanisław Bystrzycki. .... mi.

Witek: Mnie również. .... Witold Stary.

9 Buchstabieren Sie Ihren Vor- und Nachnamen.

10 Ergänzen Sie die Vornamen durch die fehlenden weichen Konsonanten ś oder si.

1. Małgo...........a   5. Zo...........a

2. Krzy...........o   6. Krzy...........

3. Ka...........a   7. Sta...........

4. Sta...........o   8. Do...........a

In dieser Lektion begegnen Ihnen:
▮ Fragen nach dem Namen und dem Wohlbefinden
▮ **Nationalitäten** und **Berufsbezeichnungen**
▮ der **Instrumental Singular**
▮ die Konjugationen **-am**, **-asz** und **-ę**, **-esz**
▮ das Reflexivpronomen **się**
▮ der Buchstabe **ł**

Kim pani / pan jest?

1. **Kim pani / pan jest?**
Jestem ...
kobietą ☐
mężczyzną ☐
Niemką / Niemcem ☐
Szwajcarką / Szwajcarem ☐
Austriaczką / Austriakiem ☐
inna narodowość ☐

1. **Wer sind Sie?**
Ich bin ...
eine Frau ☐
ein Mann ☐
Deutsche / Deutscher ☐
Schweizerin / Schweizer ☐
Österreicherin / Österreicher ☐
andere Nationalität ☐

2. **Czym pani / pan się interesuje?**
Interesuję się ...
sztuką ☐
językiem polskim ☐
sportem ☐

2. **Wofür interessieren Sie sich?**
Ich interessiere mich ...
für Kunst ☐
für die polnische Sprache ☐
für Sport ☐

3. **Czym pani / pan chętnie podróżuje?**
Chętnie podróżuję ...
samochodem ☐
pociągiem ☐
samolotem ☐

3. **Womit reisen Sie gerne?**
Ich reise gerne ...
mit dem Auto ☐
mit dem Zug ☐
mit dem Flugzeug ☐

4. **Czym pani / pan teraz pisze?**
Piszę teraz ...
drogim piórem ☐
kolorowym ołówkiem ☐
zwykłym długopisem ☐

4. **Womit schreiben Sie gerade?**
Ich schreibe gerade ...
mit einem teuren Füller ☐
mit einem Buntstift ☐
mit einem gewöhnlichen Kugelschreiber ☐

2

Co nowego?

Sie haben soeben einen von sieben polnischen Fällen kennen gelernt: den Instrumental. Ein maskulines oder neutrales Substantiv im Instrumental Singular erkennen Sie an der Endung -em, ein feminines Substantiv an der Endung -ą. Auch die wichtigsten Kontexte, in denen Sie den Instrumental verwenden müssen, sind Ihnen bereits begegnet:

▎in Aussagen über Ihre Staatsangehörigkeit:
  Jestem Niemką. *Ich bin Deutsche.*

▎nach dem Verb **interesować się** *sich interessieren*:
  Interesuję się sport**em**. *Ich interessiere mich für Sport.*

▎bei Angaben über ein Fortbewegungsmittel, das Sie benutzen:
  Podróżuję samolot**em**. *Ich reise mit dem Flugzeug.*

▎in Aussagen über Ihren Beruf:
  Jestem studentk**ą**. *Ich bin Studentin.*

▎in Angaben über ein Utensil, das Sie benutzen:
  Piszę drog**im** pi**órem**. *Ich schreibe mit einem teuren Füller.*

Am letzten Beispiel können Sie erkennen, dass auch Adjektive in den Instrumental gesetzt werden und eine entsprechende Endung erhalten.
Eine Übersicht über die Endungen und weitere Situationen im Instrumental geben wir Ihnen im Grammatikteil.

Jak przyjaciółka z przyjaciółką

Jola:	Cześć Dorotka! Co słychać?
Dorota:	Nic nowego. A co u ciebie?
Jola:	Dziękuję. Wszystko w porządku! Jesteś przeziębiona?
Dorota:	Trochę ... i bardzo zmęczona.
Jola:	Jak zawsze. Dziecko, dom, szkoła. Za dużo pracujesz!
Dorota:	Za dużo? Ale jestem matką, żoną, nauczycielką ...
Jola:	Jesteś też młodą, ładną, atrakcyjną dziewczyną.
Dorota:	Naprawdę? Szkoda, że tak nie myśli ...
Jola:	Twój mąż!? Nie rozumiem, dlaczego z nim jesteś ...
Dorota:	Jola, proszę!
Jola:	Już dobrze, dobrze. Przepraszam, ale z kim, jeśli nie ze mną, możesz o tym rozmawiać? Jak przyjaciółka z przyjaciółką? Krzysztof nie jest dobrym mężem! Witek jest inny ...

Dorota: Witek?!!! Kto to jest Witek?

Jola: Mój nowy chłopak. Ma na imię Witold. Jest bardzo przystojny. Jest naprawdę przystojnym mężczyzną! Wysoki, szczupły. I ... zawsze trochę rozczochrany.

Dorota: Rozczochrany? Aha ....

Jola: Witek jest naukowcem, fizykiem. Zajmuje się atomami. Nawet jego kot nazywa się Atom. Jest bardzo inteligentny i sympatyczny.

Dorota: Kto? Witek czy Atom?

Jola: Witek, oczywiście! Jest naprawdę bardzo mądry. Jestem szczęśliwa i zakochana!

Dorota: Zakochana! To wspaniale.

Słownictwo

Kim pani / pan jest?		
Kim? [ķim]	hier: Wer?	
(Instrumental des Fragepronomens kto?)		
kobieta [kɔˈḅɛta]	Frau	
mężczyzna [mɛ̃ʃˈtʃizna]	Mann	
Niemka [ˈŋɛmka]	Deutsche	
Niemiec [ˈŋɛmɛts]	Deutscher	
Szwajcarka [ʃfajˈtsarka]	Schweizerin	
Szwajcar [ˈʃfajtsar]	Schweizer	
Austriaczka [awstriˈjatʃka]	Österreicherin	
Austriak [awˈstrijak]	Österreicher	

inny [ˈinːi]	anderer
narodowość [narɔˈdɔvɔçtç]	Nationalität
czym? [tʃim]	wofür?, womit?
(Instrumental des Fragepronomens co?)	
pani / pan interesuje się [intɛrɛˈsuje çɛ]	Sie interessieren sich
interesuję się [intɛrɛˈsuje çɛ]	ich interessiere mich
sztuka [ˈʃtuka]	Kunst
język polski [ˈjɛ̃zik ˈpɔlski]	Polnisch, polnische Sprache

chętnie ['xɛntɲɛ] *Adv*	*gern*
pani / pan podróżuje [pɔdru'ʒujɛ]	*Sie reisen*
podróżuję [pɔdru'ʒujɛ]	*ich reise*
samochód [sa'mɔxut]	*Auto*
pociąg ['pɔtɕɔŋk]	*Zug*
samolot [sa'mɔlɔt]	*Flugzeug*
teraz ['tɛras]	*jetzt*
pani / pan pisze ['piʃɛ]	*Sie schreiben*
piszę ['piʃɛ]	*ich schreibe*
drogi ['drɔɡ̑i]	*teuer*
pióro ['p̑urɔ]	*Füllfederhalter*
kolorowy ołówek [kɔlɔ'rɔvɨ ɔ'wuvɛk]	*Buntstift (wörtlich: bunter Bleistift)*
zwykły ['zvɨkwɨ]	*normal, einfach*
długopis [dwu'ɡɔpis]	*Kugelschreiber*

Jak przyjaciółka z przyjaciółką

jak [jak]	*wie*
przyjaciółka [pʃɨja'tɕuwka]	*Freundin*
z + *Instr* [z]	*hier: mit*
Co słychać? [tsɔ 'swɨxatɕ]	*Wie geht's?*
Nic nowego. [ɲits nɔ'vɛɡɔ]	*Nichts Neues!*
A co u ciebie? [a tsɔ u 'tɕeb̑ɛ]	*Und was (gibt's) bei dir?*
Wszystko w porządku! ['fʃɨstkɔ f pɔ'ʒɔntku]	*Alles in Ordnung!*
przeziębiony [pʃɛʑɛm'b̑ɔɲi]	*erkältet*
trochę ['trɔxɛ]	*ein bisschen, ein wenig*
zmęczony [zmen'tʃɔɲi]	*müde*
zawsze ['zafʃɛ]	*immer*
dom [dɔm]	*Haus*
szkoła ['ʃkɔwa]	*Schule*
dużo ['duʒɔ] *Adv*	*viel*
za dużo [za 'duʒɔ]	*zu viel*
pracujesz [pra'tsujɛʃ]	*du arbeitest*
matka ['matka]	*Mutter*

żona ['ʒɔna]	*Ehefrau*
nauczycielka [nautʃɨ'tɕelka]	*Lehrerin*
aktrakcyjny [atrak'tsɨjnɨ]	*attraktiv*
dziewczyna [dʑɛf'tʃina]	*Mädchen, junge Frau*
naprawdę [na'pravdɛ]	*wirklich*
szkoda ['ʃkɔda]	*schade*
że [ʒɛ]	*dass*
tak [tak]	*hier: so*
myśli ['miɕli]	*er, sie, es denkt*
twój *m* [tfuj]	*dein*
z nim [z ɲim]	*mit ihm*
już [juʃ]	*schon*
dobrze ['dɔbʒɛ] *Adv*	*gut*
Przepraszam! [pʃɛ'praʃam]	*Entschuldigung!*
jeśli ['jeɕli]	*wenn*
ze mną ['zɛ mnɔ̃]	*mit mir*
możesz ['mɔʒɛʃ]	*du kannst*
o tym ['ɔ tɨm]	*hier: darüber*
rozmawiać [rɔz'mav̑atɕ]	*sprechen, sich unterhalten*
mężem *Instr von* **mąż**	
mój chłopak [muj 'xwɔpak]	*mein (fester) Freund*
ma na imię ['ma na 'imɛ]	*er, sie es heißt*
rozczochrany [rostʃɔ'xranɨ]	*zerzaust*
naukowiec [nau'kɔɣɛts]	*Wissenschaftler*
fizyk ['fizɨk]	*Physiker*
zajmuje się [zaj'mujɛ ɕɛ]	*er, sie, es beschäftigt sich*
atom ['atɔm]	*Atom*
nawet ['navɛt]	*sogar*
jego ['jɛɡɔ]	*sein, seine*
kot [kɔt]	*Katze*
oczywiście [ɔtʃi'ɣiɕtɕɛ]	*selbstverständlich*
szczęśliwy [ʃtʃɛ̃ɕ'liv̑i]	*glücklich*
zakochany [zakɔ'xanɨ]	*verliebt*
wspaniale [fspa'ɲalɛ] *Adv*	*großartig*

Gramatyka

1. Der Instrumental Singular   ćw. 1, 2, 3, 5, 6

Wenn Sie ein Substantiv in den Instrumental Singular setzen, tauschen Sie die Nominativendung gegen die entsprechende Instrumentalendung aus:

Substantiv	maskulin	feminin	neutral
Nominativ	-	-a	-o, -e, -ę
Instrumental	-em	-ą	-em

Neutrale Substantive auf **-um** behalten ihre Endung **-um** bei.

Auf die gleiche Weise verfahren Sie mit den Adjektiven:

Adjektiv	maskulin	feminin	neutral
Nominativ	-y / -i	-a / -ia	-e / -ie
Instrumental	-ym / -im	-ą / -ią	-ym / -im

zwykły / drogi długopis ▶ Piszę zwykł**ym**, ale drog**im** długopis**em**. *Ich schreibe mit einem gewöhnlichen, aber teuren Kugelschreiber.*
piękna / mądra kobieta ▶ Ona jest piękn**ą** i mądr**ą** kobiet**ą**. *Sie ist eine schöne und kluge Frau.*
stare / ostatnie metro ▶ Jadę star**ym** i ostatn**im** metr**em**. *Ich fahre mit der alten und letzten U-Bahn.*

Der Gebrauch des Instrumentals
Der Instrumental kommt zur Anwendung,
▌ wenn Sie eine „substantivische Gleichung" aufstellen, d.h. eine Person oder eine Sache unter Verwendung eines anderen Substantivs näher beschreiben:
Warszawa jest dużym miastem. (Warszawa = duże miasto)
Warschau ist eine große Stadt.
Dorota jest dobrą przyjaciółką. *Dorota ist eine gute Freundin.*

In der ersten Lektion haben Sie gelernt, dass maskuline Substantive auch die Endung -a haben können (z.B. **mężczyzna** *der Mann*). Die Endung bestimmt die Deklination, deshalb werden maskuline Substantive auf -a wie weibliche Substantive dekliniert. Das Adjektiv richtet sich aber nach dem „natürlichen Geschlecht":
Witold jest przystojn**ym** mężczyzn**ą**. (Witold = przystojny mężczyzna)
Witold ist ein gut aussehender Mann.

Charakterisieren Sie eine Person oder eine Sache lediglich unter Verwendung eines oder mehrerer Adjektive, so benutzen Sie den Nominativ:
Witold jest przystojny. *Witold ist gut aussehend.*

▎ nach den Verben **interesować się (czymś)** *sich interessieren (für etwas)* oder **zajmować się (czymś)** *sich beschäftigen (mit etwas)*, um z. B. über Ihre Interessen und Hobbys zu sprechen:
Interesujemy się język**iem** polsk**im**. *Wir interessieren uns für die polnische Sprache.*
Zajmuję się fizyk**ą**. *Ich beschäftige mich mit Physik.*

▎ wenn Sie einen Gegenstand „instrumentalisieren", d. h. von ihm in seiner Funktion als Instrument oder Werkzeug sprechen. Im Deutschen fragen Sie *Womit?* –
Das polnische Fragewort lautet **Czym?**, z. B.: Czym piszesz? *Womit schreibst du?*
Piszę drog**im** piór**em**. *Ich schreibe mit einem teuren Füller.*

▎ wenn Sie über die Benutzung von Fortbewegungsmitteln sprechen:
Jadę autobus**em** / pociąg**iem**. *Ich fahre mit dem Bus / mit dem Zug.*

▎ nach der Präposition **z** *mit*, mit der Sie eine Zusammengehörigkeit von Personen oder Dingen herstellen:
Rozmawiam z przyjaciółk**ą**. *Ich rede mit einer Freundin.*
kawa z mlek**iem** *Kaffee mit Milch*

Wenn das Substantiv am Wortanfang mehrere Konsonanten aufweist, so wird die Präposition **z** oft durch ein e erweitert.
kawa **ze** śmietan**ą** *Kaffee mit Sahne*

Achten Sie darauf, dass Sie **z** *nicht* benutzen, wenn Sie einen Gegenstand instrumentalisieren oder von der Benutzung eines Fortbewegungsmittels sprechen. Im Polnischen steht in diesen Fällen nur der Instrumental, *ohne* Präposition!

▎ nach den Präpositionen **nad** *über*, **pod** *unter*, **przed** *vor*, **za** *hinter* und **między** *zwischen*:
nad chmur**ą** *über der Wolke*
pod szaf**ą** *unter dem Schrank*
przed dom**em** *vor dem Haus (örtlich)*
przed obiad**em** *vor dem Mittagessen (zeitlich)*
za dom**em** *hinter dem Haus*
między Jol**ą** a Witold**em** *zwischen Jola und Witold*

2. Besonderheiten der polnischen Deklination

Das „flüchtige e"
Steht in der letzten Silbe eines maskulinen Substantivs ein -(i)e zwischen zwei
Konsonanten, so „verflüchtigt" sich dieses in vielen Fällen, wenn eine Deklinations-
endung angehängt wird:
To jest ołówek. *Das ist ein Bleistift.* ▸ Piszę ołówkiem. *Ich schreibe mit einem Bleistift.*
To jest Niemiec. *Das ist ein Deutscher.* ▸ Jestem Niemcem. *Ich bin Deutscher.*

Die „g / k + i + e" -Regel
Nach **g** oder **k** steht niemals eine Endung, die mit dem Buchstaben **e** beginnt.
Zwischen **g / k** und **e** muss ein **i** stehen:
To jest ołówek. *Das ist ein Bleistift.* ▸ Piszę ołów**ki**em. *Ich schreibe mit einem Bleistift.*
To jest pociąg. *Das ist ein Zug.* ▸ Jadę pocią**gi**em. *Ich fahre mit dem Zug.*
To jest Austriak. *Das ist ein Österreicher.* ▸ Jestem Austria**ki**em. *Ich bin Österreicher.*

3. Die Personalpronomen im Instrumental   *ćw. 7*

Da sich die Personalpronomen im Instrumental stark von denen im Nominativ
unterscheiden, stellen wir sie Ihnen in einer Tabelle gegenüber.

	Singular		Plural	
	Nominativ	**Instrumental**	**Nominativ**	**Instrumental**
1. Person	ja	**mną**	my	**nami**
2. Person	ty	**tobą**	wy	**wami**
3. Person	on, ona, ono	**nim, nią, nim**	oni, one	**nimi**
	pan, pani	**panem, panią**	panowie, panie, państwo	**panami, paniami, państwem**

Witek rozmawia ze mną. *Witek spricht mit mir.* (Beachten Sie, dass die Präposition **z**
wegen der Konsonantenhäufung von **mną** um ein **e** erweitert wird.)
Rozmawiam z tobą / z nim / z nią / z nim / z panem / z panią.
Ich rede mit dir / mit ihm / mit ihr / mit ihm (z. B. mit dem Kind) / mit Ihnen.

Übrigens: Auch die Fragepronomen **kto?** *wer?* und **co?** *was?* werden dekliniert.
Im Instrumental lauten die Fragepronomen **kim?** *mit wem?* und **czym?** *womit?*
Czym piszesz / podróżujesz? *Womit schreibst / reist du?*
Z kim rozmawiasz? *Mit wem sprichst du?*

2

4. Verben   *ćw. 4, 8*

Alle polnischen Verben (bis auf wenige Ausnahmen) enden im Infinitiv auf **-ć**.

Die „-*am*, -*asz*-Konjugation"
Die meisten Verben dieser Konjugation enden im Infinitiv auf **-ać**.

Infinitiv	-ać		
Beispiel		rozmawiać	*sprechen, sich unterhalten*
Singular			
1. Person	**-am**	rozmawiam	*ich spreche*
2. Person	**-asz**	rozmawiasz	*du sprichst*
3. Person	**-a**	rozmawia	*er / sie / es spricht / Sie sprechen*
Plural			
1. Person	**-amy**	rozmawiamy	*wir sprechen*
2. Person	**-acie**	rozmawiacie	*ihr sprecht*
3. Person	**-ają**	rozmawiają	*sie sprechen / Sie sprechen*

Die Infinitivendung ist nicht immer ein eindeutiger Hinweis auf die Zugehörigkeit zu einer Konjugationsklasse. Das Verb **mieć** *haben* z. B. endet zwar auf **-eć**, zeigt aber die Formen der Verben der „**-am**, **-asz**-Konjugation".

mieć	*haben*
mam	*ich habe*
masz	*du hast*
ma	*er / sie / es hat / Sie haben*
mamy	*wir haben*
macie	*ihr habt*
mają	*sie haben / Sie haben*

Mam drogie pióro. *Ich habe einen teuren Füller.*
Czy masz długopis? *Hast du einen Kugelschreiber?*

Die „-*ę*, -*esz*-Konjugation"
Als Vertreter der „**-ę**, **-esz**-Konjugation" haben Sie schon das Verb **pisać** *schreiben* und zahlreiche Verben, die auf **-ować** enden, kennen gelernt, z. B. **podróżować** *reisen*. Vor allem letztere werden sehr häufig mit Verben der „**-am**, **-asz**- Konjugation" verwechselt, weil sie in ihrer komplexen Endung **-ować** auch die Endung **-ać** enthalten. Bei den Verben auf **-ować** kommt es zu einer Änderung von **-owa-** zu **-uj-**. Beachten Sie auch die Änderung von **-s-** zu **-sz-** bei **pisać**.

Infinitiv		-ać		-ować	
Beispiel		pisać	*schreiben*	podróżować	*reisen*
Singular					
1. Person	-ę	piszę	*ich schreibe*	podróżuję	*ich reise*
2. Person	-esz	piszesz	*du schreibst*	podróżujesz	*du reist*
3. Person	-e	pisze	*er / sie / es schreibt / Sie schreiben*	podróżuje	*er / sie / es reist / Sie reisen*
Plural					
1. Person	-emy	piszemy	*wir schreiben*	podróżujemy	*wir reisen*
2. Person	-ecie	piszecie	*ihr schreibt*	podróżujecie	*ihr reist*
3. Person	-ą	piszą	*sie schreiben / Sie schreiben*	podróżują	*sie reisen / Sie reisen*

5. Das Reflexivpronomen *się*   ćw. 4

Das Reflexivpronomen **się** *sich* haben Sie bereits in Zusammenhang mit den Verben **interesować się** *sich interessieren*, **zajmować się** *sich beschäftigen* kennen gelernt. Nicht alle Verben, die im Polnischen reflexiv sind, sind es auch im Deutschen; **nazywać się** *heißen* ist hier nur ein Beispiel.
Das polnische Reflexivpronomen ist sehr leicht zu lernen, weil es nur eine einzige Form hat. Während Sie also im Deutschen das Reflexivpronomen an die jeweilige Personalform anpassen müssen (z. B. *ich interessiere* mich, *du interessierst* dich usw.), heißt es im Polnischen immer **się**: **interesuję się, interesujesz się** usw.

zajmować się	*sich beschäftigen*
zajmuję się	*ich beschäftige mich*
zajmujesz się	*du beschäftigst dich*
zajmuje się	*er / sie / es beschäftigt sich / Sie beschäftigen sich*
zajmujemy się	*wir beschäftigen uns*
zajmujecie się	*ihr beschäftigt euch*
zajmują się	*sie beschäftigen sich / Sie beschäftigen sich*

Die Stellung des Reflexivpronomens **się** im Satz ist relativ frei. Es darf aber nicht am Satzanfang stehen.
In Aussagesätzen steht das Reflexivpronomen gewöhnlich nach dem Verb:
Nazywam się Witold Stary. *Ich heiße Witold Stary.*
In Fragesätzen steht das Reflexivpronomen meist vor dem Verb:
Jak się nazywasz? *Wie heißt du?*
Jak pan się nazywa? / Jak się pan nazywa? *Wie heißen Sie?*

6. Namen nennen und erfragen ćw. 3

Mit der Konstruktion **mieć na imię** fragen Sie nach dem Vornamen:
- Jak masz na imię? *Wie heißt du?* ● Mam na imię Witold. *Ich heiße Witold.*
- Jak pani ma na imię? *Wie heißen Sie?* ● Mam na imię Zofia. *Ich heiße Zofia.*

In der Wortgruppe **mieć na imię** wird nur das Verb **mieć** *haben* verändert, das Sie bei der „-am, -asz-Konjugation" kennen gelernt haben.

Mit dem Verb **nazywać się** fragen Sie sowohl nach dem Vornamen als auch nach dem Vor- und Nachnamen:
- Jak się nazywasz? *Wie heißt du?*
- Nazywam się Witold. *Ich heiße Witold.*
- Jak pan się nazywa? *Wie heißen Sie?*
- Nazywam się Stanisław Bystrzycki. *Ich heiße Stanisław Bystrzycki.*

7. Der Buchstabe ł ćw. 10

Das ł [w] ist grafisch betrachtet ein l mit einem Querbalken. In Schreibschrift wird dieser Querbalken oft als Wellenlinie über dem l notiert. Die Aussprache des ł entspricht einem englischen *w*, etwa wie in *water*:
ładny ['wadnɨ] *schön, hübsch*, ołówek [ɔ'wuvɛk] *Bleistift*.

Język polski w kontekście ćw. 9

Im kollegialen Umfeld gehört die Frage **Co słychać?** *Wie geht's? Was gibt's Neues?* schon beinahe zur Begrüßung dazu. Sie wird häufig mit **Nic nowego** *Nichts Neues* oder **Wszystko w porządku** *Alles in Ordnung* und mit der Gegenfrage **A co u ciebie?** *Und was gibt's bei dir?* beantwortet.
Eine direkte Frage nach dem Wohlbefinden ist **Jak się masz?** *Wie geht es dir?* Antworten können Sie darauf wie folgt:

Wspaniale! *Großartig!*
Dobrze! *Gut!*
Tak sobie! *So lala!*
Niedobrze! *Nicht gut!*
Źle! *Schlecht!*
Strasznie! *Schrecklich!*

Dodatkowe konstrukcje leksykalne

Nationalitäten		Berufe	
Francuz / Francuzka	*Franzose / Französin*	aktor / aktorka	*Schauspieler, -in*
		dziennikarz / dziennikarka	*Journalist, -in*
Anglik / Angielka	*Engländer, -in*		
Amerykanin / Amerykanka	*Amerikaner, -in*	pisarz / pisarka	*Schriftsteller, -in*
		malarz / malarka	*Maler, -in*
Rosjanin / Rosjanka	*Russe / Russin*	kompozytor / – *	*Komponist, -in*
Włoch / Włoszka	*Italiener, -in*	nauczyciel / nauczycielka	*Lehrer, -in*
Hiszpan / Hiszpanka	*Spanier, -in*	elektryk / –	*Elektriker, -in*
Polak / Polka	*Pole / Polin*	lekarz / lekarka	*Arzt, Ärztin*

* Im Polnischen gibt es für einige Berufsbezeichnungen keine weibliche Form.

Ćwiczenia

1 Welche Staatsangehörigkeit bzw. welchen Beruf haben die folgenden Persönlichkeiten? Verbinden Sie und bilden Sie Sätze.

Fryderyk Chopin   Niemka
Vincent van Gogh   elektryk
Günter Grass   pisarz
Lech Wałęsa   malarz
Sofia Loren   Włoszka
Marlene Dietrich   kompozytor

Fryderyk Chopin jest kompozytorem.

2

2 Vervollständigen Sie die Sätze.

1. Dorota jest _atrakcyjną dziewczyną_ . (atrakcyjna dziewczyna)
2. Witold jest .... (przystojny mężczyzna)
3. Jest .... (naukowiec)
4. Jest .... (fizyk)
5. Witold interesuje się .... (fizyka)
6. Jola jest .... (szczęśliwa dziewczyna)
7. Atom jest .... (inteligentny kot)

3 **a.** Witold stellt sich vor. Ergänzen Sie den Monolog, indem Sie die Verben, Substantive und Adjektive in die richtige Form setzen.

mieć na imię	naukowiec	nazywać się	sztuka	Polak
	atrakcyjna dziewczyna		fizyka	

1. .... Witold Stary.
2. Nie jestem Niemcem, jestem ....
3. Jestem .... Zajmuję się ....
4. Interesuję się ....
5. Moja dziewczyna .... Jola.
6. Jola jest bardzo ....

b. Und nun stellen Sie sich selbst vor.

....

....

....

4 Setzen Sie die richtige Form der Verben **interesować się** oder **nazywać się** ein.

1. _Nazywam się_ Małgorzata Majewska i bardzo _interesuję się_ językiem polskim.
2. A ty, jak .... i czym .... ?

3. Witold .... sztuką.

4. Czy Jola i Dorota też .... sztuką?

5. Pies .... Mefisto, a kot .... Atom.

6. Pies i kot .... Mefisto i Atom.

5 Was passt? Verbinden Sie.

1. Chętnie podróżuję
2. Jola nie interesuje się
3. Piszę teraz
4. Samochód jest
5. Witold jest
6. kawa z
7. Atom jest

a. mlekiem.
b. przed domem.
c. czarnym długopisem.
d. fizyką.
e. pociągiem.
f. przystojnym mężczyzną.
g. inteligentnym kotem.

6 „Über den Wolken ..." Aber wo ist das Flugzeug? **Przed – pod – nad – za** oder **między**? Schreiben Sie.

....

7 Setzen Sie in den Instrumental.

1. Z (kto) *kim* .... rozmawiasz? Z (on) *nim* .... czy z (ona) *nią* ....?

2. (co) .... piszesz? Piórem czy długopisem?

3. Dlaczego jesteś z (ona) .... a nie ze (ja) ....?

4. Dlaczego się (one) .... nie interesujesz?

5. Jest niesympatyczny. Nie rozumiem, dlaczego Dorota jest z (on) ....

6. Z (ty) .... jestem szczęśliwa!

7. Nad (my) .... jest niebo, pod (my) .... jest piekło.

8. Przed (wy) .... jest wielka szansa.

2

8 Setzen Sie die Verben in der richtigen Form ein.

1. Dorota za dużo _pracuje_ . (pracować)

2. Dorota i Jola .... (rozmawiać)

3. Jola: „Chętnie (ja) .... z Dorotą." (rozmawiać)

4. (Ja) .... na imię Witek. (mieć)

5. Z kim (ty) ....? (pracować)

6. Jak (wy) ....? (nazywać się)

7. Jak pan Bystrzycki .... na imię? (mieć)

8. Czym (ty) ....? (zajmować się)

9 Ergänzen Sie folgenden Dialog.

| nowego | słychać | u ciebie | wszystko | masz | tak sobie | wspaniale |

1.

● *Jola:* Cześć Dorotka! Co ....?

● *Dorota:* Nic .... A co ....?

● *Jola:* Dziękuję. .... w porządku!

2.

▲ *Witek:* Cześć! Jak się ....?

▲ *Jurek:* .... A ty?

▲ *Witek:* .... !

10 Welcher Buchstabe fehlt? Ergänzen Sie.

1. Ma.......gorzata

2. Lech Wa.......ęsa

3. ....adna W.......oszka

4. Co s.......ychać?

5. zwyk.......y d.......ugopis

6. piek.......o

7. o.......ówek

8. przyjació.......ka

In dieser Lektion behandeln Sie:
- verschiedene Freizeitaktivitäten
- den **Akkusativ Singular**
- die Belebtheitskategorie
- die **Personalpronomen im Akkusativ**
- die Konjugationen **-ę, -isz, -ysz** und **-em, -esz**
- Adverbien
- die Aussprache der Nasale **ą** und **ę**

Jak państwo spędzają czas wolny?

Zwykle spędzamy czas wolny z rodziną. Razem robimy zakupy. Sprzątamy mieszkanie. Lubimy zapraszać gości. Zwłaszcza mój mąż jest bardzo towarzyski i gościnny.
(Zofia Bystrzycka)

Jestem ogrodnikiem-hobbystą, mam małą działkę za miastem. Mam psa, kota i kanarka! Lubię oglądać telewizję albo czytać książkę. Wolę kino niż teatr.
(Antoni Dąbrowski)

Dbam o zdrowie, dobrą kondycję fizyczną i urodę. Często odwiedzam fryzjera i kosmetyczkę. Lubię być elegancka. Bardzo chętnie podróżuję, jeżeli mam pieniądze ...
(Jola Bystrzycka)

Wolny czas?! Co to jest?!!!
(Dorota Nowak)

Wie verbringen Sie Ihre Freizeit?

Normalerweise verbringen wir (unsere) Freizeit mit der Familie. Wir machen gemeinsam den Einkauf. Wir räumen die Wohnung auf. Wir laden gerne Gäste ein. Vor allem mein Mann ist sehr gesellig und gastfreundlich.
(Zofia Bystrzycka)

Ich bin Hobbygärtner, ich habe einen kleinen Schrebergarten vor der Stadt. Ich habe einen Hund, eine Katze und einen Kanarienvogel. Ich sehe gerne fern oder lese ein Buch. Ich mag lieber Kino als Theater.
(Antoni Dąbrowski)

Ich achte auf (meine) Gesundheit, eine gute körperliche Kondition und auf mein Aussehen. Ich gehe oft zum Friseur und zur Kosmetikerin. Ich bin gerne elegant. Ich verreise gern, wenn ich Geld habe ...
(Jola Bystrzycka)

Freizeit? Was ist das?!!!
(Dorota Nowak)

Co nowego?

Die Antworten auf die Umfrage enthalten sehr viele Adjektive und Substantive, die im Akkusativ stehen. Nach einem Akkusativ-Objekt fragen Sie mit den Fragewörtern **Kogo? Co?** *Wen? Was?*.

- Kogo znasz? *Wen kennst du?*
- Znam piękną Polkę. *Ich kenne eine schöne Polin.*
- Co ma ogrodnik-hobbysta? *Was hat der Hobbygärtner?*
- Ma małą działkę. *Er hat einen kleinen Schrebergarten.*

Vergleichen Sie in der nachstehenden Tabelle den Nominativ mit dem Akkusativ:

	maskulin	feminin	neutral
Nominativ Singular	duży teatr	duża działka	duże kino
Akkusativ Singular	duży teatr	dużą działkę	duże kino

Sie sehen, dass sich nur bei dem femininen Beispiel die Endungen verändern. Die Endungen der maskulinen bzw. neutralen Adjektive und Substantive sind im Nominativ und Akkusativ gleich.

Eine vollständige Zusammenstellung der Akkusativ-Endungen finden Sie im Grammatikteil.

Czy ona mnie kocha?

Witek:	Cześć!
Jurek:	Cześć!
Witek:	Co robisz?
Jurek:	Nie widzisz? Czytam.
Witek:	Rozumiem ... Jesteś zajęty?
Jurek:	Trochę. Powtarzam gramatykę niemiecką. Jutro mam egzamin!
Witek:	Jola zna bardzo dobrze niemiecki. Jest tłumaczką.
Jurek:	Aha ...
Witek:	Wspaniale mówi po niemiecku. I po angielsku też. A poza tym zna hiszpański ...
Jurek:	Naprawdę? Mhhmmm ... Jola jest poliglotką!
Witek:	Jola jest wspaniałą dziewczyną. Ma taki cudowny uśmiech.

Jurek: Rzeczywiście: jest niebrzydka.

Witek: Niebrzydka?! Jola jest piękna ... i sympatyczna. Wszyscy ją lubią, nawet Atom ...

Jurek: Aha! A czy ona też lubi tego nienormalnego, agresywnego kota?

Witek: Jesteś złośliwy. Atom rzeczywiście ma czasem zły humor, ale to nie znaczy, że jest agresywny. Jola ...

Jurek: Już dobrze. Atom jest łagodnym kotkiem, a Jola jest wyjątkową kobietą. Masz szczęście! Ale ja mam jutro egzamin!

Witek: A może jednak mam pecha ...

Jurek: Dlaczego? Jola jest inteligentna, mówi po niemiecku i po hiszpańsku, ma cudowny uśmiech, lubi ją Atom, ty ją kochasz. Gdzie jest problem?

Witek: Nie wiem ... nie jestem pewny ... Nie wiem, czy ona mnie kocha ...

Jurek: Oooooo ... Witek! Czy możesz zmienić temat, proszę!!!

Słownictwo

Jak państwo spędzają czas wolny?

czas wolny [tʃas 'vɔlnɨ] *Freizeit*

spędzać ['spɛndzatɕ] *verbringen*

robią ['rɔbɔ̃] *sie machen*

zwykle ['zvɨklɛ] *Adv gewöhnlich, normalerweise*

robimy [rɔ'bimɨ] *wir machen*

robimy zakupy [rɔ'bimɨ za'kupɨ] *wir machen den Einkauf*

sprzątać ['spʃɔntatɕ] *aufräumen*

lubimy [lu'bimɨ] *wir mögen*

lubi ['lubi] *er, sie, es mag*

zapraszać [za'praʃatɕ] *einladen*

gości *Akk Pl* ['gɔɕtɕi] *Gäste*

zwłaszcza ['zvwaʃtʃa] *besonders, insbesondere*

towarzyski [tɔva'ʒɨski] *gesellig*

gościnny [gɔ'ɕtɕinːɨ] *gastfreundlich*

ogrodnik-hobbysta [ɔ'grɔdɲik xɔ'bːista] *Hobbygärtner*

działka ['dʑawka] *Schrebergarten*

za miastem [za 'm̩astɛm] *vor der Stadt (wörtlich: hinter der Stadt)*

psa [psa] *Akk von pies Hund*

kanarek [ka'narɛk] *Kanarienvogel*

lubię ['lubiɛ] *ich mag*

oglądać telewizję [ɔ'glɔndatɕ tele'ɣizjɛ] *fernsehen*

czytać ['tʃɨtatɕ] *lesen*

książka ['kɕɔ̃ʃka] *Buch*

wolę ['vɔlɛ] *ich bevorzuge*

kino ['kʲinɔ] *Kino*

niż [ɲiʃ] *als (im Vergleich)*

teatr ['tɛatr] *Theater*

dbać o [dbatɕ ɔ] *sich kümmern um, sich sorgen um*

zdrowie ['zdrɔɣɛ] *Gesundheit*

kondycja fizyczna [kɔn'dɨtsja fi'zɨtʃna] *körperliche Kondition*

uroda [u'rɔda] *Aussehen, (gepflegtes) Äußeres*

często ['tʃɛ̃stɔ] *oft*

odwiedzać [ɔd'ɣɛdzatɕ] *besuchen*

fryzjer ['frɨzjɛr] *Friseur*

kosmetyczka [kɔsmɛ'tɨtʃka] *Kosmetikerin*

elegancki [ɛlɛ'gantski] *elegant*

jeżeli [je'ʒɛli] *wenn*

Czy ona mnie kocha?

mnie [mɲɛ] *Akk*	*mich*
kochać [ˈkɔxatɕ]	*lieben*
robisz [ˈrɔbiʃ]	*du machst*
widzisz [ˈvidʑiʃ]	*du siehst*
zajęty [zaˈjɛntɨ]	*beschäftigt; besetzt*
powtarzać [pɔfˈtaʒatɕ]	*wiederholen*
niemiecki [ɲɛˈmɛtski]	*deutsch*
jutro [ˈjutrɔ]	*morgen*
egzamin [ɛgˈzamin]	*Prüfung*
znać [znatɕ]	*kennen; hier: können*
tłumaczka [twuˈmatʃka]	*Übersetzerin; Dolmetscherin*
mówi po niemiecku [ˈmuvi pɔ ɲɛˈmɛtsku]	*er, sie, es spricht Deutsch*
mówi po angielsku [ˈmuvi pɔ aŋˈɡɛlsku]	*er, sie, es spricht Englisch*
poza tym [ˈpɔza tɨm]	*außerdem*
hiszpański [xiʃˈpaɲski]	*Spanisch*
poliglotka [pɔliˈɡlɔtka]	*eine polyglotte Frau*
taki [ˈtaki]	*so ein*
cudowny [tsuˈdɔvnɨ]	*bezaubernd, wunderbar*
uśmiech [ˈuɕmɛx]	*Lächeln*
niebrzydki [ɲɛˈbʒɨtki]	*nicht hässlich*

wszyscy [ˈfʃɨstsɨ]	*alle*
ją [jɔ̃] *Akk*	*sie*
lubią [ˈlubɔ̃]	*sie mögen*
tego [ˈtɛɡɔ] *Akk von* ten	*diesen*
nienormalny [ɲɛnɔrˈmalnɨ]	*nicht normal, verrückt*
agresywny [aɡrɛˈsɨvnɨ]	*aggressiv*
złośliwy [zwɔɕˈlivɨ]	*gehässig*
czasem [ˈtʃasɛm]	*manchmal*
humor [ˈxumɔr]	*Laune; Humor*
to (nie) znaczy [tɔ (ɲɛ) ˈznatʃɨ]	*das heißt (nicht)*
łagodny [waˈɡɔdnɨ]	*sanftmütig*
kotek [ˈkɔtɛk]	*Kätzchen, Katerchen*
wyjątkowy [vijɔntˈkɔvɨ]	*außergewöhnlich*
szczęście [ˈʃtʃɛ̃ɕtɕɛ]	*Glück*
może [ˈmɔʒɛ]	*es kann sein, vielleicht*
jednak [ˈjɛdnak]	*dennoch*
pech [pɛx]	*Pech*
mówi po hiszpańsku [ˈmuvi pɔ xiʃˈpaɲsku]	*er, sie es spricht Spanisch*
problem [ˈprɔblɛm]	*Problem*
wiem [vɛm]	*ich weiß*
pewny [ˈpɛvnɨ]	*sicher*
zmienić [ˈzmjɛɲitɕ]	*ändern, wechseln*
temat [ˈtɛmat]	*Thema*

Gramatyka

1. Die Belebtheitskategorie

In Co **nowego?** haben Sie nur einen Teil des Akkusativs kennen gelernt. Die Beispiele waren beschränkt auf Substantive, die Dinge bezeichnen. Tatsächlich macht die polnische Sprache einen Unterschied zwischen Substantiven, die Belebtes bezeichnen, und solchen, die etwas Unbelebtes bezeichnen. Die so genannte *Belebtheitskategorie* ist eine grammatische Kategorie, die nur für **maskuline Substantive im Singular** relevant ist.

belebt		unbelebt	
Polak	*Pole*	czas	*Zeit*
fryzjer	*Friseur*	teatr	*Theater*
pies	*Hund*	egzamin	*Prüfung*
kot	*Katze*	uśmiech	*Lächeln*
kanarek	*Kanarienvogel*	humor	*Laune*

In die grammatische Kategorie *belebt* gehören in erster Linie Personen und Tiere, aber auch einige Begriffe, die z. B. Auto- und Zigarettenmarken oder Obst- und Gemüsesorten bezeichnen sowie einige abstrakte Begriffe wie **pech** *Pech*:
Mam małego kota. *Ich habe einen kleinen Kater.*
Mam nowego mercedesa / fiata. *Ich habe einen neuen Mercedes / Fiat.*
Jem słodkiego banana. *Ich esse eine süße Banane.*

In die grammatische Kategorie *unbelebt* gehören Pflanzen sowie konkrete und abstrakte Begriffe:
Mam trudny egzamin. *Ich habe eine schwierige Prüfung.*
Mam nowy samochód. *Ich habe ein neues Auto.*
Jem słodki owoc. *Ich esse eine süße Frucht.*

2. Der Akkusativ Singular ćw. 1, 2, 3, 5

Folgende Tabelle stellt die Endungen im Akkusativ vollständig dar.

	maskulin		feminin	neutral
	belebt	unbelebt		
Substantiv	-a	= Nom.	-ę	= Nom.
Adjektiv	-ego / -iego	= Nom.	-ą / -ią	= Nom.

dobry współczesny pisarz ▶ Czy znasz dob**rego** współczes**nego** pisarza? *Kennst du einen guten modernen Schriftsteller?*
cudowny uśmiech ▶ Jola ma cudowny uśmiech. *Jola hat ein bezauberndes Lächeln.*
gramatyka niemiecka ▶ Powtarzam gramaty**kę** niemiec**ką**. *Ich wiederhole die deutsche Grammatik.*
małe mieszkanie ▶ Mają małe mieszkanie. *Sie haben eine kleine Wohnung.*

Auch im Akkusativ gelten die Regel des „**flüchtigen e**" und die „**g / k + i + e**"-Regel.

▌Maskuline Substantive, die auf -a enden, werden in der Deklination wie weibliche Substantive behandelt. Das Adjektiv richtet sich aber nach dem „natürlichen Geschlecht":
Znam sław**nego** poetę. *Ich kenne einen berühmten Dichter.*

▍ Feminine Substantive, die auf einen Konsonanten enden, haben im Akkusativ
keine Endung. Lediglich das begleitende Adjektiv wird wie bekannt dekliniert:
Czytam ciekawą powieść. *Ich lese einen interessanten Roman.*

Und noch eine wichtige Information zum Gebrauch des Akkusativs: Benutzen Sie
ihn nur in bejahenden Sätzen! Das, was Sie haben, lesen, mögen usw. steht im
Akkusativ. Das, was Sie nicht haben, nicht lesen, nicht mögen usw. steht jedoch im
Genitiv! Und den lernen Sie erst in der nächsten Lektion.

3. Die Personalpronomen im Akkusativ ćw. 4

		Nominativ	Akkusativ	
Singular	1. Person	ja	**mnie**	*mich*
	2. Person	ty	**ciebie / cię**	*dich*
	3. Person	on	**jego / go / niego**	*ihn*
		ona	**ją / nią**	*sie*
		ono	**je / nie**	*es*
Plural	1. Person	my	**nas**	*uns*
	2. Person	wy	**was**	*euch*
	3. Person	oni	**ich / nich**	*sie*
		one	**je**	*sie*

Einige Personalpronomen haben im Akkusativ zwei oder sogar drei Formen; ihre
Anwendung ist vom Kontext abhängig, wie wir Ihnen im Folgenden zeigen werden.

▍ In der Regel steht das Personalpronomen unmittelbar *hinter* dem Verb. In diesem
Fall benutzen Sie die kürzeren Formen **cię** und **go**:
Kocham cię. *Ich liebe dich.*
Znam go. *Ich kenne ihn.*

▍ Wenn Sie das Personalpronomen aber besonders hervorheben wollen, dann setzen
Sie es *vor* das Verb. In diesem Fall benutzen Sie die längeren Formen **ciebie** und **jego**:
Ciebie kocham, a nie ją. *Dich liebe ich, und nicht sie.*
Dlaczego właśnie jego kochasz? A nie mnie? *Warum liebst du eigentlich ihn? Und
nicht mich?*

▍ Die Formen **niego**, **nią**, **nie** und **nich** stehen nach Präpositionen:
Czekamy na niego. *Wir warten auf ihn.*

4. Verben der „-ę, -isz, -ysz-Konjugation"

Verben, die auf -ić bzw. -yć enden, gehören in der Regel zur „-ę, -isz, -ysz-Konjugation".

Infinitiv	-ić		
Beispiel		robić	*machen*
Singular			
1. Person	-(i)ę	robię	*ich mache*
2. Person	-isz	robisz	*du machst*
3. Person	-i	robi	*er / sie / es macht / Sie machen*
Plural			
1. Person	-imy	robimy	*wir machen*
2. Person	-icie	robicie	*ihr macht*
3. Person	-(i)ą	robią	*sie / Sie machen*

Ebenso: **mówić** *sprechen*, **lubić** *mögen*, **zmienić** *wechseln*, **dzwonić** *klingeln*.

5. Verben der „-em, -esz-Konjugation"   *ćw. 6, 7, 8, 9*

Infinitiv	-eć		
Beispiel		rozumieć	*verstehen*
Singular			
1. Person	-em	rozumiem	*ich verstehe*
2. Person	-esz	rozumiesz	*du verstehst*
3. Person	-e	rozumie	*er / sie / es versteht / Sie verstehen*
Plural			
1. Person	-emy	rozumiemy	*wir verstehen*
2. Person	-ecie	rozumiecie	*ihr versteht*
3. Person	- eją	rozumieją	*sie / Sie verstehen*

6. Adverbien

Adverbien enden in der Regel auf -e oder -o.
Nach **g** und **k** steht immer ein **o**:
Daleko mieszkasz. *Du wohnst weit weg.*
Długo czekasz. *Du wartest lange.*
On **chętnie** podróżuje. *Er reist gern.*
Ona **często** odwiedza fryzjera. *Sie geht oft zum Friseur.*

Rzadko oglądam telewizję. *Ich sehe selten fern.*
Jola **bardzo dobrze** zna niemiecki. *Jola kann sehr gut Deutsch.*
Zawsze wszystko rozumiem. *Ich verstehe immer alles.*

7. Die Aussprache von ą und ę   *ćw. 11*

Bei den beiden Vokalen ą und ę handelt es sich um Nasallaute, die Sie vielleicht an
das Französische erinnern. Das ą entspricht dem *on* in *Bonbon*. Das ę entspricht
dem *in* in *Cousin*. Vor den Konsonanten **c, cz, d, dz** oder **t** verlieren ą und ę an
Nasalität; das ą entspricht dann dem *on* in *Sonne*, ę entspricht dem *en* in *Wende*,
z. B. in **mądry** *klug*, **zmęczony** *müde*. Vor **b** oder **p** entsprechen ą und ę dem deutschen *om* in *Sommer* bzw. dem *em* in *Hemd*, z. B. in **dąb** *Eiche*, **przeziębiony** *erkältet*. Am Wortende verliert das ę seine Nasalität fast vollständig; es entspricht dann
ungefähr dem deutschen *ä*, z. B. in **dziękuję** *danke*, **proszę** *bitte*.

Język polski w kontekście

Über Sprachkenntnisse sprechen

Im Dialog haben Sie **mówić + po + (z. B.) niemiecku** kennen gelernt:
Jola mówi po polsku / po niemiecku. *Jola spricht Polnisch / Deutsch.*
● Czy pan mówi po angielsku? *Sprechen Sie Englisch?*
● Tak, mówię bardzo dobrze po angielsku. *Ja, ich spreche sehr gut Englisch.*

Sie können auch **znać + Adjektiv** verwenden:
Znam polski / angielski / francuski. *Ich kann Polnisch / Englisch / Französisch.*

taki, taka, takie

Die Demonstrativpronomen **taki, taka, takie** *so ein(e)* werden wie Adjektive dekliniert.
Taka piękna dziewczyna! *So ein schönes Mädchen!*
Taki agresywny kot! *So eine aggressive Katze!*

Eine weitere Möglichkeit, eine Eigenschaft besonders zu unterstreichen, ist die
Konstruktion **co za + Adjektiv**. **Co za** wird nicht dekliniert:
Co za inteligentna dziewczyna! *Was für ein intelligentes Mädchen!*
Co za agresywny kot! *Was für ein aggressiver Kater!*

i Polnisch ist eine slawische Sprache. Man unterscheidet zwischen ostslawischen (z. B. Russisch), südslawischen (z. B. Bulgarisch) und westslawischen Sprachen (Polnisch, Tschechisch, Slowakisch und Sorbisch). Polen ist nach Russland das Land mit der zweitgrößten slawischen Sprachgemeinschaft: Mehr als 38 Millionen Polen und viele Millionen Emigranten in der ganzen Welt sprechen Polnisch.

Dodatkowe konstrukcje leksykalne

Polska	*Polen*	(język) polski	*Polnisch*
Niemcy	*Deutschland*	(język) niemiecki	*Deutsch*
Szwajcaria	*Schweiz*	(język) szwajcarski	*Schweizerisch*
Austria	*Österreich*	(język) austriacki	*Österreichisch*
Hiszpania	*Spanien*	(język) hiszpański	*Spanisch*
Anglia	*England*	(język) angielski	*Englisch*
Francja	*Frankreich*	(język) francuski	*Französisch*
Rosja	*Russland*	(język) rosyjski	*Russisch*
Włochy	*Italien*	(język) włoski	*Italienisch*

czasami	*manchmal*	przed południem	*vormittags, am Vormittag*
od czasu do czasu	*von Zeit zu Zeit*	po południu	*nachmittags, am Nachmittag*
codziennie	*täglich, jeden Tag*		
rano	*morgens*	wieczorem	*abends, am Abend*

Ćwiczenia

1 Was machen diese Personen in ihrer Freizeit? Schreiben Sie zu jedem Bild einen Satz.

   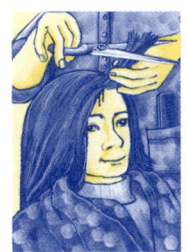 

1. *Witek czyta książkę* .

2. Pani Anna .

3. Dorota .

4. Jola .

5. Pan Staś .

3

2 Verbinden Sie und ergänzen Sie gegebenenfalls die Endung.

1. Witek kocha
2. Jurek powtarza
3. Jurek ma jutro
4. Atom czasem ma
5. Pani Zosia czyta
6. Pan Stanisław ma
7. Dorota odwiedza
8. Czy znasz

a. Polsk.......?
b. Jol..ę.. .
c. gazet....... .
d. kosmetyczk....... .
e. egzamin....... .
f. mał....... działk....... .
g. gramatyk....... niemieck....... .
h. zł....... humor....... .

3 Setzen Sie ein. – Überprüfen Sie den Wahrheitsgehalt der Aussagen. Schreiben Sie **tak** für *wahr* und **nie** für *nicht wahr*.

1. Witek ma _agresywnego kota_............ . (agresywny kot) | tak |
2. Jurek ma jutro .... (trudny egzamin) | |
3. Jurek powtarza .... (gramatyka hiszpańska) | |
4. Dorota ma .... (dziecko) | |
5. Witold zna .... (pan Stanisław) | |
6. Znam dobrze .... (język polski) | |
7. Pani Zosia chętnie spędza .... z rodziną. (czas wolny) | |
8. Witek kocha .... (Dorota) | |

4 Setzen Sie die passenden Personalpronomen im Akkusativ ein.

1. ● Czy Witek kocha Jolę? ● Tak, kocha ..ją...... .
2. ● Ale czy Jola kocha Witka? ● Tak, kocha ....
3. ● Czy (ja) .... kochasz? ● Tak kocham (ty) ....
4. Jola czeka na .... (oni)
5. ● Znasz Jolę i Dorotę? ● Tak, znam ....
6. ● A czy znasz Jurka i Witka? ● Tak, znam .... dobrze.
7. ● Lubisz (my) ....? ● Oczywiście, bardzo (wy) .... lubię.
8. Witek czeka na .... (ona)

5 Fragen Sie nach den fett gedruckten Wörtern. Achten Sie dabei auf die richtige Verbform.

1. _Kogo znacie?_ .... Znamy **panią Zosię i pana Stasia**.

2. .... Znam **Jolę**.

3. .... **Witek** kocha Jolę.

4. .... Jola często odwiedza **fryzjera**.

5. .... Państwo Bystrzyccy mają **działkę** za miastem.

6. .... Oglądamy **mecz**.

7. .... **Pani Zosia** czyta książkę.

8. .... Jurek powtarza **gramatykę niemiecką**.

6 Setzen Sie ein.

1. Czy państwo _lubią_ .... gramatykę polską? (lubić)

2. Czy państwo to ....? (rozumieć)

3. ● Czy (ty) .... po angielsku? ● Nie, ale (ja) ....
   po niemiecku i po polsku! (mówić)

4. ● Co (wy) ....?!! ● (my) .... mieszkanie!
   (robić / sprzątać)

5. Czy Dorota i Jola .... sprzątać? (lubić)

6. ● Co pani .... dziś wieczorem? ● Dziś wieczorem? A dlaczego
   pan ....? (robić / pytać)

7. ● Czy (ty) .... gramatykę polską? ● Oczywiście! (ja)
   .... codziennie. (powtarzać)

8. Dlaczego (wy) rzadko mnie ....? (odwiedzać)

7 Setzen Sie das entsprechende Verb in seiner richtigen Form ein.

znać zapraszać odwiedzać czytać oglądać spędzać sprzątać rozumieć

1. Jola _zna_ polski, niemiecki, angielski i hiszpański.

2. Pani Zosia i pan Stanisław .... gości.

3. Witek .... pana Stanisława.

4. Rano (wy) .... gazetę, wieczorem (wy) .... telewizję.

5. Ja .... niemiecki. A ty, czy .... polski?

6. Jak (państwo) .... czas wolny?

7. ● Czy pan / pani często .... mieszkanie? ● Nie, ...
   rzadko.

8. ● (ja) Bardzo dobrze to .... ● Ja też rzadko ....

8 Und jetzt erzählen Sie von sich. Bilden Sie Sätze. Wählen Sie ein oder mehrere
passende Adverbien aus.

codziennie   często   rzadko   czasem   zawsze   zwykle   chętnie
        dziś   rano   po południu   wieczorem

1. czytam / książkę ▶ *Zwykle wieczorem czytam książkę.*

2. sprzątam / mieszkanie ▶ ....

3. powtarzam / gramatykę polską ▶ ....

4. odwiedzam / rodzinę ▶ ....

5. oglądam / telewizję ▶ ....

6. czytam / gazetę ▶ ....

7. podróżuję ▶ ....

8. zapraszam / gości ▶ ....

9. mówię / po polsku ▶ ....

9 Bilden Sie Sätze.

1. książka / pani Zosia / po południu / dobra / czytać

   Po południu pani Zosia czyta dobrą książkę.

2. przyjaciółka / chętnie / Jola / odwiedzać

   ....

3. państwo / gramatyka / polska / powtarzać / czy / codziennie / ?

   ....

4. telewizja / pan Stanisław / zawsze / wieczorem / oglądać

   ....

5. ma / zły / często / Atom / humor

   ....

6. Dorota / rodzina /wolny / czas / z / spędzać / zwykle

   ....

7. (ty) rozumieć / wszystko / zawsze / dobrze / czy / ?

   ....

8. zawsze / dlaczego / mieć / ja / pech / ?!!!

   ....

10 Ergänzen Sie die Dialoge.

1.

gramatykę   zajęty   robisz   rozumiem

- Co ....?
- Powtarzam .... polską.
- Aha. .... Jesteś ....?
- Tak.

2.

kocha   znam   go   ma   pecha   wspaniale

- Witek .... Jolę.
- Oooo! Ale czy Jola kocha ....?
- Tak.
- Aha! To .... !
  Witek .... szczęście.
- A ja myślę, że ma .... !
- Dlaczego?!!
- Bardzo dobrze .... Jolę.

11 Welcher Buchstabe fehlt, **ą** oder **ę**? Ergänzen Sie und lesen Sie die Sätze laut.

1. Ogl........dam ch........tnie telewizj........ .
2. Masz szcz........ście.
3. Znam Jol........ .
4. Ja wol........ dobr........ ksi........żk........ .
5. (Oni) Cz........sto to robi........ .
6. (Oni) Pisz........, czytaj........ i ogl........daj........ telewizj........ .

In dieser Lektion lernen Sie Folgendes:
- Redemittel für ein Telefongespräch
- Begriffe rund um die Familie
- den **Genitiv Singular**
- den „Härtegrad" der Konsonanten
- die **Possessivpronomen**
- die Aussprache von **cz**, **sz** und **ż/rz**

Bez rodziny nie ma życia

(Korespondencja z Warszawy)
„Bez rodziny nie ma życia" -mówi
mieszkaniec Warszawy Krzysztof
Nowak.
Dla współczesnego Polaka i współczes-
nej Polki rodzina jest nadal najważniej-
sza. Ale ...
„Rodzina jest ważna."– mówi żona
Krzysztofa Dorota – „Bez mojego synka
Jasia nie wyobrażam sobie życia, ale bez
pracy też nie! To nie jest tylko kwestia
finansowa. Chcę pracować, chociaż czasem bardzo trudno łączyć rolę matki i
nauczycielki. Szybkie tempo życia, brak
czasu, to wszystko nie jest dla mnie
łatwe, ale nie chcę rezygnować z pracy."
Dla młodej warszawianki praca jest tak
samo ważna jak rodzina.

Ohne Familie ist es kein Leben

(Bericht aus Warschau)
„Ohne Familie ist es kein Leben", sagt
der Warschauer Krzysztof Nowak. Für
den modernen Polen und die moderne
Polin ist die Familie immer noch das
Wichtigste. Aber ...
„Familie ist wichtig", sagt Krzysztofs
Frau Dorota. „Ohne meinen kleinen
Sohn Jaś kann ich mir kein Leben vor-
stellen, aber ohne Arbeit auch nicht!
Das ist nicht nur eine finanzielle Frage. Ich möchte arbeiten, obwohl es manchmal
sehr schwierig ist, die Rolle der Mutter mit der einer Lehrerin zu verbinden. Das
schnelle Lebenstempo, Zeitmangel, das alles ist nicht einfach für mich, aber ich
möchte nicht auf die Arbeit verzichten."
Für die junge Warschauerin ist Arbeit genauso wichtig wie Familie.

Co nowego? ćw. 1, 2, 3

Von allen sieben Fällen ist der Genitiv der am häufigsten verwendete Fall, und damit im Polnischen wesentlich gebräuchlicher als im Deutschen.

Die Tabelle fasst die Genitivendungen (Singular) zusammen.

	maskulin		feminin	neutral
	belebt	unbelebt		
Substantiv	-a	-a / -u	-y, -i	-a
Adjektiv	-ego / -iego		-ej / -iej	-ego / -iego

Adjektive
Die Genitivendung der Adjektive ist für maskuline und neutrale Substantive **-ego**, für feminine Adjektive **-ej**:
współczesny Polak ▶ dla współczes**nego** Polaka *für den modernen Polen*
młod**a** warszawianka ▶ dla młod**ej** warszawianki *für die junge Warschauerin*
moje dziecko ▶ bez moj**ego** dziecka *ohne mein Kind*

Wir erinnern hier an die „**g / k + i + e**"-Regel: Nach **g** oder **k** steht niemals eine Endung, die mit **e** beginnt. Zwischen **g / k** und **e** muss stets ein **i** stehen:
szybkie tempo ▶ bez szyb**kiego** tempa *ohne schnelles Tempo*
polska nauczycielka ▶ dla pols**kiej** nauczycielki *für die polnische Lehrerin*

Substantive
Neutrale Substantive erhalten im Genitiv Singular die Endung **-a**:
życi**e** ▶ nie ma życi**a** *es gibt kein Leben*
dziecko ▶ bez dzieck**a** *ohne Kind*

Auch belebte maskuline Substantive haben im Genitiv Singular die Endung **-a**:
Krzysztof ▶ żona Krzysztof**a** *Krzysztofs Frau*
współczesny Polak ▶ dla współczesnego Polak**a** *für den modernen Polen*

Erinnern Sie sich noch an die Regel des „flüchtigen **e**"? Steht in der letzten Silbe eines maskulinen Substantivs ein -(i)e zwischen zwei Konsonanten, so „verflüchtigt" sich dieses in sehr vielen Fällen, wenn eine Deklinationsendung angehängt wird:
mój synek Jaś ▶ bez mojego syn**ka** Jasia *ohne meinen kleinen Sohn Jaś*

Bei den unbelebten maskulinen Substantiven gibt es zwei Endungen: **-a** oder **-u**. Es gibt nur wenige Regeln, mit denen Sie eine sichere Zuordnung der Endungen vornehmen können. Deshalb sollten Sie jedes unbelebte maskuline Substantiv zusammen mit seiner Genitivendung lernen. Die Genitivendung unbelebter maskuliner Substantive ist in jedem guten Wörterbuch notiert. Im Glossar finden Sie ebenfalls einen Hinweis hierzu. Mit der Endung **-a** können Sie sich sicher sein z. B. bei

- Maßen und Gewichten: z. B. kilogram ▶ kilograma *Kilogramm*, litr ▶ litra *Liter*, metr ▶ metra *Meter*
- Obstsorten: z. B. banan ▶ banana *Banane*, arbuz ▶ arbuza *Wassermelone*
- Markennamen: z. B. volkswagen ▶ volkswagena, fiat ▶ fiata, opel ▶ opla
- Körperteilen: z. B. nos ▶ nosa *Nase*, brzuch ▶ brzucha *Bauch*
- Substantiven, die auf **-ik, -ek, -or, -er** enden: z. B. słownik ▶ słownika *Wörterbuch*, znaczek ▶ znaczka *Briefmarke*, telewizor ▶ telewizora *Fernseher*, komputer ▶ komputera *Computer*
- Monatsnamen: z. B. maj ▶ maja *Mai*, lipiec ▶ lipca *Juli*
- den meisten polnischen Ortsnamen: z. B. Gdańsk ▶ Gdańska *Danzig*, Kraków ▶ Krakowa *Krakau*

Beachten Sie den Wechsel von **ó** zu **o** bei Kraków! Ein solcher Wechsel tritt immer auf, sobald das Wort dekliniert wird.

Halo! Słucham!

Rozmowa telefoniczna

Firma:	Firma Gerpol. Słucham.
Dorota:	Dzień dobry. Mówi Dorota Nowak. Czy mogę rozmawiać z panią Jolantą Bystrzycką?
Firma:	Nie ma pani Joli Bystrzyckiej. Jest u szefa. Czy coś przekazać?
Dorota:	Dziękuję, zadzwonię jeszcze raz. Do widzenia.
Firma:	Do widzenia.

Jaś: Mamusia! Do kogo dzwonisz?
Dorota: Do Joli. Ale jej nie ma.
Jaś: Taty też nie ma ... ani babci Kasi, ani cioci Hali ... Mamusia! Dlaczego nie idziemy dziś do przedszkola?
Dorota: Dlatego, że jesteś chory. Proszę, to jest lekarstwo, a to szklanka ciepłego mleka.
Jaś: Nie lubię mleka.
Dorota: Mleko jest zdrowe.
Jaś: Ale niesmaczne. Proszę kawałek czekolady.
Dorota: Czekolada jest niezdrowa.
Jaś: Nieprawda! To jest czekolada mleczna. A mleko jest zdrowe. Mama! Telefon!

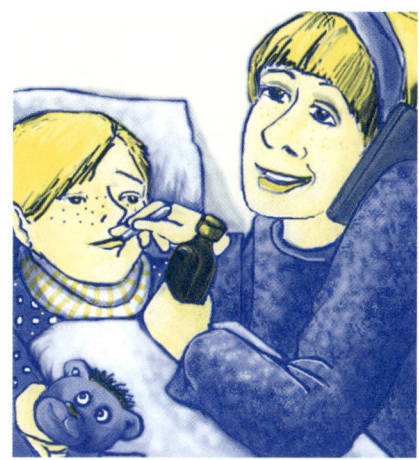

Dorota: Halo!
Jola: Cześć Dorotka. To ja, Jola.
Dorota: Jola! Nareszcie!
Jola: O co chodzi?
Dorota: Jaś jest chory, ja muszę jechać po południu do szkoły, Krzysztofa nie
ma i ...
Jola: Oczywiście! Jego jak zwykle nie ma!! A twoja mama? Siostra? Sąsiadka?
Dorota: Też ich nie ma. Tylko ty jesteś ...
Jola: Dorotka, mnie też nie ma! Jestem strasznie zajęta. Zaraz jadę z szefem
do ambasady niemieckiej. Może po południu ...
Dorota: Jola, dziękuję!!!
Jola: Robię to tylko dla ciebie! Twoje małżeństwo ... To wszystko jest
bez sensu.

Słownictwo

Bez rodziny nie ma życia

bez [bɛs]	*ohne*
nie ma ['ɳɛ ma]	*es gibt nicht / kein(e)*
życie ['ʒitɕɛ]	*Leben*
korespondencja z Warszawy [kɔrɛspɔn'dɛntʂja z var'ʃavi]	*Bericht aus Warschau*
mieszkaniec [mjɛʃ'kaɳɛts]	*Bewohner, Einwohner*
nadal ['nadal]	*immer noch*
najważniejszy [najvaʒ'ɳɛjʃi]	*wichtigste(r)*
synek [sinɛk] *Dim*	*(kleiner) Sohn*
wyobrażać sobie (coś) [viɔ'braʒatɕ 'sɔbjɛ]	*sich (etwas) vorstellen*
tylko ['tilkɔ]	*nur*
kwestia ['kfɛstja]	*Frage*
finansowy [fɨnan'sɔvi]	*finanziell, Finanz-*
chcę [xtsɛ]	*ich möchte, ich will*
chociaż ['xɔtɕaʃ]	*obwohl*
trudno [trudnɔ] *Adv*	*schwierig*
łączyć ['wɔntʃitɕ]	*verbinden*
rola ['rɔla]	*Rolle*
szybki ['ʃipki]	*schnell*
tempo ['tɛmpɔ]	*Tempo*
brak [brak]	*Mangel*
czas [tʃas]	*Zeit*
wszystko ['fʃistkɔ]	*alles*
rezygnować z + *Gen* [rɛzig'nɔvatɕ z]	*verzichten auf*
warszawianka [varʃa'ɣanka]	*Warschauerin*
tak samo [tak 'samɔ]	*genauso*

Halo! Słucham!

Halo! ['xalɔ]	*Hallo!*
rozmowa telefoniczna [roz'mɔva tɛlɛfɔ'ɳitʃna]	*Telefongespräch*
firma ['firma]	*Firma*
mogę ['mɔgɛ]	*ich kann; ich darf*
u + *Gen* [u]	*bei*
szef [ʃɛf]	*Chef*
Czy coś przekazać? [tʃi tsɔɕ pʃɛ'kazatɕ]	*Kann ich etwas ausrichten?*
zadzwonić [za'dzvɔɳitɕ]	*anrufen*
jeszcze raz ['jɛʃtʃɛ ras]	*nochmal*

mamusia	Mami	Nieprawda! [ɲɛ'pravda]	Stimmt nicht!	
[ma'muɕa] Dim		czekolada mleczna	Vollmilch-	
do + Gen [dɔ]	zu, nach	[tʃɛkɔ'lada 'mlɛtʃna]	schokolade	
jej [jɛj] Gen	sie	telefon [tɛ'lɛfɔn]	Telefon	
tata ['tata]	Papi	nareszcie [na'rɛʃtɕɛ]	endlich	
ani ... ani ['aɲi ... 'aɲi]	weder ... noch	O co chodzi?	Worum geht's?	
babcia ['babtɕa]	Oma	[ɔ tsɔ 'xɔdʑi]		
ciocia ['tɕɔtɕa]	Tante	muszę ['muʃɛ]	ich muss	
idziemy [i'dʑɛmi]	wir gehen	jechać ['jɛxatɕ]	fahren	
przedszkole [pʃɛt'ʃkɔlɛ]	Kindergarten,	jego ['jɛgɔ] Gen	hier: er	
	Vorschule	twój, twoja, twoje	dein, deine,	
... dlatego, że ...	... deshalb,	[tfuj, 'tfɔja, tfɔjɛ]	dein	
[dla'tɛgɔ ʒɛ]	weil ...	siostra ['ɕɔstra]	Schwester	
chory ['xɔri]	krank	sąsiadka [sɔ̃'ɕatka]	Nachbarin	
lekarstwo [lɛ'karstfɔ]	Arznei	ich [ix] Gen	hier: sie Pl	
szklanka ['ʃklanka]	Glas	mnie [mɲɛ] Gen	hier: ich	
ciepły ['tɕɛpwi]	warm	zaraz ['zaras]	gleich, sofort	
mleko ['mlɛkɔ]	Milch	jadę ['jadɛ]	ich fahre	
zdrowy ['zdrɔvi]	gesund	ambasada [amba'sada]	Botschaft	
niesmaczny [ɲɛ'smatʃni]	nicht lecker	ciebie ['tɕɛbɛ] Gen	hier: dich	
kawałek [ka'vawɛk]	Stückchen	małżeństwo	Ehe; Ehepaar	
czekolada [tʃɛkɔ'lada]	Schokolade	[maw'ʒɛ̃stfɔ]		
niezdrowy [ɲɛ'zdrɔvi]	ungesund	sens [sɛns]	Sinn	

Gramatyka

1. Die Konsonanten

Alle polnischen Konsonanten werden nach ihrer Aussprache in drei Gruppen unterschieden; es gibt so genannte harte, weiche und historisch weiche Konsonanten.

▎harte Konsonanten: b – d – f – g – h – ch – k – ł – m – n – p – r – s – t – w – z

▎weiche Konsonanten: ć – ń – ś – ź – dź und j

▎historisch weiche Konsonanten: c – l – ż sowie die Buchstabenkombinationen
cz – dz – rz – sz – dż

Die Opposition hart ↔ weich ist eine der wichtigsten Kategorisierungen in der polnischen Sprache. Wir werden noch häufig auf sie zurück kommen. Nehmen Sie sich deshalb Zeit für dieses Thema.

2. Der Genitiv Singular femininer Substantive   *ćw. 1, 2, 3, 8*

Die Opposition hart ←→ weich spielt eine sehr wichtige Rolle bei der Verteilung der Genitivendungen -y oder -i der femininen Substantive:

▌Gehört der Stammauslaut zu den harten (ohne **g** und **k**) oder historisch weichen Konsonanten (ohne l), verwenden Sie die Endung -y:
rodzina ▶ bez rodziny *ohne Familie*
praca ▶ rezygnować z pracy *auf die Arbeit verzichten*

▌Lautet das Substantiv auf einen weichen Konsonanten oder auf **g, k** oder l aus, verwenden Sie die Endung -i:
matka ▶ rola matki *die Rolle der Mutter / die Mutterrolle*
babcia / ciocia ▶ nie ma ani babci ani cioci *weder die Oma noch die Tante ist da*

In der Gruppe der Substantive, die auf einen weichen Konsonanten auslauten, müssen Sie Folgendes beachten:

▌Substantive, die im Nominativ auf -i enden, erhalten im Genitiv Singular keine Endung:
pani ▶ dla pani *für Sie*

▌Substantive, die auf -ja enden, tragen im Genitiv Singular die Endung -ji:
restauracja ▶ Ona jedzie do restauracji. *Sie fährt ins Restaurant.*

▌Über die Endung der Substantive, die im Nominativ auf -ia enden, entscheidet die Aussprache:
Hören Sie ein kurzes **i**, geht im Genitiv das -a verloren. Die Endung lautet -i:
kawiarnia [ka'ɣarɲa] ▶ do kawiarni *ins Café*
Hören Sie dahingegen ein langes **i**, lautet die Genitivform -ii:
Hiszpania [xiʃ'paɲja] ▶ do Hiszpanii *nach Spanien*

3. Der Gebrauch des Genitivs

Den Genitiv verwenden Sie,

▌wenn Sie ein Akkusativ-Objekt verneinen: *ćw. 1*
Lubię czekoladę mleczną. (Akk) *Ich mag Vollmilchschokolade.*
Nie lubię czekolady mlecznej. (Gen) *Ich mag keine Vollmilchschokolade.*
Mam czas. (Akk) *Ich habe Zeit.*
Nie mam czasu. (Gen) *Ich habe keine Zeit.*

▌wenn Sie die Abwesenheit einer Person oder einer Sache feststellen.   *ćw. 2*
● Czy jest Jola? *Ist Jola da?* ● **Nie**, nie ma Joli. *Nein, Jola ist nicht da.*
Jest praca. *Es gibt Arbeit.* Nie ma pracy. *Es gibt keine Arbeit.*

Nie ma *es gibt nicht, es gibt keinen / keine / kein* ist die 3. Person Singular des Verbs **mieć** *haben.* **Nie ma** wird sowohl bei *einer* als auch bei *mehreren* abwesenden Personen / Sachen benutzt:

Tu **są** babcia Kasia i ciocia Hala. *Oma Kasia und Tante Hala sind hier.*
Tu **nie ma** babci Kasi i cioci Hali. *Oma Kasia und Tante Hala sind nicht hier.*

▌ wenn Sie die Zugehörigkeit einer Person / Sache zu einer anderen Person / Sache
bezeichnen (Genitivus possessivus). Das Fragewort *Wessen?* hat im Polnischen drei
Entsprechungen, die Sie in Abhängigkeit vom Genus benutzen: **ćw. 4**

- **Czyj** to jest mąż? *Wessen Mann ist das?*
- To jest mąż Doroty. *Das ist Dorotas Mann.*
- **Czyja** to jest żona? *Wessen Frau ist das?*
- To jest żona Krzysztofa. *Das ist Krzysztofs Frau.*
- **Czyje** to jest dziecko? *Wessen Kind ist das?*
- To jest dziecko Doroty i Krzysztofa. *Das ist Dorotas und Krzysztofs Kind.*

▌ wenn Sie auf den Teil von einem Ganzen oder auf eine Maßeinheit im weitesten
Sinne Bezug nehmen (Genitivus partitivus): **ćw. 8**
szklanka mleka *ein Glas Milch*
trochę sera *ein bisschen Käse*
kawałek czekolady *ein Stückchen Schokolade*

▌ nach einer Reihe von Präpositionen: **ćw. 9**
a) Nach der Präposition **do** *zu; nach*, die u. a. bei Verben der Bewegung steht:
Muszę iść do szkoły. *Ich muss zur Schule gehen.*
Jadę do ambasady niemieckiej. *Ich fahre zur deutschen Botschaft.*
Jadę do Warszawy. *Ich fahre nach Warschau.*

b) nach der Präposition **bez** *ohne:* bez rodziny *ohne Familie,* bez pracy *ohne Arbeit*

c) nach den Präpositionen **dla** *für,* **u** *bei (einer Person),* **obok** *neben:*
Robię to tylko dla ciebie. *Ich mache das nur für dich.*
Jola jest u szefa. *Jola ist beim Chef.*
Szkoła jest obok przedszkola. *Die Schule ist neben dem Kindergarten.*

▌ nach einigen **Verben:**
uczyć się *lernen* ▶ Uczę się języka polskiego. *Ich lerne die polnische Sprache.*
słuchać *(zu)hören* ▶ Słucham muzyki. *Ich höre Musik.*
bać się *sich fürchten* ▶ Boję się psa. *Ich fürchte mich vor dem Hund.*
szukać *suchen* ▶ Szukam pracy. *Ich suche Arbeit.*

4. Die Personalpronomen im Genitiv **ćw. 7**

Die Personalpronomen im Genitiv unterscheiden sich nur geringfügig von den Formen im Akkusativ, die Sie in der 3. Lektion kennen gelernt haben.

4

		Nominativ	Genitiv	
Singular	1. Person	ja	**mnie**	*meiner*
	2. Person	ty	**ciebie / cię**	*deiner*
	3. Person	on	**jego / go / niego**	*seiner*
		ona	**jej / niej**	*ihrer*
		ono	**jego / go / niego**	*seiner*
Plural	1. Person	my	**nas**	*unser*
	2. Person	wy	**was**	*eurer*
	3. Person	oni / one	**ich / nich**	*ihrer*

Für den Gebrauch der Kurzformen **cię** und **go** bzw. der Langformen **ciebie** und **jego** gelten die gleichen Regeln wie im Akkusativ:
Jego jak zwykle nie ma. *Wie immer ist er nicht da.*
Ciebie szukam! *Dich suche ich.*

Nach Präpositionen stehen stets die Langformen **ciebie, niego, niej, niego** und **nich**:
Robię to **dla ciebie**. *Ich mache das für dich.* Jestem **u ciebie**. *Ich bin bei dir.* Telefon **do ciebie**. *Anruf für dich.* Telefon **do niego**. *Anruf für ihn.*

5. Die Possessivpronomen   ćw. 4, 5

Die Endungen der Possessivpronomen richten sich nach dem Genus des Substantivs. Die Pronomen werden wie Adjektive dekliniert. Die Formen der dritten Person sowie die Höflichkeitsformen sind unveränderlich.

maskulin		feminin		neutral	
mój	*mein*	moja	*meine*	moje	*mein*
twój	*dein*	twoja	*deine*	twoje	*dein*
jego *sein / seine / sein*					
jej *ihr / ihre / ihr*					
pana / pani *Ihr / Ihre / Ihr*					
nasz	*unser*	nasza	*unsere*	nasze	*unser*
wasz	*euer*	wasza	*eure*	wasze	*euer*
ich *ihr / ihre / ihr*					
panów / pań / państwa *Ihr / Ihre / Ihr*					

To jest mój syn Jaś. *Das ist mein Sohn Jaś.*
Jego żona ma na imię Dorota. *Seine Frau heißt Dorota.*
Nasz pies nazywa się Mefisto. *Unser Hund heißt Mefisto.*
Wasze dziecko jest bardzo grzeczne. *Euer Kind ist sehr brav.*

6. Die Verben der Bewegung *iść* und *jechać*   ćw. 6

Die Verben **iść** *gehen* und **jechać** *fahren* werden unregelmäßig konjugiert.

Infinitiv	iść	gehen	jechać	fahren
Singular				
1. Person	idę	*ich gehe*	jadę	*ich fahre*
2. Person	idziesz	*du gehst*	jedziesz	*du fährst*
3. Person	idzie	*er / sie / es geht*	jedzie	*er / sie / es fährt*
Plural				
1. Person	idziemy	*wir gehen*	jedziemy	*wir fahren*
2. Person	idziecie	*ihr geht*	jedziecie	*ihr fahrt*
3. Person	idą	*sie gehen*	jadą	*sie fahren*

7. Die Aussprache von *cz, sz* und *ż / rz*   ćw. 11

▌ **cz** ▶ Die Aussprache von **cz** [tʃ] entspricht der Aussprache der deutschen Buchstabenfolge *tsch*: **Czech** [tʃɛx] *Tscheche*, **Cześć!** [tʃɛçtɕ] *Hallo!*
▌ **sz** ▶ Die Aussprache von **sz** [ʃ] entspricht der Aussprache der deutschen Buchstabenfolge *sch*: **szkoła** [ˈʃkɔwa] *Schule*, **sznur** [ʃnur] *Schnur*, **Szlezwik-Holsztyn** [ˈʃlɛzvik ˈxɔlʃtɨn] *Schleswig-Holstein*, **Warszawa** [varˈʃava] *Warschau*.
▌ **ż / rz** ▶ Die Aussprache von **ż** [ʒ] und **rz** [ʒ] ist gleich. Sie entspricht der Aussprache des *g* in dem Wort *Garage* und des *j* in *Journal*. Am Silbenende sowie nach **k**, **p**, **t** und **ch** verlieren **ż / rz** ihre Stimmhaftigkeit, so dass sie wie **sz** [ʃ] gesprochen werden: **żaluzja** [ʒaˈluzja] *Jalousie*, **żakiet** [ˈʒakɛt] *Jackett*, **rzecz** [ʒɛtʃ] *Sache, Ding*, **garaż** [ˈgaraʃ] *Garage*, **Krzysztof** [ˈkʃɨʃtɔf], **przed** [pʃɛt] *vor*, **trzy** [tʃɨ] *drei*.

Język polski w kontekście   ćw. 10

Telefongespräch

Privat melden sich die meisten Polen mit einem einfachen **Halo!** *Hallo!* oder mit **Słucham.** *Ja bitte.* (wörtlich: *Ich höre.*) Handelt es sich dagegen um einen dienstlichen Anruf, meldet man sich mit dem Firmennamen (und z.T. auch mit dem eigenen Namen).

4

Wenn Sie jemanden anrufen, sollten Sie sich mit Ihrem Namen vorstellen.
Wenn der gewünschte Gesprächspartner nicht direkt am Telefon ist, fragen Sie nach ihm mit:
Czy mogę rozmawiać z ... (Instr)? *Kann ich mit ... sprechen?* oder
Czy jest ... (Nom)? *Ist .... da?* oder
Czy mogę prosić ... (Akk)? *Kann ich ... ans Telefon bitten?*
Ein Telefongespräch können Sie mit **Do widzenia!** *Auf Wiedersehen!* oder mit
Do usłyszenia! *Auf Wiederhören!* beenden.
Haben Sie sich verwählt, können Sie sich mit **Przepraszam. Pomyłka!** *Entschuldigung.*
Verwählt! (wörtlich: *Irrtum*) für die Störung entschuldigen.

Dodatkowe konstrukcje leksykalne

rodzina	*Familie*	rodzeństwo:	*Geschwister:*
dziadkowie:	*Großeltern:*	brat + siostra	*Bruder +*
dziadek + babcia	*Opa + Oma*		*Schwester*
rodzice: ojciec + matka	*Eltern: Vater +*	wnuk + wnuczka	*Enkel +*
	Mutter		*Enkelin*
mama / mamusia	*Mama / Mami*	małżeństwo:	*Ehepaar:*
tata / tatuś	*Papa / Papi*	mąż + żona	*Ehemann +*
dzieci: syn + córka	*Kinder: Sohn +*		*Ehefrau*
	Tochter	wujek + ciocia	*Onkel + Tante*

Ćwiczenia

1 Verneinen Sie.

1. Dorota ma czas. Jola nie ma *czasu* .

2. Jaś lubi czekoladę mleczną. Witek nie lubi ....

3. Ciocia Hala lubi czarną kawę. Babcia Kasia nie lubi ....

4. Dorota ma małe dziecko. Jola nie ma ....

5. Dorota lubi ciepłe mleko. Jaś nie lubi ....

6. Krzysztof ma pracę. Babcia Zosia nie ma ....

7. Oni znają język polski. My nie znamy ....

8. Ja mam rodzinę. Ty nie masz ....

4

2 Wer ist auf dem Bild zu sehen? Und wer nicht? Beantworten Sie die Fragen.

1. Czy tu jest Jola? Tak, tu ...*jest Jola*............ .
2. Czy tu jest Witek? Nie, tu ....
3. Czy tu jest Dorota? Nie, tu ....
4. Czy tu jest Jaś? Tak, tu ....
5. Czy tu jest pan Stanisław? Nie, tu ....
6. Czy tu jest pani Zosia? Tak, tu ....

3 Sie haben Jolas und Dorotas Familie sowie Witek näher kennen gelernt.
Zu wem stehen die aufgeführten Personen und Tiere in welcher Beziehung?

1. pani Zosia: żona ...*Stanisława*.....
2. pan Stanisław: mąż ....
3. Witek: chłopak ....
4. Jaś: dziecko .... i ....
5. Jola: córka .... i ....
6. Dorota: matka ....
7. Mefisto: pies .... i ....
8. Atom: kot ....

4 Ergänzen Sie die Possessivpronomen und setzen Sie die Adjektive in den Nominativ.

1. Mam czarnego, dużego kota. ...*Mój*......... kot jest ...*czarny*...... i ...*duży*....... .
2. A ty masz miłego, małego psa. .... pies jest .... i ....
3. Mamy małe, grzeczne dziecko. .... dziecko jest .... i ....
4. Macie duże, niegrzeczne dziecko. .... dziecko jest .... i ....
5. Mam młodą, piękną żonę. .... żona jest .... i ....
6. Ty masz starego, brzydkiego męża. .... mąż jest .... i ....
7. Mamy wysoką, szczupłą córkę. .... córka jest .... i ....
8. Macie niskiego, grubego syna. .... syn jest .... i ....

4

5 Formulieren Sie Fragen und Antworten. Ergänzen Sie die Possessivpronomen.

1. Ciocia Hala ma rodzinę. ...._Czyja_.... to jest rodzina? To jest rodzina ...._cioci Hali_... .

   To ..._jej_..... rodzina.

2. Jola ma nowy samochód. .... to jest samochód? To jest samochód

   .... To .... samochód.

3. Pani Zosia i pan Stanisław mają psa. .... to jest pies? To jest pies

   .... i .... To .... pies.

4. Dorota i Krzysztof mają małe dziecko. .... to jest dziecko? To jest

   dziecko .... i .... To .... dziecko.

5. Dorota ma przyjaciółkę. .... to jest przyjaciółka? To jest przyjaciółka

   .... To .... przyjaciółka.

6. Witek ma czarnego kota. .... to jest kot? To jest kot .... To

   .... kot.

6 Setzen Sie die Verben **iść** oder **jechać** sowie die Substantive in der richtigen Form ein.

1. Jaś jest chory i nie ...._idzie_........ do ...._przedszkola_... . (iść / przedszkole)

2. Jola .... do .... po południu. (jechać / Dorota)

3. Jola i jej szef .... do ....

   (jechać / ambasada niemiecka)

4. Czy (wy) .... dziś do .... ? (iść / szkoła)

5. Pani Zosia .... do .... (iść / fryzjer)

6. (my) .... do .... (jechać / Berlin)

7. Jestem zmęczona. Zaraz .... do .... (iść / dom)

8. (ja) .... pociągiem do .... (jechać / Warszawa)

7 Setzen Sie die entsprechenden Personalpronomen im Genitiv ein.

1. Jest sympatyczna. Dlaczego ...*jej*.......nie lubisz?

2. Jola i Dorota mówią po polsku. Szkoda, że .... nie rozumiecie.

3. My lubimy was, ale wy nie lubicie (my) ....

4. Gdzie są Jola i Witek? Dlaczego .... nie ma?

5. Ja go kocham, ale dlaczego on (ja) .... nie kocha?!

6. Nie kochasz (ona) ....? A ona cię bardzo kocha!

7. Jadę do (ona) .... po południu.

8. Bez (ty) .... nie ma dla (ja) .... życia!

8 Ergänzen Sie die fehlenden Endungen.

1. kufel polsk.............. piw..............

2. butelka francusk.............. win..............

3. filiżanka czarn.............. kaw..............

4. szklanka ciepł.............. mlek..............

9 Setzen Sie die Präpositionen ein und ergänzen Sie die Endung.

obok	dla	bez	u	do

1. ...*Bez*.... pracy nie ma życi *a* .
2. Życie jest .... sens....... .
3. To jest lekarstwo .... Jasi....... .
4. Jaś nie idzie .... przedszkol....... .

5. Dorota dzwoni .... Jol....... .
6. Jola jest teraz .... szef....... .
7. Dorota jedzie .... szkoł....... .
8. Szkoła jest .... przedszkol....... .

4

10 Ergänzen Sie die Telefongespräche.

1.

> Niestety   Czy coś przekazać
> Słucham   Czy mogę prosić   Dziękuję

- Gerpol. ....
- Dzień dobry. Mówi Dorota Nowak.

  .... panią Jolantę

  Bystrzycką?
- .... nie ma pani Joli Bystrzyckiej. ....?
- ...., zadzwonię jeszcze raz.

2.

> z panem Witoldem Starym   Chwileczkę   Słucham   Cześć

- Dzień dobry. Mówi Jola Bystrzycka.

  Czy mogę rozmawiać ....?
- .... Już proszę.
- ....
- .... ! To ja, Jola.
- Ach, to ty!

11 Welcher Buchstabe fehlt, **cz, sz, rz oder ż**? Ergänzen Sie und lesen Sie laut.

K........ysztof Byst........ycki

Picasso to mala........ .

Thomas Mann to pisa........ .

........y coś p........ekazać?

........eść! ....y ma........ dla mnie ....as?

Mefisto to ....arny i du........y pies.

........ego ....ęsto ....uka........?

In dieser Lektion beschäftigen Sie sich mit:
- ▪ Verabredungen und Einladungen
- ▪ den Wochentagen
- ▪ **Präpositionen**, die den **Akkusativ** verlangen
- ▪ **Präpositionen**, die den **Genitiv** verlangen

Warszawski przewodnik kulturalny

Wasz obserwator poleca:

▪ W poniedziałek, we wtorek i w środę w „Akwarium" koncert kwartetu jazzowego „W kratkę". Kwartet gra nieźle: mój ulubiony klub jazzowy zawsze chętnie polecam! ★★★

▪ W czwartek premiera nowego polskiego filmu kryminalnego „Za wszystko zapłacisz!" Film niestety, nieudany: brutalny, wulgarny i nudny! Odradzam stanowczo! ★

▪ W piątek zapraszam do teatru. W „Ateneum" spektakl „Pamiętnik liryczny". Polecam gorąco! ★★★★★

▪ Jezeli lubicie muzykę Chopina, proszę koniecznie odwiedzić Filharmonię Narodową w sobotę. Koncert z cyklu „Polska młodzież gra Chopina". Polska młodzież gra wspaniale! Warto! ★★★★

▪ W niedzielę wieczorem wydarzenie tygodnia: jak zawsze tylko jeden koncert zespołu „Mazowsze". „Mazowsze" to więcej niż folklor, to polska dusza! Proszę zarezerwować czas. Bilet jest drogi, ale zobaczyć trzeba. ★★★★★
Wasz Obserwator

Warschauer Kulturführer

Euer Beobachter empfiehlt:

▪ Am Montag, am Dienstag und am Mitttwoch im „Aquarium" Konzert des Jazzquartetts „Kariert". Das Quartett spielt nicht schlecht: meinen Lieblings-Jazzclub empfehle ich immer gern! ★★★

▪ Am Donnerstag Premiere des neuen polnischen Kriminalfilms „Du wirst für alles bezahlen!" Der Film ist leider misslungen: brutal, vulgär und langweilig! Ich rate unbedingt ab! ★

▪ Am Freitag lade ich ins Theater ein. Im „Ateneum" Aufführung „Lyrisches Tagebuch". Empfehle ich wärmstens! ★★★★★

▪ Wenn ihr Chopins Musik mögt, am Samstag unbedingt die Nationalphilharmonie besuchen. Konzert aus der Reihe „Polnische Jugend spielt Chopin". Die polnische Jugend spielt hervorragend! Es lohnt sich! ★★★★

▪ Am Sonntagabend das Ereignis der Woche: wie immer nur ein Konzert der Gruppe „Masowien". „Masowien" ist mehr als Folklore, das ist die polnische Seele! Bitte Zeit reservieren. Die Eintrittskarte ist teuer, aber man muss (wörtlich: es ist nötig) es sehen. ★★★★★
Euer Beobachter

5

Co nowego?

In den ersten Lektionen haben Sie verschiedene Präpositionen kennen gelernt:

▌mit dem Instrumental stehen:
 z *mit*, **nad** *über*, **pod** *unter*, **przed** *vor*, **za** *hinter*, **między** *zwischen*

▌mit dem Genitiv stehen:
 bez *ohne*, **dla** *für*, **u** *bei*, **z** *aus*

Es gibt Präpositionen, die nur **einen** Fall nach sich ziehen, z. B. steht nach **do**, **bez** und **u** immer der Genitiv. Wie Sie aber richtig beobachtet haben, können nach einer Präposition auch verschiedene Fälle stehen; die Präposition hat dann unterschied- liche Bedeutungen, z. B. **z** + Instr: **Rozmawiam z przyjaciółką.** *Ich rede mit einer Freundin*; **z** + Gen: **Jestem z Warszawy.** *Ich bin aus Warschau.*

Do kina? Na koncert? A może do teatru?

Kawiarnia „Pod Zieloną Żabą"

Jola: Przepraszam za spóźnienie. Długo na mnie czekasz?
Witek: Dość długo, jak zawsze ...
Jola: Dlaczego tak na mnie patrzysz?
Witek: Ta sukienka w kratkę ... jest bardzo ładna. Ty jesteś ładna!
Jola: Dziękuję za komplement, ale wcale nie wyglądam ładnie. Jestem bardzo zmęczona i przeziębiona. Tylko mocna kawa i syrop na kaszel mogą mnie uratować.
Witek: Kawa jest już za moment! A co z syropem? Iść do apteki po lekarstwo? Na pewno mają coś na przeziębienie.
Jola: Dziękuję, Witeczku, jesteś kochany. Ale wiesz, że na przeziębienie nie ma lekarstwa. Co czytasz?
Witek: Program kulturalny na następny tydzień. Może gdzieś się wybierzemy?
Jola: Chętnie. Co proponujesz?
Witek: Może do filharmonii? Na koncert. Chopin ... dobry program.
Jola: Wiesz, że nie lubię muzyki poważnej.
Witek: To może do kina? Na ten nowy polski film.
Jola: Podobno taki sobie.

Witek: Do teatru? ...

Jola: Ale kiedy? Jutro pracuję, a w piątek jadę na cały dzień do Łodzi. Mamy delegację z Berlina. Tylko w sobotę jestem wolna.

Witek: To pech, bo w sobotę muszę iść na uniwersytet na konferencję. Może w niedzielę?

Jola: W niedzielę jadę do Doroty. Jaś jest chory.

Witek: Więc nic z naszego weekendu?

Jola: Tak wygląda.

Witek: Szkoda ... To może za tydzień?

Słownictwo

Warszawski przewodnik kulturalny

warszawski [var'ʃafsķi] *Warschauer*

przewodnik kulturalny *Kulturführer*
 [pʃɛ'vɔdɲik kultu'ralni]

obserwator [ɔpsɛr'vatɔr] *Beobachter*

polecać [pɔ'lɛtsatɕ] *empfehlen*

odradzać [ɔd'radzatɕ] *abraten*

w [v] *hier: am*

poniedziałek *Montag*
 [pɔɲɛ'dʑawɛk]

wtorek ['ftɔrɛk] *Dienstag*

środa ['ɕrɔda] *Mittwoch*

akwarium [a'kfaɾum] *Aquarium*

koncert ['kɔntsɛrt] *Konzert*

kwartet jazzowy *Jazzquartett*
 ['kfartɛd ʒɛ'zɔvi]

w kratkę [f 'kratkɛ] *kariert*

grać [gratɕ] *spielen*

nieźle ['ɲɛʑlɛ] *Adv nicht schlecht,*
 nicht übel

ulubiony [ulu'bɔni] *beliebt;*
 Lieblings-

klub jazzowy *Jazzclub*
 [klub dʒɛ'zɔvi]

czwartek ['tʃfartɛk] *Donnerstag*

premiera [prɛ'mɛra] *Premiere*

film kryminalny *Kriminalfilm*
 [ɸilm krimi'nalni]

zapłacić za *bezahlen für*
 [za'pwatɕidʑ za]

film [ɸilm] *Film*

nieudany [ɲɛu'dani] *nicht gelungen,*
 missraten

brutalny [bru'talni] *brutal*

wulgarny [vul'garni] *vulgär*

nudny ['nudni] *langweilig*

stanowczo [sta'nɔftʃɔ] *entschieden;*
 Adv unbedingt

piątek ['pɔntɛk] *Freitag*

spektakl ['spɛktakl] *(Theater)Auf-*
 führung

pamiętnik liryczny *lyrisches*
 [pa'mɛntɲik ļi'ritʃni] *Tagebuch*

gorąco [gɔ'rɔntsɔ] *Adv wärmstens; heiß*

muzyka ['muzika] *Musik*

koniecznie [kɔ'ɲɛtʃɲɛ] *unbedingt*
 Adv

odwiedzić [ɔd'ɣɛdʑitɕ] *besuchen*

filharmonia narodowa *National-*
 [ɸilxar'mɔɲja narɔ'dɔva] *philharmonie*

sobota [sɔ'bɔta] *Samstag*

z cyklu [s tsiklu] *aus dem Zyklus*

młodzież ['mwɔdʑɛʃ] *f Jugend*

warto ['varto] *Adv es lohnt sich*

niedziela [ɲɛ'dʑela] *Sonntag*

wydarzenie tygodnia *Ereignis der*
 [vida'ʒɛɲɛ ti'gɔdɲa] *Woche*

zespół ['zɛspuw] *Gruppe*

więcej [ɣɛntsɛj] *mehr*

folklor ['fɔlklɔr] *Folklore*

dusza ['duʃa]	Seele
zarezerwować	reservieren
[zarɛzɛr'vɔvatç]	
bilet ['bilɛt]	Eintrittskarte
zobaczyć [zɔ'batʃitç]	sehen
trzeba ['tʃɛba]	man muss

Do kina? Na koncert? A może do teatru?

pod Zieloną Żabą	zum Grünen
[pɔd ʑɛ'lɔnɔ̃ 'ʒabɔ̃]	Frosch
przepraszać za	sich ent-
[pʃɛ'praʃadʑ za]	schuldigen für
spóźnienie [spuʑ'ɲɛɲɛ]	Verspätung
czekać na ['tʃɛkatç na]	warten auf
dość [dɔçtç]	ziemlich; genug
patrzeć na ['patʃɛtç na]	ansehen
sukienka [su'ḳɛnka]	Kleid
dziękować za	danken für
[dʑɛŋ'kɔvadʑ za]	
komplement	Kompliment
[kɔm'plɛmɛnt]	
wcale nie ['ftsalɛ ɲɛ]	überhaupt nicht
wyglądać [vɨ'glɔndatç]	aussehen
ładnie ['wadɲɛ] Adv	hübsch
mocny ['mɔtsnɨ]	stark, kräftig
syrop na kaszel	Hustensaft
['sɨrɔp na 'kaʃɛl]	
mogą ['mɔgɔ̃]	sie können
uratować [ura'tɔvatç]	retten
za moment [za 'mɔmɛnt]	sofort, gleich
iść po [içtç pɔ]	holen
apteka [ap'tɛka]	Apotheke
coś na [tsɔç na]	etwas gegen/für
kochany [kɔ'xanɨ]	geliebt; lieb

wiesz [vɛʃ]	du weißt
program kulturalny	Kultur-
['prɔgram kultu'ralnɨ]	programm
na następny tydzień	für die nächste
[na na'stɛmpnɨ 'tɨdʑɛŋ]	Woche
gdzieś [gdʑɛç]	irgendwo;
	irgendwohin
wybierzemy się	wir unterneh-
[vɨbʲɛ'ʒɛmɨ çɛ]	men etwas, wir
	gehen aus
proponować	vorschlagen
[prɔpɔ'nɔvatç]	
muzyka poważna	klassische
['muzɨka pɔ'vaʒna]	(ernste) Musik
podobno [pɔ'dɔbnɔ]	angeblich
Adv	
taki sobie [taḳi 'sɔbʲɛ]	mittelmäßig,
	so lala
kiedy ['ḳɛdɨ]	wann
na cały dzień	(für) den ganzen
[na 'tsawɨ dʑɛŋ]	Tag
Łódź [wutç]	Lodz
delegacja z Berlina	Delegation aus
[dɛlɛ'gatsja z bɛr'lʲina]	Berlin
wolny ['vɔlnɨ]	frei
bo [bɔ]	weil
iść na uniwersytet	zur Universität
[içtç na uɲi'vɛrsɨtɛt]	gehen
konferencja	Konferenz
[kɔnfɛ'rɛntsja]	
więc [vɛnts]	also
nic z [ɲidz z]	hier: nichts mit
weekend ['ʷikɛnt]	Wochenende

Gramatyka

1. Präpositionen mit Akkusativ   ćw. 1, 7, 8, 9, 12

Im Dialog haben Sie einige Konstruktionen mit den Präpositionen w, na, po, o, za kennen gelernt, die allesamt den Akkusativ nach sich ziehen.

Die Präposition *w*

verwenden Sie

▌ mit Wochentagen:

W niedzielę jest koncert. *Am Sonntag ist ein Konzert.*
W poniedziałek idziemy do kina. *Am Montag gehen wir ins Kino.*

▌ mit Mustern:

sukienka w kratkę / paski / kropki / kwiatki
ein kariertes / gestreiftes / getupftes / geblümtes Kleid
pies w łaty *ein gefleckter / scheckiger Hund*

Die Präposition *na*

verwenden Sie

▌ mit bestimmten Verben:

zapraszać na *einladen zu / für*
Zapraszam cię na koncert / kawę. *Ich lade dich zu einem Konzert / Kaffee ein.*
Zapraszam cię na poniedziałek / jutro. *Ich lade dich für Montag / morgen ein.*

iść na *gehen zu / in*
iść na zebranie *zu einer Versammlung gehen*
iść na koncert / wystawę / dyskotekę
in ein Konzert / eine Ausstellung / eine Diskothek gehen

czekać na *warten auf*
Witek czeka na Jolę. *Witek wartet auf Jola.*
Czekam na pociąg. *Ich warte auf den Zug.*

patrzeć na *ansehen, anschauen*
Witek patrzy na Jolę. *Witek sieht Jola an.*

chorować na *erkrankt sein an*
Jaś choruje na grypę. *Jaś hat Grippe (wörtlich: Jaś ist an Grippe erkrankt.).*

▌ wenn Sie angeben, wozu eine Sache bestimmt ist:

szarlotka na deser *Apfelkuchen zum Nachtisch*
obraz na sprzedaż *Bild zu verkaufen* (wörtlich: *zum Verkauf*)

▌ in idiomatischen Wendungen:

na wszelki wypadek *für alle Fälle*
na szczęście *zum Glück*
na zawsze *für immer*
wszystko na nic *alles für die Katz (wörtlich: alles für nichts)*
mieć ochotę na *Lust haben auf*

Die Präposition *za*

verwenden Sie

▌ bei Zeitangaben des Typs „in + Zeitspanne":
Za tydzień jadę do Krakowa. *In einer Woche fahre ich nach Krakau.*
Za moment! / Za chwilę! *Sofort! Gleich!*

▌ mit bestimmten Verben:
przepraszać za *sich entschuldigen für*
Jola przeprasza za spóźnienie. *Jola entschuldigt sich für die Verspätung.*

dziękować za *danken für*
Dziękuję za zaproszenie. *Ich danke für die Einladung.*

płacić za *bezahlen für*
Witek płaci za kawę. *Witek bezahlt den Kaffee.*

▌ in idiomatischen Wendungen:
Nie ma za co! *Gern geschehen! / Keine Ursache!*

Die Präposition *o*

verwenden Sie
▌ mit bestimmten Verben:
prosić o *bitten um*
Jola prosi o kartę. *Jola bittet um die Karte.*
prosić o pomoc *um Hilfe bitten*

pytać o *fragen nach*
pytać o drogę / cenę *nach dem Weg / Preis fragen*

Die Präposition *po*

▌ Die Verben **jechać** *fahren* und **iść** *gehen* bekommen mit der Präposition **po** die
Bedeutung *holen* oder *abholen*:
Jadę po Jolę. *Ich fahre Jola abholen.*
Idę po chleb. *Ich gehe Brot holen / kaufen.*

2. Präpositionen mit Genitiv   *ćw. 3, 4, 5, 6, 8*

Präpositionen, die mit dem Genitiv stehen, haben Sie bereits in der → 4. Lektion
kennen gelernt. Hier stellen wir Ihnen noch weitere Kontexte vor, in denen die
Präpositionen **z, do** und **od** auftreten.

Die Präposition *z*

verwenden Sie

❙ in einer Antwort auf die Frage **skąd?** *woher?:*
  - Skąd jesteś? *Woher kommst / bist du?*
  - Jestem z Polski / Berlina / Warszawy:
    Ich komme / bin aus Polen / Berlin / Warschau.

❙ mit bestimmten Verben:
  wracać z *zurückkommen aus / von*
  Wracam z kina / uniwersytetu / Berlina.
  Ich komme aus dem Kino / von der Universität / aus Berlin (zurück).

  cieszyć się z *sich freuen über*
  Cieszę się z prezentu. *Ich freue mich über das Geschenk.*

Die Präposition *do*

verwenden Sie

❙ als Antwort auf die Frage **dokąd? / gdzie?** *wohin?* und **do kogo?** *zu wem?:*
  - Dokąd / gdzie jedziesz? *Wohin fährst du?*
  - Jadę do Krakowa. *Ich fahre nach Krakau.*
  - Do kogo jedziecie? *Zu wem fahrt ihr?*
  - Jedziemy do ojca Witka. *Wir fahren zu Witeks Vater.*

Die Präposition *od*

verwenden Sie

❙ mit dem Verb **wracać** *zurückkommen* + Angabe einer Person. Die Verben **jechać**
  und **iść** bekommen durch die Präposition **od** die Bedeutung *zurückkommen*:
  Wracam od Joli. *Ich komme von Jola (zurück).*
  Jadę od Doroty. *Ich komme von Dorota (zurück).*

3. Konstruktionen des Typs „Substantiv + Präposition + Substantiv"

Mit den Präpositionen **na** (+ Akk) sowie **do** und **z** (jeweils + Gen) geben Sie die
nähere Bestimmung einer Sache an. Ins Deutsche werden solche Konstruktionen oft
als Komposita übersetzt:

kieliszek do wina *Weinglas* (wörtlich: *Glas für Wein*)
krem do golenia *Rasiercreme* (wörtlich: *Creme zum Rasieren*)
proszek do prania *Waschpulver* (wörtlich: *Pulver zum Waschen*)
kolega z pracy *Arbeitskollege* (wörtlich: *Kollege aus der Arbeit*)
zdjęcie z urlopu *Urlaubsfoto* (wörtlich: *Foto aus dem Urlaub*)

4. Die Demonstrativpronomen *ćw. 2*

Die Demonstrativpronomen **ten, ta, to** *dieser, diese, dieses* werden ähnlich konjugiert wie Adjektive.
Die Opposition *dieser – jener, diese – jene, dieses – jenes* löst das Polnische, indem es dem Pronomen z. B. **ten** *dieser* das Wörtchen **tam** *dort* voranstellt.

	maskulin	feminin	neutral
Nominativ	ten / tamten	ta / tamta	to / tamto
Genitiv	tego / tamtego	tej / tamtej	tego / tamtego
Akkusativ	*belebt:* tego / tamtego *unbelebt:* ten / tamten	tę (tą) / tamtę (tamtą)*	to / tamto
Instrumental	tym / tamtym	tą / tamtą	tym / tamtym

* Sie können beide Formen **tę** bzw. **tą** verwenden.

- Chcesz iść na ten koncert? *Möchtest du zu diesem Konzert gehen?*
- Na ten nie, wolę na tamten. *Nein, zu diesem nicht, ich gehe lieber zu jenem.*
- Jedziemy tym pociągiem do Krakowa? *Fahren wir mit diesem Zug nach Krakau?*
- Nie, tym nie, tamtym. *Nein, nicht mit diesem, mit jenem.*

5. Aussprache der Zischlaute und Konsonantenhäufungen *ćw. 11*

Eines fällt sofort auf, wenn man einem polnischen Gespräch lauscht: Es zischt! Es gibt 13 Buchstaben bzw. Buchstabenkombinationen, die alle verschieden summen oder zischen. Die meisten haben Sie schon kennen gelernt. Hier eine Übersicht:

Buchstabe	polnisches Wortbeispiel	Aussprache vergleichbar mit dem deutschen ...
c [ts]	Co? *Was?*	Zoo
s [s]	słońce *Sonne*	weiß
z [z]	Zofia	Sophie
ś [ɕ]	Jaś	Gesicht
ć [tɕ]	cześć *hallo*	Entchen
ż [ʒ]	duży *groß*	Gelee
ź [ʑ]	źle *schlecht*	*entspricht in etwa einem deutschen j, bei dem Sie die Mittelzunge stärker wölben*

Buchstabe	polnisches Wortbeispiel	Aussprache vergleichbar mit dem deutschen ...
sz [ʃ]	Warszawa *Warschau*	Warschau
cz [tʃ]	czarny *schwarz*	Tschechien
rz [ʒ]	rzecz *Sache*	Gelee
dz [dz]	dzwonić *anrufen, klingeln*	*kombinieren Sie einfach d mit z*
dż [dʒ]	dżem *Marmelade*	Dschungel
dź [dʑ]	dźwig *Kran*	*kombinieren Sie d mit ź*

Es ist Ihnen sicherlich schon aufgefallen, dass sich oft sehr viele Konsonanten oder Zischlaute aneinander reihen. Wenn Sie einem solchen Wort begegnen, erschrecken Sie nicht! Denken Sie beim Üben immer daran, dass die Zunge eigentlich nichts anderes ist als ein großer Muskel, der trainiert werden will.
Szczecin ['ʃtʃɛtçin] *Stettin* – **cześć** [tʃɛçtç] *hallo* – **dżdżownica** [dʒːɔ 'vnitsa] *Regenwurm* – **szczęście** ['ʃtʃɛ̃çtçɛ] *Glück* – **chrabąszcz** ['xrabɔ̃ʃtʃ] *Maikäfer*

Polens bekanntester Zungenbrecher: **Chrząszcz brzmi w trzcinie.**
[xʃɔ̃ʃtʃ bʒmi f tʃtçiɲɛ] *Ein Käfer summt im Schilf.*

Język polski w kontekście

Verabredung und Einladung   *ćw. 10*

Sich verabreden
Może wybierzemy się / pójdziemy na koncert / do restauracji?
Gehen wir ins Konzert / ins Restaurant?
Sie können auch fragen: Na co masz / ma pani / ma pan ochotę?
Worauf hast du / haben Sie Lust?

Einladen
Zapraszam cię / panią / pana na koncert / na obiad / do restauracji.
Ich lade dich / Sie zum Konzert / zum Mittagessen / ins Restaurant ein.

Eine Einladung annehmen oder ablehnen
Bardzo miło z twojej / pani / pana strony. *Das ist sehr nett von dir / Ihnen.*
Chętnie! *Gerne!*
Z przyjemnością! *Mit Vergnügen!*
Niestety, nie mogę, jestem bardzo zajęty/a.
Leider kann ich nicht, ich bin sehr beschäftigt.

5

Przykro mi, ale nie mam czasu. *Es tut mir leid, aber ich habe keine Zeit.*
Może innym razem. *Vielleicht ein anderes Mal.*

i Die Polen sind sehr stolz auf ihren berühmten Komponisten Frédéric Chopin, Sohn einer Polin und eines Franzosen. Chopins Werke wurden von der Volksmusik Masowiens inspiriert, vor allem von der Mazurka. Nach dem Befreiungsaufstand 1831 emigrierte Chopin wie viele Polen nach Paris, wo er 1849 starb.

Dodatkowe konstrukcje leksykalne

do muzeum	*ins Museum*	teraz	*jetzt*
na wystawę	*zur Aus-stellung*	zaraz	*gleich, sofort*
do restauracji na obiad / na kolację	*ins Restaurant zum Mittag-essen / Abend-essen*	zaraz wracam!	*komme gleich!*
do parku na spacer	*in den Park zum Spazie-ren gehen*		

Ćwiczenia

1 Setzen Sie die richtige Präposition ein.

na   w   za   o   po

1. Przepraszam _za_ spóźnienie.
2. Długo .... mnie czekasz?
3. Masz ładną sukienkę .... kratkę.
4. Proszę .... kawę.
5. Czy iść do apteki .... syrop?
6. Proszę .... pomoc.
7. Czekam .... Jolę.
8. Kto zapłaci .... kawę?
9. Dziękuję .... zaproszenie.
10. Dorota jedzie .... Jasia do przedszkola.

2 Setzen Sie das Demonstrativpronomen in den richtigen Fall.

1. Czy znasz _tego_ polskiego kompozytora? (ten)
2. Nie znamy .... aktorki, a .... znamy dobrze. (tamta / ta)
3. Jedziemy .... pociągiem, czy .... ? (ten / tamten)
4. Chcę iść na .... koncert. (ten)
5. Nie chcę słuchać .... muzyki. (ta)
6. .... lekarstwo jest dobre na kaszel. (to)
7. Nie chcę .... lekarstwa, wolę .... (to / tamto)
8. Kiedy jedziesz z .... delegacją do Łodzi? (ta)

3 Kim oni są? *Wer sind sie?* **Skąd oni są?** *Woher kommen sie?* Antworten Sie.

1. Hans ▶ _Hans jest Austrakiem. On jest z Austrii._
2. Jola ▶ ....
3. Carlos ▶ ....
4. Pierre ▶ ....
5. Marlene ▶ ....
6. Elizabeth ▶ ....

4 Wohin fährt der Zug? Bilden Sie Sätze nach dem Muster.

1. Łódź *(Lodz)* ▶ _Ten pociąg jedzie do Łodzi._
2. Warszawa *(Warschau)* ▶ ....
3. Berlin ▶ ....
4. Moskwa *(Moskau)* ▶ ....
5. Paryż *(Paris)* ▶ ....
6. Lipsk *(Leipzig)* ▶ ....
7. Kraków *(Krakau)* ▶ ....
8. Gdańsk *(Danzig)* ▶ ....

5

5 Welche Strecke fliegt das Flugzeug? Bilden Sie Sätze nach dem Muster.

1. Frankfurt – Lizbona *(Lissabon)* ▶   *Ten samolot leci z Frankfurtu do Lizbony.*
2. Warszawa – Madryt *(Madrid)* ▶   ....
3. Moskwa – Londyn *(London)* ▶   ....
4. Kraków – Rzym *(Rom)* ▶   ....
5. Praga *(Prag)* – Budapeszt *(Budapest)* ▶   ....
6. Hamburg – Bruksela *(Brüssel)* ▶   ....

6 Ergänzen Sie die Präpositionen **z – od – do**.

Hinfahrt	Rückfahrt
1. Jola jedzie _do_ Doroty.	Jola wraca _od_ Doroty.
2. Witek i Jola jadą .... Krakowa.	Witek i Jola wracają .... Krakowa.
3. Witek jedzie .... ojca.	Witek wraca .... ojca.
4. Krzysztof jedzie .... pracy.	Krzysztof wraca .... pracy.
5. Jaś idzie .... przedszkola.	Jaś wraca .... przedszkola.
6. Ta aktorka idzie .... teatru.	A tamta wraca .... teatru.
7. Jola idzie .... szefa.	Jola wraca .... szefa.
8. Jola jedzie .... ambasady.	Jola wraca .... ambasady.

7 Verbinden Sie: *wohin* und *wozu*?

do filharmonii   na film
do kina   na lekcję
do parku   na spektakl
do teatru   na spacer
do restauracji   na kawę
do kawiarni   na obiad
do szkoły   na koncert

8 Ergänzen Sie die Sätze durch die Präpositionen **do** oder **na**.

1. Ta aktorka idzie *do* teatru, *na* spektakl.

2. Dorota idzie .... szkoły, ... lekcję.

3. Witek idzie .... uniwersytet .... konferencję.

4. Pani Zosia idzie .... filharmonii .... koncert.

5. W czwartek idziemy .... muzeum .... wystawę.

6. Idziemy .... parku .... spacer?

9 An welchen Tagen können Sie in die folgenden kulturellen Genüsse kommen? Schauen Sie im Lesetext nach.

1. Koncert zespołu „Mazowsze" jest *w niedzielę* .

2. Koncert z cyklu „Polska młodzież gra Chopina" jest ....

3. Spektakl „Pamiętnik liryczny" jest ....

4. Premiera filmu kryminalnego „Za wszystko zapłacisz" jest ....

10 Reagieren Sie auf die Einladungen und Vorschläge!

1. Zapraszam cię jutro na obiad.

   (akzeptieren) ▶ ....

2. Pójdziesz ze mną na kawę?

   (akzeptieren) ▶ ....

3. Może wybierzemy się do kina na film?

   (ablehnen) ▶ ....

4. Zapraszam cię do mnie dziś wieczorem.

   (ablehnen) ▶ ....

11 Ergänzen Sie die fehlenden Buchstaben und lesen Sie laut.

1. Chrząsz........ i chrabąsz........ brzmią w trzcinie.

2. Dż........ownica ma sz........ęście.

12 Schreiben Sie auf, was Witek im Laufe der Woche vorhat.

1. poniedziałek: *W poniedziałek Witek idzie do parku na spacer.*

2. wtorek: ....

3. środa: ....

4. czwartek: ....

5. piątek: ....

6. sobota: ....

7. niedziela: ....

	poniedziałek	wtorek	środa	czwartek	piątek	sobota	niedziela
8⁰⁰						uniwersytet	
9⁰⁰						9:00	
10⁰⁰							
11⁰⁰			kawiarnia			konferencja	
12⁰⁰			„Pod Zieloną				
13⁰⁰			Żawą"				
14⁰⁰							14:00
15	15:15 park		15:00				
16	Spacer						
17			Jola	Jola			Ojciec/
18				kolacja	klub „Akwarium" koncert jazzowy		obiad
19			kawa z Jola	19:00			
20		20:15 kino		Jola	20:30		
21		nowy film poski					
22							

1 Stellen Sie die passende Frage.

1. .... ? Nic nowego.

2. .... ? Jolanta Bystrzycka.

3. .... ?
   Mam na imię Jola.

4. .... ?
   Nie, dzisiaj nie jest wtorek, dzisiaj jest środa.

5. .... ?
   Tak, mówię po niemiecku.

6. .... ?
   Jestem z Polski.

Punkte
....../6

2 Ordnen Sie die Substantive in die Tabelle ein.

pies   kot   działka   miasto   ogrodnik   teatr   samolot
pióro   długopis   Niemka   Polak   dziecko   imię
pogoda   Szwajcarka   sport

maskulin		feminin	neutral
belebt	unbelebt		
....	....	....	....
....	....	....	....
....	....	....	....
....	....	....	....

Punkte
....../4

3 Übersetzen Sie. (→ L 4)

1. meine Tochter ....

2. sein Bruder ....

3. unser Vater ....

4. ihre (*Pl*) Oma ....

5. Ihr (*f*) Ehemann ....

6. dein Onkel ....

Punkte
....../6

Test 1

4 Setzen Sie das Verb in der richtigen Form ein.

1. (ja) .... ciekawą książkę. (czytać)
2. Gdzie pani .... ? (pracować)
3. Co (wy) .... jutro? (robić)
4. Do kogo (ty) .... ? (pisać)
5. Czy pan .... po niemiecku? (mówić)
6. (ja) Nie .... (rozumieć)

5 Kreuzen Sie die richtige Form an.

1. Lubię czytać ...
   a. ☐ dobra książka.　　**b.** ☐ dobrą książką.　　**c.** ☐ dobrą książkę.

2. Interesuję się ...
   a. ☐ sztuka i sport.　　**b.** ☐ sztuką i sportem.　　**c.** ☐ sztukę i sport.

3. Nie mam ...
   a. ☐ czas.　　**b.** ☐ czasem.　　**c.** ☐ czasu.

4. Idę do ...
   a. ☐ nowe kino.　　**b.** ☐ nowym kinem.　　**c.** ☐ nowego kina.

5. To jest ...
   a. ☐ moja żona.　　**b.** ☐ moją żoną.　　**c.** ☐ moją żonę.

6. Masz ...
   a. ☐ ładne mieszkanie.　　**b.** ☐ ładnym mieszkaniem.　　**c.** ☐ ładnego mieszkania.

6 Setzen Sie die richtige Präposition ein.

na	do	bez	z	dla	za

1. Jadę .... mojej rodziny.
2. Jestem .... Berlina.
3. To jest prezent .... ciebie.
4. .... kogo czekasz?
5. Mam mały dom .... miastem.
6. Piję zawsze kawę .... mleka.

Was Sie in dieser Lektion lernen werden:
- Auskunft über **Wohnort** und **Familienstand** geben
- das **Präteritum**
- den **Lokativ Singular**
- eine bekannte Legende aus Krakau
- die **Jahreszeiten**

Legenda o Smoku Wawelskim

Bardzo dawno temu żył w Krakowie straszny smok. Mieszkał w jaskini na Wzgórzu Wawelskim. Terroryzował całe miasto. Król obiecał, że ten, kto pokona smoka, ożeni się z jego córką.

Pewnego dnia młody szewc wpadł na pomysł: napełnił siarką skórę owcy i położył ją przy jaskini. Smok połknął całą owcę. Potem oczywiście miał straszne pragnienie. Pił wodę z Wisły tak długo, aż pękł!

Piękna królewna zakochała się w młodym szewcu i cały Kraków tańczył na wspaniałym weselu.

Die Legende vom Wawel-Drachen

Vor sehr langer Zeit lebte in Krakau ein schrecklicher Drache. Er wohnte in einer Höhle auf dem Wawel-Hügel. Er terrorisierte die ganze Stadt. Der König versprach, dass derjenige, der den Drachen besiege, seine Tochter heiraten würde.

Eines Tages kam ein junger Schuster auf eine Idee: Er füllte ein Schafsfell mit Schwefel und legte es bei der Höhle ab. Der Drache verschluckte das ganze Schaf. Daraufhin bekam er natürlich großen Durst und trank so lange Wasser aus der Weichsel, bis er platzte.

Die schöne Prinzessin verliebte sich in den jungen Schuster und ganz Krakau tanzte auf der wunderbaren Hochzeit.

Co nowego?

Im Text haben Sie den Lokativ kennen gelernt: In der Legende, die *in Krakau* **w Krakowie** spielt, wird von einem Drachen erzählt, der *in einer Höhle* **w jaskini** wohnt. Der Lokativ steht immer nach Präpositionen, z. B. **w** *in*, **na** *auf*, **przy** *neben*, **po** *nach*, **o** *über*. Sie verwenden den Lokativ

▌bei Ortsangaben auf die Frage **gdzie?** *wo?*:

Kraków *Krakau* ▶ w Krak**owie** *in Krakau*

wesele *die Hochzeit* ▶ na wesel**u** *auf der Hochzeit*

▌bei Zeitangaben auf die Frage **kiedy?** *wann?*:

maj *der Mai* ▶ w maj**u** *im Mai*

obiad *das Mittagessen* ▶ po obie**dzie** *nach dem Mittagessen*

▌als Antwort auf die Frage **o czym?** *worüber* oder **o kim?** *über wen?*:

Smok Wawelski ▶ legenda o Smok**u** Wawelsk**im**

der Wawel-Drache ▶ *die Legende über den (vom) Wawel-Drachen*

piękna królewna ▶ historia o piękn**ej** królewn**ie**

die schöne Prinzessin ▶ *die Geschichte von der schönen Prinzessin*

Musimy porozmawiać o miłości

Pani Zosia:	Muszę z tobą porozmawiać.
Pan Staś:	O czym?
Pani Zosia:	O miłości. Jola się zakochała.
Pan Staś:	Znowu? W kim tym razem?
Pani Zosia:	W tym Witku!
Pan Staś:	W tym, który był na obiedzie tydzień temu? Zrobiłaś wtedy wspaniałą pieczeń w sosie grzybowym. Mmmm ...
Pani Zosia:	Ty mówisz o pieczeni, a sprawa jest poważna. Nasza córka naprawdę zakochała się w tym rozczochranym fizyku!
Pan Staś:	Co w tym złego? Ty też kiedyś zakochałaś się w grubym elektryku, Zosieńko!
Pani Zosia:	Wtedy nie byłeś gruby, no nie taki gruby jak dziś ... Czy pamiętasz jeszcze, kiedy i gdzie spotkaliśmy się po raz pierwszy?
Pan Staś:	Oczywiście, że pamiętam. To było, ... zaraz ... to było ... to było już bardzo dawno.
Pani Zosia:	To było w maju w tej małej kawiarni na Starym Mieście. Byłam tam z moją siostrą Elą na kawie.
Pan Staś:	Już wiem! Po meczu piłki nożnej!
Pani Zosia:	Miałam taki mały czerwony kapelusz ...
Pan Staś:	Wygrała *Legia*! 1:0.
Pani Zosia:	Powiedziałeś, że wyglądam jak Czerwony Kapturek! A ty jesteś złym wilkiem!
Pan Staś:	Naprawdę tak powiedziałem? Pech!

Pani Zosia:	Jak to pech!? Nasze spotkanie?! Pech?!!!!!
Pan Staś:	Nasze spotkanie nie, ale ten gol! Lewandowski strzelił bramkę w ostatniej chwili!
Pani Zosia:	A czy pamiętasz, kiedy mnie pierwszy raz pocałowałeś?
Pan Staś:	Oczywiście! ... To było ... to było w ... parku na spacerze!
Pani Zosia:	Na spacerze, ale nie w parku, tylko w ogrodzie botanicznym. To było w lecie w nocy. Była taka ciepła, romantyczna noc.
Pan Staś:	Pamiętam. Było cholernie gorąco.
Pani Zosia:	Powiedziałeś, że przy mnie czujesz się jak w bajce o Czerwonym Kapturku i złym wilku.
Pan Staś:	Tak powiedziałem? I nic przedtem nie piłem?

Słownictwo

Legenda o Smoku Wawelskim

legenda	*Legende*
o + *Lok*	*hier: über*
smok	*Drache*
Smok Wawelski	*Wawel-Drache*
dawno temu	*vor langer Zeit*
żyć	*leben*
w + *Lok*	*hier: in*
straszny	*schrecklich*
jaskinia	*Höhle*
Wzgórze Wawelskie	*Wawel-Hügel*
terroryzować	*terrorisieren*
cały	*ganz*
król	*König*
obiecać	*versprechen*
pokonać	*besiegen*
ożenić się	*(eine Frau) heiraten*
pewnego dnia	*eines Tages*
szewc	*Schuster*
wpadł na pomysł	*er kam auf eine Idee*
napełnić	*füllen*

siarka	*Schwefel*
skóra owcy	*Schafsfell*
położyć	*hinlegen*
przy + *Lok*	*bei, neben*
połknąć	*schlucken*
potem	*dann*
mieć pragnienie	*Durst haben*
pić	*trinken*
aż	*bis*
pękł	*er platzte*
królewna	*Prinzessin*
zakochać się w + *Lok*	*sich verlieben in*
tańczyć	*tanzen*
wesele	*Hochzeit*

Musimy porozmawiać o miłości

musimy	*wir müssen*
porozmawiać	*reden*
muszę	*ich muss*
o czym?	*worüber?*
w kim?	*in wen?*
tym razem	*diesmal*
który *Rel*	*der*

tydzień temu	*vor einer Woche*	kapelusz	*Hut*
zrobić	*machen*	wygrać	*gewinnen*
wtedy	*damals*	powiedzieć	*sagen*
pieczeń	*Braten*	Czerwony Kapturek	*Rotkäppchen*
sos grzybowy	*Pilzsoße*	wilk	*Wolf*
sprawa	*Angelegenheit*	spotkanie	*Treffen*
poważny	*ernst*	gol	*Tor*
Co w tym złego?	*Was ist daran schlimm?*	strzelić bramkę	*ein Tor schießen*
kiedyś	*irgendwann*	w ostatniej chwili	*im letzten Moment*
Zosieńko *Vok*	*Koseform von Zosia*	pamiętać	*sich erinnern*
		pocałować	*küssen*
spotkać się	*sich treffen*	ogród botaniczny	*botanischer Garten*
po raz pierwszy	*zum ersten Mal*		
maj	*Mai*	w lecie	*im Sommer*
w tej	*in dieser*	romantyczny	*romantisch*
Stare Miasto	*Altstadt*	cholernie *Adv ugs*	*verflixt*
tam	*dort*	czujesz się	*du fühlst dich*
po + *Lok*	*hier: nach*	bajka	*Märchen*
piłka nożna	*Fußball*	przedtem	*vorher*
czerwony	*rot*		

Gramatyka

1. Der Lokativ Singular

Substantive   ćw. 2, 8

Bei der Bildung der Lokativformen spielt sowohl das Genus als auch der auslautende Konsonant eine Rolle. Den auslautenden Konsonanten finden Sie jeweils vor den
typischen Nominativendungen: Bei femininen vor -(i)a, bei neutralen vor -(i)e, -(i)o,
-(i)um und -(i)ę. Bei männlichen Substantiven ist der letzte Buchstabe der auslautende Konsonant:

legen**d**a *Legende*	ow**c**a *Schaf*	smo**k** *Drache*
mias**t**o *Stadt*	piw**o** *Bier*	szew**c** *Schuster*

Im Lokativ gibt es die Endungen **-e**, **-u** und **-y/-i**. Die Verteilung der Endungen ist
vom Härtegrad des auslautenden Konsonanten abhängig (→ L 4):

▎ Alle Substantive, die auf einen harten Konsonanten (außer **g, k, h, ch**) auslauten,
haben im Lokativ Singular die Endung **-e**. Wird die Endung **-e** angehängt, kommt
es im Wort zu Veränderungen (so genannten *Alternationen*):

b	►	bi	żaba *der Frosch* ► o żabie *über den Frosch*
d	►	dzi	woda *das Wasser* ► w wodzie *im Wasser*
f	►	fi	katastrofa *die Katastrophe* ► o katastrofie *über die Katastrophe*
ł	►	l	artykuł *der Artikel* ► w artykule *im Artikel*
m	►	mi	film *der Film* ► o filmie *über den Film*
n	►	ni	kino *das Kino* ► w kinie *im Kino*
p	►	pi	mapa *die Karte* ► na mapie *auf der Karte*
r	►	rz	teatr *das Theater* ► w teatrze *im Theater*
s	►	si	prasa *die Presse* ► w prasie *in der Presse*
t	►	ci	zeszyt *das Heft* ► w zeszycie *im Heft*
w	►	wi	Warszawa *Warschau* ► w Warszawie *in Warschau*
z	►	zi	Francuz *der Franzose* ► o Francuzie *über den Franzosen*

Nur bei femininen Substantiven:

ch	►	sz	mucha *die Fliege* ► o musze *über die Fliege*
g	►	dz	droga *der Weg* ► na drodze *auf dem Weg*
k	►	c	matka *die Mutter* ► o matce *über die Mutter*

▌ Maskuline und neutrale Substantive enden im Lokativ auf **-u**, wenn der Auslaut **g, k, h, ch**, weich oder historisch weich ist:
pociąg *der Zug* ► w pociągu *im Zug*
kiosk *der Kiosk* ► w kiosku *im Kiosk*
ruch *die Bewegung* ► w ruchu *in Bewegung*
ćwiczenie *die Übung* ► w ćwiczeniu *in der Übung*
wzgórze *der Hügel* ► na wzgórzu *auf dem Hügel*
▌ Feminine Substantive enden im Lokativ auf **-i**, wenn der Auslaut weich ist:
pieczeń *der Braten* ► o pieczeni *über den Braten*
miłość *die Liebe* ► o miłości *über die Liebe*
▌ Feminine Substantive enden im Lokativ auf **-y**, wenn der Auslaut historisch weich ist:
noc *die Nacht* ► w nocy *in der Nacht*
rzecz *die Sache* ► o rzeczy *über die Sache*

Adjektive und Demonstrativpronomen   *ćw. 1, 6*

Maskuline und neutrale Adjektive und Demonstrativpronomen enden auf **-ym** bzw. **-im**:
Czerwony Kapturek spotkał wilka w wielk**im**, ciemn**ym** lesie.
Rotkäppchen traf den Wolf in einem großen dunklen Wald.
Die feminine Endung ist **-ej** bzw. **-iej**:
Smok mieszkał w wielk**iej**, ciemn**ej** jaskini.
Der Drache wohnte in einer großen dunklen Höhle.
Młody szewc zakochał się w **tej** piękn**ej** królewnie.
Der junge Schuster verliebte sich in diese hübsche Prinzessin.

Personalpronomen *ćw. 6*

		Nominativ	Lokativ	
Singular	1. Person	ja	o mnie	*über mich*
	2. Person	ty	o tobie	*über dich*
	3. Person	on / pan	o nim / panu	*über ihn / Sie*
		ona / pani	o niej / pani	*über sie / Sie*
		ono	o nim	
Plural	1. Person	my	o nas	*über uns*
	2. Person	wy	o was	*über euch*
	3. Person	oni / panowie	o nich	*über sie / Sie*
		państwo	o nich / panach	*über sie / Sie*
			państwu / paniach	
		one / panie		*über sie / Sie*

Przy tobie czuję się dobrze. *Bei dir fühle ich mich wohl.*
Ona zakochała się **w nim**. *Sie hat sich **in ihn** verliebt.*
Rozmawiamy właśnie o **panu / pani**. *Wir reden gerade über Sie.*

2. Das Präteritum – Die Vergangenheitsform *ćw. 3, 4, 5*

Das Polnische unterscheidet zwischen drei Zeitformen: Präteritum, Präsens, Futur.
Die polnische Vergangenheitsform kann im Deutschen im Präteritum (*ich machte*)
oder Perfekt (*ich habe gemacht*) wiedergegeben werden.
Das Präteritum bilden Sie, indem Sie die Infinitivendung **-ć** durch eine Präteritalendung ersetzen. Dabei müssen Sie das Genus des Subjekts berücksichtigen:

		Genus des Subjekts		
Singular		maskulin	feminin	neutral
1. Person	ja	-łem	-łam	
2. Person	ty	-łeś	-łaś	
3. Person	on / pan	-ł		
	ona / pani		-ła	
	ono			-ło
Plural		männlich-persönlich	nicht-männlich-persönlich	
1. Person	my	-liśmy	-łyśmy	
2. Person	wy	-liście	-łyście	
3. Person	oni / panowie /	-li		
	państwo			
	one / panie		-ły	

mieszkać *wohnen* ► mieszkałem *ich wohnte* (*ich* ist ein Mann)
mieszkałam *ich wohnte* (*ich* ist eine Frau)

robić *machen* ► robiłeś *du machtest* (*du* ist ein Mann)
robiłaś *du machtest* (*du* ist eine Frau)

Die Vergangenheitsformen der Verben **być** *sein*, **czytać** *lesen* und **mieć** *haben*:

	być	*sein*	**czytać**	*lesen*	**mieć**	*haben*
ja	byłem byłam	*ich war*	czytałem czytałam	*ich las*	miałem miałam	*ich hatte*
ty	byłeś byłaś	*du warst*	czytałeś czytałaś	*du last*	miałeś miałaś	*du hattest*
on pan	był	*er war* *Sie waren*	czytał	*er las* *Sie lasen*	miał	*er hatte* *Sie hatten*
ona pani	była	*sie war* *Sie waren*	czytała	*sie las* *Sie lasen*	miała	*sie hatte* *Sie hatten*
ono	było	*es war*	czytało	*es las*	miało	*es hatte*
my	byliśmy byłyśmy	*wir waren*	czytaliśmy czytałyśmy	*wir lasen*	mieliśmy miałyśmy	*wir hatten*
wy	byliście byłyście	*ihr wart*	czytaliście czytałyście	*ihr last*	mieliście miałyście	*ihr hattet*
oni panowie państwo	byli	*sie waren* *Sie waren*	czytali	*sie lasen* *Sie lasen*	mieli	*sie hatten* *Sie hatten*
one panie	były	*sie waren* *Sie waren*	czytały	*sie lasen* *Sie lasen*	miały	*sie hatten* *Sie hatten*

Beachten Sie bei Verben auf **-eć** die Alternation von **e** zu **a** vor Endungen, die mit **ł** anlauten: mieć ► mia-łem / -łam usw.

-Mieszkal w jaskini

Das Verb **iść** *gehen* hat unregelmäßige Vergangenheitsformen:

iść *gehen*		
ja	szedłem / szłam	*ich ging*
ty	szedłeś / szłaś	*du gingst*
on / ona / ono	szedł / szła / szło	*er / sie / es ging*
my	szliśmy / szłyśmy	*wir gingen*
wy	szliście / szłyście	*ihr gingt*
oni / one	szli / szły	*sie gingen*

 Der Name der polnischen Hauptstadt geht auf eine alte Legende zurück. Vor langer Zeit lebten an den gegenüberliegenden Ufern der Weichsel eine Frau namens Sawa und ein Mann namens Wars. Jeden Tag riefen sie sich mehrmals zu: Wars! Sawa! Im Widerhall ihrer Stimmen verschmolzen ihre Rufe. Aus den beiden Namen wurde einer: Warszawa. So nannten sie die Siedlung, die sie schließlich auf dem linken Weichselufer gründeten und in der sie lange und glücklich lebten.

Język polski w kontekście

Deutsche Städtenamen   *ćw. 2*

Bei Angaben über Ihren Wohnsitz verwenden Sie den Lokativ:
Mieszkam w Berlinie. *Ich wohne in Berlin.*
Städtenamen werden in den meisten Fällen nach den bekannten Regeln dekliniert:
Berlin ▶ **w Berlinie, Hamburg** ▶ **w Hamburgu.** Es gibt aber auch Städtenamen, die indeklinabel sind, z. B. **Bonn** ▶ **w Bonn.**
Deutsche Städte, die im Polnischen ihre eigenen Namen haben, werden immer dekliniert: *Dresden* **Drezno** ▶ **w Dreźnie,** *Leipzig* **Lipsk** ▶ **w Lipsku.**
Die polnischen Namen mancher Städte lassen sich auf ihre alten lateinischen Bezeichnungen zurückführen, z. B. **Monachium** *München*, **Kolonia** *Köln*, **Moguncja** *Mainz*.

Heiraten

Heiratet eine Frau, verwenden Sie die Konstruktion **wychodzić za mąż za** + Akk:
Zofia **wychodzi za mąż za** Stanisława. *Zofia heiratet Stanisław.*
Heiratet ein Mann, verwenden Sie das Verb **żenić się z** + Instr:
Stanisław **żeni się z** Zofią. *Stanisław heiratet Zofia.*

Es gibt auch eine neutrale Konstruktion **pobrać się:**
Pobrali się dawno temu. *Sie haben vor langer Zeit geheiratet.*

Auch bei der Angabe des Familienstandes müssen Sie unterscheiden:
Eine Frau sagt: **Jestem zamężna.** *Ich bin verheiratet.*
Ein Mann sagt: **Jestem żonaty.** *Ich bin verheiratet.*

Dodatkowe konstrukcje leksykalne ćw. 7

wiosna	*Frühling*	stan cywilny	*Familienstand*
wiosną	*im Frühling*	mężczyzna:	*Mann:*
lato	*Sommer*	żonaty	*verheiratet*
w lecie / latem	*im Sommer*	kawaler	*ledig*
jesień	*Herbst*	rozwiedziony	*geschieden*
jesienią	*im Herbst*	wdowiec	*Witwer*
zima	*Winter*	kobieta:	*Frau:*
zimą / w zimie	*im Winter*	zamężna / mężatka	*verheiratet*
wczoraj	*gestern*	panna	*ledig*
przedwczoraj	*vorgestern*		*(wörtlich:*
rok temu	*vor einem Jahr*		*Fräulein)*
miesiąc temu	*vor einem Monat*	rozwiedziona	*geschieden*
		wdowa	*Witwe*

Ćwiczenia

1 Wer hat sich in wen verliebt? Bilden Sie Sätze.

młody szewc	piękna i mądra królewna	rozczochrany fizyk
Jola	pani Zosia	gruby elektryk

1. ....

2. ....

3. ....

2   Wo wohnen folgende Personen? Bilden Sie Sätze.

1. pan Schmidt / Drezno ▶ *Pan Schmidt mieszka w Dreźnie.* ....

2. pan Bolle / Berlin ▶ ....

3. pani Stöver / Hamburg ▶ ....

4. państwo Bystrzyccy / Warszawa ▶ ....

5. pan Wałęsa / Gdańsk ▶ ....

6. państwo Schmidtbauer / Monachium ▶ ....

3   Setzen Sie die Verben ins Präteritum. Wenn sich die Endung nicht aus dem Kontext ergibt, dann gilt: *m = maskulin, f = feminin.*

1. Witek, co *robiłeś* .... wczoraj? (robić)

2. Rok temu (ja) .... w Polsce. (być, *f*)

3. Często (my) .... o miłości. (rozmawiać, *m+f*)

4. Lewandowski .... bramkę. (strzelić)

5. Przedwczoraj (one) .... w kinie. (być)

6. Oni .... w szkole. (pracować)

7. Królewna .... szewca. (pocałować)

8. Wczoraj (wy) .... z Jolą. (spotkać się, *m*)

4   Setzen Sie die Sätze ins Präteritum. Achten Sie auf die Verben auf **-eć**.

1. Ona nie ma czasu.   *Ona nie miała czasu.* ....

2. Nie rozumiem. (*m*)   ....

3. Oni mają problem.   ....

4. Czy mnie rozumiesz? (*f*)   ....

5. Smok mieszka w jaskini.   ....

6. On ma dobry pomysł.   ....

5 Setzen Sie ins Präteritum bzw. in den Lokativ.

1. Kto _czytał_ bajkę o _Czerwonym_ _Kapturku_ ?
   (czytać / Czerwony Kapturek)

2. Czerwony Kapturek .... wilka w ....
   (spotkać / ciemny las)

3. Pani Zosia .... wspaniałą pieczeń w ....
   (zrobić / sos grzybowy)

4. W .... *Legia*. (Warszawa / wygrać)

5. Pan Stanisław .... panią Zosię w ....
   (pocałować / park)

6. Wszyscy .... na .... (tańczyć / wspaniałe wesele)

6 Setzen Sie die Personalpronomen in den Lokativ.

1. Przy _tobie_ (ty) jestem szczęśliwa. A ty przy (ja) ....?

2. Zakochał się w .... (ona), ale czy ona też się w (on) .... zakochała?

3. Rozmawiamy o .... (wy), czy wy też rozmawiacie o (my) ....?

4. Rozmawiają o .... (oni).

5. W .... (kto) się zakochałaś?

6. O .... (co) mówisz?

7 Welche Jahreszeit ist dargestellt? Antworten Sie auch auf die Frage **Kiedy?** *Wann?*

1. _wiosna_ ....

   wiosną ....

2. ....

   ....

3. ....

   ....

4. ....

   ....

6

8 Verwandeln Sie die Sätze im Akkusativ (*wohin?*) in Sätze mit Lokativ (*wo?*).

1. Szedłem na spacer. – Byłem ...*na spacerze*........... .

2. Witek szedł na uniwersytet. – Witek był ....

3. Szłam na pocztę. – Byłam ....

4. Jola i Dorota szły na kawę. – Jola i Dorota były ....

5. Szli na wspaniałe wesele. – Byli ....

9 **Kiedy?** *Wann?* **Gdzie?** *Wo?* Kreuzen Sie die richtige Antwort an.

1. Gdzie Czerwony Kapturek spotkał bardzo złego wilka?   ☐ W lesie.   ☐ W mieście.

2. Gdzie mieszkał Smok Wawelski?   ☐ W jaskini.   ☐ W lesie.

3. Kiedy pan Stanisław i pani Zosia spotkali się pierwszy raz?   ☐ Wczoraj.   ☐ Dawno temu.

4. Gdzie pan Stanisław i pani Zosia spotkali się pierwszy raz?   ☐ W restauracji.   ☐ W kawiarni.

5. Gdzie pan Stanisław pocałował panią Zosię pierwszy raz?   ☐ W parku.   ☐ W ogrodzie botanicznym.

6. Kiedy pan Stanisław pocałował panią Zosię pierwszy raz?   ☐ W lecie.   ☐ W zimie.

10 Erzählen Sie die Legende vom Wawel-Drachen mithilfe der vorgegebenen Wörter.

> połknąć   żyć   Wzgórze Wawelskie   zakochać się   młody szewc
> obiecać   wspaniałe wesele   napełnić   pić   położyć   Kraków
> mieć   mieszkać   tańczyć   terroryzować   jaskinia

Dawno temu .... w .... straszny smok. Smok ....

w .... na .... całe miasto.

Król ...., że ten, kto pokona smoka, ożeni się z jego córką. Pewnego dnia

młody szewc .... siarką skórę owcy i .... ją przy jaskini.

Smok .... owcę. Oczywiście .... straszne pragnienie i

.... wodę z Wisły tak długo, aż pękł. Piękna królewna .... w

.... i cały Kraków .... na ....

In dieser Lektion lernen Sie
- das **Futur**
- den **Dativ Singular**
- wie man **Gefallen und Nichtgefallen** ausdrückt
- wie man **Glückwünsche** formuliert

Czy można nauczyć się języka polskiego?

- pytają Jürgen i Doris z Berlina.

Oczywiście, że tak! Jeżeli będziecie rozmawiali po polsku tak często, jak to tylko możliwe.
Piotr z Gdańska

Cześć Jürgen, cześć Doris! Chcecie się uczyć języka polskiego? Wspaniały pomysł! Może będziecie mieli czas, żeby pojechać do Polski? Na pewno będzie się wam podobać nasz kraj! Warto uczyć się języka polskiego!
Kasia i Zbyszek z Warszawy

Moim studentom zawsze powtarzam: już niedługo będziecie mówić po polsku! To wcale nie jest taki trudny język!
Doris i Jürgen – życzę wam powodzenia w nauce!
Katarzyna Garncarek, lektorka języka polskiego

Kann man Polnisch lernen?

- fragen Jürgen und Doris aus Berlin.

Natürlich kann man das! Wenn ihr so oft wie möglich Polnisch sprecht.
Piotr aus Danzig

Hallo Jürgen, hallo Doris! Ihr wollt Polnisch lernen? Das ist eine großartige Idee! Vielleicht habt ihr Zeit nach Polen zu fahren? Unser Land wird euch mit Sicherheit gefallen! Es lohnt sich Polnisch zu lernen!
Kasia und Zbyszek aus Warschau

Meinen Studenten wiederhole ich immer: Ihr werdet schon bald Polnisch sprechen! Das ist gar keine so schwierige Sprache! Doris und Jürgen – ich wünsche euch viel Erfolg beim Lernen!
Katarzyna Garncarek, Lektorin für Polnisch

7

Co nowego? ćw. 1, 2

In den Leserbriefen finden Sie zahlreiche Beispiele für eine neue Zeitform, die Sie in dieser Lektion kennen lernen werden: das Futur.
Już niedługo **będziecie mówić** po polsku. *Ihr werdet schon bald Polnisch sprechen.*
Na pewno **będzie się** wam **podobać** nasz kraj! *Unser Land wird euch mit Sicherheit gefallen.*

Wie Sie sehen, wird das Futur genauso gebildet wie im Deutschen, und zwar mit Hilfe der Futurform des Hilfsverbs **być** *sein* und des Infinitivs des Vollverbs.

Die Futurformen des Hilfsverbs **być** lauten wie folgt:

	Futur des Hilfsverbs *być*	Vollverb im Infinitiv (z. B. *powtarzać*)	
Singular			
1. Person	będę		*ich werde wiederholen*
2. Person	będziesz		*du wirst wiederholen*
3. Person	będzie		*er / sie / es wird wiederholen*
		powtarzać	
Plural			
1. Person	będziemy		*wir werden wiederholen*
2. Person	będziecie		*ihr werdet wiederholen*
3. Person	będą		*sie werden wiederholen*

Die Höflichkeitsformen lauten:
Pan / Pani będzie powtarzać. *Sie werden wiederholen. (Singular)*
Panowie / Panie / Państwo będą powtarzać. *Sie werden wiederholen. (Plural)*

Tritt **być** *sein* als Vollverb auf, so steht es alleine:
Kiedy **będę** duży ... *Wenn ich groß bin (**sein werde**) ...**
Kiedy **państwo będą** w Polsce ... *Wenn **Sie** in Polen **sein werden** ...*

*Einige polnische Futur-Sätze werden im Deutschen eher im Präsens wiedergegeben.

Jak będę duży ...

Jaś:	Przeszkadzam ci?
Dorota:	Nie, wcale mi nie przeszkadzasz ...
Jaś:	Nudzi mi się i smutno mi.
Dorota:	Dlaczego jest ci smutno, kochanie? Niedługo jedziemy na wakacje. Będziemy kąpali się w morzu i będziemy opalali się na plaży ...
Jaś:	I będziemy codziennie jeść lody?
Dorota:	Może nie codziennie, ale od czasu do czasu. Ale dlaczego twoja buzia jest taka brudna?
Jaś:	Wcale nie jest brudna, jest pomalowana. Jestem Indianinem. Ty też malujesz buzię.
Dorota:	Tak, ale ja maluję się szminką, a nie atramentem. A co to jest?
Jaś:	Prezent dla dziadka! Namalowałem obrazek.
Dorota:	Bardzo ładny. A kto to jest?
Jaś:	Ja i ty. Przyglądamy się morzu, niebu i słońcu. I jemy lody.
Dorota:	Wspaniały prezent! Ja też muszę kupić dziadkowi coś na imieniny ...
Jaś:	Będziemy jutro robić zakupy?
Dorota:	Tak, jutro rano. Po południu będę pomagać babci.
Jaś:	Ja też będę pomagać babci!
Dorota:	Dobrze, ale nie będziesz malować ani buzi, ani ściany, ani ...
Jaś:	Już wiem! Jak będę duży nie będę Indianinem! Będę malarzem!

Słownictwo

Czy można nauczyć się języka polskiego?

nauczyć się	*lernen*		kraj	*Land*
pytać	*fragen*		moim studentom	*meinen*
będziecie	*ihr werdet spre-*		*Dat Pl*	*Studenten*
rozmawiali	*chen / euch*		niedługo	*bald*
	unterhalten		słownictwo	*Vokabeln,*
możliwy	*möglich*			*Wortschatz*
chcecie	*ihr wollt*		będziecie mówić	*ihr werdet*
pomysł	*Idee, Einfall*		po polsku	*Polnisch*
będziecie mieli	*ihr werdet*			*sprechen*
	haben		życzyć	*wünschen*
żeby	*um zu*		wam *Dat*	*euch*
pojechać	*fahren*		powodzenie	*Erfolg*
będzie się wam	*es wird euch*		w nauce	*beim Lernen*
podobać	*gefallen*		nauka	*das Lernen*

7

lektorka	Lektorin, Fremdsprachenlehrerin an einer Universität	plaża	Strand
		jeść	essen
		lody *Pl*	(Speise-)Eis
		buzia *Dim*	Gesicht(chen)
		brudny	schmutzig
		pomalowany	angemalt, bemalt
Jak będę duży ...			
Jak będę duży ...	*Wenn ich groß bin ...*	Indianin	*Indianer*
		malować	*malen*
przeszkadzać	*stören*	malować się	*sich schminken*
ci *Dat*	*hier: dich*	szminka	*Lippenstift*
mi *Dat*	*hier: mich*	atrament	*Tinte*
Nudzi mi się.	*Mir ist langweilig.*	**prezent**	*Geschenk*
		namalować	*malen*
Smutno mi.	*Ich bin traurig.*	obrazek *Dim*	*Bildchen*
kochanie *Vok*	*Liebes*	**przyglądać się**	*sich anschauen*
jechać na wakacje	*in Urlaub fahren*	jemy	*wir essen*
		dać	*geben*
nudzić się	*sich langweilen*	mu *Dat*	*ihm*
będziemy kąpali się	*wir werden baden*	**kupić**	*kaufen*
		coś	*etwas*
morze	*Meer*	**na imieniny** *Pl*	*zum Namenstag*
będziemy opalali się	*wir werden uns sonnen*	**pomagać**	*helfen*
		ściana	*Wand*

Gramatyka

1. Das Futur   *ćw. 3*

Neben der Futurform, die mit dem Hilfsverb **być** + Vollverb im Infinitiv gebildet wird, gibt es im Polnischen noch eine zweite Möglichkeit, das Futur zu bilden: Hierzu wird die Futurform des Hilfsverbs **być** + das Vollverb im Präteritum verwendet. Für Ihren aktiven Sprachgebrauch benötigen Sie zunächst nur eine der beiden Futurformen. Zum passiven Verständnis sollten Sie aber beide lernen, weil sie im Polnischen parallel gebraucht werden.

Futurform des Hilfsverbs *być* + Vollverb im Präteritum

Bei dieser Futurform wird das Verb im Präteritum *nur* in der 3. Person Singular oder Plural verwendet. Sehen Sie sich hierzu folgende Beispiele an:
Nie **będziesz malował** ani buzi, ani ściany.
*Du **wirst** weder dein Gesicht noch die Wand **bemalen**.*

Będziemy kąpali się w morzu i **będziemy opalali się** na plaży.
*Wir **werden** im Meer **baden** und **uns** am Strand **sonnen**.*

Für das Verb **mieć** *haben* lauten die Formen wie folgt:

	Futurform des Hilfsverbs *być*	Vollverb *mieć* im Präteritum	
Singular			
1. Person	będę		*ich werde haben*
2. Person	będziesz	miał / miała /	*du wirst haben*
3. Person	będzie	miało	*er, sie, es wird haben*
Plural			
1. Person	będziemy		*wir werden haben*
2. Person	będziecie	mieli / miały	*ihr werdet haben*
3. Person	będą		*sie werden haben*

Sie müssen im Präteritum je nach Subjekt zwischen der männlichen und weiblichen Form unterscheiden:
Jaś i Dorota **będą robili** zakupy. *Jaś und Dorota **werden** Einkäufe **machen**.*
Jaś **będzie kąpał się** w morzu. *Jaś **wird** im Meer **baden**.*
Dorota **będzie opalała się** na plaży. *Dorota **wird** sich am Strand **sonnen**.*
Bei neutralen Subjekten erhält das Vollverb die Präteritalendung -ło:
To dziecko **będzie mówiło** po polsku. *Das Kind **wird** Polnisch **sprechen**.*

2. Der Dativ Singular   *ćw. 5, 6*

Der Dativ antwortet auf die Frage **Komu?** *Wem?*:
Komu pomagasz? *Wem hilfst du?*
Pomagam **babci**. *Ich helfe Oma.*

Im Polnischen wird der Dativ auch auf die Frage **Czemu?** *Was?* verwendet, wenn nicht nach einer Person, sondern nach einer Sache gefragt wird:
Czemu się przyglądacie? *Was schaut ihr euch an?*
Przyglądamy się morzu. *Wir schauen uns das Meer an.*

Den Dativ verwenden Sie
▌nach Verben wie **pomagać** *helfen*, **przeszkadzać** *stören*, **wierzyć** *glauben*, **przyglądać się** *sich anschauen* oder **dać** *geben*:
Pomagam **mojej starej matce**. *Ich helfe **meiner alten Mutter**.*
Przeszkadzam **ci**? *Störe ich **dich**?*
Nie, nie przeszkadzasz **mi**. *Nein, du störst **mich** nicht.*

Nie wierzę **mu**. *Ich glaube **ihm** nicht.*
Przyglądamy się **morzu** i **niebu**. *Wir sehen uns **das Meer** und **den Himmel** an.*
Daję ten prezent **mojemu dziadkowi**. *Ich gebe das Geschenk **meinem Großvater**.*
Tłumaczę **wam** gramatykę polską. *Ich erkläre **euch** die polnische Grammatik.*
Obiecuję **ci** to. *Das verspreche ich **dir**.*

▪ nach den Präpositionen **przeciw** *gegen* und **dzięki** *dank*:
Protestujemy przeciw **wojnie**. *Wir protestieren gegen **den Krieg.***
Dzięki **tobie** jestem szczęśliwa. *Dank **dir** bin ich glücklich.*

▪ in Verbindung mit bestimmten Adverbien:
Smutno **jej**. *Sie ist traurig.* (wörtlich: *Ihr ist traurig (zumute).*)
Zimno / gorąco / niedobrze **mi**. *Mir ist kalt / heiß / übel* (wörtlich: *nicht gut.*)

Das sind die Substantiv- und Adjektivendungen im Dativ:

	maskulin	feminin	neutral
Substantiv	-owi, -u	-e, -i, -y	-u
Adjektiv	-emu / -iemu	-ej / -iej	-emu / -iemu

Für die Verteilung der femininen Endungen **-e, -i, -y** gelten die gleichen Regeln wie im Lokativ (→ L 6).

Maskuline Substantive haben in der Regel die Endung **-owi**:

dziadek *der Opa* ▶ dziadkowi *dem Opa*
Witek ▶ Witkowi

Viele einsilbige Substantive haben jedoch die Endung **-u**:

pan *der Herr; Sie* ▶ panu *dem Herrn; Ihnen*
brat *der Bruder* ▶ bratu *dem Bruder*
kot *die Katze* ▶ kotu *der Katze*

Daję ten prezent mojemu dziadkowi.

Die Personalpronomen im Dativ ćw. 4

		Nominativ	Dativ	
Singular	1. Person	ja	mnie / mi	*mir*
	2. Person	ty	tobie / ci	*dir*
	3. Person	on	jemu / mu / niemu	*ihm*
		ona	jej / niej	*ihr*
		ono	jemu / mu / niemu	*ihm*
Plural	1. Person	my	nam	*uns*
	2. Person	wy	wam	*euch*
	3. Person	oni / one	im	*ihnen*

Der Dativ der Höflichkeitsformen lautet:
Zawsze chętnie **panu / pani** pomagam! *Ich helfe **Ihnen** immer gerne!*
Będziemy **państwu** tłumaczyć gramatykę polską.
*Wir werden **Ihnen** die polnische Grammatik erklären.*

Sie haben es bemerkt: Ähnlich wie im Akkusativ und Genitiv haben einige Personalpronomen auch im Dativ zwei oder sogar drei verschiedene Formen.
In der Regel verwenden Sie die längeren Formen **mnie**, **tobie** und **jemu** nur zur Hervorhebung des entsprechenden Personalpronomens:
Tobie dam prezent, a nie **jemu**. *Dir gebe ich das Geschenk, nicht **ihm**.*
Kiedy **tobie** jest smutno, **mnie** jest wesoło. *Wenn **du** traurig bist, bin **ich** glücklich.*

Die Formen **niemu** und **niej** stehen ausschließlich nach Präpositionen:
Dzięki **niej** poznałem Polskę. *Dank **ihr** habe ich Polen kennen gelernt.*

Język polski w kontekście

Gefallen und Nichtgefallen ausdrücken ćw. 7

Das Verb **podobać się** *gefallen* wird immer mit dem Dativ verwendet:
To **mi** się podoba. *Das gefällt **mir**.*
On bardzo **jej** się podoba. *Er gefällt **ihr** sehr.*
● Czy podoba **ci** się Warszawa? *Gefällt **dir** Warschau?*
● Tak, bardzo **mi** się podoba. A **tobie**? *Ja, es gefällt **mir** sehr. Und **dir**?*
▲ **Mnie** też się podoba. *Mir gefällt es auch.*

Die Stellung des Reflexivpronomens **się** ist variabel. Das Verb, das Reflexivpronomen **się** und das Dativobjekt bilden aber in der Regel eine Einheit.

7

So können Sie verschiedene Abstufungen des Gefallens und Nichtgefallens ausdrücken:

– –	To **absolutnie** mi się **nie** podoba. *Das gefällt mir **absolut nicht**.*
– –	To **w ogóle / wcale** mi się **nie** podoba. *Das gefällt mir **überhaupt nicht**.*
–	To mi się **nie** podoba. *Das gefällt mir **nicht**.*
– / +	To **nie bardzo** mi się podoba. *Das gefällt mir **nicht besonders**.*
– / +	To podoba mi się **tak sobie**. *Das gefällt mir **so lala**.*
+ +	To podoba mi się **bardzo**. *Das gefällt mir **sehr**.*

Glückwünsche formulieren   ćw. 9

Das Verb **życzyć** *wünschen* wird sowohl mit dem Dativ als auch mit dem Genitiv verwendet:
Komu życzę **czego?** *Wem wünsche ich was?*

Życzę ci szczęścia, zdrowia i pomyślności!
Ich wünsche dir Glück, Gesundheit und Wohlergehen!
Życzę ci wszystkiego najlepszego! *Ich wünsche dir das Beste / alles Gute!*
Życzę pani / panu powodzenia w pracy i szczęścia w życiu osobistym!
Ich wünsche Ihnen Erfolg bei der Arbeit und Glück im persönlichen Leben!
Życzymy państwu powodzenia w nauce języka polskiego!
Wir wünschen Ihnen Erfolg beim Polnischlernen!

i In Polen ist der Namenstag, **imieniny**, wichtiger als der Geburtstag. Auf viele Namen fallen mehrere Namenstage im Jahr. Meist wird der gefeiert, der dem Geburtstag am nächsten liegt.
Mit Namenstagen sind auch viele Bauernregeln und Sprichwörter verbunden.
Der 15. Mai, Namenstag von **Zofia**, ist in der Regel ein sehr kalter Tag, weshalb man von der **zimna Zośka**, der kalten Sophie, spricht. Wenn es am Namenstag der **Barbara**, dem 4. Dezember, regnet, so besagt eine Bauernregel, dass es Weihnachten schneit: **Barbara po wodzie, święta po lodzie.** (wörtlich: *Barbara auf dem Wasser, Weihnachten auf dem Eis.*)

Dodatkowe konstrukcje leksykalne

Jak to się wymawia?	*Wie spricht man das aus?*
Jak to się pisze?	*Wie schreibt man das?*
Nie rozumiem.	*Ich verstehe nicht.*
Proszę mówić wolniej.	*Bitte langsamer sprechen.*

Ćwiczenia

1 Setzen Sie die Futurform von **być** ein.

1. Dorota i Jaś .....*będą*..... jutro u dziadka.

2. Kiedy Jaś .... duży .... malarzem.

3. Doris, kiedy .... w Polsce?

4. Zawsze (my) .... razem.

5. Kiedy (wy) .... u nas?

6. Jaś: „Kiedy .... duży, ... Indianinem!"

2 Setzen Sie die Verben ins Futur.

1. Teraz jeszcze nie mówię po polsku. Już niedługo ....*będę mówić*.......... bardzo dobrze po polsku.

2. Teraz Jaś przeszkadza dziadkowi. Zaraz .... babci.

3. Teraz jestem z tobą. Jutro .... z nim.

4. Teraz przyglądam się niebu. Zaraz .... słońcu.

5. Dzisiaj pomagam matce. Jutro .... ojcu.

6. W tej chwili rozmawiam z tobą. Za chwilę .... z nią.

7. Teraz kąpię się w wannie. Za tydzień .... w morzu.

8. Teraz Jaś maluje buzię. Kiedy Jaś będzie duży, już nie .... buzi.

7

3 Setzen Sie das richtige Vollverb in die entsprechende Präteritalform.

> pomagać   kupować   rozmawiać   robić   powtarzać
> kąpać się   opalać się   uczyć się   malować się

1. Jutro będę __powtarzał__ gramatykę polską.

2. W Polsce będziemy .... tylko po polsku.

3. Jaś i Dorota będą .... w morzu i .... na plaży.

4. Dziś wieczorem oczywiście będę .... języka polskiego.

5. Jutro po południu Dorota będzie .... matce.

6. Czy będziecie .... dla mnie prezent w Warszawie?

7. Dorota i Jola będą .... rano.

8. Co państwo będą .... w Polsce?

4 Setzen Sie die Personalpronomen und Fragewörter in den Dativ.

1. Czy podoba __ci__ się język polski? (ty)

2. Smutno .... bez ciebie. (ja)

3. Zawsze chętnie .... pomagam. (ona)

4. Przykro ...., czy .... też jest przykro? (my / wy)

5. Dlaczego .... przeszkadzasz? (oni)

6. .... się podoba w Polsce. A ....? (ja / ty)

7. Co masz przeciw ....? (ona)

8. .... pomagasz? (kto)

9. .... się tak przyglądasz? (co)

Smutno mi bez ciebie.

5 Setzen Sie in den Dativ.

1. Tłumaczymy ....*państwu*.... gramatykę polską. (państwo)

2. Ten pan dał .... bukiet. (ta piękna pani)

3. Kupię .... lody. (moje małe dziecko)

4. Wierzymy .... i .... we wszystko. (autorka i autor)

5. Życzę .... i .... miłej podróży. (matka i ojciec)

6. Dajemy prezent .... i .... (babcia i dziadek)

7. Przyglądamy się .... i .... (kot i pies)

6 Was sagen die Personen in den dargestellten Situationen? Ordnen Sie zu.

gorąco mi   wesoło mi   smutno mi   miło mi   zimno mi   przykro mi

1. ....

2. ....

3. ....

4. ....

5. ....

6. ....

7

7 **Kto / Co podoba się komu?** *Wer / Was gefällt wem?* Schreiben Sie ganze Sätze.

1. Witek – Jola (+)   *Witkowi podoba się Jola.* ....
2. Jola – Witek (++)   ....
3. pan Stanisław – pani Zosia (++)   ....
4. Jaś – morze (+/–)   ....
5. dziadek – prezent od Jasia (+)   ....
6. Dorota – brudna buzia Jasia (– –)   ....
7. Atom – Mefisto (– –)   ....
8. pan Schmidt – ta ładna Polka (+)   ....

8 Lesen Sie noch einmal den Dialog. Markieren Sie jeweils die richtige Antwort.

1. Czy Jasiowi nudzi się?	Tak.	☐	Nie.	☐
2. Czy Jaś przeszkadza Dorocie?	Tak.	☐	Nie.	☐
3. Gdzie będą się kąpać Dorota i Jaś?	W morzu.	☐	W wannie.	☐
4. Jak często będą jeść lody?	Codziennie.	☐	Od czasu do czasu.	☐
5. Co Jaś namalował na obrazku?	Morze i słońce.	☐	Las i wilka.	☐
6. Komu Jaś da prezent?	Dziadkowi.	☐	Babci.	☐
7. Kiedy Jaś i Dorota będą robić zakupy?	Dzisiaj.	☐	Jutro.	☐
8. Kim chce być Jaś?	Malarzem.	☐	Fizykiem.	☐

9 Wer wünscht wem was? Verbinden Sie die Wörter zu sinnvollen Wünschen.

Jaś   życzą   państwu   zdrowia i szczęścia
    autorka i autor   życzy   dziadkowi   powodzenia w nauce
tej książki   języka polskiego   Pan Stanisław   życzy
    pani Zosi   wszystkiego najlepszego

1. ....
2. ....
3. ....

In diesem Kapitel lernen Sie:
- über Gefühle zu sprechen
- den **Aspekt** des Verbs
- die Unterscheidung zwischen **vollendeter und unvollendeter Handlung**
- das **vollendete Präteritum und Futur**

Profesor K. i kolor niebieski

Profesor K. zawsze się spóźniał. Tego dnia jednak chciał być punktualny. Zwykle wstawał w ostatniej chwili, dziś wstał bardzo wcześnie. Rzadko śpiewał w łazience, ale tego rana zaśpiewał arię operową. Założył elegancki garnitur i białą koszulę. Potem długo wybierał krawat. Ostatecznie wybrał ten w paski.
Profesor K. zawsze żegnał się z ulubionym kanarkiem, tym razem wcale się nie pożegnał!
Zamyślony jechał przez miasto na bardzo ważną konferencję. Przed uniwersytetem wyjątkowo zaparkował samochód po prawej stronie ulicy, zwykle parkował po lewej.
Ani razu nie pomyślał o konferencji. Natomiast często zadawał sobie pytanie, czy krawat w paski spodoba się pani Ewie. Podczas ostatniej narady u rektora profesor K. zauważył, że nowa sekretarka, pani Ewa, ma niebieskie oczy i bardzo miły uśmiech. Od tamtej pory często myślał o oczach pani Ewy i o tym jak bardzo są niebieskie.

Professor K. und die Farbe Blau

Professor K. verspätete sich immer. An diesem Tag wollte er aber pünktlich sein. Gewöhnlich stand er im letzten Moment auf, heute stand er sehr früh auf. Selten sang er im Badezimmer, aber an diesem Morgen sang er eine Opernarie. Er zog einen eleganten Anzug und ein weißes Hemd an. Er brauchte lange für die Wahl der Krawatte. Letztlich entschied er sich für die gestreifte. Professor K. verabschiedete sich immer von seinem geliebten Kanarienvogel, dieses Mal verabschiedete er sich überhaupt nicht. In Gedanken versunken fuhr er durch die Stadt zu einer sehr wichtigen Konferenz. Vor der Universität parkte er sein Auto ausnahmsweise auf der rechten Straßenseite, gewöhnlich parkte er es auf der linken.
Kein einziges Mal dachte er an die Konferenz. Vielmehr stellte er sich oft die Frage, ob die gestreifte Krawatte Ewa gefallen würde. Während der letzten Besprechung beim Rektor hatte Professor K. bemerkt, dass die neue Sekretärin, Ewa, blaue Augen und ein sehr nettes Lächeln hat. Von dem Zeitpunkt an dachte er oft an Ewas Augen und daran, wie blau sie waren.

Co nowego?

Fast jedes polnische Verb hat zwei Aspektformen:
- eine unvollendete (imperfektive) Aspektform, z. B. **parkować** *parken* und
- eine vollendete (perfektive) Aspektform, z. B. **zaparkować** *parken*.

Beide Verbformen (z. B. **parkować** und **zaparkować**) sind in ihrer Bedeutung identisch, d. h. beide bezeichnen die gleiche Handlung (*parken*), betrachten diese aber unter zwei verschiedenen Gesichtspunkten. Sie bilden ein so genanntes Aspektpaar.

Der *unvollendete Aspekt* **parkować** zeigt in dem folgenden Beispiel an, dass sich die Handlung *parken* regelmäßig wiederholt hat:
Zwykle **parkował** po prawej stronie ulicy.
Normalerweise parkte er auf der rechten Straßenseite.
Der *vollendete Aspekt* **zaparkować** zeigt in dem Beispiel an, dass die Handlung einmalig stattgefunden hat, d. h. definitiv beendet ist:
Wyjątkowo **zaparkował** po lewej stronie ulicy.
Ausnahmsweise parkte er auf der linken Straßenseite.

Damit Sie alle Zeitformen der polnischen Verben richtig bilden können, müssen Sie die beiden Aspektformen eines Verbs unterscheiden und richtig einsetzen können, d. h. für fast jedes deutsche Verb müssen Sie die zwei Aspektformen des polnischen Verbs lernen.

Kawiarnia „Pod Zieloną Żabą"

Jola:	Cześć!
Witek:	No, nareszcie! Czekam i czekam ...
Jola:	Chciałeś się koniecznie ze mną spotkać ... Czy coś się stało?
Witek:	Nie, nic ... Chciałem cię po prostu zobaczyć, porozmawiać ...
Jola:	Widzieliśmy się przecież wczoraj. Rozmawialiśmy cały wieczór.
Witek:	Wczoraj wieczorem przez cały czas rozmawiałaś z tym facetem. Zapomniałaś?!
Jola:	O kim mówisz?
Witek:	Nie wiesz, o kim mówię! Zaraz ci powiem. Mówię o tym pajacu z reklamy!
Jola:	Pajac z reklamy? Czy myślisz o tym przystojnym, inteligentnym i dowcipnym mężczyźnie, który pracuje w agencji reklamowej?
Witek:	Przystojny – no może ... Ale inteligenty i dowcipny?!
Jola:	Jesteś zazdrosny?
Witek:	Zazdrosny? Ja?!!!!
Jola:	Dlaczego tak się denerwujesz? Nie ma powodu.

Witek: Wcale się nie denerwuję. Jeszcze nie. Ale na pewno zdenerwuję się, jeżeli ... jeżeli się z nim spotkasz! Wczoraj przez cały czas z nim tańczyłaś. A ze mną zatańczyłaś tylko raz, tylko jeden raz ...

Jola: Dwa razy ...

Witek: Może skończysz wreszcie z tą ironią?! Dał ci wizytówkę ...

Jola: I co w tym złego? Jest interesującym człowiekiem. Pisze nąwet wiersze.

Witek: Na pewno napisze wiersz dla ciebie ... A ja? ... Zrobiłem doktorat, ale nie napisałem wiersza. Zapraszałem cię do kina i do teatru. Odwiedzałem twoją mamę. Kupowałem kwiaty. Ale nie napisałem wiersza!

Jola: Zaprosiłeś mnie dwa razy do kina i raz do teatru. Po wizycie u mamy powiedziałeś, że to jest pierwszy i ostatni raz. Kwiaty kupiłeś mi ostatni raz na imieniny.

Witek: Ostatni raz kupiłem ci kwiaty pół godziny temu. To niezapominajki. Nie zapomnisz o mnie? Nawet jeżeli nie napiszę wiersza?

Słownictwo

Profesor K. i kolor niebieski	
kolor	Farbe
spóźniać się *imperf* – spóźnić się *perf*	sich verspäten
tego dnia	an diesem Tag
punktualny	pünktlich
wstawać *imperf* – wstać *perf*	aufstehen
dziś	heute
wcześnie *Adv*	früh
śpiewać *imperf* – zaśpiewać *perf*	singen
łazienka	Badezimmer
tego rana	an diesem Morgen
aria operowa	Opernarie
zakładać *imperf* – założyć *perf*	anziehen
garnitur	Anzug
biały	weiß

koszula	Hemd
wybierać *imperf* – wybrać *perf*	auswählen, aussuchen
krawat	Krawatte
ostatecznie *Adv*	letztendlich
żegnać się *imperf* – **pożegnać się** *perf*	sich verabschieden
zamyślony	in Gedanken versunken
przez + *Akk*	durch
wyjątkowo *Adv*	ausnahmsweise
parkować *imperf* – **zaparkować** *perf*	parken
po prawej stronie	auf der rechten Seite
ulica	Straße
ani razu	nicht ein einziges Mal
myśleć *imperf* – **pomyśleć** *perf*	denken
natomiast	hingegen
zadawać sobie pytanie	sich fragen
podobać się *imperf* – **spodobać się** *perf*	gefallen
podczas + *Gen*	während
narada	Beratung, Besprechung
zauważać *imperf* – zauważyć *perf*	bemerken, feststellen
sekretarka	Sekretärin
rektor	Rektor
oczy *Pl*	Augen
od tamtej pory	von dem Zeitpunkt an

Kawiarnia „Pod Zieloną Żabą"

Czy coś się stało?	Ist etwas passiert?
po prostu	einfach

widzieć *imperf* – **zobaczyć** *perf*	sehen
przez cały czas	die ganze Zeit
wieczór	Abend
facet *ugs*	Typ
zapominać *imperf* – **zapomnieć** *perf*	vergessen
pajac z reklamy	Werbefuzzi
dowcipny	witzig
agencja reklamowa	Werbeagentur
wreszcie *Adv*	endlich
przypominać sobie *imperf* – przypomnieć sobie *perf*	sich erinnern
zazdrosny	eifersüchtig
denerwować się *imperf* – **zdenerwować się** *perf*	sich aufregen, nervös werden
powód	Grund
tańczyć *imperf* – **zatańczyć** *perf*	tanzen
raz	mal
dwa razy	zweimal
kończyć *imperf* – **skończyć** *perf*	beenden, aufhören
ironia	Ironie
wizytówka	Visitenkarte
I co w tym złego?	Und was ist daran schlimm?
człowiek	Mensch
wiersz	Gedicht
pisać *imperf* – **napisać** *perf*	schreiben
doktorat	Doktorarbeit
zapraszać *imperf* – **zaprosić** *perf*	einladen
pół	halb
niezapominajki *Pl*	Vergissmeinnicht

Gramatyka

1. Das Aspektpaar *ćw. 1, 2, 3*

Die unvollendete und die vollendete Aspektform eines Verbs können sich auf verschiedene Weise voneinander unterscheiden:

▌durch Vorsilben (Präfixe). Der vollendete Aspektpartner trägt häufig eine der folgenden Vorsilben: **za-, z-, s-, po-, prze-, na-, wy-**:

unvollendet	vollendet	
czytać	**prze**czytać	*lesen*
pisać	**na**pisać	*schreiben*
rozumieć	**z**rozumieć	*verstehen*
tańczyć	**za**tańczyć	*tanzen*
pić	**wy**pić	*trinken*
kończyć	**s**kończyć	*beenden, aufhören*
żegnać się	**po**żegnać się	*sich verabschieden*

▌durch den Verbstamm:

unvollendet	vollendet	
odwiedzać	odwiedzić	*besuchen*
kupować	kupić	*kaufen*
dawać	dać	*geben*

▌Es gibt auch Aspektpartner, die überhaupt keine Ähnlichkeiten miteinander aufweisen:

unvollendet	vollendet	
oglądać	obejrzeć	*schauen*
mówić	powiedzieć	*sagen*
brać	wziąć	*nehmen*

Verben, die nur eine, und zwar die unvollendete Aspektform haben, sind z. B. **być** *sein* und **mieć** *haben* sowie die Modalverben **musieć** *müssen*, **móc** *können* und **chcieć** *wollen*.
Auch Verben, die einen Zustand beschreiben, z. B. **siedzieć** *sitzen*, **stać** *stehen*, **leżeć** *liegen*, **spać** *schlafen*, **pracować** *arbeiten*, **studiować** *studieren*, **woleć** *bevorzugen* haben keinen vollendeten Aspektpartner.

2. Bedeutung und Gebrauch der Aspektformen   *ćw. 4, 8, 9*

Die unvollendete Aspektform (imperfektiv) deutet an,	Die vollendete Aspektform (perfektiv) deutet an,
dass die Handlung andauert.	dass die Handlung punktuell ist, z.B. der unmittelbare Beginn oder Schluss einer Handlung.
dass die Handlung unvollendet, d.h. nicht abgeschlossen ist.	dass die Handlung vollendet, d.h. abgeschlossen ist.
dass die Handlung sich wiederholt, d.h. regelmäßig, gewöhnlich stattfindet.	dass die Handlung einmalig ist.
dass der Verlauf der Handlung im Mittelpunkt steht.	dass das Ergebnis der Handlung im Mittelpunkt steht.
Die beschriebene Handlung ist mit einem Film vergleichbar: Die Handlung läuft und läuft!	Die beschriebene Handlung ist mit einem Foto vergleichbar: Sie machen eine Momentaufnahme der Handlung.

Sie benutzen die **unvollendete** Aspektform,

❚ wenn eine Handlung andauert, gedauert hat oder dauern wird, d.h. wenn weder der Anfang noch das Ende der Handlung thematisiert ist:
Godzinami **czekał** na Jolę. *Stunden **hat er** auf Jola **gewartet**.*
Przez cały rok **uczyła się** polskiego. *Das ganze Jahr **lernte sie** Polnisch.*

❚ wenn die Handlung wiederholt oder regelmäßig ausgeübt wird:
Profesor K. często **myślał** o oczach pani Ewy.
*Professor K. **dachte** oft an Ewas Augen.*

Sie benutzen die **vollendete** Aspektform,

❚ wenn eine Handlung abgeschlossen wurde oder (mit hoher Wahrscheinlichkeit) abgeschlossen werden wird, d.h. wenn die Handlung aus dem Blickwinkel des Sprechers oder Erzählers vollendet ist:
Na pewno **się spotkacie**. *Ihr **trefft euch** bestimmt.*
Krawat w paski **spodoba się** pani Ewie. *Die gestreifte Krawatte **wird** Ewa **gefallen**.*

❚ wenn Sie eine Handlung beschreiben, die nur einmal passiert ist oder passieren wird:
Jola tylko jeden raz **zatańczyła** z Witkiem. *Nur einmal **hat** Jola mit Witek **getanzt**.*

Der sprachliche Kontext gibt sehr oft Hinweise auf den Gebrauch des unvollendeten oder vollendeten Aspekts.

Unvollendeter Aspekt bei Wörtern, ...		Vollendeter Aspekt bei Wörtern, ...	
... die eine **Zeitspanne** beschreiben:		... die einen **Zeitpunkt** beschreiben:	
miesiąc	*Monat*	natychmiast	*sofort*
rok	*Jahr*	nagle	*plötzlich*
długo	*lang*	w końcu	*schließlich*
krótko	*kurz*	wreszcie	*endlich*
... die eine **Wiederholung** beschreiben:		... die eine **Einmaligkeit** beschreiben:	
zawsze	*immer*	raz	*einmal*
często	*oft*	pierwszy raz	*das erste Mal*
codziennie	*täglich*	ostatni raz	*das letzte Mal*
czasami	*manchmal*	ani razu	*nicht ein einziges Mal*

3. Die Zeitformen im Polnischen ćw. 5, 6

Sie kennen bereits drei Zeitformen, die vom Infinitiv der unvollendeten Aspektform abgeleitet werden:

▌das Präsens (z. B. **piszę**):
  Piszę teraz wiersz. *Ich **schreibe** gerade ein Gedicht.*

▌das (unvollendete) Futur (z. B. **będę pisać** oder **będę pisał**):
  Jutro **będę pisać** wiersz. *Morgen **werde** ich ein Gedicht **schreiben**.*

▌das (unvollendete) Präteritum (z. B. **pisał / pisała**):
  Witek długo **pisał** doktorat. *Witek **hat** lange an seiner Doktorarbeit **geschrieben**.*

Vom Infinitiv der vollendeten Aspektform bilden Sie das vollendete Futur und das vollendete Präteritum:
Witek **napisze** wiersz dla Joli. *Witek **wird** Jola ein Gedicht **schreiben**.*
Witek **napisał** doktorat. *Witek **schrieb** eine Doktorarbeit.*

In der Tabelle sind die Zeitformen der unvollendeten Aspektform **pisać** den Zeitformen der vollendeten Aspektformen **napisać** gegenüber gestellt:

	unvollendet pisać	*schreiben*	vollendet napisać
Präsens	piszę piszesz pisze piszemy piszecie piszą		–
Präteritum	pisałem / pisałam pisałeś / pisałaś pisał / pisała / pisało pisaliśmy / pisałyśmy pisaliście / pisałyście pisali / pisały		napisałem / napisałam napisałeś / napisałaś napisał / napisała / napisało napisaliśmy / napisałyśmy napisaliście / napisałyście napisali / napisały
Futur	będę będziesz będzie będziemy będziecie będą	pisał / pisała pisać *oder* pisali / pisały	napiszę napiszesz napisze napiszemy napiszecie napiszą

Das Präteritum der unvollendeten und vollendeten Aspektform ist von der Struktur identisch: **pisał – napisał** *er schrieb.*
Das Präsens der unvollendeten Aspektform ist mit dem Futur der vollendeten Aspektform ebenfalls von der Struktur identisch:
Teraz Witek **pisze** doktorat. *Gerade* **schreibt** *Witek seine Doktorarbeit.*
Jutro Witek **napisze** wiersz. *Morgen* **wird** *Witek ein Gedicht* **schreiben.**

Język polski w kontekście

Über Gefühle sprechen:

▪ **radość i zadowolenie** *Freude und Zufriedenheit*
Cieszę się, że ... *Ich freue mich, dass ...*
Jestem zadowolony/-a. *Ich bin zufrieden.*
Jestem szczęśliwy/-a. *Ich bin glücklich.*

Nie ma miłości bez zazdrości.
Keine Liebe ohne Eifersucht.

▌**gniew i niezadowolenie** *Ärger und Unzufriedenheit*
Jestem zły/-a. *Ich bin verärgert.*
To mnie denerwuje. *Das regt mich auf.*

▌**zazdrość** *Eifersucht*
Witek jest zazdrosny. *Witek ist eifersüchtig.*
Zazdroszczę ci tej wspaniałej podróży. *Ich beneide dich um diese tolle Reise.*

Dodatkowe konstrukcje leksykalne ćw. 7

przyjaźń	*Freundschaft*	przyjaźnić się z + *Instr*	*befreundet sein*
szacunek	*Respekt, Achtung*		*mit*
sympatia	*Sympathie*	szanować	*respektieren*
niechęć	*Abneigung; Unlust*	lubić	*mögen*
		nie lubić	*nicht mögen*

Ćwiczenia

1 Bilden Sie aus den unvollendeten Verben die vollendeten Aspektformen.

z	na	prze	s	po	wy	za

1. pisać   *napisać* ....

5. czytać ....

2. rozmawiać ....

6. rozumieć ....

3. denerwować się ....

7. parkować ....

4. pić ....

8. kończyć ....

2 Ergänzen Sie den fehlenden Aspektpartner.

pić	dać	spotkać	spóźnić się	tańczyć
kupić		skończyć	parkować	

1. kupować ....

5. spotykać ....

2. .... zatańczyć

6. spóźniać się ....

3. dawać ....

7. .... wypić

4. .... zaparkować

8. kończyć ....

3 Die Filmkamera symbolisiert den unvollendeten Aspekt, der Fotoapparat den vollendeten. Ordnen Sie die Verben dem richtigen Symbol zu.

czekać chcieć	zobaczyć być powiedzieć
zdenerwować się	stać odwiedzić

....	....
....	....
....	....
....	....

4 Ergänzen Sie die Sätze. Mehrere Lösungen sind möglich.

rzadko	codziennie	często	nareszcie
przez całą noc	nagle	w każdy poniedziałek	

1. Tańczyliśmy   *przez całą noc*   .

2. Zobaczył   ....   czarnego kota.

3. Zrozumiałem/łam   ....   problem aspektu.

4. Witek kupuje   ....   kwiaty dla Joli.

5. Witek spotyka się   ....   z profesorem K.

6. Witek odwiedza   ....   mamę Joli.

7. Czy pan/pani powtarza   ....   gramatykę polską?

Zrozumiałam
nareszcie problem
aspektu.

5 Auf welche Zeit beziehen sich die Fragen? Kreuzen Sie an.

	Vergangenheit	Gegenwart	Zukunft
1. Czy spotkałeś się z profesorem K.?	☒	☐	☐
2. Czy rozmawiasz z profesorem K.?	☐	☐	☐
3. Czy skończysz wreszcie czytać tę gazetę?	☐	☐	☐
4. Czy nauczę się języka polskiego?	☐	☐	☐
5. Kiedy wreszcie zatańczysz ze mną?	☐	☐	☐
6. W sobotę wieczorem Witek będzie czytać dobrą książkę.	☐	☐	☐
7. W niedzielę po południu Witek będzie oglądać dobry film w telewizji.	☐	☐	☐
8. Co robisz?	☐	☐	☐
9. Napiszesz dla mnie wiersz?	☐	☐	☐

6 Witeks Pläne für die nächste Woche. Die vorgegebenen Sätze stehen im unvollen-deten Futur – sie drücken Witeks vage Absichten aus. Ersetzen Sie das unvollen-dete durch das vollendete Futur. Witeks Pläne werden damit zu festen Absichten.

1. We wtorek po południu Witek będzie pisać list. ....*napisze*...........

2. W poniedziałek będzie rozmawiać z profesorem K. ....

3. W środę rano będzie robić zakupy. ....

4. W środę po południu będzie kończyć referat. ....

5. W sobotę rano będzie kupować kwiaty dla Joli. ....

6. W sobotę wieczorem będzie spotykać się z Jolą. ....

7. W niedzielę przed południem będzie odwiedzać mamę Joli. ....

8. W niedzielę wieczorem będzie pić piwo z Jurkiem. ....

7 Von welchem Gefühl ist hier die Rede? Ordnen Sie zu.

1. Witek jest zazdrosny.   sympatia
2. Jola przyjaźni się z Dorotą.   zazdrość
3. Witek szanuje profesora K.   szacunek
4. Witek kocha Jolę.   miłość
5. Jola lubi Jasia.   przyjaźń

8 Was hat Professor K. in sein Tagebuch geschrieben? Wählen Sie die richtige Form.

1. Tego dnia ..._wstałem_.............. wcześnie. (wstawałem – wstałem)

2. Tego dnia wyjątkowo .... w łazience.

   (śpiewałem – zaśpiewałem)

3. Bardzo długo .... krawat. (wybierałem – wybrałem)

4. Wreszcie .... ten w paski. (wybierałem – wybrałem)

5. Pierwszy raz nie .... z moim kanarkiem!

   (żegnałem się – pożegnałem się)

6. Tego dnia .... po lewej stronie ulicy.

   (parkowałem – zaparkowałem)

7. Ani razu nie .... o konferencji.

   (myślałem – pomyślałem)

8. Często .... o pani Ewie. (myślałem – pomyślałem)

9 Jola erzählt über ihr gestriges Treffen mit einem sympathischen Mann.
Wählen Sie die richtige Aspektform.

1. Wczoraj na imieniny Jurka ..._spóźniłam się_........... pół godziny.

   (spóźniałam się – spóźniłam się)

2. Natychmiast .... tego przystojnego mężczyznę.

   (widziałam – zobaczyłam)

3. .... go pierwszy raz. (spotykałam – spotkałam)

4. .... cały wieczór, ale .... tylko jeden raz.

   (rozmawialiśmy – porozmawialiśmy) / (tańczyliśmy – zatańczyliśmy)

5. .... mi wizytówkę. (dawał – dał)

6. .... mnie na koncert w niedzielę wieczorem.

   (zapraszał – zaprosił)

In dieser Lektion erfahren Sie etwas über:
- die polnische Küche
- wie man in einem Lokal bestellt
- den **Instrumental Plural**
- den **Nominativ** und **Akkusativ Plural**
- die Kategorien **männlich-persönlich** und **nicht-männlich-persönlich**
- die **Zahlen 1–10**
- das Verb **jeść**
- einsilbige Verben auf **-ić** und **-yć**

Restauracja „Staropolska"

Tradycyjna kuchnia polska

Przystawki:
Pierogi z kapustą i grzybami
Łosoś w galarecie
Śledź w śmietanie

Zupy:
Barszcz czerwony z uszkami
Żurek staropolski z białą kiełbasą
Zupa grzybowa z łazankami

Drugie dania:
Kotlet schabowy
z ziemniakami i kapustą
Pieczeń wołowa z
buraczkami i kaszą gryczaną
Kaczka po polsku
z pieczonymi jabłkami
Bigos

Desery:
Lody z bitą śmietaną i z truskawkami
Tort czekoladowy

Restaurant „Staropolska"

Traditionelle polnische Küche

Vorspeisen:
Piroggen mit Kohl und Pilzen
Lachs in Aspik
Hering in Sahne

Suppen:
Klare Suppe aus Roter Bete mit Ravioli
Saure Mehlsuppe nach altpolnischer Art
mit Weißwurst
Pilzsuppe mit Nudeln

Hauptspeisen:
Schweinekotelett
mit Kartoffeln und Kohl
Rinderbraten mit
Roter Bete und Buchweizengrütze
Ente nach polnischer Art
mit gebratenen Äpfeln
Bigos

Nachspeisen:
Eis mit Schlagsahne und Erdbeeren
Schokoladentorte

Co nowego? *ćw. 4, 7*

Auf der Speisekarte des **Restauracja „Staropolska"** finden Sie Konstruktionen, bei denen die Präposition **z** *mit* den Instrumental (→ L 2) nach sich zieht:
kaczka z pieczon**ymi** jabłk**ami** *Ente mit gebratenen Äpfeln*
barszcz czerwony z uszk**ami** *Suppe aus Roter Bete mit Ravioli*

Die Endungen des Instrumentals Plural sind regelmäßig und für alle Genera gleich. Sie werden an den Stammauslaut des Substantivs angehängt:

	maskulin / feminin / neutral
Substantiv	-ami
Adjektiv	-ymi / -imi

gotowany ziemniak ▶ z gotowany**mi** ziemniak**ami** *mit gekochten Kartoffeln*
świeża truskawka ▶ ze śwież**ymi** truskawk**ami** *mit frischen Erdbeeren*

Die Kategorien *männlich-persönlich* und *nicht-männlich-persönlich*

Für die Bildung des Nominativs Plural, den Sie in dieser Lektion lernen werden, müssen Sie wissen, dass im Polnischen alle Substantive in „männlich-persönliche" und „nicht-männlich-persönliche" eingeteilt werden (→ L 1).

▌In die Kategorie männlich-persönlich gehören alle Substantive, die männliche Personen bezeichnen, z. B.: **syn** *Sohn*, **ojciec** *Vater*, **dziennikarz** *Journalist*, usw.
▌In die Kategorie nicht-männlich-persönlich gehören alle Substantive, die keine männlichen Personen bezeichnen: **samochód** *Auto*, **kwiat** *Blume*, **matka** *Mutter*, **kawa** *Kaffee* usw.

Smacznego!

Restauracja „Staropolska"

Witek:	Jestem głodny jak wilk. Co zamawiamy? Co jemy, co pijemy? Na co masz ochotę?
Jola:	Nie wiem jeszcze.
Witek:	Zupy ... (*czyta kartę*) Już wiem: mają tu dobry żurek.
Jola:	Żurek z kiełbasą ... ? Kiełbasa może być nieświeża.
Witek:	Nieświeża kiełbasa! Żartujesz! To jest dobra restauracja.

Jola:	Wolę zupę grzybową z łazankami. Lubię łazanki. I lubię grzyby.
Witek:	A więc raz żurek i raz zupa grzybowa.
Jola:	Taak … ale grzyby … mogą być trujące …
Witek:	Trujące grzyby!? Jola, teraz naprawdę przesadzasz!
Jola:	Grzyby trujące i jadalne są bardzo podobne. Chyba wolę rosół, rosół z warzywami. Warzywa są zawsze smaczne i świeże. Ale mięso … Może barszcz czerwony …
Witek:	Nareszcie! Barszcz czerwony: świeży, gorący i nie trujący.
Jola:	Hm, a co na drugie danie?
Witek:	Nieee!!!
Jola:	Nie rozumiem, o co ci chodzi. Wybieram to, na co mam ochotę.
Witek:	Oczywiście, kochanie. … A więc?
Jola:	Mam apetyt na … rybę albo na kaczkę. Chociaż nie, kaczka jest stanowczo za tłusta.
Witek:	A może kurczak: jest chudy, z ziemniakami i z zieloną sałatą.
Jola:	To prawda, ale sałata jest z tłustą śmietaną. Może pierogi? … A ty? Co zamawiasz?
Witek:	Bigos.
Jola:	Bigos? Aha. To może ja też.
Witek:	Ale to jest strasznie niezdrowe i tłuste danie … z grzybami … Uwaga!
Kelnerka:	Co podać?
Jola:	Jeszcze chwileczkę.

Słownictwo

Restauracja „Staropolska"		żurek	*saure Mehlsuppe*
staropolski	*altpolnisch*	biała kiełbasa	*Weißwurst*
tradycyjny	*traditionell*	**kiełbasa**	*Wurst*
kuchnia	*Küche*	zupa grzybowa	*Pilzsuppe*
przystawka	*Vorspeise*	łazanki *Pl*	*eine Art Nudeln*
pierogi *Pl*	*Piroggen (gefüllte Teigtaschen)*	**drugie danie**	*Hauptspeise*
		kotlet schabowy	*Schweinekotelett*
		ziemniak	*Kartoffel*
kapusta	*Kohl*	pieczeń wołowa	*Rinderbraten*
grzyb	*Pilz*	buraczek	*Rote Bete*
łosoś w galarecie	*Lachs in Aspik*	kasza gryczana	*Buchweizengrütze*
śledź w śmietanie	*Hering in Sahne*		
zupa	*Suppe*	kaczka	*Ente*
barszcz czerwony	*klare Suppe aus Roter Bete*	po polsku	*hier: nach polnischer Art*
uszka *Pl*	*eine Art Ravioli*	pieczony	*gebraten*

jabłko	Apfel
bigos	Bigos (polnischer Eintopf)
deser	Nachspeise
bita śmietana	Schlagsahne
truskawka	Erdbeere
tort czekoladowy	Schokoladentorte
Smacznego!	
Smacznego!	Guten Appetit!
zamawiać imperf – zamówić perf	bestellen
Jestem głodny jak wilk.	Ich bin hungrig wie ein Wolf.
jemy	wir essen
mieć ochotę na + Akk	Lust haben auf
smaczny	lecker
nieświeży	nicht frisch
żartować imperf – zażartować perf	scherzen

trujący	giftig
przesadzać imperf – przesadzić perf	übertreiben
jadalny	essbar
podobny	ähnlich
rosół	Fleischbrühe
warzywa Pl	Gemüse
mięso	Fleisch
gorący	heiß
apetyt	Appetit
ryba	Fisch
tłusty	fettig, fetthaltig
kurczak	Hähnchen
chudy	mager, dünn
zielona sałata	grüner Salat
niezdrowy	ungesund
Uwaga!	Vorsicht!
Co podać?	Was darf's sein?
Chwileczkę.	Einen Augenblick.

Gramatyka

1. Der Nominativ und Akkusativ Plural der Kategorie nicht-männlich-persönlich ćw. 1

Die Substantive der Kategorie *nicht-männlich-persönlich* * haben im Nominativ Plural und Akkusativ Plural identische Endungen:

	maskulin	feminin	neutral
Substantiv	-y, -i, -e	-y, -i, -e	-a
Adjektiv	-e / -ie	-e / -ie	-e / -ie

Adjektive erhalten immer die Endung **-e**, neutrale Substantive die Endung **-a**:
pieczone jabłko *der gebratene Apfel* ▶ pieczone jabłka *die gebratenen Äpfel*

Die Verteilung der Pluralendungen **-y, -i, -e** bei maskulinen und femininen Substantiven hängt vom Härtegrad des jeweiligen Stammauslauts ab (→ L 4):

*Den Plural der Kategorie *männlich-persönlich* lernen Sie in → L 14.

▌ Lautet ein Substantiv auf einen harten Konsonanten (außer **g** und **k**) aus, so bekommt es die Endung -y:
gorąca zupa *die heiße Suppe* ▶ gorące zupy *die heißen Suppen*

▌ Lautet ein Substantiv auf einen weichen oder historisch weichen Konsonanten aus, so bekommt es die Endung -e:
znana kawiarnia *das bekannte Café* ▶ znane kawiarnie *die bekannten Cafés*

Beachten Sie die Besonderheiten der Pluralbildung bei weichen Konsonanten:
łosoś *der Lachs* ▶ łososie *die Lachse*
śledź *der Hering* ▶ śledzie *die Heringe*

▌ Lautet ein Substantiv auf **g** oder **k** aus, so bekommt es die Endung -i:
sympatyczna kelnerka   ▶ sympatyczne kelnerki
die sympathische Kellnerin   *die sympathischen Kellnerinnen*

Beachten Sie den typischen Lautwandel von **ó** [u] zu **o** [ɔ]:
pieróg *die Pirogge* ▶ pierogi *die Piroggen*
napój *das Getränk* ▶ napoje *die Getränke*

▌ Bei den femininen Substantiven gelten weiterhin folgende Regeln:
Endet ein feminines Substantiv auf -i, bekommt es die Endung -ie:
pani *die Frau; Sie* ▶ panie *die Frauen; Sie*

▌ Endet ein feminines Substantiv auf einen weichen Konsonanten, bekommt es die Endung -i oder -(i)e:
powieść *der Roman* ▶ powieści *die Romane*
wieś *das Dorf* ▶ wsie *die Dörfer*

▌ Endet ein feminines Substantiv auf einen historisch weichen Konsonanten, bekommt es die Endung -y oder -e:
rzecz *die Sache* ▶ rzeczy *die Sachen*
noc *die Nacht* ▶ noce *die Nächte*

2. Die Zahlen 1 – 10   *ćw. 2, 10*

1	2	3	4	5	6	7	8	9	10
jeden	dwa	trzy	cztery	pięć	sześć	siedem	osiem	dziewięć	dziesięć

Beim Zählen von Personen oder Dingen steht nach den Zahlen 2, 3 und 4 der Nominativ Plural:
dwa samochody *zwei Autos*, trzy samochody *drei Autos*, cztery samochody *vier Autos*

Nach den Zahlen ab 5 steht der Genitiv Plural (→ L 10).

Die Zahlen 1 und 2 richten sich nach dem Geschlecht des Gezählten:

	1	2
maskulin	jeden banan *eine Banane*	dwa banany *zwei Bananen*
feminin	jedna truskawka *eine Erdbeere*	dwie truskawki *zwei Erdbeeren*
neutral	jedno jabłko *ein Apfel*	dwa jabłka *zwei Äpfel*

Anstelle von **jeden** wird häufig das Wort **raz** *einmal* benutzt, z. B. beim Zählen des Taktes oder beim Bestellen in einem Lokal:
Proszę raz żurek i raz barszcz czerwony.
Bitte einmal Mehlsuppe und einmal Rote-Bete-Suppe.

Raz ist erweiterbar zu **dwa razy** *zweimal*, **trzy razy** *dreimal*, **cztery razy** *viermal*.

Raz, dwa, trzy ... *Eins, zwei, drei ...*

3. Einsilbige Verben auf *-ić* oder *-yć*

Sie haben bereits gelernt, dass viele Verben, die im Infinitiv auf -ić enden, zur „-ę, -isz, -ysz-Konjugation" gehören, z. B. **robić** *machen* (→ L 3).

Handelt es sich bei den Verben auf -ić oder -yć um einsilbige Verben, so wird zwischen den Infinitivstamm und die Personalendung ein -ij- eingefügt:

	pić	*trinken*	myć	*waschen*
Singular				
1. Person	piję	*ich trinke*	myję	*ich wasche*
2. Person	pijesz	*du trinkst*	myjesz	*du wäschst*
3. Person	pije	*er / sie / es trinkt*	myje	*er / sie / es wäscht*
Plural				
1. Person	pijemy	*wir trinken*	myjemy	*wir waschen*
2. Person	pijecie	*ihr trinkt*	myjecie	*ihr wascht*
3. Person	piją	*sie trinken*	myją	*sie waschen*

4. Das Verb jeść ćw. 3

Das Verb **jeść** *essen* ist sowohl im Präsens als auch im Präteritum unregelmäßig:

	jeść	essen		
Singular				
1. Person	jem	*ich esse*	jadłem / jadłam	*ich aß*
2. Person	jesz	*du isst*	jadłeś / jadłaś	*du aßt*
3. Person	je	*er / sie / es isst*	jadł / jadła / jadło	*er / sie / es aß*
Plural				
1. Person	jemy	*wir essen*	jedliśmy / jadłyśmy	*wir aßen*
2. Person	jecie	*ihr esst*	jedliście / jadłyście	*ihr aßt*
3. Person	jedzą	*sie essen*	jedli / jadły	*sie aßen*

Die vollendete Form lautet **zjeść**.

Język polski w kontekście ćw. 8

Wie man in einem Lokal bestellt

Eine Bestellung aufgeben:

● kelner / kelnerka: *Kellner/-in:*
Co podać? *oder* Co dla państwa?   *Was darf's sein?*
Co państwo zamawiają?   *Was bestellen Sie?*
Czy państwo już wybrali?   *Haben Sie schon gewählt?*

● gość: *Gast:*
Proszę o kartę!   *Bitte die Karte!*
Jeszcze chwileczkę, proszę.   *Noch einen Augenblick bitte!*
Zamawiam ... / Proszę ...   *Ich bestelle ... / Bitte ...*
... na przystawkę / na drugie danie /   *... als Vorspeise / als Hauptspeise /*
na deser ...   *als Dessert ...*

● A co do picia?   *Und zum Trinken?*
● Proszę ...   *Bitte ...*
● Czy coś jeszcze podać?   *Darf es noch etwas sein?*
● Nie, dziękuję.   *Nein, danke.*
● Tak, proszę jeszcze ...   *Ja, bitte noch ...*
● Proszę rachunek.   *Bitte die Rechnung!*

9

Etwas mögen, Lust haben auf etwas *ćw. 6*

lubić + Akk *etwas mögen*
Lubię kawę. *Ich mag Kaffee.*
mieć ochotę na + Akk *auf etwas Lust haben*
Czy masz ochotę na kawę? *Hast du Lust auf einen Kaffee?*

i Das wohl typischste polnische Gericht ist **bigos**, ein Eintopf, der auf sehr vielfältige Weise zubereitet werden kann. Allen Varianten sind die grundlegenden Zutaten gemein: Sauerkraut und verschiedene Wurst- und Fleischsorten. Das polnische Sauerkraut (**kapusta kiszona**) ist jedoch aufgrund seiner landestypischen Herstellung und Zubereitung geschmacklich anders als das deutsche Sauerkraut. Gutes Bigos kocht man mehrere Stunden mit Zwiebeln, getrockneten Pilzen und Pflaumen, verschiedenen Kräutern und Rotwein. Es schmeckt am besten, wenn es erst am nächsten Tag serviert wird.

Dodatkowe konstrukcje leksykalne

napoje gorące /	*heiße / kalte /*
chłodzące / alkoholowe	*alkoholische Getränke*
czekolada	*Trinkschokolade*
woda mineralna	*Mineralwasser*
sok pomarańczowy	*Orangensaft*
sok jabłkowy	*Apfelsaft*
piwo jasne / ciemne	*helles / dunkles Bier*
wino białe / czerwone	*Weißwein / Rotwein*
wódka czysta	*klarer Wodka*

1 Bilden Sie den Plural der Substantive.

1. zupa ....*zupy*........ dom .... dziewczyna .... ryba ....

2. kurczak .... kaczka .... kelnerka ....

3. śledź .... łosoś ....

4. kuchnia .... pani .... pieczeń ....

5. danie .... piwo .... jabłko .... wino ....

6. deser .... truskawka .... sok .... sałata ....

2 Ergänzen Sie die Pluralendungen der Adjektive und Substantive und schreiben Sie die Zahlen als Wörter.

1. (2) ...*dwa*........ jasn ..*e*.. piw ..*a*....
2. (3) .... tort....... czekoladow.......
3. (4) .... barszcz....... czerwon.......
4. (2) .... kotlet....... schabow.......
5. (3) .... bigos.......
6. (2) .... wod....... mineraln.......

3 Setzen Sie die Verben **pić** oder **jeść** im Präsens und Präteritum ein.

	dzisiaj	wczoraj	
1. Jola i Dorota	..*piją*.............	..*piły*.............	wodę mineralną.
2. Witek	....	....	piwo.
3. Jola i Witek	....	....	bigos.
4. Czy (ty)	....	....	mięso?
5. Czy (wy)	....	....	alkohol?
6. To małe dziecko	....	....	duże jabłko.
7. Ja	....	....	tylko wodę mineralną.
8. Ja	....	....	zupę grzybową.

4 Welche Substantive gehören in die Kategorie nicht-männlich-persönlich? Unterstreichen Sie sie.

pies	dziadek	matka	kelner	kelnerka	dziecko
zupa	kurczak	łosoś	barszcz	rodzina	ojciec
syn	samochód	kot	żona	mąż	mięso

5 **Co podać?** *Was darf's sein?* Wählen Sie von der Speisekarte des Restaurants „Staropolska" und aus der Getränkeliste im Abschnitt „Dodatkowe konstrukcje leksykalne" und geben Sie Ihre Bestellung auf. Beachten Sie: Nach **Zamawiam ...** *Ich bestelle ...* bzw. **Proszę ...** *Bitte ...* steht der Akkusativ.

....

....

6 **Lubić** *mögen* oder **mieć ochotę na** *Lust haben auf?* Setzen Sie die richtige Form ein.

1. Ja bardzo ....*lubię*.................... pierogi.

2. Czy Jola .... na kurczaka z zieloną sałatą?

3. Witek .... na bigos.

4. Jaś .... ciastka.

5. Jola i Witek .... smaczne dania polskie.

6. Dorota .... kawę.

7. Czy (ty) .... na żurek staropolski?

8. Kto .... na czerwone wino?

7 Vervollständigen Sie die Gerichte durch die Beilagen im Instrumental Plural.

1. barszcz czerwony z ....*uszkami*.................................. (uszka)

2. kurczak z .... (gotowane ziemniaki)

3. pieczeń wołowa z .... (czerwone buraczki)

4. lody ze .... (świeże truskawki)

5. kaczka z .... (pieczone jabłka)

6. rosół ze .... (smaczne warzywa)

7. pierogi z kapustą i .... (grzyby)

8. zupa grzybowa z .... (łazanki)

8 Ergänzen Sie die Dialoge.

| z truskawkami | wolę | na deser | drugie danie | głodny |

1.

- Czy jesteś ....?
- Tak! A ty?
- Ja też. Co jemy? Co pijemy?
- Może żurek z kiełbasą, a na .... bigos.
- Chyba .... barszcz czerwony i pieczeń wołową.
- A co ....?
- Może lody ....?
- Chętnie.

| za tłusta | bardzo | zupy | z jabłkami | zieloną | mam ochotę |
| | do picia | | woda mineralna | | zamawiamy |

2.

- Co ....?
- Najpierw .... Dla mnie rosół, a dla ciebie?
- .... na zupę grzybową.
- A na drugie danie?
- Hmm … Może kaczkę .... albo kurczaka z

  .... sałatą?
- Wolę kaczkę z jabłkami.
- Ja chyba wolę kurczaka, kaczka jest ....
- Ale .... smaczna!
- Dobrze, więc raz kaczka i raz kurczak. A co ....?
- Dla mnie ....
- Dla mnie też.

9 Schreiben Sie die Zahlen in Worten.

1. (2) ..._dwa_........... żurki z białą kiełbasą
2. (1) .... kotlet schabowy z ziemniakami
3. (1) .... pieczeń wołowa z buraczkami
4. (1) .... sok jabłkowy
5. (1) .... tort czekoladowy
6. (2) .... wody mineralne
7. (2) .... kawy
8. (1) .... wino czerwone

10 Schreiben Sie das Ergebnis aus.

1. dwa + trzy = ..._pięć_....... *
2. cztery + pięć = ...
3. pięć + jeden = ...
4. dziewięć – osiem = ... *
5. osiem – cztery = ...
6. dziesięć – dwa = ...
7. pięć + pięć = ...
8. dziewięć – dwa = ...
9. sześć – cztery = ...
10. trzy + trzy = ...

*dwa plus trzy jest pięć;
dziewięć minus osiem jest ...

Diese Lektion umfasst
▪ Sprechsituationen rund ums **Einkaufen**
▪ den **Genitivus partitivus**
▪ die **Pluralformen des Genitivs**
▪ die **Zahlen 11 – 999**

Lista zakupów

10 jajek
kostka masła
1 litr mleka
1/2 kg białego sera
1 kg cukru
1 kg mąki
paczka proszku do pieczenia
5 jabłek
6 cytryn
puszka sardynek
ćwierć kilo żółtego sera
30 dkg szynki
1 kg ziemniaków
kilka pomidorów
pęczek rzodkiewek

Einkaufsliste

10 Eier
1 Stück Butter
1 Liter Milch
1/2 kg Quark
1 kg Zucker
1 kg Mehl
1 Päckchen Backpulver
5 Äpfel
6 Zitronen
1 Dose Sardinen
1/4 Kilo (gelber)
Schnittkäse
300 g Schinken
1 kg Kartoffeln
einige Tomaten
1 Bund Radieschen

Co nowego?

Paczka *Päckchen,* **puszka** *Dose* sowie **kilogram** *Kilogramm* und **litr** *Liter* sind Verpackungs- bzw. Maßeinheiten. Das, was Sie „abmessen", steht im Genitiv, der hier in seiner Funktion als **Genitivus partitivus** (*Teilungsgenitiv*) verwendet wird.

Bei zählbaren Dingen benutzen Sie den Genitiv Plural:
rzodkiewka *das Radieschen* ▸ pęczek **rzodkiewek** *ein Bund Radieschen*
sardynka *die Sardine* ▸ puszka **sardynek** *eine Dose Sardinen*

Bei unzählbaren Dingen benutzen Sie den Genitiv Singular (→ L 4):
masło *die Butter* ▸ kostka **masła** *ein Stück Butter*
mleko *die Milch* ▸ jeden litr **mleka** *1 Liter Milch*
chleb *das Brot* ▸ pół **chleba** *ein halbes Brot*

Auch nach Adverbien und Zahlwörtern steht der Genitiv Plural:
pomidor *die Tomate* ▸ kilka **pomidorów** *einige Tomaten*
jajko *das Ei* ▸ dziesięć **jajek** *10 Eier*
cytryna *die Zitrone* ▸ sześć **cytryn** *6 Zitronen*

W sklepie spożywczym

Pani Zosia:	Dzień dobry!
Sprzedawczyni:	Dzień dobry! Ale dzisiaj chłodno! Zimna Zośka! Prawda ... Przecież pani ma imieniny. Wszystkiego najlepszego!
Pani Zosia:	Dziękuję. Proszę dziesięć jajek i półtora kilograma białego półtłustego sera.
Sprzedawczyni:	Będzie pani piec sernik?
Pani Zosia:	Sernik i szarlotkę. Będziemy mieli sporo gości.
Sprzedawczyni:	Aha ... To ile jabłek na szarlotkę?
Pani Zosia:	Wystarczy kilo.
Sprzedawczyni:	Proszę. To nowa odmiana ... jabłka słodkie jak miód!
Pani Zosia:	Miód ... Może też słoik miodu.
Sprzedawczyni:	Mały czy duży?
Pani Zosia:	Ile kosztuje ten mały?
Sprzedawczyni:	Sześć złotych, a dziesięć złotych duży.
Pani Zosia:	Wezmę duży.
Sprzedawczyni:	Proszę bardzo. Co jeszcze?
Pani Zosia:	Kilo pomidorów.
Sprzedawczyni:	Na zupę czy na sałatkę?
Pani Zosia:	Na sałatkę. Mąż i ja jemy teraz dużo sałatek. Mąż jest trochę za tęgi ...
Sprzedawczyni:	Eee ... przesadza pani.

Pani Zosia:	Oj tak, tak! Za dużo piwa, za dużo tłustych rzeczy, za mało świeżych owoców i warzyw. I za mało ruchu. Jeszcze chleb ... albo może bułeczki? Ładnie wyglądają.
Sprzedawczyni:	I dobrze smakują. To nowy gatunek. Ile bułeczek?
Pani Zosia:	Pięć.
Sprzedawczyni:	To wszystko?
Pani Zosia:	Proszę jeszcze trzydzieści deka żółtego sera. I pęczek rzodkiewek.
Sprzedawczyni:	Na sałatkę?
Pani Zosia:	Właśnie. Ile płacę?

Słownictwo

Lista zakupów

lista zakupów	*Einkaufsliste*
jajko	*Ei*
kostka masła	*ein Stück Butter*
pół	*halb*
kg *Abk für kilogram*	*kg (Kilogramm)*
biały ser	*Quark (weißer Käse)*
cukier	*Zucker*
mąka	*Mehl*
paczka	*Packung; Paket*
proszek do pieczenia	*Backpulver*
cytryna	*Zitrone*
puszka	*Dose*
sardynka	*Sardine*
ćwierć	*Viertel*

żółty ser	*Schnittkäse (wörtlich: gelber Käse)*
dkg *Abk für dekagram*	*Dekagramm (= 10 Gramm)*
szynka	*Schinken*
pomidor	*Tomate*
pęczek	*Bund*
rzodkiewka	*Radieschen*

W sklepie spożywczym

sklep spożywczy	*Lebensmittelgeschäft*
chłodno *Adv*	*kühl*
przecież	*doch, schließlich*
półtora	*anderthalb*

półtłusty	*halbfett*	kosztować *imperf*	*kosten*
piec *imperf* – upiec *perf*	*backen*	złoty	*Złoty (poln. Währung)*
sernik	*Käsekuchen*	wezmę	*ich nehme*
sporo	*ziemlich viel*	**sałatka**	*Salat (zubereitet)*
ile?	*wie viel?*		
wystarczać *imperf* – wystarczyć *perf*	*ausreichen, genügen*	tęgi	*dick, beleibt*
odmiana	*Sorte*	**mało** *Adv*	*wenig*
miód	*Honig*	**bułeczka**	*Brötchen*
słoik	*(Honig-)Glas*	gatunek	*Sorte*
		właśnie	*genau*

Gramatyka

1. Der Genitiv Plural   *ćw. 1, 2, 3, 4, 8*

Der Genitiv Plural hat folgende Endungen:

	maskulin	feminin	neutral
Substantiv	-ów, -y,- i	–	–
Adjektiv		-ych / -ich	

▮ **Maskuline Substantive**, die auf einen harten Konsonanten auslauten, erhalten die Endung -ów:
ziemniak *die Kartoffel* ▶ jeden kilogram ziemniak**ów** *1 kg Kartoffeln*
pomidor *die Tomate* ▶ jeden kilogram pomidor**ów** *1 kg Tomaten*

▮ Maskuline Substantive, die auf einen historisch weichen Konsonanten (außer l) auslauten, erhalten die Endung -y:
talerz *der Teller* ▶ kilka talerz**y** *einige Teller*
klucz *der Schlüssel* ▶ szukać klucz**y** *die Schlüssel suchen*

▮ Maskuline Substantive, die auf einen weichen Konsonanten oder l auslauten, erhalten die Endung -i:
gość *der Gast* ▶ sporo gośc**i** *viele Gäste*
kartofel *die Kartoffel* ▶ jeden kilogram kartofl**i** *1 kg Kartoffeln*

Feminine und neutrale Substantive haben im Genitiv Plural *keine* Endung:
cytryna *die Zitrone* ▶ jeden kilogram cytryn *1 kg Zitronen*
wino *der Wein* ▶ znawca win *der Weinkenner*

▮ Wenn ein feminines oder neutrales Substantiv auf mindestens zwei Konsonanten
auslautet, wird zwischen den beiden auslautenden Konsonanten ein -e- einfügt:
zapałka *das Streichholz* ▶ pudełko zapałek *eine Schachtel Streichhölzer*
jabłko *der Apfel* ▶ skrzynka jabłek *eine Kiste Äpfel*

▮ Handelt es sich bei dem vorletzten Konsonanten um **g** oder **k**, so muss die „g/k + i
+ e"-Regel beachtet werden (→ L 2):
okno *das Fenster* ▶ bez ok**i**en *ohne Fenster*
gra *das Spiel* ▶ salon g**i**er *Spielsalon*

▮ Bei neutralen Substantiven, die auf einen weichen Konsonanten auslauten, gibt es
einen Wechsel der „Varianten mit i" zu den „Varianten mit Strich":
ćwicze**n**ie *die Übung* ▶ dużo łatwych ćwicze**ń** *viele einfache Übungen*

Des Weiteren gilt:
▮ Feminine Substantive, die auf einen weichen oder historisch weichen Konsonanten
auslauten, haben im Genitiv Plural die gleichen Endungen wie im Genitiv Singular:
kość *der Knochen* ▶ pięć kości dla psa *5 Knochen für den Hund*
rzecz *die Sache* ▶ dużo tłustych rzeczy *viele fetthaltige Sachen*

Adjektive bekommen im Genitiv Plural entweder die Endung -ych oder -ich:
duży pomidor *die große Tomate* ▶
kilka duż**ych** pomidorów *einige große Tomaten*
tani ziemniak *die billige Kartoffel* ▶
jeden kilogram tan**ich** ziemniaków *1 kg billige Kartoffeln*

2. Die Zahlen 11 – 999   *ćw. 9*

11	jedenaście	21	dwadzieścia jeden	90	dziewięćdziesiąt
12	dwanaście	22	dwadzieścia dwa	100	sto
13	trzynaście	23	dwadzieścia trzy	200	dwieście
14	czternaście	24	dwadzieścia cztery	300	trzysta
15	piętnaście	... ...		400	czterysta
16	szesnaście	30	trzydzieści	500	pięćset
17	siedemnaście	40	czterdzieści	600	sześćset
18	osiemnaście	50	pięćdziesiąt	700	siedemset
19	dziewiętnaście	60	sześćdziesiąt	800	osiemset
20	dwadzieścia	70	siedemdziesiąt	900	dziewięćset
		80	osiemdziesiąt	... ...	

3. Der Gebrauch der Zahlwörter *ćw. 6*

Nach Zahlwörtern, die größer als 1 sind, steht entweder der Nominativ Plural oder der Genitiv Plural.
Der Nominativ Plural steht immer dann, wenn die Zahl auf der Einerstelle eine 2, 3 oder 4 hat, z.B. 22, 43, 64, 103, 952. Lediglich die Zahlen 12, 13, und 14 sind eine Ausnahme von dieser Regel. Nach allen anderen Zahlen steht der Genitiv Plural.

Nominativ Plural	Genitiv Plural	
4 cytryny	6 cytryn	4 / 6 *Zitronen*
23 jabłka	27 jabłek	23 / 27 *Äpfel*
42 litry	51 litrów	42 / 51 *Liter*
92 ćwiczenia	100 ćwiczeń	92 / 100 *Übungen*
102 kilogramy	112 kilogramów	102 / 112 *Kilogramm*
992 zapałki	999 zapałek	992 / 999 *Streichhölzer*

Die Besonderheit der Unterteilung der Zahlen in die zwei Gruppen Nominativ Plural bzw. Genitiv Plural macht sich auch beim Gebrauch des Verbs bemerkbar:
▮ Zahlen + Nominativ Plural verlangen ein Verb in der 3. Person Plural:
   Tu **są** dwa litry wody. *Hier **sind** zwei Liter Wasser.*
▮ Zahlen + Genitiv Plural verlangen ein Verb in der 3. Person Singular:
   Tu **jest** pięć litrów wody. *Hier **sind** (wörtlich: ist) 5 Liter Wasser.*

Bei unbestimmten Mengenangaben steht das Verb immer in der 3. Person Singular:
W sklepie **jest** dużo klientów. *Im Geschäft **sind** viele Kunden.*
Będzie sporo gości. *Es **werden** ziemlich viele Gäste **da sein**.*

Język polski w kontekście

Geld und Preise *ćw. 7*

Die polnische Währung ist **złoty** (zł), die Untereinheit **grosz** (gr): 100 gr = 1 zł.
Grosz ist ein Substantiv, **złoty** ist ein Adjektiv und heißt wörtlich *golden*. Die Bezeichnung **złotówka** für die 1-Złoty-Münze dient oft auch als Währungsbezeichnung. Da auch hier die Regeln für den Gebrauch der Zahlwörter gelten, erscheint die Währungseinheit je nach Betrag im Nominativ Singular, im Nominativ Plural oder im Genitiv Plural:
1,25 zł ► jeden złoty i dwadzieścia pięć groszy
4,92 zł ► cztery złote i dziewięćdziesiąt dwa grosze
49,05 zł ► czterdzieści dziewięć złotych i pięć groszy
158,33 zł ► sto pięćdziesiąt osiem złotych i trzydzieści trzy grosze

Im alltäglichen Gebrauch werden Preisangaben oft ohne Währungsangaben gemacht:
5,89 zł ▶ pięć osiemdziesiąt dziewięć *fünf neunundachtzig*

Die Währung **euro** wird im Polnischen nicht dekliniert:
1, 2, 5 € ▶ jedno, dwa, pięć euro

Beim Einkaufen   *ćw. 10*

▎nach dem Preis fragen:
- Ile kosztuje ser? *Wie viel kostet der Käse?*
- Ser kosztuje piętnaście złotych za kilo. *Der Käse kostet 15 Złoty das Kilo.*
- Ile kosztują truskawki? *Wie viel kosten die Erdbeeren?*
- Truskawki kosztują cztery złote za kilo. *Die Erdbeeren kosten 4 Złoty das Kilo.*

▎nach einem Artikel fragen:
- Czym mogę służyć? *Womit kann ich dienen? / Was darf's sein?*
- Czy mają państwo ...? *Haben Sie ...?*
- Tak, oczywiście. *Ja, natürlich.*
- Niestety, nie ma. *Nein, leider nicht. / Das gibt es leider nicht.*

▎einen Artikel kaufen:
- Proszę trzy bułeczki i butelkę mleka. *Bitte drei Brötchen und eine Flasche Milch.* (Nach **proszę** steht der Akkusativ!)
- Biorę / Wezmę + Akk *Ich nehme ...*
- (Czy) Coś jeszcze? *Noch etwas?*
- To wszystko. *Das ist alles.*
- Ile płacę? *Was macht das?*
- Razem ... *Zusammen ...*

Altersangaben   *ćw. 5*

Das polnische Wort für Jahr ist unregelmäßig:
jeden rok *ein Jahr* ▶ dwa lata *zwei Jahre* ▶ pięć lat *fünf Jahre*

In Polen *hat* man Jahre. Deshalb fragen Sie nach dem Alter wie folgt:
- Ile pan / pani ma lat? *Wie alt sind Sie?* (wörtlich: *Wie viele Jahre haben Sie?*)
- Mam czterdzieści dwa lata. *Ich bin 42 Jahre.*
- Ile masz lat? *Wie alt bist du?*
- Mam piętnaście lat. *Ich bin 15 Jahre.*

Zum Geburtstag wird in Polen dieses Lied gesungen:
Sto lat, sto lat! Niech żyje, żyje nam! Niech żyje nam!
100 Jahre, 100 Jahre! Soll er / sie (uns) leben! Soll er / sie leben!

i In Polen wird beim Einkaufen vorrangig die Gewichtseinheit **dekagram** (dkg) benutzt. 1 dkg = 10 g. In der Umgangssprache sagt man meistens **deka**, z. B. **dziesięć deka szynki** *100 g Schinken*.
Die meisten Lebensmittelgeschäfte in Polen sind werktags und selbst an Sonn- und Feiertagen sehr lange geöffnet, oft bis 22:00 Uhr.

Dodatkowe konstrukcje leksykalne

delikatesy *Pl*	*Feinkostladen*	nabiał	*Milchprodukte*
piekarnia	*Bäckerei*	mięso & wędliny	*Wurst- &*
cukiernia	*Konditorei*		*Fleischwaren*
księgarnia	*Buchhandlung*	pieczywo	*Backwaren*
kwiaciarnia	*Blumengeschäft*	słodycze	*Süßwaren*
drogeria	*Drogerie*	cena	*Preis*
		przecena	*Sonderpreis*

Ćwiczenia

1 Setzen Sie die Wörter in den Genitiv Plural.

1. 2 litry   6 *litrów* ....
2. 4 kilogramy   5 ....
3. 2 pomidory   5 ....
4. 3 cytryny   6 ....

5. 2 butelki   8 ....
6. 4 jajka   10 ....
7. 3 jabłka   6 ....
8. 4 puszki   8 ....

2 Genitiv Singular oder Plural? Setzen Sie die Wörter in Klammern ein.

1. kostka *masła* .... (masło)
2. litr .... (woda mineralna)
3. kilogram .... (ziemniak)
4. puszka .... (sardynka)
5. butelka .... (czerwone wino)
6. pudełko .... (zapałka)
7. litr .... (sok pomarańczowy)
8. 40 dkg .... (szynka)

3 Was mögen die Personen nicht? Verneinen Sie die Aussagen des jeweils ersten Satzes. Aus Akkusativ wird dadurch Genitiv.

1. Pani Zosia lubi owoce. Pan Stanisław nie lubi *owoców* ....
2. Profesor K. lubi krawaty w paski. Pani Ewa nie lubi ....
3. Jola lubi filmy kryminalne. Witek nie lubi ....
4. Mefisto lubi duże kości. Atom nie lubi ....
5. Dorota lubi rzodkiewki. Jaś nie lubi ....
6. Pani Zosia lubi sałatki. Pan Stanisław nie lubi ....

4 Setzen Sie die Adjektive und Substantive in den Genitiv Plural.

1. dużo *czerwonych* .... *jabłek* .... (czerwone jabłko)
2. mało .... (żółta cytryna)
3. kilka .... (duże jajko)
4. dużo .... (czerwony pomidor)
5. 12 .... (żółty ananas)
6. 5 .... (mała rzodkiewka)
7. 10 .... (świeża bułeczka)
8. kilogram .... (słodka truskawka)

5 Ile on/ona ma lat? Setzen Sie **rok, lata** oder **lat** ein.

1. On ma 5 ...*lat*......... .
2. To dziecko ma 1 ....
3. Ona ma 18 ....
4. On ma 25 ....

5. On ma 33 ....
6. Ona ma 52 ....
7. On ma 65 ....
8. Ona ma 72 ....

6 Setzen Sie **jest** oder **są** ein.

1. ...*jest*........ 8 jajek
2. .... 3 jabłka
3. .... 5 puszek sardynek

4. .... 2 kg ziemniaków
5. .... 10 bułeczek
6. .... trochę żółtego sera

7 Tragen Sie die Währungseinheiten ein.

1. 5,99 zł   5 ...*złotych*............, 99 ...*groszy*...............
2. 1,10 zł   1 ...., 10 ....
3. 12,45 zł   12 ...., 45 ....
4. 102, 64 zł   102 ...., 64 ....
5. 27,48 zł   27 ...., 48 ....
6. 74,62 zł   74 ...., 62 ....

8 Beschreiben Sie die Bilder, indem Sie die Sätze ergänzen.
Setzen Sie die Adjektive und Substantive in den Genitiv Plural.

nowe	mały	czarny	złoty	słowo	pies	kot	klucz

1. Ona boi się ...*małych psów*......... .
2. On boi się ....

3. On uczy się .... 4. Ona szuka ....

9 Schreiben Sie die Zahlen als Ziffern.

1. czterdzieści jeden _41_   5. dwieście   ....
2. czternaście   ....   6. dwadzieścia dziewięć ....
3. osiemdziesiąt dwa ....   7. pięćdziesiąt cztery   ....
4. jedenaście   ....   8. trzysta osiemdziesiąt jeden ....

10 Ergänzen Sie die Dialoge.

tłustego	kilogram	co	pomidorów	wszystko	ile

1.
○ Proszę .... białego sera.

● .... czy chudego?

○ Chudego.

● .... jeszcze?

○ Kilo .... na sałatkę.

● To ....?

○ Tak, dziękuję. .... płacę?

2.

| ile kosztuje | | na szarlotkę | | butelek | | sernik | | jajek |
| kostkę | butelkę | | francuskich win | | złotych | | smacznych | |

- Proszę pół kilo białego sera, ... masła, 10 ....,
  kilo cukru i kilo mąki.
- Będzie pani robić ....?
- Tak, sernik i szarlotkę. Proszę kilo .... jabłek ....

  ....
- Coś jeszcze?
- .... czerwonego francuskiego wina.
- Niestety, nie mamy .... Mamy tylko niemieckie.
- .... butelka białego niemieckiego wina?
- 55 ....
- Bardzo drogie to wino!
- Drogie, ale bardzo dobre! Ile .... podać?
- Jedną!

1 Sagen Sie auf Polnisch, …

1. dass Sie im August geboren wurden.

   ....

2. dass Sie in Köln wohnen.

   ....

3. dass Sie ledig sind.

   ....

4. dass Sie verheiratet sind.

   ....

5. dass Ihnen kalt ist.

   ....

6. dass Sie vor zwei Jahren zum ersten Mal in Polen waren.

   ....

Punkte ....../6

2 Verbinden Sie die Fragen mit den Antworten.

1. Czy lubisz bigos?
2. Czy podoba ci się Kraków?
3. Czy ma pan ochotę na piwo?
4. Czy Witkowi podoba się Jola?
5. Czy lubisz wino?
6. Czy lubi pani kaczkę?

a. Tak, bardzo mi się podoba.
b. Tak, bardzo mu się podoba.
c. Tak, bardzo lubię bigos.
d. Nie, wcale nie lubię wina.
e. Nie, dziękuję. Wolę wino.
f. Nie bardzo. Jest za tłusta.

Punkte ....../6

3 Ergänzen Sie die Substantive in der richtigen Form (1.–3.) bzw. übersetzen Sie (4.–6.). (→ L 9 + 10)

1. jedno jabłko, trzy jabłka, pięć ....

2. jedna książka, dwie .... , dziesięć ....

3. jeden dom, dwa .... , osiem ....

4. ein halbes Kilo Erdbeeren – ....

5. 1 Liter Milch – ....

6. 2 kg Kartoffeln – ....

Punkte ....../6

Test 2

4 Setzen Sie die konjugierten Verben ein. Achten Sie dabei auf den Aspekt. (→ L 8)

> nauczyłem się   obejrzałem   oglądam   zamawiam   kupi
> zjadł   kupuje   uczę się   spotkaliśmy się   spotkamy się
> zamówiłem   jem

1. Często .... telewizję. – Wczoraj .... dobry film w kinie.

2. Jutro Witek .... Joli kwiaty. – Zawsze .... jej kwiaty w tym małym sklepie.

3. .... języka polskiego. – Wczoraj .... dużo nowych słów.

4. Codziennie .... na uniwersytecie. – Jutro wieczorem .... w kawiarni.

5. W tej restauracji zawsze .... bigos. – Dzisiaj pierwszy raz .... barszcz czerwony.

6. Mefisto .... cały kotlet. – Latem często .... lody z truskawkami.

Punkte ....../6

5 Kreuzen Sie das Wort an, das inhaltlich nicht in die Reihe passt.

1. **a.** ☐ wino – **b.** ☐ sok – **c.** ☐ kawa – **d.** ☐ ciastko
2. **a.** ☐ puszka – **b.** ☐ paczka – **c.** ☐ chleb – **d.** ☐ kostka
3. **a.** ☐ zupa – **b.** ☐ przystawka – **c.** ☐ drugie danie – **d.** ☐ rachunek
4. **a.** ☐ jaskinia – **b.** ☐ księgarnia – **c.** ☐ cukiernia – **d.** ☐ piekarnia

Punkte ....../4

6 Ergänzen Sie. Kreuzen Sie die richtige Form an. (→ L 6 + 7)

1. W maju będę ...... do Polski. **a.** ☐ jechać **b.** ☐ jechali/jechały
2. Wczoraj pan Staś ...... na działce. **a.** ☐ pracował **b.** ☐ pracuje
3. Pani Zosia ...... robić szarlotkę. **a.** ☐ będę **b.** ☐ będzie
4. Dorota i Jaś będą ...... w morzu. **a.** ☐ kąpały się **b.** ☐ kąpali się
5. Witek będzie ...... wiersz. **a.** ☐ napisać **b.** ☐ pisał
6. Co państwo ...... wczoraj? **a.** ☐ robiło **b.** ☐ robili

Punkte ....../6

Gesamt ....../34

In dieser Lektion lernen Sie:
- ❙ wie man einen **Fahrplan** liest
- ❙ wie man eine **Fahrkarte** kauft
- ❙ wie man die **Uhrzeit** angibt
- ❙ die Präpositionen **za** und **po**
- ❙ die **Ordnungszahlen 1. – 49.**
- ❙ den **Lokativ Plural**

Rozkład jazdy

Warszawa Centralna

Odjazd			
czas		**stacja**	**peron / tor**
11:25	EC 44	Kutno 12:41 – Poznań 14:17 – Rzepin 15:40 – Frankfurt nad Odrą 16:09 – Berlin Zool. Garten 17:31 *kursuje codziennie*	III / 2
13:05	P 12113	Pilawa 14:05 – Dęblin 14:36 – Nałęczów 15:06 – Lublin 15:36 *kursuje w dni świąteczne*	IV / 1

Przyjazd			
czas		**stacja**	**peron / tor**
17:56	EX 5312	Iława 15:06 – Malbork 14:23 – Gdańsk 13:40 *kursuje w dni robocze*	IV / 2
19:09	51430	Warszawa Wschodnia 19:02 *kursuje codziennie*	II / 2

Fahrplan

Warschau Hauptbahnhof

Abfahrt			
Zeit		**Bahnhof**	**Bahnsteig / Gleis**
11:25	EC 44	Kutno 12:41 – Posen 14:17 – Rzepin 15:40 – Frankfurt an der Oder 16:09 – Berlin Zool. Garten 17:31 *fährt täglich*	III / 2
13:05	IC 12113	Pilawa 14:05 – Dęblin 14:36 – Nałęczów 15:06 – Lublin 15:36 *fährt an Feiertagen*	IV / 1

Ankunft			
Zeit		**Bahnhof**	**Bahnsteig / Gleis**
17:56	ICE 5312	Iława 15:06 – Malbork 14:23 – Danzig 13:40 *fährt an Werktagen*	IV / 2
19:09	RB 51430	Warschau Wschodnia 19:02 *fährt täglich*	II / 2

11

Co nowego? *ćw. 1, 2, 3*

Für die Angabe von Bahnsteig und Gleis sowie für die Uhrzeit werden im Polnischen die Ordnungszahlen verwendet.

1.	pierwszy	6.	szósty
2.	drugi	7.	siódmy
3.	trzeci	8.	ósmy
4.	czwarty	9.	dziewiąty
5.	piąty	10.	dziesiąty

Für die Ordnungszahlen ab 11. ersetzen Sie den Wortteil **-naście** der Grundzahlen durch **-nasty**. Einzige Ausnahme ist der Wechsel von **-a** zu **-u** in **dwunasty** *zwölfter*:

11.	jedenasty	16.	szesnasty
12.	dwunasty	17.	siedemnasty
13.	trzynasty	18.	osiemnasty
14.	czternasty	19.	dziewiętnasty
15.	piętnasty		

Bei den Ordnungszahlen von 20. bis 29. ersetzen Sie den Wortteil **-dzieścia**, bei 30 bis 49. **-dzieści** durch **-dziesty**. Auch bei den Zwanzigern tritt der Wechsel von **-a** zu **-u** auf. Beachten Sie, dass Sie sowohl für die Zehner als auch für die Einer die Ordnungszahlen verwenden müssen:

20.	dwudziesty	30.	trzydziesty
21.	dwudziesty pierwszy	31.	trzydziesty pierwszy
22.	dwudziesty drugi		...
23.	dwudziesty trzeci	40.	czterdziesty
24.	dwudziesty czwarty	41.	czterdziesty pierwszy
...		...	

Ordnungszahlen werden wie Adjektive dekliniert.
Pamiętam o mojej pierwsz**ej** miłości. *Ich erinnere mich an meine erste Liebe.*
Pociąg ekspresowy odjeżdża z peronu trzeci**ego**. *Der ICE fährt von Bahnsteig drei ab.*
Mamy miejscówki w wagonie piąt**ym**. *Wir haben für den fünften Waggon Platzkarten.*
Wszystkiego najlepszego z okazji twoich dwudziest**ych** urodzin! *Alles Gute zu deinem 20. Geburtstag!*

Mamy jeszcze mnóstwo czasu!

Dworzec Centralny w Warszawie – Witek zdenerwowany czeka na Jolę.

Jola:	Cześć kochanie!
Witek:	Jola!! Wiesz, która jest godzina?!
Jola:	Wiem: kwadrans po jedenastej.
Witek:	Siedemnaście po jedenastej. Jest bardzo późno! Za moment odjeżdża nasz pociąg!
Jola:	Nie za moment, ale za pięć minut. Tu jest rozkład jazdy: pospieszny do Krakowa jedenasta dwadzieścia dwie, peron czwarty, tor drugi. Mamy mnóstwo czasu.
Witek:	Całe pięć minut!
Jola:	Właśnie! Zdążę jeszcze kupić gazetę.
Witek:	Słyszysz?! To nasz pociąg!

Głos z megafonu:

„*Pociąg Eurocity do Berlina przez Kutno, Poznań, Rzepin, Frankfurt nad Odrą wjeżdża na tor pierwszy przy peronie trzecim. Wagony pierwszej klasy z numerami 270, 271 oraz wagon restauracyjny zatrzymają się w sektorze pierwszym. Wagony drugiej klasy z numerami 266, 267, 268, 269 zatrzymają się w sektorze drugim i trzecim. Prosimy przejść do odpowiednich sektorów. Pociąg objęty jest całkowitą rezerwacją miejsc. Prosimy uważać i odsunąć się od toru!*"

Jola:	No widzisz, zapowiadają dopiero Eurocity do Berlina.
Witek:	Jola, proszę ...
Jola:	Zawsze się tak denerwujesz przed podróżą?
Witek:	Nie zawsze, tylko wtedy, kiedy jadę z tobą!

„*Pociąg pospieszny do Krakowa wjeżdża na tor drugi przy peronie czwartym. Wagony z numerami ...*"

Witek:	Nasz pociąg! Na pewno się spóźnimy!
Jola:	Witeczku, przecież jesteśmy już prawie na peronie. W którym wagonie mamy miejscówki?
Witek:	Wagon piąty, druga klasa, przedział dla niepalących, dwa miejsca przy oknie, numer 45 i 47.
Jola:	Wspaniale! Lubię siedzieć przy oknie. Kiedy będziemy w Krakowie?
Witek:	O drugiej osiem.
Jola:	Osiem po drugiej. Będziemy mieli jeszcze ...
Witek:	... mnóstwo czasu!

Słownictwo

Rozkład jazdy

rozkład jazdy	*Fahrplan*
odjazd	*Abfahrt*
stacja	*Bahnhof*
peron	*Bahnsteig*
tor	*Gleis*
Frankfurt nad Odrą	*Frankfurt an der Oder*
kursuje codziennie	*fährt täglich*
P *Abk für* pociąg pospieszny	*etwa: IC (Intercity)*
kursuje w dni świąteczne	*fährt an Feiertagen*
przyjazd	*Ankunft*
EX *Abk für* pociąg ekspresowy	*etwa: ICE (Intercity Express)*
kursuje w dni robocze	*fährt an Werktagen*
pociąg osobowy	*etwa: RB (Regional-bahn)*

Mamy jeszcze mnóstwo czasu!

zdenerwowany	*nervös*
Która jest godzina?	*Wie viel Uhr ist es? Wie spät ist es?*
kwadrans	*Viertel(stunde)*
późno *Adv*	*spät*
odjeżdżać *imperf –* odjechać *perf*	*abfahren*
minuta	*Minute*
czwarty	*vierter*
drugi	*zweiter*
zdążać *imperf –* zdążyć *perf*	*(zeitlich) schaffen*
słyszeć *imperf –* usłyszeć *perf*	*hören*

głos z megafonu	*Stimme aus dem Laut-sprecher*
przez	*hier: über*
wjeżdżać *imperf –* wjechać *perf*	*einfahren*
trzeci	*dritter*
wagon	*Wagen, Waggon*
pierwsza klasa	*erste Klasse*
numer	*Nummer*
oraz	*sowie*
wagon restauracyjny	*Bordrestaurant*
druga klasa	*zweite Klasse*
zatrzymywać się *imperf –* zatrzymać się *perf*	*halten*
sektor	*Abschnitt*
przechodzić *imperf –* przejść *perf*	*hingehen, wechseln zu*
odpowiedni	*entsprechend*
objęty całkowitą rezerwacją	*reservierungs-pflichtig*
uważać *imperf*	*aufpassen*
odsunąć się od toru	*von der Bahn-steigkante zurücktreten*
zapowiadać *imperf –* zapowiedzieć *perf*	*ansagen, durchsagen*
dopiero	*erst*
podróż *f*	*Reise*
wtedy	*hier: dann*
przecież	*doch*
miejscówka	*Platz-reservierung*
piąty	*fünfter*
przedział	*Abteil*
niepalący	*Nichtraucher*
miejsce przy oknie	*Fensterplatz*

Gramatyka

1. Die Uhrzeit   *ćw. 4, 5, 7*

Für *Stunde* und *Uhrzeit* gibt es im Polnischen nur ein Wort: **godzina** (abgekürzt: **godz**).
So fragen Sie nach der Uhrzeit:
Która jest godzina? *Wie viel Uhr ist es?*
Umgangssprachlich wird die Frage oft auf **Która godzina?** oder **Która jest?** verkürzt.

▎Volle Stunden geben Sie mit Hilfe der Ordnungszahlen an. Da **godzina** feminin ist,
erhalten die Ordnungszahlen die femininen Adjektiv-Endungen:
Jest dwunas**ta** (godzina). *Es ist zwölf (Uhr).*
Jest szós**ta** (godzina). *Es ist sechs (Uhr).*

▎Auf die Frage **O której (godzinie)?** *Um wie viel Uhr?* werden die Ordnungszahlen
und **godzina** im Lokativ verwendet, weil sie auf die Präposition **o** *um* folgen:
O dwunastej (godzinie). *Um zwölf (Uhr).*
O szóstej (godzinie). *Um sechs (Uhr).*

▎Halbe Stunden geben Sie mit der Konstruktion **wpół** (auch **pół**) **do** + **Gen** *halb (zu)*
an:
Jest wpół do szóstej. *Es ist halb sechs.* ▶ O wpół do szóstej. *Um halb sechs.*
Jest wpół do ósmej. *Es ist halb acht.* ▶ O wpół do ósmej. *Um halb acht.*

▎Befindet sich der Minutenzeiger in der ersten Hälfte einer Stunde, geben Sie die
Zeit mit *Minuten* (Grundzahl) + **po** + *Stunde* (Ordnungszahl im Lokativ) an:
Jest dziesięć po pierwszej. *Es ist zehn nach eins.*
Jest piętnaście po trzeciej. *Es ist fünfzehn nach drei.*

▎Befindet sich der Minutenzeiger in der zweiten Hälfte
einer Stunde: **za** + *Minuten* (Grundzahl) + *Stunde*
(Ordnungszahl im Nominativ):
Jest za dziesięć czwarta. *Es ist zehn vor vier.*
Jest za pięć siódma. *Es ist fünf vor sieben.*

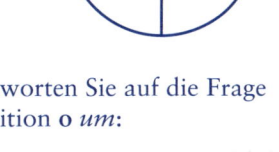

▎Benutzen Sie die Präposition **po** *nach* oder **za** *vor*, antworten Sie auf die Frage
O której godzinie? *Um wie viel Uhr?* ohne die Präposition **o** *um*:
Dziesięć po pierwszej. *Um zehn nach eins.*
Za dziesięć czwarta. *Um zehn vor vier.*

▎Im normalen Sprachgebrauch verwenden Sie für die Angabe der Uhrzeit nur die
Ordnungszahlen 1.–12. Zur näheren Bestimmung der Tageszeit ergänzen Sie: **rano**
morgens, **po południu** *nachmittags*, **wieczorem** *abends* oder **w nocy** *nachts*:
Wstałem o czwartej rano. *Ich stand um vier Uhr morgens auf.*

11

I Die „offizielle" Zeitangabe, z. B. am Bahnhof oder im Radio, lautet *Stunden* (Ordnungszahl im Nominativ) + *Minuten* (Grundzahl):
20:20   Jest dwudziesta dwadzieścia.
18:37   Jest osiemnasta trzydzieści siedem.

I Eine exakte Zeitangabe können Sie auch so machen:
5:28   Jest za dwie wpół do szóstej.
9:34   Jest cztery po wpół do dziesiątej.

2. Der Lokativ Plural   ćw. 6

Die Endungen des Lokativs Plural sind für alle Genera gleich:

	maskulin	feminin	neutral
Substantiv		-ach	
Adjektiv		-ych / -ich	

Na peron**ach**. *Auf den Bahnsteigen.*
W pierwsz**ych** wagon**ach**. *In den ersten Waggons.*

Język polski w kontekście   ćw. 8, 9

Auf dem Bahnhof

I Informationen am Schalter **Informacja** einholen:
● O której (dzisiaj po południu) odjeżdża pociąg do Berlina?
Um wie viel Uhr fährt (heute Nachmittag) ein Zug nach Berlin?
● O której przyjeżdża do Berlina? *Um wie viel Uhr kommt er in Berlin an?*

● Z którego peronu odjeżdża pociąg? *Von welchem Bahnsteig fährt der Zug ab?*
● Z peronu piątego, z toru drugiego. *Von Bahnsteig fünf, Gleis zwei.*

I Eine Fahrkarte am Schalter **kasy biletowe międzynarodowe** *Internationale Fahrkarten* kaufen:
● Proszę bilet do Berlina na pociąg o czternastej piętnaście.
Bitte eine Fahrkarte nach Berlin für den Zug um 14:15 Uhr.

● W jedną stronę czy bilet powrotny? *Einfach oder mit Rückfahrt?*
● Bilet pierwszej czy drugiej klasy? *Fahrkarte erster oder zweiter Klasse?*

- Czy pan / pani chce zarezerwować miejsce? *Möchten Sie reservieren?*
- Dla palących czy dla niepalących? *Raucher oder Nichtraucher?*
- Przy oknie czy przy drzwiach? *Am Fenster oder am Gang* (wörtlich: *an der Tür*)?

▌W pociągu *Im Zug*
- Proszę bilety do kontroli! *Die Fahrkarten (zur Kontrolle) bitte!*

Dodatkowe konstrukcje leksykalne

Od siódmej do ósmej.	*Von sieben bis acht (Uhr).*	wagon sypialny	*Schlafwagen*
Od dziewiątej.	*Seit / Ab neun (Uhr).*	wagon z miejscami do leżenia (kuszetka)	*Liegewagen*
Zaraz po dziewiątej.	*Kurz nach neun.*	zniżka dla studentów / emerytów	*Ermäßigung für Studenten /*
Krótko przed dwunastą.	*Kurz vor zwölf.*		*Senioren*
Między dwunastą a trzynastą.	*Zwischen zwölf und dreizehn (Uhr).*	ulgowy	*ermäßigt*
		normalny	*normal*
Spotkamy się około pierwszej.	*Wir treffen uns gegen eins.*	przesiadka	*Umsteigen*
		połączenie	*Anschluss*

Ćwiczenia

1 Ergänzen Sie die Ordnungszahlen.

1. Poniedziałek to ...*pierwszy*............. dzień tygodnia.

2. Piątek to .... dzień tygodnia.

3. Niedziela to .... dzień tygodnia.

4. Czwartek to .... dzień tygodnia.

5. Środa to .... dzień tygodnia.

6. Wtorek to .... dzień tygodnia.

7. To jest .... lekcja.

8. To jest .... ćwiczenie.

11

2 Schreiben Sie die Bahnsteignummern als Ziffern.

1. peron 1 _pierwszy_ / tor 2 ....
2. peron 2 .... / tor 1 ....
3. peron 3 .... / tor 1 ....
4. peron 4 .... / tor 2 ....
5. peron 5 .... / tor 2 ....
6. peron 6 .... / tor 1 ....

3 Setzen Sie die Bahnsteig- und Gleisangaben aus Übung 2, 1.–4. ein.

1. Pociąg pospieszny z Warszawy do Gdańska odjeżdża z toru _drugiego_
   przy peronie _pierwszym_ .
2. Eurocity z Warszawy do Berlina odjeżdża z toru .... przy peronie
   ....
3. Pociąg osobowy z Lublina do Warszawy wjeżdża na tor .... przy
   peronie ....
4. Pociąg Eurocity z Warszawy do Wiednia odjeżdża z toru .... przy
   peronie ....

4 **Która jest godzina?** *Wie viel Uhr ist es?* Geben Sie die „offizielle" Uhrzeit an.

1. _Jest jedenasta pięćdziesiąt pięć._ ....
2. ....
3. ....
4. ....
5. ....
6. ....

5 Geben Sie die Uhrzeiten wie im Alltag üblich an.

1. *Jest wpół do szóstej (rano).* ....
2. ....
3. ....
4. ....
5. ....
6. ....

6 Setzen Sie die Substantive und Adjektive in Klammern in den Lokativ Plural.

1. W *nowych* *pociągach* są duże przedziały. (nowe pociągi)
2. W tych .... nie wolno palić. (duże przedziały)
3. W .... pracowałem dużo. (ostatnie miesiące)
4. Często rozmawiamy o .... (problemy gramatyczne)
5. Byłem już w .... (polskie miasta)
6. Nie widziałem go w .... (ostatnie dni)

7 Ergänzen Sie die Dialoge.

> kwadrans   która jest godzina   późno
> wcześnie   o której   wpół do

1. ● Przepraszam, ...?

   ● .... po dziewiątej.

   ● Tak ....!?

2. ● .... mamy pociąg?

   ● O .... piątej rano.

   ● Tak ....?!! A kiedy jest następny?

8 Beantworten Sie die Fragen mit Hilfe des Dialogtextes aus der Lektion.

1. Gdzie Witek czeka na Jolę?

   ....

2. O której odjeżdża pociąg pospieszny do Krakowa?

   ....

3. Z którego peronu odjeżdża Eurocity do Berlina?

   ....

4. W którym sektorze zatrzymują się wagony pierwszej klasy i wagon restauracyjny tego pociągu?

   ....

5. W którym sektorze zatrzymują się wagony z numerami 266, 267, 268 i 269?

   ....

6. Co w ostatniej chwili chce kupić Jola?

   ....

9 Vervollständigen Sie die Dialoge. Es gibt mehrere Möglichkeiten.

1. ● Przepraszam, kiedy .... następny pociąg do Gdańska?
   ● O 14.23 pospieszny z peronu drugiego i ekspresowy z peronu trzeciego o 15.15.
   ● Z którego .... odjeżdża ekspresowy?
   ● Z trzeciego.
   ● O której ten pociąg .... w Gdańsku?
   ● O 20.00.

2. ● Proszę bilet .... klasy na pociąg .... do Berlina.
   ● Normalny czy ze zniżką?
   ● ....
   ● Dla palących czy dla niepalących?
   ● Dla .... Miejsce ....
   ● Przykro mi, ale nie ma już miejsc przy oknie. Może być przy drzwiach?
   ● Tak. Proszę.

In dieser Lektion lernen Sie
- wie man nach dem **Weg** fragt
- die **Monatsnamen**
- wie man das **Datum** angibt
- den **Dativ Plural**
- die **Grundzahlen 1000 – 9000**
- die **Ordnungszahlen 50. – 2000.**
- die Bewegungsverben **iść** und **jechać**
- die unpersönlichen Ausdrücke **trzeba, można, należy, warto**

Zaproszenie

Galeria „W Bramie"
serdecznie zaprasza
na wystawę obrazów Zygmunta Starego
„Krakowskie impresje"

Zygmunt Stary
lekarz, malarz, przyjaciel Krakowa

Otwarcie
w niedzielę 10 czerwca
o godzinie 18.00
ul. Grodzka 12
Wstęp bezpłatny!

Einladung

Galerie „Im Tor"
lädt herzlich ein
zur Ausstellung von Zygmunt Stary
„Krakauer Impressionen"

Zygmunt Stary
Arzt, Maler, Freund Krakaus

Eröffnung
am Sonntag, 10. Juni
um 18:00 Uhr
Grodzka-Str. 12
Eintritt frei!

Co nowego?

Für Datumsangaben mit einer Jahreszahl benötigen Sie im Polnischen die Grundzahlen und die Ordnungszahlen.

Die Grundzahlen 1000 – 9000

1000	tysiąc	5000	pięć tysięcy
2000	dwa tysiące	6000	sześć tysięcy
3000	trzy tysiące	7000	siedem tysięcy
4000	cztery tysiące	8000	osiem tysięcy
		9000	dziewięć tysięcy

Bei 2000 bis 4000 steht der Nominativ Plural von **tysiąc** *Tausend*, bei 5000 bis 9000 der Genitiv Plural.

Die Ordnungszahlen 50. – 2000.

Die Ordnungszahlen 50., 60., 70., 80. und 90. leiten sich von den Grundzahlen durch den Wechsel von **-dziesiąt** zu **-dziesiąty** ab.

50.	pięćdziesiąty	60.	sześćdziesiąty
51.	pięćdziesiąty pierwszy	70.	siedemdziesiąty
52.	pięćdziesiąty drugi	80.	osiemdziesiąty
...		90.	dziewięćdziesiąty

Bei Ordnungszahlen, die mehr als zwei Ziffern haben (z. B. 315.), werden nur die letzten beiden Ziffern als Ordnungszahlen angegeben und dekliniert. Alle weiteren Ziffern werden als Grundzahlen angegeben.

315.	trzysta piętnasty
1989.	tysiąc dziewięćset osiemdziesiąty dziewiąty
2005.	dwa tysiące piąty

Glatte Hunderter oder Tausender werden als Ordnungszahlen angegeben:

100.	setny	400.	czterechsetny
200.	dwusetny	500.	pięćsetny
300.	trzechsetny	600.	sześćsetny

700.	siedemsetny	1000.	tysięczny
800.	osiemsetny	2000.	dwutysięczny
900.	dziewięćsetny		

Jak dojść? Jak dojechać?

Jola:	To była bardzo przyjemna i wygodna podróż. Idziemy prosto do galerii? Witek! Witek! W ogóle mnie nie słuchasz! Czego szukasz?
Witek:	Chyba ... chyba zapomniałem zaproszenia.
Jola:	Nie szkodzi. Wejdziemy bez zaproszenia. To przecież wystawa obrazów twojego ojca.
Witek:	Tak, ale ... Problem w tym, że nie pamiętam adresu ...
Jola:	Na pewno ktoś nam powie, gdzie to jest. Jak się nazywa galeria?
Witek:	Dobre pytanie ...
Jola:	Witek! Zapomniałeś zaproszenia i nie pamiętasz nazwy galerii?!
Witek:	Chyba ... „Przy Bramie" ... a może „W Bramie". „Za Bramą?"
Jola:	Hm ... O jaką bramę chodzi? Może o Floriańską? ... Masz plan miasta?
Witek:	Plan miasta?! Ja się tu urodziłem! Znam tu każdy kamień!
Jola:	Ale nie wiesz, gdzie jest galeria, w której twój ojciec ma wystawę! Musimy zapytać o drogę. Na pewno ktoś nam pomoże.
Witek:	Nie będę pytać o drogę w Krakowie!
Jola:	Ja zapytam. Jestem warszawianką. Mam prawo nie znać Krakowa. ... Przepraszam pana, gdzie jest galeria „Za Bramą"?
Przechodzień:	„Za Bramą"? A na jakiej ulicy?
Jola:	Niestety, nie znamy adresu.
Przechodzień:	Zaraz, zaraz ... może galeria „W Bramie"?
Jola:	Tak! „W Bramie".
Przechodzień:	Trzeba iść prosto, potem przejść przez ten plac, dojść do ulicy Grodzkiej, skręcić w lewo, a może w prawo ... Chwileczkę ... W lewo, tak, na pewno w lewo, zaraz za pocztą. Potem trzeba iść jeszcze raz prosto – sto metrów – i dojść do dużej bramy. Łatwo ją znaleźć – jest pomalowana na zielono.
Jola:	Zielona brama. A więc nie Floriańska ... I tam jest galeria?
Przechodzień:	Tak, trzeba zejść w dół po schodach i już są państwo na miejscu.

Jola:	Czy to daleko? Można jechać tramwajem?
Przechodzień:	Tramwajem? No, można, ale to tylko jeden przystanek. Pieszo 10 minut.
Jola:	Dziękujemy serdecznie.
Przechodzień:	Nie ma za co.
Jola:	Widzisz?! Za dziesięć minut jesteśmy w galerii.
Witek:	Jeżeli to jest ta galeria ...

Słownictwo

Zaproszenie

galeria	*Galerie*
brama	*Tor*
serdecznie *Adv*	*herzlich*
krakowski	*Krakauer*
impresja	*Impression*
przyjaciel	*(guter) Freund*
otwarcie	*Eröffnung*
czerwiec	*Juni*
Wstęp bezpłatny!	*Eintritt frei!*

Jak dojść? Jak dojechać?

Jak dojść?	*Wie kommt man (zu Fuß) hin?*
Jak dojechać?	*Wie kommt man (mit dem Fahrzeug) hin?*
przyjemny	*angenehm*
wygodny	*bequem, gemütlich*
prosto *Adv*	*direkt*
Nie szkodzi!	*Das macht nichts!*
szkodzić *imperf* – zaszkodzić *perf*	*schaden*
wchodzić *imperf* – wejść *perf*	*hineingehen*
adres	*Adresse*
ktoś	*(irgend)jemand*
nazwa	*Name*
O jaką bramę chodzi?	*Um welches Tor geht es?*

jaki?	*welcher?*
plan miasta	*Stadtplan*
rodzić się *imperf* – urodzić się *perf*	*geboren werden*
każdy	*jeder*
kamień	*Stein*
pytać *imperf* – zapytać *perf*	*fragen*
pomagać *imperf* – pomóc *perf*	*helfen*
prawo	*Recht*
przechodzień	*Passant*
iść prosto	*geradeaus gehen*
przechodzić *imperf* – przejść *perf* przez	*(hinüber)gehen über*
skręcać *imperf* – skręcić *perf* w lewo	*nach links abbiegen*
skręcić w prawo	*nach rechts abbiegen*
łatwo *Adv*	*einfach*
znajdować *imperf* – znaleźć *perf*	*finden*
pomalowany na zielono	*grün gestrichen*
schodzić *imperf* – zejść *perf* w dół	*hinuntergehen*
po schodach	*über die Treppen*
być na miejscu	*da sein, am Ort sein*
tramwaj	*Straßenbahn*
przystanek	*Haltestelle*
pieszo *Adv*	*zu Fuß*

Gramatyka

1. Die Monatsnamen ćw. 1

Die Monatsnamen werden z. T. unregelmäßig dekliniert. Für den richtigen Gebrauch in Datumsangaben müssen Sie die Formen des Nominativs, des Lokativs und des Genitivs kennen:

Nominativ		Lokativ		Genitiv	
styczeń	*Januar*	w styczniu	*im Januar*	stycznia	*des Januars*
luty	*Februar*	w lutym*	*im Februar*	lutego*	*des Februars*
marzec	*März*	w marcu	*im März*	marca	*des März*
kwiecień	*April*	w kwietniu	*im April*	kwietnia	*des Aprils*
maj	*Mai*	w maju	*im Mai*	maja	*des Mais*
czerwiec	*Juni*	w czerwcu	*im Juni*	czerwca	*des Junis*
lipiec	*Juli*	w lipcu	*im Juli*	lipca	*des Julis*
sierpień	*August*	w sierpniu	*im August*	sierpnia	*des Augusts*
wrzesień	*September*	we wrześniu	*im September*	września	*des Septembers*
październik	*Oktober*	w październiku	*im Oktober*	października	*des Oktobers*
listopad	*November*	w listopadzie	*im November*	listopada	*des Novembers*
grudzień	*Dezember*	w grudniu	*im Dezember*	grudnia	*des Dezembers*

* **Luty** *Februar* wird wie ein Adjektiv dekliniert, daher die Endungen **-ego** bzw. **-ym**.

2. Das Datum ćw. 2, 3

▌ Bei Datumsangaben mit Tag und Monat steht der Monatsname im Genitiv. Der Tag wird durch Ordnungszahlen angegeben. Sie stehen auf die Frage **Który jest dzisiaj?** *Welcher (Tag) ist heute?* im Nominativ, auf die Frage **Kiedy? Wann?** im Genitiv:
Dzisiaj jest jedenasty maja. *Heute ist der 11. Mai.*
Jedenastego maja jedziemy do Krakowa. *Am 11. Mai fahren wir nach Krakau.*

▌ Bei kompletten Datumsangaben mit Tag, Monat und Jahr werden die Jahreszahlen als Ordnungszahl in der maskulinen Genitivform angegeben:
Dzisiaj jest dwudziesty drugi grudnia dwa tysiące piątego roku.
Heute ist der 22. Dezember 2005.
Urodziłem się dwudziestego drugiego grudnia tysiąc dziewięćset sześćdziesiątego drugiego roku. *Ich wurde am 22. Dezember 1962 geboren.*

I Datumsangaben nur mit Monat oder Jahr machen Sie mit Hilfe des Lokativs und
der Präposition **w**:

w maj**u**	*im Mai*
w dwa tysiące czwart**ym** roku	*(im Jahr) 2004*
w dwudziest**ym** pierwsz**ym** wieku	*im 21. Jahrhundert*

I Das Datum wird in Polen so notiert: **20.05.2006** oder **20.V.2006** oder **20 maja 2006**.
Oft wird hinter die Jahreszahl ein kleines **r.** geschrieben. Es steht für **rok** *Jahr* bzw.
die Genitiv- oder Lokativform **roku**.

3. Die Bewegungsverben *iść* und *jechać* mit Vorsilben   ćw. 5

Um die Richtung einer Bewegung zu beschreiben, erweitern Sie **iść** *gehen* und **jechać**
fahren durch eine Vorsilbe. Dabei verändert sich **iść** zu **-jść**.
I **dojść** / **dojechać do** ulicy Floriańskiej *bis zur Floriańskastraße gehen / fahren*
I **przejść** / **przejechać przez** park / most *durch den Park / über die Brücke gehen / fahren*
I **wejść** / **wjechać do** tunelu *in den Tunnel (hinein)gehen / fahren*
I **wyjść** / **wyjechać z** garażu *aus der Garage (hinaus)gehen / fahren*
I **zejść** / **zjechać z** góry *hinuntergehen / fahren*

4. Unpersönliche Ausdrücke   ćw. 6

Nach den unpersönlichen Ausdrücken **trzeba** *man muss*, **można** *man kann / darf*,
należy *man sollte / es gehört sich*, **warto** *es lohnt sich* steht immer der Infinitiv:
Trzeba skręcić w prawo. *Man muss nach rechts abbiegen.*
Można jechać tramwajem. *Man kann mit der Straßenbahn fahren.*
Nie należy zapominać zaproszenia. *Man sollte die Einladung nicht vergessen.*
Warto zwiedzić Kraków. *Es lohnt sich, Krakau zu besichtigen.*

Die Konstruktion **nie wolno** *man darf nicht* finden Sie häufig auf Verbotsschildern:
Nie wolno palić! *Rauchen verboten!*

5. Dativ Plural   ćw. 7

	maskulin	feminin	neutral
Substantiv		-om	
Adjektiv		-ym / -im	

Niemieck**im** turyst**om** podoba się Polska. *Deutschen Touristen gefällt Polen.*

Język polski w kontekście

Unterwegs ćw. 8

■ **pytać o drogę** *nach dem Weg fragen*
Przepraszam, gdzie jest ...? *Entschuldigung, wo ist ...?*
Jak dojść do teatru? *Wie komme ich zum Theater?*
Jak dojechać do hotelu? *Wie komme ich zum Hotel?*

■ **opisać drogę** *einen Weg beschreiben*
Trzeba / Proszę ... *Man muss / Bitte ...*
... iść (cały czas) prosto. *... (immer) geradeaus gehen.*
... skręcić (w drugą / trzecią ...) w lewo. *... (die zweite / dritte ...) links abbiegen.*
... (na skrzyżowaniu) skręcić w prawo. *... (an der Kreuzung) rechts abbiegen.*
... przejść przez park / plac ... . *... durch den Park / über den Platz ... gehen.*
... dojść do restauracji / kina / apteki ... .
... bis zum Restaurant / zum Kino / zur Apotheke ... gehen.

■ Na lewo jest kiosk. *Links / Auf der linken Seite ist ein Kiosk.*
Na prawo jest sklep spożywczy. *Rechts / Auf der rechten Seite ist ein Lebens-mittelgeschäft.*

■ Można ... *Man kann ...*
... iść pieszo. *... zu Fuß gehen.*
... jechać tramwajem / autobusem / metrem.
... mit der Straßenbahn / dem Bus / der U-Bahn fahren.
Trzeba / Proszę ... *Man muss / Bitte ...*
... wsiąść do tramwaju numer 4. *... in die Straßenbahn Nummer 4 einsteigen.*
... wysiąść na przystanku ... . *... an der Haltestelle ... aussteigen.*
... jechać dwa / trzy przystanki. *... zwei / drei Haltestellen fahren.*

adresy *Adressen* ćw. 4

In Adressen finden Sie häufig folgende Abkürzungen:
ul. ▶ ulica *Straße*   m. ▶ mieszkania *Wohnung*
pl. ▶ plac *Platz*   p. ▶ piętro *Etage*
al. ▶ aleja *Allee*

ul. Floriańska 25 m. 7 *Floriańska-Str. 25, Wohnung 7*
pl. Świętego Ducha 1 *Heilig-Geist-Platz 1*
al. Jerozolimskie 45 m. 1 *Jerusalemer Allee 45, Wohnung 1*

In großen Mehrfamilienhäusern stehen in der Regel keine Namen an den Klingel-schildern, sondern lediglich die Wohnungsnummern.

i Bis 1598 war **Krakau** die Hauptstadt Polens. Unter König **Zygmunt Stary** (Sigismund der Alte) und seinen Nachfolgern wuchs Krakau zu einer wirtschaftlichen und kulturellen Metropole heran. Auf Zygmunts zweite Frau Bona Sforza, eine italienische Prinzessin, ist der starke italienische Einfluss auf die Architektur Krakaus und die polnische Kunst und Küche zurückzuführen. So haben viele Gemüsesorten italienische Namen (z. B. **pomidor** *Tomate*). Bis heute hat Krakau sein besonderes südländisches Flair behalten und ist eine Stadt der Kunst und Kultur geblieben.

Dodatkowe konstrukcje leksykalne

wejście	*Eingang*	objazd	*Umleitung*
wyjście (ewakuacyjne)	*(Not-)Ausgang*	przystanek tramwajowy /	*Straßenbahn- /*
przejście	*Durchgang*	autobusowy	*Bushaltestelle*
zjazd	*(Autobahn-)*	stacja metra	*U-Bahn-Station*
	Ausfahrt	dworzec (kolejowy)	*Bahnhof*
wjazd	*Auffahrt*		

Ćwiczenia

1 Ergänzen Sie die Tabelle mit den Monatsnamen.

styczeń	w	stycznia
luty	w lutym	....
marzec	w	marca
....	w kwietniu	kwietnia
maj	w maju	....
czerwiec	w	czerwca
....	w lipcu	....
sierpień	w	sierpnia
wrzesień	we wrześniu	....
....	w październiku	października
listopad	w	....
....	w grudniu	grudnia

12

2 **Kiedy to było?** *Wann war das?* Verbinden Sie.

1. w tysiąc dziewięćset osiemdziesiątym drugim roku ———— 2005
2. w dwa tysiące piątym roku ———— 1898
3. w osiemset czterdziestym drugim roku   1974
4. w tysiąc dziewięćset osiemdziesiątym dziewiątym roku   1989
5. w tysiąc osiemset dziewięćdziesiątym ósmym roku   842
6. w tysiąc dziewięćset siedemdziesiątym czwartym roku   1982

3 **Kiedy się urodził / urodziła?** *Wann wurde er / sie geboren?*

1. Mikołaj Kopernik (*1473)

   Urodził się w tysiąc czterysta siedemdziesiątym trzecim roku.

2. Zygmunt Stary (*1467)

3. Adam Mickiewicz (*1798)

4. Fryderyk Chopin (*1810)

5. Maria Skłodowska-Curie (*1867)

6. Karol Wojtyła (*1920)

4 Wofür stehen folgende Abkürzungen?

1. ul. *ulica* 3. pl.
2. al. 4. m.

5 Ergänzen Sie die Wegbeschreibungen mit den Präpositionen **do**, **przez** oder **z**.

1. Proszę przejść *przez* ulicę. 4. Proszę wejść .... galerii.
2. Proszę dojechać .... skrzyżowania. 5. Proszę wyjść .... domu.
3. Proszę zejść .... góry. 6. Proszę wyjechać .... miasta.

sto sześćdziesiąt dziewięć **169**

6 Setzen Sie die unpersönlichen Ausdrücke **trzeba – można – warto – należy – wolno** ein.

1. W tym przedziale nie ..*wolno*.......................... palić. *(man darf)*

2. .... pojechać do Krakowa. *(es lohnt sich)*

3. Czy .... pojechać tramwajem? *(kann man)*

4. Nie .... zapominać zaproszenia. *(man soll)*

5. .... uczyć się języka polskiego. *(es lohnt sich)*

6. .... zawsze mówić prawdę. *(man muss)*

7 Setzen Sie die Ausdrücke in Klammern in den Dativ Plural.

1. Pan Schmidt przygląda się ..*tym pięknym i sympatycznym Polkom*........ .

   (ta piękna i sympatyczna Polka)

2. Pomagamy chętnie .... (niemiecki turysta)

3. Przyglądamy się .... Zygmunta Starego. (obraz)

4. Przeszkadzają zawsze .... (miła sąsiadka)

5. Tłumaczymy gramatykę polską .... (nasz czytelnik)

6. Dajemy prezent .... (dobry kolega)

8 Ergänzen Sie die Wegbeschreibung durch folgende Ausdrücke.

po schodach wysiąść wsiąść prosto mieszkanie przystanki skręcić przejść

Najpierw trzeba wyjść z domu, przejść przez ulicę i iść ....

200 metrów, za kioskiem z gazetami .... w prawo i dojść do

przystanku tramwajowego. Trzeba .... do tramwaju numer 7 i

jechać trzy albo cztery .... Można .... na

przystanku obok poczty albo obok parku. Potem trzeba .... przez

park i dojść do dużego zielonego domu. Tam trzeba wejść .... na

trzecie piętro. Na prawo są drzwi – .... numer 7.

Diese Lektion vermittelt Ihnen
▌ wie man einen **Brief** schreibt
▌ wie man über das **Wetter** spricht
▌ die **Modalverben móc**, **chcieć** und
   musieć
▌ die **Präteritalformen der Modalverben**
▌ den **Vokativ**
▌ das Verb **grać**
▌ **Anredeformeln im Brief**

Kochana Córeczko,

przesyłamy Ci serdeczne pozdrownienia
z Zakopanego.
Jesteśmy tu już tydzień, mieszkamy w pięknym
pensjonacie i odpoczywamy. Niestety, nie
możemy wędrować po górach, bo pogoda jest
fatalna. Pada deszcz i jest bardzo zimno.
Musieliśmy kupić jeszcze jedną parasolkę!
Tata gra codziennie w brydża. Ja nie umiem
grać w karty, więc oglądam telewizję.
Trochę już tęsknimy za domem.
Jolu, mamy nadzieję, że u Ciebie wszystko
w porządku.
Całujemy Cię mocno

Mama i Tata

Liebes Töchterchen,

wir senden dir herzliche Grüße
aus Zakopane.
Wir sind schon eine Woche hier,
wir wohnen in einer schönen Pension und erholen uns.
Leider können wir nicht in den Bergen wandern, weil das Wetter
sehr schlecht ist. Es regnet und es ist sehr kalt. Wir mussten
sogar noch einen Regenschirm kaufen! Papa spielt jeden Tag Bridge.
Ich kann nicht Karten spielen, also schaue ich fern.
Ein wenig sehnen wir uns schon nach Hause.
Jola, wir hoffen, dass bei dir alles in Ordnung ist.
Wir küssen dich

Mama und Papa

Co nowego? *ćw. 1*

Im Text haben Sie zwei sehr wichtige Verben kennen gelernt: **móc** *dürfen / können* und **musieć** *müssen*. Es handelt sich um so genannte Modalverben, zu denen auch das Verb **chcieć** *wollen* gehört. Nach ihnen steht in der Regel ein Verb im Infinitiv. Für die deutschen Verben *dürfen* und *können* gibt es im Polnischen nur ein Verb.

	móc	**können / dürfen**	**musieć**	**müssen**	**chcieć**	**wollen**
Singular						
1. Person	mogę	*ich kann / darf*	muszę	*ich muss*	chcę	*ich will*
2. Person	możesz	*du kannst / darfst*	musisz	*du musst*	chcesz	*du willst*
3. Person	może	*er / sie / es kann / darf / Sie können / dürfen*	musi	*er / sie / es muss / Sie müssen*	chce	*er / sie / es will / Sie wollen*
Plural						
1. Person	możemy	*wir können / dürfen*	musimy	*wir müssen*	chcemy	*wir wollen*
2. Person	możecie	*ihr könnt / dürft*	musicie	*ihr müsst*	chcecie	*ihr wollt*
3. Person	mogą	*sie / Sie können / dürfen*	muszą	*sie / Sie müssen*	chcą	*sie / Sie wollen*

Nie **możemy** wędrować po górach. *Wir können nicht in den Bergen wandern.*
Nie **chcę**, ale **muszę**. *Ich will nicht, aber ich muss.*

Pada i pada!

Pan Staś: Pada i pada!
Pani Zosia: Pada?!! Nie dość, że pada, to jeszcze grzmi! Słyszysz? Ooo, i błyska się. Na pewno będzie burza.
Pan Staś: Po burzy pogoda się zmieni. Kiedyś musi się rozpogodzić!
Pani Zosia: Ale kiedy? W górach niepogoda może trwać nawet tydzień. Ciii ...

Głos z radia:
„Podajemy prognozę pogody: *na wybrzeżu i na Mazowszu dużo słońca, wiatr słaby, bez opadów. W Małopolsce i na Śląsku zachmurzenie duże z przejaśnieniami, opady przelotne. W Tatrach wiatr silny, porywisty, opady ciągłe, burze ...*"

Pani Zosia: Na Mazowszu słońce ... Mogliśmy jak co roku pojechać na działkę.
Pan Staś: Na działce musimy pracować, a tu możemy nareszcie odpoczywać! Piękny pensjonat, dobre jedzenie, świeże górskie powietrze.

Pani Zosia: Górskie powietrze! Dziś po południu znowu
              będziesz grać w karty. I palić papierosy!
Pan Staś: Zosiu, wiesz, że nie chcę grać w brydża, ale ...
Pani Zosia: Wiem, wiem. Nie chcesz, ale musisz.

Ktoś puka do drzwi.

Pan Antoni: Dzień dobry pani Zofio!
Pani Zosia: Aaa, dzień dobry panie Antoni.
Pan Antoni: Panie Stanisławie, zagramy partyjkę?
Pan Staś: (do pani Zosi) Sama widzisz, że muszę ...

Słownictwo

Kochana Córeczko

córeczko *Vok von* córeczka	Töchterchen
przesyłać *imperf –* przesłać *perf*	senden, schicken
pozdrowienia *Pl*	Grüße
Zakopane	Zakopane (Stadt in der Hohen Tatra)
tu	hier
pensjonat	Pension
odpoczywać *imperf –* odpocząć *perf*	sich erholen
wędrować po górach	in den Bergen wandern
fatalny	sehr schlecht
pada deszcz	es regnet
musieliśmy	wir mussten
parasolka	Regenschirm
grać w brydża	Bridge spielen
grać w karty	Karten spielen
tęsknić *imperf* za + *Instr*	sich sehnen nach
Jolu *Vok von Jola*	Jola
mieć nadzieję	hoffen
całować *imperf –* pocałować *perf*	küssen
mocno *Adv*	kräftig, stark

Pada i pada!

grzmi	es donnert
błyska się	es blitzt
burza	Gewitter
zmieniać się *imperf –* zmienić się *perf*	sich ändern
rozpogadzać się *imperf –* rozpogodzić się *perf*	aufklaren (Wetter)
góra	Berg
niepogoda	schlechtes Wetter
trwać *imperf*	(an)dauern
Cii!	Pst!
głos	Stimme
radio	Radio
podawać *imperf –* podać *perf*	geben
prognoza pogody	Wettervorhersage
wybrzeże	Küste
wiatr	Wind
słaby	schwach
opady *Pl*	Niederschläge
Małopolska	Kleinpolen (Region in Südost-Polen)
zachmurzenie	Bewölkung
przejaśnienie	Aufheiterung

opady przelotne	vorübergehende Niederschläge	palić *imperf* – zapalić *perf* **papierosa**	*eine Zigarette rauchen*
Tatry *Pl*	*Tatra*	Zosiu *Vok von Zosia*	*Zosia*
silny	*stark*	pukać *imperf* –	*klopfen*
porywisty	*böig*	zapukać *perf*	
ciągły	*andauernd*	grać *imperf* –	*spielen*
co roku	*jedes Jahr*	zagrać *perf*	
jedzenie	*Essen*	partyjka *Dim*	*Runde, Partie*
górskie powietrze	*Bergluft*		*(Kartenspiel)*
		sama *f*	*hier: selbst*

Gramatyka

1. Die Präteritalformen der Modalverben   ćw. 2, 3, 4

Die Verben *musieć* müssen und *chcieć* wollen

Musieć und **chcieć** haben regelmäßige Präteritalformen. Berücksichtigen Sie die Alternation von **e** zu **a** vor **ł** (→ L 6):
Musieliśmy / Musiałyśmy kupić jeszcze jedną parasolkę.
Wir mussten noch einen Regenschirm kaufen.
Chcieli / Chciały wędrować po górach. *Sie wollten in den Bergen wandern.*

Das Verb *móc* können / dürfen

	móc	können / dürfen
Singular		
1. Person	mogłem / mogłam	*ich konnte / durfte*
2. Person	mogłeś / mogłaś	*du konntest / durftest*
3. Person	mógł / mogła / mogło	*er / sie / es / Sie konnte(n) / durfte(n)*
Plural		
1. Person	mogliśmy / mogłyśmy	*wir konnten / durften*
2. Person	mogliście / mogłyście	*ihr konntet / durftet*
3. Person	mogli / mogły	*sie / Sie konnten / durften*

Die Verben *móc* können und *umieć* können

Móc beschreibt eine Bereitschaft etwas zu tun, **umieć** bezieht sich auf eine (erworbene) Fähigkeit. **Umieć** wird nach der „-em, -esz-Konjugation" konjugiert:
Czy **możesz** mówić ciszej? *Kannst du (bitte) leiser sprechen?*
Umiem grać w brydża. *Ich kann Bridge spielen.* (d.h.: *Ich habe es gelernt.*)

2. Das Verb *grać*   ćw. 5, 6

Das Verb **grać** *spielen* (Sport, Musikinstrumente) gehört zur „-am, -asz-Konjugation" und wird je nach Kontext von verschiedenen Präpositionen begleitet.
- **grać w + Akk:**
  grać w karty / piłkę nożną *Karten / Fußball spielen*
  grać w brydża / golfa / tenisa *Bridge / Golf / Tennis spielen*
  Beachten Sie: Bei **brydż, golf** und **tenis** benutzen Sie, wie bei Substantiven der Belebtheitskategorie, die Genitivendung (→ L 3).
- **grać na + Lok:**
  grać na fortepianie / gitarze *Klavier / Gitarre spielen*

Für *spielen* allgemein verwenden Sie das Verb **bawić się** der „-ę, -isz-Konjugation":
Dziecko bawi się z psem. *Das Kind spielt mit dem Hund.*

3. Der Vokativ   ćw. 7

Den Vokativ verwenden Sie zur Anrede von Personen, z. B. im Gespräch oder in Briefen:
Mamusiu, nudzi mi się! *Mami, mir ist langweilig!*
Panie Profesorze! *Herr Professor!*
Szanowny Panie! *Sehr geehrter Herr!*
Panie i Panowie! *Meine Damen und Herren!*

Die Vokativ-Endungen sind in der folgenden Tabelle zusammengefasst:

	maskulin	feminin	neutral
Substantiv	= Lokativ	-o, -u	= Nominativ
Adjektiv		= Nominativ	

Im Singular gilt:
- Maskuline Substantive haben im Vokativ Singular in der Regel die gleichen Endungen wie im Lokativ. Beachten Sie dabei die Alternationen:
  Stanisław ▸ Stanis**ła**wie!; doktor ▸ dokt**o**rze!

- Es gibt männliche Vornamen, die wie Adjektive dekliniert werden. Sie erkennen Sie an den für Adjektive typischen Endungen, z. B. **Jerzy**, **Antoni**. Sie verändern sich im Vokativ nicht.

- Maskuline Substantive, die im Nominativ Singular auf **-a** enden, haben im Vokativ die Endung **-o**: kolega ▸ kolego! *Freund!, Kollege!*

▌Der Vokativ der Höflichkeitsform **pan** ist **panie**:
pan Staś ▶ panie Stasiu!; pan Stefan ▶ panie Stefanie!

▌Neutrale Substantive haben im Vokativ Singular die gleichen Endungen wie im Nominativ:
kochanie ▶ kochanie! *Liebling!*; moje dziecko ▶ moje dziecko! *mein Kind!*

Die Verteilung der Endungen bei femininen Namen und Substantiven richtet sich nach dem Härtegrad des Auslautes.
▌Die Endung -**u** erhalten alle Namen und Substantive, die auf einen weichen oder historisch weichen Konsonanten auslauten: Zosia ▶ Zosiu!; Małgosia ▶ Małgosiu!

▌Alle anderen erhalten die Endung -**o**: Małgorzata ▶ Małgorzato!; mama ▶ mamo!

▌Der Vokativ der Höflichkeitsform **pani** ist ebenfalls **pani**:
pani Zosia ▶ pani Zosiu!; pani Ewa ▶ pani Ewo!

Język polski w kontekście

Die Anrede mit Titel

In Polen ist es üblich, eine Person mit ihrem Titel oder ihrer (höheren) gesellschaftlichen Position anzusprechen. Dabei verändert sich nur die männliche Form:
pani doktor / profesor / dyrektor! *Frau Doktor / Professor / Direktor!*
panie doktorze / profesorze / dyrektorze! *Herr Doktor / Professor / Direktor!*

Die Anrede mit Kosenamen

In Polen werden sehr gern Kosenamen vergeben und in der Anrede im Vokativ benutzt:
kotek ▶ kotku! *Kätzchen!*   skarb ▶ skarbie! *Schatz!*   miś ▶ misiu! *Bärchen!*

Anrede und Grußformeln im Brief   *ćw. 8*

Bei der Anrede in einem privaten Brief (**list prywatny**) verwenden Sie den Vokativ:
Kochany / Drogi Piotrze! *Lieber Piotr!*   Kochana / Droga Kasiu! *Liebe Kasia!*

Private Briefe beenden Sie mit einer (symbolischen) Umarmung oder einem Kuss:
Całuję mocno. *Herzlichst* (wörtlich: *Ich küsse stark*).
Ściskam. *Sei (seid) herzlich umarmt.*
Pozdrowienia. *(Viele) Grüße.*

Im förmlichen Brief (**list oficjalny**) sprechen Sie die Person nicht mit dem Nachnamen an:

Szanowny Panie! *Sehr geehrter Herr ...!*
Szanowny Panie Dyrektorze! *Sehr geehrter Herr Direktor!*
Szanowna Pani! *Sehr geehrte Frau ...!*
Szanowna Pani Profesor! *Sehr geehrte Frau Professor!*
Szanowni Państwo! *Sehr geehrte Damen und Herren!*

> Szanowna Pani
> Zofia Bystrzycka
> ul. Złota 78 m. 24
> PL- 00-819 Warszawa

Łączę pozdrowienia *Mit freundlichen Grüßen*
Z poważaniem / Z wyrazami szacunku *Hochachtungsvoll*

Über das Wetter sprechen   *ćw. 9, 10*

Jaka jest pogoda? *Wie ist das Wetter?*
Jest ładna pogoda. *Das Wetter ist gut.*
Świeci słońce. *Die Sonne scheint.*
Wieje słaby / silny wiatr. *Es weht ein schwacher / starker Wind.*
Jest 25°C (stopni) (poniżej zera). *Es sind 25 °C (Grad) (unter Null).*
Co za upał / mróz! *Was für eine Hitze / ein Frost!*
Jest brzydka pogoda. *Das Wetter ist schlecht.*
Nie ma pogody. *Das Wetter ist schlecht.* (wörtlich: *Es gibt kein Wetter.*)
Pada deszcz / śnieg / grad. *Es regnet / schneit / hagelt.*

Die deutschen Verben *regnen*, *schneien* und *hageln* werden im Polnischen mit Hilfe des Verbs **padać** *fallen* wiedergegeben. **Pada** kann auch allein stehen. Je nach Kontext heißt es: *Es regnet / schneit / hagelt.*

Dodatkowe konstrukcje leksykalne

Regiony Polski	Regionen Polens
Pomorze	*Pommern*
Mazowsze	*Masowien*
Małopolska	*Kleinpolen*
Wielkopolska	*Großpolen*
Śląsk	*Schlesien*
Warmia-Mazury	*Ermland-Masuren*
Tatry	*Tatra*
Karkonosze	*Riesengebirge*

Ćwiczenia

1 Setzen Sie die Modalverben **móc**, **chcieć** und **musieć** im Präsens ein.

1. Pani Zosia _chce_ (chcieć) oglądać telewizję.

2. Pan Staś i pani Zosia nie .... (móc) iść na spacer, bo pada deszcz.

3. (my) .... (chcieć) uczyć się języka polskiego.

4. (ty) .... (musieć) to zrobić.

5. (my) Niestety, nie .... (móc) ci pomóc.

6. (ja) Nie .... (chcieć) grać w brydża, ale .... (musieć).

7. Oni .... (chcieć) grać w brydża.

8. (wy) .... (musieć) zrobić wszystkie ćwiczenia.

2 Setzen Sie die Modalverben **móc**, **chcieć** und **musieć** im Präteritum ein.

1. (my) _Musieliśmy_ (musieć) kupić parasolkę.

2. Pan Stanisław .... (chcieć) grać w brydża.

3. Pani Zosia .... (musieć) iść sama na spacer.

4. Pani Zosia i pan Stanisław nie .... (móc) iść do kawiarni.

5. Na urlopie (wy) nie .... (chcieć) ani sprzątać ani gotować.

6. (my) .... (musieć) powtarzać gramatykę polską.

3 Setzen Sie den ganzen Satz ins Präteritum (*m* = *maskulin*, *f* = *feminin*).

1. (*m*) Chce, ale nie może. _Chciał , ale nie mógł._ ....

2. (*f*) Możesz, ale nie chcesz. ....

3. (*m*) Nie chcę, ale muszę. ....

4. (*m/f*) Nie musimy, ale chcemy. ....

5. (*f/f*) Chcą i mogą. ....

6. (*f/m*) Robimy tylko to, co umiemy. ....

7. (*f*) Nie może, bo nie umie. ....

8. (*f/m*) Nie chcecie i nie możecie. ....

4 Ergänzen Sie die richtige Präsensform von **móc** oder **umieć**.

1. (wy) ___Umiecie___ już mówić po polsku.

2. (ja) Co .... dla ciebie zrobić?

3. Pani Zosia nie .... grać w brydża.

4. Pani Zosia i pan Staś nie .... spacerować, bo jest brzydka pogoda.

5. Czy (wy) .... już mówić po polsku?

6. (ona) .... z nimi grać w karty, jeżeli chce.

5 Was wird hier gespielt? Schreiben Sie je einen Satz pro Bild.

1. ___Pan Staś___
....

2. ___Fryderyk Chopin___
....

3. ___Jaś___
....

6 Setzen Sie die richtige Form von **grać** oder **bawić się** ein.

1. ___Bawimy się___ na weselu.

2. Jaś .... na plaży.

3. Pan Staś nie chce .... w brydża.

4. Pan Staś i pani Zosia .... na imieninach.

5. Witek .... na gitarze.

6. Jaś .... z psem.

7 Wie lautet die Anredeform? Setzen Sie die Namen in den Vokativ.

1. Jaś ___Jasiu!___ ....

2. Dorota ....

3. Krzysztof ....

4. Staś ....

5. Witek ....

6. Jola ....

7. pani Zofia ....

8. pan doktor ....

13

8 Wählen Sie die richtige Anrede und Grußform. Verbinden Sie.

1. Sie schreiben Ihrem Freund Piotr.
2. Witek schreibt Professor K.
3. Jola schreibt ihrem Chef.
4. Dorota schreibt Jaś.
5. Herr und Frau Bystrzyccy schreiben Jola.
6. Witek schreibt Jola.
7. Jola schreibt ihren Eltern.

a. Szanowny Panie Profesorze! ... Z poważaniem.
b. Drogi Piotrze! ... Pozdrowienia.
c. Kochana córeczko! ... Ściskamy.
d. Szanowny Panie! ... Z poważaniem.
e. Kochany synku! ... Całuję mocno.
f. Kochana mamo, kochany tatusiu! ... Ściskam.
g. Kochanie! ... Całuję mocno.

9 Lesen Sie den Text **Pada i pada!** noch einmal. Markieren Sie die richtige Antwort.

1. W Tatrach wieje
   a. silny wiatr. ☐
   b. słaby wiatr. ☐

2. Na wybrzeżu
   a. świeci słońce. ☐
   b. nie świeci słońce. ☐

3. Na Śląsku
   a. świeci słońce. ☐
   b. czasami pada deszcz. ☐

4. W Tatrach
   a. nie pada. ☐
   b. pada. ☐

5. Burze
   a. w Małopolsce. ☐
   b. w Tatrach. ☐

6. Na Mazowszu jest
   a. ładna pogoda. ☐
   b. brzydka pogoda. ☐

10 **Jaka jest pogoda?** *Wie ist das Wetter?*

1. Na Śląsku *wieje słaby wiatr.* ....
2. Na Mazowszu ....
3. Na Pomorzu ....
4. W Małopolsce ....
5. W Wielkopolsce ....
6. W Tatrach ....

POMORZE

WIELKOPOLSKA

MAZOWSZE

POMORZE
WIELKOPOLSKIE
MAZOWSZE

ŚLĄSK
MAŁOPOLSKA
Tatra

In dieser Lektion lernen Sie:

▌ über die eigene **Arbeit** und **Ausbildung**
zu sprechen

▌ den **Nominativ Plural** der Kategorie
„männlich-persönlich": Substantive,
Adjektive, Pronomen, Zahlwörter

▌ den **Akkusativ Plural** der Kategorie
„männlich-persönlich"

▌ die **feminine Form** der Berufsbezeichnung

FIRMA GERPOL

Realizujemy wielki projekt budowlany na granicy
polsko-niemieckiej. O pracę mogą ubiegać się
obywatele polscy i niemieccy. Preferowani będą
kandydaci ze znajomością języka polskiego
i niemieckiego. Poszukiwani są następujący
specjaliści:

ARCHITEKCI – INŻYNIEROWIE BUDOWLANI
praktyka w zawodzie minimum 5 lat

TŁUMACZKI / TŁUMACZE
wykształcenie wyższe, biegła znajomość języka
polskiego i niemieckiego w mowie i w piśmie
(pożądana znajomość angielskiego)

MURARZE – ELEKTRYCY – HYDRAULICY
wykształcenie zawodowe – 3 lata praktyki w
zawodzie

FIRMA GERPOL

Wir führen ein Bauprojekt an der polnisch-deut-
schen Grenze durch. Um die Arbeit können sich
polnische und deutsche Staatsbürger bewerben.
Bevorzugt werden Kandidaten mit polnischen
und deutschen Sprachkenntnissen. Gesucht
werden folgende Spezialisten:

ARCHITEKTINNEN / ARCHITEKTEN – BAUINGENIEURINNEN / BAUINGENIEURE
mit mindestens 5 Jahren Berufserfahrung

ÜBERSETZERINNEN / ÜBERSETZER
Hochschulabschluss, sehr gute Sprachkennt-
nisse in Polnisch und Deutsch in Wort und
Schrift (Englischkenntnisse erwünscht)

MAURER – ELEKTRIKER – INSTALLATEURE
Berufsschulabschluss – mit 3 Jahren Berufserfahrung

14

Co nowego? ćw. 9

Substantive der Kategorie *männlich-persönlich* haben im **Nominativ Plural** andere
Endungen als Vertreter der Kategorie *nicht-männlich-persönlich* (→ L 9):
elektryk *der Elektriker* ▶ elektrycy *die Elektriker*
architekt *der Architekt* ▶ architekci *die Architekten*
tłumacz *der Übersetzer* ▶ tłumacze *die Übersetzer*

Die Kategorie *männlich-persönlich* ist nur für den Nominativ und Akkusativ Plural
relevant. Die anderen Fälle unterscheiden nicht zwischen den beiden Kategorien
männlich-persönlich und *nicht-männlich-persönlich*.

Im **Akkusativ Plural** haben Substantive der Kategorie *männlich-persönlich* die gleichen
Endungen wie die maskulinen Substantive im Genitiv Plural (→ L 10). Zur Erinnerung
noch einmal die Endungen der Kategorie nicht-männlich-persönlich (→ L 9) dazu:

	maskulin	
	männlich-persönlich	**nicht-männlich-persönlich**
Substantiv	-ów, -y, - i	-y, -i, -e
Adjektiv	-ych / -ich	-e / -ie

Specjaliści poszukiwani ◎

Jola: Polacy ze znajomością języka
niemieckiego, Niemcy ze
znajomością języka polskiego.
Szef: Aha – dwaj niemieccy architekci ze
znajomościa języka polskiego ...
Jola: Obaj pochodzenia polskiego.
Czterech architektów polskich zna
niemiecki.
Szef: Wspaniale! A inżynierowie
budowlani?
Jola: Mamy kilku kandydatów. W
większości to bardzo młodzi ludzie.
Szef: Zdolni, energiczni, młodzi ludzie to
świetni pracownicy. A rzemieślnicy?
Jola: Wszyscy kandydaci z praktyką zawodową, niektórzy Polacy z podstawową
znajomością języka niemieckiego.
Szef: Damy jeszcze raz to ogłoszenie. I proszę dodać: księgowi z wykształceniem
ekonomicznym, praktyką w zawodzie itd. To, co zawsze. Pani już wie.

Jola:	W porządku.
Szef:	Pamięta pani o spotkaniu w ambasadzie niemieckiej dziś wieczorem?
Jola:	Oczywiście.
Szef:	Pani będzie jak zawsze elegancka. Piękne Polki ...
Jola:	Solidni Niemcy, piękne Polki, uprzejmi Polacy – to wszystko stereotypy.
Szef:	Piękne Polki to stereotyp?! W żadnym wypadku.

Słownictwo

Firma Gerpol

realizować *imperf* – zrealizować *perf*	*durchführen*
projekt budowlany	*Bauprojekt*
granica polsko-niemiecka	*polnisch-deutsche Grenze*
ubiegać się *imperf* o + *Akk*	*sich bewerben um*
obywatel	*Staatsbürger*
preferowany	*bevorzugt*
kandydat	*Kandidat*
znajomość języka	*Sprachkenntnisse*
poszukiwany	*gesucht*
następujący	*folgender*
specjalista	*Spezialist*
architekt	*Architekt*
inżynier budowlany	*Bauingenieur*
praktyka w zawodzie	*Berufserfahrung*
minimum	*mindestens*
tłumacz	*Übersetzer*
wykształcenie wyższe	*(Fach-) Hochschulabschluss*
biegła znajomość języka polskiego	*sehr gute Polnischkenntnisse*
w mowie i w piśmie	*in Wort und Schrift*
pożądany	*erwünscht*
murarz	*Maurer*
hydraulik	*Installateur*
wykształcenie zawodowe	*Berufsausbildung*

Specjaliści poszukiwani

dwaj *männl-pers*	*zwei*
obaj *männl-pers*	*beide*
być pochodzenia polskiego	*polnischer Herkunft sein*
aż	*hier: sogar*
czterech *männl-pers*	*vier*
kilku *männl-pers*	*einige*
większość	*Mehrheit*
zdolny	*begabt*
energiczny	*energisch*
pracownik	*Mitarbeiter*
rzemieślnik	*Handwerker*
praktyka zawodowa	*Berufserfahrung*
niektórzy *männl-pers*	*einige*
podstawowa znajomość języka niemieckiego	*Grundkenntnisse in Deutsch*
dodawać *imperf* – dodać *perf*	*hinzufügen*
księgowy	*Buchhalter*
wykształcenie ekonomiczne	*Wirtschaftsabschluss*
itd. *Abk für* i tak dalej	*usw.*
elegancki	*elegant*
solidny	*solide*
uprzejmy	*höflich, zuvorkommend*
stereotyp	*Stereotyp, Klischee*
w żadnym wypadku	*auf keinen Fall*

14

Gramatyka

1. Der Nominativ Plural der Kategorie
männlich-persönlich   *ćw. 1, 2, 3, 5, 6*

Substantive

	männlich-persönlich	nicht-männlich-persönlich
Substantiv	-e, -y, -i, -ie, -owie	-y, -i, -e

Über die richtige Endung entscheidet wieder der „Härtegrad" des auslautenden Konsonanten im Nominativ Singular. Bei Substantiven, die auf **-a** enden, entscheidet der auslautende Konsonant vor dem **-a**.

▌Die Endung **-e** erhalten alle Substantive, die auf einen weichen oder historisch weichen Konsonanten auslauten (außer **-ca** und **-ec**):
tłumacz *der Übersetzer* ▸ tłumacz**e** *die Übersetzer*
murarz *der Maurer* ▸ murarz**e** *die Maurer*

▌Die Endung **-y** erhalten alle Substantive, die auf **-g** oder **-k** auslauten und auf **-ca**, **-ec**, **-ar**, **-er** oder **-or** enden. Es kommt zu Alternationen:
kole**ga** *der Freund* ▸ kole**dzy** *die Freunde*
Austria**k** *der Österreicher* ▸ Austria**cy** *die Österreicher*
Niemi**ec** *der Deutsche* ▸ Niem**cy** *die Deutschen*
dyrekt**or** *der Direktor* ▸ dyrekt**orzy** *die Direktoren*

▌Die Endung **-i** erhalten alle Substantive, die auf einen harten Konsonanten (außer **g, k**) auslauten. Es treten Alternationen auf:
studen**t** *der Student* ▸ studen**ci** *die Studenten*
specjali**sta** *der Spezialist* ▸ specjali**ści** *die Spezialisten*
mężczy**zna** *der Mann* ▸ mężczy**źni** *die Männer*

▌Die Endung **-ie** erhalten alle Substantive, die auf **-anin** oder **-an** auslauten:
Ameryk**anin** *der Amerikaner* ▸ Ameryk**anie** *die Amerikaner*

▌Die Endung **-owie** wird unabhängig vom Auslaut gebraucht. Es gibt hierfür keine festen Regeln, sondern lediglich Richtlinien:

viele Verwandtschaftsbezeichnungen und die Höflichkeitsformen:
ojciec *der Vater* ▸ oj**cowie** *die Väter*
syn *der Sohn* ▸ syn**owie** *die Söhne*
pan *der Herr / Sie (Sg)* ▸ pan**owie** *die Herren / Sie (Pl)*

viele Berufs- oder Funktionsbezeichnungen:
profesor *der Professor* ▶ profesor**owie** *die Professoren*
inżynier *der Ingenieur* ▶ inżynier**owie** *die Ingenieure*
minister *der Minister* ▶ ministr**owie** *die Minister*

einige Nationalitäten:
Belg *der Belgier* ▶ Belg**owie** *die Belgier*
Fin *der Finne* ▶ Fin**owie** *die Finnen*

unregelmäßige Pluralbildungen:
brat *der Bruder* ▶ **bracia** *die Brüder*
człowiek *der Mensch* ▶ **ludzie** *die Menschen / die Leute*

auslautender Konsonant	Nominativ Plural – männlich-persönlich
weich / historisch weich (außer -ca und -ec)	-e
-g / -k, -or / -er / -ar -ca / -ec (ohne Alternationen!)	-y (Alternationen!) g ▶ dz k ▶ c r ▶ rz
hart	-i (Alternationen!) ch ▶ s d ▶ dz ł ▶ l t ▶ c
-anin / -an	-ie
unabhängig vom Auslaut	-owie

Adjektive

auslautender Konsonant	Nominativ Plural – männlich-persönlich
weich	-i (= Nom Sg)
hart (außer -g, -k, -r)	-i (Alternationen!) ch ▶ s d ▶ dz ł ▶ l t ▶ c
-g / -k / -r	-y (Alternationen!) g ▶ dz k ▶ c r ▶ rz
historisch weich (außer -sz, -ż)	-y (= Nom Sg)
-sz / -ż	-i (Alternationen!) sz ▶ s ż ▶ z
-ący	-y

14

▌weich:
ostatni gość *der letzte Gast* ▶ ostatni goście *die letzten Gäste*

▌hart (außer -g, -k, -r):
mały chłopiec *der kleine Junge* ▶ mali chłopcy *die kleinen Jungen*

▌-g / -k / -r:
drogi przyjaciel *der liebe Freund* ▶ drodzy przyjaciele *die lieben Freunde*
niemiecki autor *der deutsche Autor* ▶ niemieccy autorzy *deutsche Autoren*

▌historisch weich (außer -sz, -ż):
obcy człowiek *der fremde Mensch* ▶ obcy ludzie *die fremden Menschen*

▌-sz / -ż:
lepszy kandydat *der bessere Kandidat* ▶ lepsi kandydaci *die besseren Kandidaten*
duży chłopiec *der große Junge* ▶ duzi chłopcy *die großen Jungen*

▌-ący:
interesujący człowiek *der interessante Mensch* ▶ interesujący ludzie *interessante Leute*

Possessivpronomen   ćw. 7

nicht männlich-persönlich		männlich-persönlich	
moje samochody	*meine Autos*	**moi** bracia	*meine Brüder*
twoje psy	*deine Hunde*	**twoi** koledzy	*deine Freunde*
nasze koty	*unsere Katzen*	**nasi** znajomi	*unsere Bekannten*
wasze domy	*eure Häuser*	**wasi** wujkowie	*eure Onkel*

Die Pronomen **jego / jej** *sein / ihr* und **ich** *ihr* (Pl) bleiben unverändert.

Demonstrativpronomen   ćw. 7

nicht männlich-persönlich		männlich-persönlich	
te psy	*diese Hunde*	**ci** chłopcy	*diese Jungen*
tamte koty	*jene Katzen*	**tamci** mężczyźni	*jene Männer*

Zahlwörter   ćw. 8

Zahlwörter, die vor Substantiven der Kategorie männlich-persönlich stehen, haben eigene Formen. Für die Zahlwörter 2, 3 und 4 gibt es zwei Formen, die parallel verwendet werden:

dwaj – trzej – czterej + Nominativ Plural + Verb in der 3. Person Pl *oder*
dwóch – trzech – czterech + Genitiv Plural + Verb in der 3. Person Sg:

2	dwaj	Dwaj auto**rzy** piszą książki.	*Zwei Autoren schreiben Bücher.*
	dwóch	Dwóch autor**ów** pisze książki.	
3	trzej	Trzej syn**owie są** na kolacji.	*Drei Söhne sind beim Abendessen.*
	trzech	Trzech syn**ów jest** na kolacji.	
4	czterej	Czterej profesor**owie** pracują na uniwersytecie.	*Vier Professoren arbeiten an der Universität.*
	czterech	Czterech profesor**ów** pracuje na uniwersytecie.	

Ab 5 benutzen Sie nur die Konstruktion Genitiv Plural + Verb in der 3. Person Sg.
Die Zahlwörter lauten **pięciu, sześciu, siedmiu** …:
Sześciu tłumaczy ubiegało się o pracę. *Sechs Übersetzer haben sich um die Arbeit beworben.*

2. Die feminine Form der Berufsbezeichnungen   ćw. 4

Viele feminine Berufsbezeichnungen unterscheiden sich von der maskulinen Form
durch die Endung -**ka**:
nauczyciel *Lehrer* ▶ nauczyciel**ka** *Lehrerin*
aktor *Schauspieler* ▶ aktor**ka** *Schauspielerin*

Es gibt im Polnischen jedoch eine Reihe von Berufsbezeichnungen ohne weibliche Ent-
sprechung. In diesen Fällen wird der männlichen Bezeichnung **pani** *Frau* vorangestellt:
minister *Minister* ▶ pani minister *Ministerin* (wörtlich: *Frau Minister*)
inżynier *Ingenieur* ▶ pani inżynier *Ingenieurin*

Język polski w kontekście   ćw. 10

Über die eigene Arbeit und Ausbildung sprechen

Jestem inżynierem. *Ich bin Ingenieur / Ingenieurin.*
Pracuję w firmie GERPOL. *Ich arbeite bei GERPOL.*
Lubię pracować sam / w zespole. *Ich arbeite gern allein / im Team.*
Studiowałem/-łam ekonomię. *Ich habe Wirtschaft studiert.*
Jestem murarzem … *Ich bin gelernter Maurer …*
… ale pracuję jako taksówkarz. *… aber ich arbeite als Taxifahrer.*
Jestem na emeryturze. *Ich bin in Rente / pensioniert.*
Jestem bezrobotny/-a. *Ich bin arbeitslos.*

14

Polnische Männer verhalten sich Frauen gegenüber stets sehr zuvorkommend. Sie öffnen ihnen die Tür und helfen ihnen in den Mantel, schenken ihrer Frau oder Freundin zu jeder Gelegenheit Blumen, küssen ihr zur Begrüßung die Hand und machen ihr häufig Komplimente. Diese galante Art, die Außenstehenden vielleicht aufdringlich erscheinen mag, ist für Polinnen und Polen ganz selbstverständlich und sollte nicht missverstanden werden.

Dodatkowe konstrukcje leksykalne

oferta pracy	*Stellenangebot*	związek zawodowy	*Gewerkschaft*
umowa o pracę	*Arbeitsvertrag*	bezrobocie	*Arbeitslosigkeit*
czterdziesto godzinny	*40-Stunden-*	podanie o pracę	*Bewerbung*
tydzień pracy	*Woche*	dokumenty *Pl*	*Unterlagen*
wynagrodzenie / pensja	*Lohn / Gehalt*		

Ćwiczenia

1 Setzen Sie die Substantive in den Nominativ Plural.

1. kolega   *koledzy*
2. murarz   ....
3. syn   ....
4. student   ....
5. gość   ....
6. inżynier   ....
7. elektryk   ....
8. mężczyzna   ....

2 In jeder Gruppe unterscheidet sich ein Substantiv von den anderen durch seine Pluralendung. Um welches handelt es sich? Markieren Sie.

1. Anglik ☐ – Polak ☐ – Belg ☐ – Austriak ☐
2. dyrektor ☐ – aktor ☐ – inżynier ☐ – Szwajcar ☐
3. chłopiec ☐ – tłumacz ☐ – gość ☐
4. ojciec ☐ – syn ☐ – mąż ☐ – brat ☐
5. murarz ☐ – Niemiec ☐ – pisarz ☐ – lekarz ☐
6. student ☐ – specjalista ☐ – mężczyzna ☐ – hydraulik ☐

3 Setzen Sie die Substantive und Adjektive in den Nominativ Plural.

1. mały chłopiec   *mali chłopcy*
2. mądry profesor   ....
3. niemiecki tłumacz   ....

4. polski architekt   ....
5. interesujący autor   ....
6. znany minister   ....

4 Geben Sie die weiblichen Berufsbezeichnung an.

1. nauczyciel   *nauczycielka*
2. student   ....
3. minister   ....

4. aktor   ....
5. inżynier   ....
6. tłumacz   ....

5 Männlich-persönlich oder nicht-männlich-persönlich? Setzen Sie das fehlende Adjektiv in der richtigen Form ein.

1. *inteligentni* chłopcy i *inteligentne* dziewczyny (inteligentni)
2. .... kobiety i .... mężczyźni (mądre)
3. .... aktorzy i .... aktorki (znani)
4. .... pisarze i .... pisarki (dobre)
5. .... nauczyciele i .... nauczycielki (polscy)
6. .... lekarze i .... lekarki (niemieckie)

6 Wie heißen die Bewohner (männliche Pluralform) folgender Länder?

1. Polska   *Polacy*
2. Niemcy   ....
3. Austria   ....

4. Belgia   ....
5. Szwajcaria   ....
6. Francja   ....

7 Setzen Sie die Pronomen und Substantive in den Nominativ Plural.

1. mój brat   *moi bracia*
2. ten specjalista   ....
3. tamten człowiek   ....

4. nasz przyjaciel   ....
5. twój dziadek   ....
6. wasz ojciec   ....

8 Setzen Sie die richtige Form der Zahlwörter ein:
dwaj / dwóch – trzej / trzech – czterej / czterech.

1. (2) _Dwaj_ .... malarze malują ten obraz.

2. Te obrazy maluje (2) .... malarzy.

3. (3) .... architektów pracuje nad tym projektem.

4. (3) .... architekci pracują w firmie GERPOL.

5. (4) .... Polacy uczą się języka niemieckiego.

6. (4) .... Niemców uczy się języka polskiego.

9 Ergänzen Sie die Liste mit den Berufsbezeichnungen im Akkusativ Plural.
Zatrudnimy nastepujących specjalistów: *Wir stellen folgende Spezialisten ein:*

1. ..._polskich architektów_.. (polski architekt)

2. .... (niemiecki inżynier budowlany)

3. .... (solidny hydraulik)

4. .... (dobry rzemieślnik)

5. .... (zdolny tłumacz)

6. .... (energiczny elektryk)

10 Sie wollen sich telefonisch auf eine Stellenanzeige bewerben. Ergänzen Sie.

Sie heißen Hans Schmidt, sind Architekt und sprechen fließend Polnisch, weil Ihre Frau Polin ist, und Englisch. Sie haben 6 Jahre Berufserfahrung, davon 2 in England.

● Firma Gerpol.

● Dzień dobry. .... Hans Schmidt. Jestem ....

● Mówi pan świetnie po polsku!

● Dziękuję. Moja .... jest ....

● Czy zna pan angielski?

● Tak. Bardzo .... dwa lata w Londynie.

● Ile lat praktyki zawodowej pan ma?

● ...., ... lata w ....

In dieser Lektion lernen Sie:
- über das **körperliche Befinden** zu sprechen
- die **Indefinitpronomen**
- das Fragepronomen **jaki?**
- das Frage- und Relativpronomen **który**
- die **doppelte Verneinung**
- das Verb **boleć**

Lekarz na pewno coś doradzi

- *Panie doktorze, co roku jesienią się przeziębiamy, mamy katar, kaszel. Czy można coś zrobić, żeby nie chorować?*
- Jeść dużo owoców, warzyw, brać witaminę C, ubierać się odpowiednio, spacerować na świeżym powietrzu.

- *A jeżeli ktoś już się przeziębił? Nic nie można zrobić?*
- Zawsze można coś zrobić: dużo pić, najlepiej coś ciepłego np. herbatę z cytryną i z miodem.

- *A jeżeli nic nie pomaga? Kiedy trzeba iść do lekarza?*
- Jeżeli ktoś ma temperaturę, ból głowy, silny ból gardła. To może być grypa. A grypy nigdy nie wolno lekceważyć! To niebezpieczna choroba.

- *Ale podobno na grypę nie ma żadnego skutecznego lekarstwa.*
- To przesada! Lekarz na pewno coś doradzi.

Nasze Zdrowie, październik 2005

Der Arzt kann bestimmt einen Rat geben

- *Herr Doktor, jedes Jahr im Herbst erkälten wir uns, haben Schnupfen, Husten. Kann man etwas tun, um nicht krank zu werden?*
- Viel Obst und Gemüse essen, Vitamin C nehmen, sich angemessen anziehen, an der frischen Luft spazieren gehen.

- *Und wenn sich jemand schon erkältet hat? Kann man nichts tun?*
- Man kann immer etwas tun: Viel trinken, am besten etwas Warmes, z. B. Tee mit Zitrone und Honig.

- *Und wenn nichts hilft? Wann muss man zum Arzt gehen?*
- Wenn man hohes Fieber, Kopfschmerzen, starke Halsschmerzen hat. Das kann eine Grippe sein. Und eine Grippe sollte man nie auf die leichte Schulter nehmen! Das ist eine gefährliche Krankheit.

- *Aber angeblich gibt es gegen Grippe keine wirksame Arznei.*
- Das ist übertrieben! Der Arzt kann bestimmt einen Rat geben.

Unsere Gesundheit, Oktober 2005

Co nowego? *ćw. 1*

Im Lesetext finden Sie einige Beispiele für Indefinitpronomen:
A jeżeli **ktoś** już się przeziębił? *Und wenn sich **jemand** schon erkältet hat?*
Zawsze **coś** można zrobić. *Man kann immer **etwas** tun.*

Sie bilden sie aus Fragepronomen, an die Sie ein ś anhängen:

co?	*was?*		coś	*irgendwas, etwas*
kto?	*wer?*	+ ś	ktoś	*irgendwer, jemand*
gdzie?	*wo?*		gdzieś	*irgendwo*
kiedy?	*wann?*		kiedyś	*irgendwann*

Die Frage- und Indefinitpronomen **co** und **kto** bzw. **coś** und **ktoś** werden so dekliniert:

	Frage-pronomen	Indefinit-pronomen	Frage-pronomen	Indefinit-pronomen
Nominativ	kto?	ktoś	co?	coś
Genitiv	kogo?	kogoś	czego?	czegoś
Dativ	komu?	komuś	czemu?	czemuś
Akkusativ	kogo?	kogoś	co?	coś
Instrumental	kim?	kimś	czym?	czymś
Lokativ	o kim?	o kimś	o czym?	o czymś

Czy znasz kogoś z Polski? *Kennst du jemanden aus Polen?*
Czy wiesz coś o Polsce? *Weißt du etwas über Polen?*

Nic mi nie jest!

Jurek: Dlaczego ten kot znowu tak hałasuje?!
Nigdzie nie ma spokoju, nawet we własnym domu!

(do Atoma)

Cicho!!!

Jurek puka do pokoju Witka.

Jurek: Witek! Twój kot miauczy od godziny. Może się
nim wreszcie zajmiesz?!
Witek: Zaraz ... Trochę dziwnie się czuję.

Jurek: Oooo! Co ci jest? Wygląda na to, że jesteś chory.

Witek: Chory? Ja? Nigdy na nic nie choruję.

Jurek: Boli cię coś?

Witek: Nic mnie nie boli ... No ... może głowa i gardło ... i uszy. To dziwne – nigdy nie bolały mnie uszy.

Jurek: No właśnie, a dziś bolą. Jesteś chory. Pewnie masz grypę.

Witek: Grypę ... Dlaczego grypę?

Jurek: Dlatego, że pół Warszawy choruje na grypę. Gdzieś się zaraziłeś.

Witek: Nigdzie się nie zaraziłem. Nigdy ...

Jurek: Już mówiłeś: nigdy na nic nie chorujesz, nigdy nie miałeś grypy, nigdzie się nie zaraziłeś. I jesteś zdrowy jak ryba! Nie mogę nigdzie znaleźć termometru.

Witek: Nie potrzebuję żadnego termometru!

Jurek: O! Jest nareszcie. Musisz zmierzyć temperaturę. Jeżeli będziesz miał gorączkę, musisz iść do lekarza.

Witek: Nigdy nie chodzę do lekarza. Nie mają o niczym pojęcia.

Jurek: Przecież twój ojciec jest lekarzem.

Witek: No właśnie! Dlatego wiem, że lekarze nic nie wiedzą.

Jurek: Dobrze, dobrze. Pokaż termometr. Aha ... Nie musisz iść do lekarza.

Witek: A widzisz! Mówiłem, że nic mi nie jest.

Jurek: Niezupełnie ... Nie musisz iść do lekarza, bo masz tak wysoką gorączkę, że musimy wezwać lekarza do domu.

Słownictwo

Lekarz na pewno coś doradzi

wywiad	*Interview*
doradzać *imperf* – doradzić *perf*	*raten, einen Raten geben*
jesienią	*im Herbst*
przeziębiać się *imperf* – przeziębić się *perf*	*sich erkälten*
katar	*Schnupfen*
kaszel	*Husten*
witamina C	*Vitamin C*
ubierać się *imperf* – ubrać się *perf*	*sich anziehen*
odpowiednio *Adv*	*angemessen, entsprechend*
spacerować *imperf*	*spazieren gehen*
powietrze	*Luft*
najlepiej	*am besten*
coś ciepłego	*etwas Warmes*

np. *Abk von* na przykład	*z. B.*
temperatura	*Temperatur*
ból głowy	*Kopfschmerzen*
ból gardła	*Halsschmerzen*
nigdy	*niemals*
lekceważyć *imperf* – zlekceważyć *perf*	*gering schätzen, auf die leichte Schulter nehmen*
niebezpieczny	*gefährlich*
choroba	*Krankheit*
żaden / żadna / żadne	*keiner / keine / kein(es)*
skuteczny	*wirksam*
To przesada.	*Das ist übertrieben.*

Nic mi nie jest!

hałasować *imperf*	*lärmen*
nigdzie	*nirgends*
spokój	*Ruhe*
własny	*eigen*
Cicho!	*Ruhe!*
pokój	*Zimmer*
miauczeć *imperf –* zamiauczeć *perf*	*miauen*
zajmować się *imperf –* zająć się *perf + Instr*	*sich kümmern um*
dziwnie *Adv*	*seltsam*
czuć się *imperf*	*sich fühlen*
wygląda na to, że ...	*es sieht so aus, als ob ...*
boleć *imperf*	*weh tun*
gardło	*Hals*
uszy *Pl von* ucho	*Ohr*
dziwny	*seltsam*
no właśnie	*ja genau*

pewnie *Adv*	*bestimmt*
zarażać się *imperf –* zarazić się *perf*	*sich anstecken*
zdrowy jak ryba	*gesund wie ein Fisch (im Wasser)*
termometr	*Thermometer*
potrzebować *imperf*	*brauchen, benötigen*
mierzyć *imperf –* zmierzyć *perf* temperaturę	*Fieber messen*
chodzić *imperf*	*gehen*
o niczym	*hier: von nichts*
nie mieć pojęcia	*keine Ahnung haben*
dlatego	*deshalb*
niezupełnie *Adv*	*nicht ganz*
wzywać *imperf –* wezwać *perf* lekarza	*einen Arzt rufen*

Gramatyka

1. Die Fragepronomen *jaki / jaka / jakie*   ćw. 2

Die Fragepronomen **jaki / jaka / jakie** *wie, was für ein(er/e/es)* benutzen Sie, um nach den Eigenschaften einer Person oder einer Sache zu fragen. Sie richten sich nach dem Genus und werden wie Adjektive dekliniert:
- Jakie to jest lekarstwo? *Wie ist die Arznei?*
- Gorzkie, ale skuteczne. *Bitter, aber wirksam.*

- Jaką pogodę lubisz? *Was für ein Wetter magst du?*
- Słoneczną. *Sonniges.*

- Jakie filmy chętnie oglądasz? *Was für Filme siehst du gern?*
- Kryminalne. *Kriminalfilme.*

Sie können Indefinitpronomen von **jaki / jaka / jakie** bilden, indem Sie ein ś anhängen:
Czy znasz jakiegoś dobrego lekarza? *Kennst du irgendeinen guten Arzt?*
Czy jest jakieś skuteczne lekarstwo na katar?
Gibt es irgendeine wirksame Arznei gegen Schnupfen?

2. Die Frage- und Relativpronomen *który / która / które*   *ćw. 2, 3*

Mit **który?** / **która?** / **które?** *welcher?* / *welche?* / *welches?* fragen Sie nach einer bestimmten Person oder Sache:
- Który lekarz jest doświadczony? *Welcher Arzt ist erfahren?*
- Doktor Rogowski. *Doktor Rogowski.*

- Które lekarstwo jest dobre na kaszel? *Welche Arznei hilft bei Husten?*
- To gorzkie. *Die bittere.*

- Z którym lekarzem chce pani porozmawiać? *Mit welchem Arzt wollen Sie sprechen?*
- Z doktorem Rogowskim. *Mit Doktor Rogowski.*

Który / która / które können auch die Funktion von Relativpronomen haben:
Grypa to choroba, **która** jest niebezpieczna.
Grippe ist eine Krankheit, die gefährlich ist.
Wezwiemy tego lekarza, **którego** dobrze znamy.
Wir rufen den Arzt, den wir gut kennen.
Kupimy to lekarstwo, **które** jest skuteczne.
Wir kaufen die Arznei, die wirksam ist.

3. Die doppelte Verneinung   *ćw. 4, 5, 6*

Im Dialog gibt es an vielen Stellen die für das Polnische typische doppelte Verneinung:
Nigdzie nie ma spokoju! *Nirgends gibt es Ruhe!* (wörtlich: *Nirgends gibt es keine Ruhe!*)
Nic mnie nie boli! *Nichts tut mir weh.* (wörtlich: *Nichts tut mir nicht weh.*)

Wenn Sie im Polnischen eine negative Aussage mit Hilfe der Negationswörter **nic** *nichts*, **nikt** *niemand*, **nigdzie** *nirgends* oder **nigdy** *niemals* machen, müssen Sie zusätzlich immer die Negationspartikel **nie** *nicht* benutzen. **Nie** steht immer vor dem Verb.
Nic mi **nie** jest! *Mit mir ist nichts.*
Nigdzie nie mogę znaleźć termometru. *Ich kann das Thermometer nirgends finden.*
Nigdy nie chodzę do lekarza. *Ich gehe nie zum Arzt.*

Im Polnischen können auch mehrere Negationswörter aufeinander folgen, während im Deutschen immer nur ein Negationswort steht:
- Czy ktoś coś wie? *Weiß jemand etwas?*
- Nie, **nikt nic nie** wie. *Nein, niemand weiß etwas.*
- Czy z kimś o tym kiedyś rozmawiałeś?
  Hast du mit jemandem irgendwann darüber gesprochen?
- Nie, **z nikim o niczym nigdy nie** rozmawiałem.
  Nein, ich habe mit niemandem irgendwann darüber gesprochen.

15

Nikt *niemand* und **nic** *nichts* werden ähnlich wie die Pronomen **kto** und **co** dekliniert:

Nominativ	nikt	nic
Genitiv	nikogo	nic / niczego
Dativ	nikomu	niczemu
Akkusativ	nikogo	nic
Instrumental	nikim	niczym
Lokativ	o nikim	o niczym

Nikt nie chce chorować. *Niemand möchte krank werden.*
Nikogo nie znam. *Ich kenne niemanden.*
Z nikim nie rozmawiam. *Ich rede mit niemandem.*
O niczym nie wiemy. *Wir wissen von nichts.*

Die Indefinitpronomen **żaden / żadna / żadne** *kein / keine / kein(es)* werden wie
Adjektive dekliniert. Auch hier wird doppelt verneint:
Nie znam **żadnego** dobrego lekarza. *Ich kenne keinen (einzigen) guten Arzt.*
Nie biorę **żadnych** lekarstw. *Ich nehme (gar) keine Medikamente.*

Już *schon* verändert seine Bedeutung in verneinten Sätzen:
- ○ Czy byłeś **już** u lekarza? *Warst du **schon** beim Arzt?*
- ● Nie, jeszcze nie byłem. *Nein, ich war noch nicht.*
- ● Nie, **już nie** jestem chory. *Nein, ich bin **nicht mehr** krank.*

Język polski w kontekście

Das Verb *boleć*   ćw. 7

Das Verb **boleć** *schmerzen / weh tun* wird nur in der 3. Person Singular oder Plural
verwendet. Wer Schmerzen hat, wird im Akkusativ angegeben:
Witka boli gardło. *Witek tut der Hals weh.*
Jolę boli głowa. *Jola tut der Kopf weh.*
Mnie nic nie boli. *Mir tut nichts weh.*

U lekarza *Beim Arzt*   ćw. 9

- ● Co pani / panu dolega? *Was fehlt Ihnen?*

- Boli mnie głowa / gardło / brzuch. *Mir tut der Kopf / der Hals / der Bauch weh.*
- Bolą mnie oczy / uszy. *Mir tun die Augen / Ohren weh.*
- Jest mi niedobrze. / Mdli mnie. *Mir ist übel / schlecht.*
- Mam gorączkę. *Ich habe Fieber.*
- Jestem przeziębiony/-a. *Ich bin erkältet.*

- Czy ma pani / pan jakąś alergię? *Haben Sie irgendeine Allergie?*
- Czy bierze pani / pan jakieś lekarstwa? *Nehmen Sie irgendwelche Medikamente?*

- Pani / Pan ma grypę / anginę. *Sie haben eine Grippe / eine Angina.*
- Życzę szybkiego powrotu do zdrowia! *Gute Besserung!*

i   Polen kurieren sich gern selbst mit Hilfe von Kräutern und anderen Hausmitteln. Es gilt: **Nie zaszkodzi! A może pomoże.** *Es schadet nicht, und vielleicht hilft es.* Ein weit verbreitetes Mittel gegen Erkältung ist z. B. Himbeersirup, der in heißem Tee Schweiß treibende Wirkung hat und dadurch die Heilung vorantreibt. In Apotheken kann man auch spezielle Himbeertees oder getrocknete Himbeeren kaufen. Probieren Sie es doch mal aus! Sicher ist, dass es nicht schadet! **A może pomoże.**

Dodatkowe konstrukcje leksykalne

żołądek	*Magen*
noga	*Bein*
ręka (*Pl* ręce)	*Hand; Arm*
oko (*Pl* oczy)	*Auge*
nos	*Nase*
ząb (*Pl* zęby)	*Zahn*
serce	*Herz*

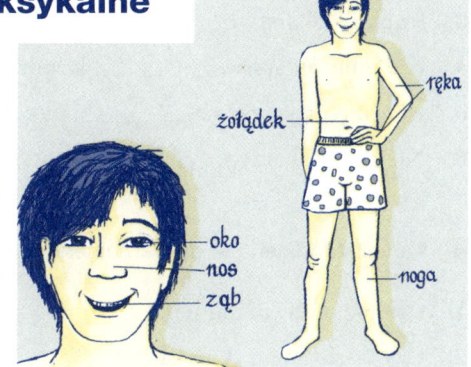

Ćwiczenia

1   Ergänzen Sie die Indefinitpronomen.

1. O ....*czymś*.......... zapomniałem, ale nie pamiętam o czym.

2. .... muszę zrobić, ale nie wiem co.

3. .... na pewno mi pomoże, ale nie wiem kto.

4. Z .... muszę porozmawiać, ale nie wiem z kim.

5. .... lekarstwo muszę kupić, ale nie wiem jakie.

6. .... się nauczyłem, ale nie wiem czego.

2 Setzen Sie die richtigen Formen der Fragepronomen **jaki** oder **który** ein.

1. ___Jaki___ to jest lekarz?   Doświadczony.

2. Do .... lekarza chodzisz?   Do doktora Rogowskiego.

3. .... noga cię boli?   Lewa.

4. .... to są lekarstwa?   Bardzo skuteczne.

5. .... lekarstwo jest skuteczne?   To gorzkie.

6. .... to jest lekcja?   Piętnasta.

7. .... jest to lekcja?   Bardzo łatwa.

8. .... jest język polski?   Bardzo ładny, ale trudny.

3 Setzen Sie die Relativpronomen in der richtigen Form ein.

1. Atom to kot, ___który___ zawsze hałasuje.

2. Wezwiemy lekarza, ... znamy.

3. Kupimy lekarstwo, ... jest dobre.

4. Nie lubię lekarstw, ... są gorzkie.

5. Choruję na grypę, na .... wszyscy teraz chorują.

6. Nie lubię lekarzy, ... nie znam.

4 Vervollständigen Sie die verneinenden Antworten.

1. Czy masz coś dla mnie?   Nie, ___nic___ ___nie___ mam.

2. Czy ktoś zna język polski?   Nie, ... zna.

3. Czy pan Schmidt był już kiedyś w Polsce? Nie, jeszcze .... był.

4. Czy kiedyś będzie tu spokój?   Nie, ... będzie.

5. Czy ktoś o tym wie?   Nie, ... o tym .... wie.

6. Czy Witek już kiedyś chorował?   Nie, jeszcze .... chorował.

7. Czy gdzieś można kupić to lekarstwo?   Nie, ... można kupić
                              tego lekarstwa.

8. Czy ktoś zrobił już wszystkie ćwiczenia? Nie, jeszcze .... zrobił
                              wszystkich ćwiczeń.

5 Vervollständigen Sie die negativen Antworten.

1. Czy ktoś coś o tym wie?

   Nie, *nikt* *nic* o tym *nie* wie.

2. Czy Jola będzie kiedyś z kimś szczęśliwa?

   Nie, ... z .... będzie szczęśliwa.

3. Czy Witek był kiedyś na coś chory?

   Nie, Witek .... był na .... chory.

4. Czy gdzieś kiedyś kogoś spotkam?

   Nie, ... spotkasz.

5. Czy ktoś kiedyś był w kimś zakochany?

   Nie, ... był w .... zakochany.

6. Czy komuś kiedyś podobała się gramatyka polska?

   Nie, ... podobała się gramatyka polska.

6 Verneinen Sie die Fragen. Setzen Sie die richtigen Formen von
żaden / żadna / żadne ein.

1. Czy kupiłeś jakieś smaczne owoce?

   Nie, nie kupiłem *żadnych* smacznych owoców.

2. Czy znasz jakiegoś dobrego lekarza?

   Nie, nie znam .... dobrego lekarza.

3. Czy Witek bierze jakieś witaminy?

   Nie, Witek nie bierze .... witamin.

4. Czy pan Schmidt czytał jakąś polską książkę?

   Nie, nie czytał .... polskiej książki.

5. Czy masz jakiś problem?

   Nie, nie mam .... problemu.

6. Czy zrobiłaś już jakieś ćwiczenie?

   Nie, nie zrobiłam .... ćwiczenia.

7 **Co kogo boli?** *Was tut wem weh?* Beschreiben Sie die Bilder.

1. ....2. ....3. ....

8 Lesen Sie den Dialog noch einmal. Kreuzen Sie die richtige Antwort an.

1. Witka boli   ☐ **a.** gardło.   ☐ **b.** żołądek.

2. Witka bolą też   ☐ **a.** oczy.   ☐ **b.** uszy.

3. On ma   ☐ **a.** wysoką temperaturę. ☐ **b.** niską temperaturę.

4. Witek bardzo   ☐ **a.** lubi lekarzy.   ☐ **b.** nie lubi lekarzy.

5. Jurek mówi, że   ☐ **a.** anginę.   ☐ **b.** grypę.
   Witek chyba ma

6. Witek jest   ☐ **a.** ryba.   ☐ **b.** wilk.
   zdrowy jak

9 **Co pani / panu dolega?** *Was fehlt Ihnen?*

1. Sie sind erkältet und haben Halsschmerzen:

   Jestem .... i .... mnie ....

2. Ihnen ist übel und Sie haben Magenschmerzen:

   Jest mi .... i boli ....

3. Ihnen tut das Bein weh:

   ....

4. Sie haben Kopfschmerzen:

   ....

1 Fragen oder sagen Sie auf Polnisch, …

1. dass Sie Bauchschmerzen haben. ....

2. wie viel Uhr es ist. ....

3. wie Sie zum Hotel "Europejski" kommen.

   ....

4. dass Sie Elektriker sind und in der Firma "GERPOL" arbeiten.

   ....

5. dass heute der 11. November ist.

   ....

6. wie das Wetter morgen wird.

   ....

Punkte ....../6

2 Setzen Sie das richtige Fragewort ein. (→ L 15)

kogo	czym	kim	komu	którego	co

1. .... jest pan Rogowski? – Jest lekarzem.

2. U .... byłeś? – Byłem u doktora Rogowskiego.

3. .... ci doradził? – Mówił, że muszę uprawiać więcej sportu.

4. .... pomagasz? – Pomagam moim rodzicom.

5. O .... rozmawialiście? – Rozmawialiśmy o wakacjach.

6. Z .... peronu odjeżdża pociąg do Berlina? – Z piątego.

Punkte ....../6

3 Verneinen Sie die Aussagen. (→ L 15)

1. Znam kogoś z Warszawy. – Nie znam .... z Warszawy.

2. On był już kiedyś w Berlinie. – On jeszcze .... nie był w Berlinie.

3. Czy widziałeś gdzieś Atoma? – Nie, ... go nie widziałem!

4. Mieszkasz z kimś? – Nie, z .... nie mieszkam.

5. Powiedziałaś komuś coś? – Nie, ... nic nie powiedziałam.

6. Czy można jeszcze coś zrobić? – Nie, już .... nie można zrobić.

Punkte ....../6

4 Kreuzen Sie die richtigen Zeit- und Datumsangaben an. (→ L 11 + 12)

Która jest? Jest ...

1. 12.30 **a.** ☐ wpół do dwunastej. **b.** ☐ wpół do pierwszej.
2. 07.10 **a.** ☐ za dziesięć siódma. **b.** ☐ dziesięć po siódmej.
3. 19.45 **a.** ☐ za kwadrans siódma. **b.** ☐ za piętnaście ósma.

Który jest dzisiaj? Dzisiaj jest ...

4. 26.07. **a.** ☐ dwudziesty szósty lipca. **b.** ☐ dwudziesty szósty lutego.
5. 17.08. **a.** ☐ siódmy września. **b.** ☐ siedemnasty sierpnia.
6. 02.04. **a.** ☐ drugi czerwca. **b.** ☐ drugi kwietnia.

Punkte
....../6

5 Ordnen Sie folgende Begriffe thematisch in die Tabelle ein.

skręcić w lewo   boli mnie   świeci słońce   skrzyżowanie   prosto
przeziębiony   dla niepalących   odjazd   przyjazd
gorączka   wieje wiatr   pada deszcz   lekarstwo   w prawo
peron   zachmurzenie

na dworcu	pytać o drogę	o pogodzie	u lekarza
....	....	....	....
....	....	....	....
....	....	....	....
....	....	....	....

Punkte
....../4

6 Setzen Sie die Substantive und Adjektive in den Plural. (→ L 14)

1. Znamy tego sympatycznego Niemca. – Znamy ....
....

2. W tym wagonie nie ma żadnego wolnego miejsca. – W tych
.... nie ma ....

3. Nasz dobry kolega mieszka w Krakowie. – ....
.... mieszkają w Krakowie.

Punkte
....../4

4. Chętnie pomagam tej miłej sąsiadce. – Chętnie pomagam
....

Gesamt
....../32

In dieser Lektion lernen Sie:
- wie man **Ratschläge und Aufforderungen** formuliert
- den **Imperativ**
- den Wechsel des Aspekts im **verneinten Imperativ**
- den Imperativ mit **proszę**
- die Konstruktion **mieć** + Infinitiv
- die Formen **powinien / powinna**

Sześć rad, jak zachować zdrowie i pogodę ducha

1. Od czasu do czasu sprawiaj sobie przyjemności! Życie nie składa się z samych obowiązków.
2. Spotykaj się ze znajomymi i przyjaciółmi, ale nie przesadzaj – nie musisz w każdą sobotę tańczyć do białego rana!
3. Odżywiaj się zdrowo, ale jeżeli nie lubisz zielonej sałaty, nie jedz jej trzy razy dziennie!
4. Ruszaj się! Uprawiaj jakiś sport, ale nie gimnastykuj się rano, jeżeli tego nie lubisz!
   Biegaj, pływaj, graj w tenisa albo po prostu spaceruj!
5. Lataj balonem albo ucz się języka polskiego! Warto mieć jakieś oryginalne hobby.
6. Uśmiechaj się co najmniej trzy razy dziennie – to dobre na kłopoty i na zmarszczki!

Sechs Ratschläge, wie du gesund und munter bleibst

1. Mach dir von Zeit zu Zeit eine Freude! Das Leben besteht nicht nur aus Verpflichtungen.
2. Triff dich mit Bekannten oder Freunden, aber übertreib nicht – du musst nicht jeden Samstag bis zum Morgengrauen tanzen!
3. Ernähr dich gesund, aber wenn du keinen grünen Salat magst, iss ihn nicht dreimal täglich!
4. Beweg dich! Treib irgendeinen Sport, aber mach morgens keine Gymnastik, wenn du das nicht magst! Lauf, schwimme, spiel Tennis oder geh einfach spazieren!
5. Fahr Ballon oder lerne Polnisch! Es lohnt sich, irgendein originelles Hobby zu haben.
6. Lächle mindestens dreimal täglich – das ist gut gegen Probleme und Falten!

Co nowego?

Sie verwenden den Imperativ ähnlich wie im Deutschen zum Formulieren von Befehlen, Aufforderungen, Ratschlägen oder Verboten:
Sprawiaj sobie przyjemności! *Mach dir eine Freude!*
Nie **przesadzaj**! *Übertreib nicht!*

Im Polnischen gibt es für alle Personen (mit Ausnahme der 1. Person Singular **ja** *ich*) Imperativformen. Der Imperativ der 2. Person Singular und Plural **ty** *du* bzw. **wy** *ihr* wird am häufigsten gebraucht:

Uśmiechaj się!	*Lächle!*	Uśmiechajcie się!	*Lächelt!*
Biegaj!	*Lauf!*	Biegajcie!	*Lauft!*

Den Imperativ der 1. Person Plural **my** *wir* kann man im Deutschen mit *lassen* wiedergeben:
Uprawiajmy jakiś sport! *Lasst uns irgendeinen Sport treiben!*

Der Imperativ der 3. Person Singular und Plural **on / ona / ono** *er / sie / es* bzw. **oni / one** *sie* kann mit *sollen* übersetzt werden:
Niech Jola zwiedzi Berlin! *Jola soll Berlin besichtigen!*

Baw się dobrze!

Firma Gerpol, Jola wyjeżdża na kilka dni służbowo do Berlina.

Jola:	No, to do zobaczenia!
Basia:	Do zobaczenia! I nie pracuj cały czas! Baw się dobrze!
Pani Hania:	Właśnie! Niech się pani dobrze bawi, pani Jolu!
Basia:	Zrób zakupy! W Berlinie można kupić świetne ciuchy!
Pani Hania:	Zakupy?! Powinna pani zwiedzić Muzeum Pergamon – tam są wspaniałe zbiory.
Basia:	I zrób wycieczkę statkiem po Szprewie! Wszystko zobaczysz bez chodzenia.
Pani Hania:	Bez chodzenia? Niech pani koniecznie pójdzie na spacer. Na ulicy najlepiej poznaje się miasto!
Basia:	Właśnie – sklepy, restauracje, kawiarnie ...
Pani Hania:	Sklepy! Na zakupy szkoda czasu! Niech pani obejrzy raczej zabytki Berlina! Na przykład ...
Basia:	Jola, telefon do ciebie – twoja mama.

Jola:	Słucham.
Pani Zosia:	Jolu, kochanie. Dobrze, że cię jeszcze zastałam w biurze. Weź jakiś sweter – może być chłodno. I parasolkę – może padać. I uważaj na siebie! Każde duże miasto jest niebezpieczne. Nie powinnaś chodzić sama w nocy. I zadzwoń do nas z Berlina, proszę.
Jola:	Mamusiu, nie martw się, to tylko dwa dni. Boli mnie głowa ... (*do siebie*) pewnie od tych rad ...
Pani Hania:	Czy dobrze słyszę? Ból głowy? Niech pani weźmie aspirynę!
Basia:	Nie bierz aspiryny! Idź już, proszę! Pospiesz się! Spóźnisz się na pociąg.

Słownictwo

Sześć rad, jak zachować zdrowie i pogodę ducha

rada	*Ratschlag*
zachowywać *imperf* – zachować *perf*	*bewahren*
pogoda ducha	*Heiterkeit*
Sprawiaj sobie przyjemności!	*Mach dir eine Freude!*
składać się z + *Gen*	*bestehen aus*
sam	*hier: nur*
obowiązek	*Verpflichtung*
spotykać się *imperf* – **spotkać się** *perf*	*sich treffen*
z przyjaciółmi *Instr Pl* von przyjaciel	*mit Freunden*
do białego rana	*bis zum Morgengrauen*
odżywiać się *imperf*	*sich ernähren*
zdrowo *Adv*	*gesund*
jedz! *Imp von* jeść	*iss!*
trzy razy dziennie *Adv*	*dreimal täglich*
ruszać się *imperf* – ruszyć się *perf*	*sich bewegen*
uprawiać sport *imperf*	*Sport treiben*
gimnastykować się *imperf*	*Gymnastik machen*
biegać *imperf*	*laufen*
pływać *imperf*	*schwimmen*
latać balonem	*Ballon fahren*
hobby *n*	*Hobby*
uśmiechać się *imperf* –	*lächeln*
uśmiechnąć się *perf*	
co najmniej	*mindestens*
kłopoty *Pl*	*Probleme*
zmarszczki *Pl*	*Falten*

Baw się dobrze!

Baw się dobrze!	*Amüsier dich gut!*
Niech się pani dobrze bawi!	*Amüsieren Sie sich gut!*
ciuchy *Pl ugs*	*Klamotten*
pani powinna	*Sie sollten*
Muzeum Pergamon	*Pergamon-Museum*
zbiory *Pl*	*Sammlungen*
wycieczka statkiem po Szprewie	*Bootsfahrt auf der Spree*
chodzenie	*das Gehen*
poznawać *imperf* – poznać *perf*	*kennen lernen*
raczej	*eher*
zabytek	*Sehenswürdig-keit*
zastawać *imperf* – zastać *perf*	*erreichen*
biuro	*Büro*
weź! *Imp von* wziąć	*nimm!*
sweter	*Pullover*
Uważaj na siebie!	*Pass auf dich auf!*
powinnaś *f*	*du solltest*

16

martwić się *imperf* – zmartwić się *perf*	sich Sorgen machen	idź! *Imp von* iść	geh!
aspiryna	Aspirin	spieszyć się *imperf* – pospieszyć się *perf*	sich beeilen
bierz! *Imp von* brać	nimm!		

Gramatyka

1. Der Imperativ ćw. 1, 2, 3, 4, 5

Alle Imperativformen werden von der Präsensform der 3. Person Singular oder Plural abgeleitet. Über den Ableitungsmechanismus entscheidet die Konjugationsklasse.

Die 2. Person Singular

▌Bei Verben der „**-am, -asz**-Konjugation" und der „**-em, -esz**-Konjugation" bilden Sie den Imperativ der 2. Person Singular durch Weglassen des -**ą** der Präsensform der 3. Person Plural:

uważać ▸ uważają ▸ uważaj! Uważaj na siebie! *Pass auf dich auf!*
jeść ▸ jedzą ▸ jedz! Jedz dużo sałaty! *Iss viel Salat!*

▌Bei Verben der „**-ę, -esz**-Konjugation" und der „**-ę, -isz/-ysz**-Konjugation" bilden Sie den Imperativ der 2. Person Singular durch Weglassen der Personalendung -(i)**e** bzw. -**i** / -**y** der Präsensform der 3. Person Singular:

pracować ▸ pracuje ▸ pracuj! Nie pracuj cały czas! *Arbeite nicht die ganze Zeit!*

pospieszyć się ▸ pospieszy się ▸ pospiesz się! Pospiesz się! *Beeil dich!*

Nach Weglassen der Personalendungen -**i** oder -**ie** der Präsensform werden weiche Konsonanten mit Strich geschrieben:

pójść ▸ pój**dzie** ▸ pój**dź**! Pójdź do muzeum! *Geh ins Museum!*
zadzwonić ▸ zadzwo**ni** ▸ zadzwo**ń**! Zadzwoń do mnie! *Ruf mich an!*

Stehen vor den Personalendungen -**i** oder -(**i**)**e** der 3. Person Singular mehrere Konsonanten, werden die Personalendungen durch -**ij** ersetzt:

zapomnieć ▸ zapo**mni** ▸ zapomn**ij**! Zapomnij o tym! *Vergiss es!*

Ein **o** in der vorletzten Silbe alterniert in der Regel zu **ó**:

robić ▸ robi ▸ rób! Rób codziennie ćwiczenia! *Mach täglich Übungen!*

Unregelmäßige Formen:		
być ▸ bądź!	Bądź człowiekiem!	*Sei ein Mensch!*
bać się ▸ bój się!	Nie bój się!	*Hab keine Angst!*
wziąć ▸ weź!	Weź aspirynę!	*Nimm ein Aspirin!*

Die 1. und 2. Person Plural

Die 1. und 2. Person Plural werden durch Hinzufügen von **-my** bzw. **-cie** an den Imperativ der 2. Person Singular gebildet:

uważaj!	▸ uważaj**my**!	*passen wir auf! / lasst uns aufpassen!*
	▸ uważaj**cie**!	*passt auf!*
pracuj!	▸ pracuj**my**!	*arbeiten wir! / lasst uns arbeiten!*
	▸ pracuj**cie**!	*arbeitet!*
pójdź!	▸ pójdź**my**!	*gehen wir! / lasst uns gehen!*
	▸ pójdź**cie**!	*geht!*

Die 3. Person Singular und Plural

Den Imperativ der 3. Person Singular und Plural bilden Sie mit **niech** und der Präsensform der 3. Person Singular bzw. Plural. **Niech** steht immer am Anfang des Satzes:
Niech Jola pójdzie na spacer! *Jola soll spazieren gehen!*
Niech oni bawią się dobrze! *Sie sollen sich gut amüsieren!*

Diese Imperativform wird auch zusammen mit den Höflichkeitsformen benutzt:
Niech pani się nie martwi! *Machen Sie sich keine Sorgen!*
Niech pan zwiedzi Berlin! *Besuchen Sie Berlin!*

2. Der Wechsel des Aspekts im verneinten Imperativ   ćw. 6

Für den verneinten Imperativ müssen Sie den imperfektiven Aspektpartner benutzen:
Nie rób tego! *Mach das nicht!*
Nie jedz zielonej sałaty! *Iss keinen grünen Salat!*

Beim bejahten Imperativ hängt der Gebrauch der imperfektiven oder perfektiven Form von der Absicht des Sprechers ab (→ L 8):

imperfektiv	Jedz codziennie zieloną sałatę!	*Iss täglich grünen Salat!*
perfektiv	Zjedz to jabłko!	*Iss den Apfel (auf)!*

3. Die Konstruktion *mieć* + Infinitiv

Mit **mieć** + Infinitiv *sollen* formulieren Sie eine Aufforderung, einen Auftrag oder eine Pflicht:
Mam jechać do Berlina. *Ich soll nach Berlin fahren.*

4. powinien / powinna

Mit **powinien / powinna** *er sollte / sie sollte* drücken Sie einen Ratschlag oder eine Empfehlung aus. Das Verb wird im Deutschen mit den Vergangenheitsformen von *sollen* wiedergegeben. Im Singular wird zwischen einer maskulinen, femininen und neutralen Form unterschieden, im Plural zwischen männlich-persönlich und nicht-männlich-persönlich.

Singular	maskulin	feminin	neutral
1. Person	powinienem	powinnam	–
2. Person	powinieneś	powinnaś	–
3. Person	powinien	powinna	powinno

Plural	männlich-persönlich	nicht-männlich-persönlich
1. Person	powinniśmy	powinnyśmy
2. Person	powinniście	powinnyście
3. Person	powinni	powinny

Powinieneś wziąć aspirynę. *Du solltest ein Aspirin nehmen.*
Jola nie powinna pracować tak dużo. *Jola sollte nicht so viel arbeiten.*

Język polski w kontekście

Der Imperativ mit *proszę*

Im Polnischen wird der Imperativ häufig mit **proszę** *bitte* verwendet. Dadurch klingt die Aufforderung höflicher. **Proszę** kann am Satzanfang oder -ende stehen:
Proszę, zadzwoń do mnie! *Bitte ruf mich an!*
Idź już, proszę! *Geh jetzt bitte!*

Allgemeine Verbote, z. B. auf Hinweisschildern, werden mit Verben im Infinitiv formuliert:
Nie wychylać się! *Nicht hinauslehnen!*
Nie parkować! *Parken verboten!*

Dodatkowe konsktrukcje leksykalne

Uwaga!	*Vorsicht!*	Pomocy!	*Hilfe!*
	Achtung!	Chodź!	*Komm!*
Ratunku!	*Hilfe!*		

Ćwiczenia

1 Was rät Basia Jola vor ihrer Abfahrt nach Berlin? Setzen Sie die Verben in den Imperativ der 2. Person Singular (*du*-Form).

1. Nie ...*pracuj*........... cały czas! (pracować)

2. .... ładne ciuchy! (kupić)

3. .... wycieczkę po Szprewie! (zrobić)

4. Nie .... na spacer! (iść)

2 Wie lauten die Ratschläge aus Übung 1 in der *Sie*-Form?

1. *Niech pani nie pracuje cały czas!* ....

2. ....

3. ....

4. ....

3 Ergänzen Sie die Verben im Imperativ der *wir*-Form (1. Person Plural).

jeść	uprawiać	zwiedzać	uczyć się	sprawiać	pić

1. Jesteśmy w Krakowie. ...*Zwiedzajmy*............... zabytki!

2. Jesteśmy w restauracji „Staropolska". .... czerwone wino!

3. Za rok będziemy pracować w Warszawie. .... języka polskiego!

4. Za mało się ruszamy. .... jakiś sport!

5. Nie lubimy zielonej sałaty. Nie .... jej trzy razy dziennie!

6. Życie nie składa się z samych obowiązków. .... sobie od czasu do czasu przyjemności!

4 Formulieren Sie Ratschläge für das allgemeine Wohlbefinden in der *ihr*-Form
(2. Person Plural).

spacerować	spotykać się	uprawiać	gimnastykować się
	uśmiechać się	robić	uczyć się

1. *Uprawiajcie* .... jakiś sport!

2. .... rano!

3. .... często!

4. .... ze znajomymi!

5. .... tylko to, co sprawia wam przyjemność!

6. .... języka polskiego!

7. .... co najmniej trzy razy dziennie!

5 Setzen Sie die Verben aus Übung 4 in die Höflichkeitsform (3. Person Plural).

1. *Niech państwo uprawiają jakiś sport!* ....

2. ....

3. ....

4. ....

5. ....

6. ....

7. ....

6 Verneinen Sie die Ratschläge. Wählen Sie den imperfektiven Aspektpartner. Denken
Sie daran, dass in verneinenden Sätzen anstelle des Akkusativs der Genitiv steht.

1. Kup sukienkę!   *Nie kupuj sukienki!* ....

2. Powtórz to słowo!   ....

3. Zwiedź to miasto!   ....

4. Zjedzcie sałatę!   ....

5. Zrób to!   ....

6. Przeczytaj tę lekcję!   ....

In dieser Lektion lernen Sie:
- etwas über die **Geographie Polens**
- Redewendungen für den **Kleider- und Schuhkauf**
- **Vergleiche** anzustellen
- den **Komparativ** der Adjektive
- die Steigerung mit **bardziej** und **najbardziej**
- die Konstruktion **Superlativ + ze + wszystkich**

Polska

Polska graniczy na północy z Rosją, na wschodzie z Litwą, Białorusią i Ukrainą, na południu z Czechami i Słowacją, na zachodzie z Niemcami.
Największym polskim miastem jest stolica kraju Warszawa (1,63 mln mieszkańców). Warszawa leży na Mazowszu nad rzeką Wisłą. Kraków, dawna stolica, jest starszy od Warszawy i leży w Małopolsce.
Najwyższa góra Rysy (2.499 m) znajduje się w Tatrach. Morze Bałtyckie ma wybrzeże o długości 528 km. Mazury, „kraina tysiąca jezior", leżą na północnym wschodzie. Największe jezioro nazywa się Śniardwy.
Zagadka: Czy Polska jest większa, czy mniejsza od Niemiec?

Polen

Polen grenzt im Norden an Russland, im Osten an Litauen, Weißrussland und die Ukraine, im Süden an Tschechien und die Slowakei, im Westen an Deutschland. Die größte polnische Stadt ist die Hauptstadt Warschau (1,63 Mio. Einwohner). Warschau liegt in Masowien, am Fluss Weichsel. Krakau, die ehemalige Hauptstadt, ist älter als Warschau und liegt in Kleinpolen.
Der höchste Berg Rysy (2.499 m) befindet sich in der Tatra. Die Ostsee hat eine Küstenlänge von 528 km. Die Masuren, das „Land der 1000 Seen", liegen im Nordwesten. Der größte See heißt Śniardwy.
Rätsel: Ist Polen größer oder kleiner als Deutschland?*

*Auflösung siehe nächste Seite, **Co nowego?**

Co nowego?   ćw. 4

Im Text haben Sie die Steigerungsformen der Adjektive kennen gelernt,
▌den Komparativ:
   Warszawa jest **większa** od Krakowa.   *Warschau ist **größer** als Krakau.*

▌und den Superlativ:
   Warszawa jest **największym** polskim miastem.
   *Warschau ist die **größte** polnische Stadt.*

Sie sehen, dass der Komparativ und der Superlativ genau so dekliniert werden wie
die Grundform der Adjektive.
Die Bildung des Superlativs erfolgt immer nach dem gleichen Muster: **naj** + Komparativ:

stary ▶ starszy ▶ **naj**starszy *alt ▶ älter ▶ der älteste*
duży ▶ większy ▶ **naj**większy *groß ▶ größer ▶ der größte*

Vergleiche bilden Sie mit **niż** + Nominativ oder **od** + Genitiv:
Polska jest mniejsza **niż** Niemcy. *oder* Polska jest mniejsza **od** Niemiec.
Polen ist kleiner als Deutschland. *

*Polen ist mit 312.000 km² nur unwesentlich kleiner als Deutschland (357.000 km²),
hat aber mit 38 Millionen weniger als die Hälfte der Einwohner Deutschlands
(82 Millionen).

Ten czy tamten?

Witek: Co my tu robimy, kochanie?
Jola: Jak to, co? Idziemy na zakupy. Pomożesz mi wybrać coś eleganckiego.
Witek: Na pewno lepiej doradzi ci Dorota.
Jola: Nie wykręcaj się!! Może ten kostium? Ciekawy fason ... i mój rozmiar!
Witek: Bardzo ładny. Idziemy do kasy?
Jola: Zaraz! Muszę przymierzyć!
   Nie wiem, czy dobrze leży.

Przymierza.

Jola: No, i jak ci się podoba?
Witek: Wyglądasz pięknie, jak zawsze.
   Idziemy do kasy?
Jola: Hm ... chyba wolę ten jaśniejszy.

Przymierza.

Jola:	No, i co ? Ten jest chyba lepszy? Ma trochę inny fason ... szerszy żakiet i dłuższa spódnica ...
Witek:	Naprawdę? ... Nie zauważyłem.
Jola:	Tamten ciemniejszy ma krótszą spódnicę i węższy żakiet i jest bardziej elegancki od tego jaśniejszego. *Patrzy na metkę.* Oooo!!! I jest trochę droższy.
Witek:	No, to weź ten ciemniejszy.
Jola:	Ale jaśniejszy jest ładniejszy.
Witek:	To dlaczego nie chcesz jaśniejszego, jeżeli jest ładniejszy od ciemniejszego?!
Jola:	Przecież już mówiłam: ten jaśniejszy jest ... Witek? Co ci jest?
Witek:	Trochę mi się kręci w głowie. Zakupy z tobą są jeszcze bardziej skomplikowane niż myślałem ...

Słownictwo

Polska		większy	größer
graniczyć	grenzen an	mniejszy	kleiner
imperf z + Instr			
północ	Norden	**Ten czy tamten?**	
wschód	Osten	wykręcać się imperf –	sich herausreden
południe	Süden	wykręcić się perf	
największy	der größte	fason	Schnitt
stolica	Hauptstadt	rozmiar	(Kleider-,
rzeka	Fluss		Schuh-)Größe
nad rzeką	am Fluss	kasa	Kasse
Wisła	Weichsel	przymierzać imperf –	anprobieren
dawny	ehemalig	przymierzyć perf	
starszy	älter	pięknie Adv	hübsch
od	als (im	jaśniejszy	heller
	Vergleich)	szerszy	weiter
najwyższy	der höchste	żakiet	Jacke, Blazer
znajdować się	sich befinden	dłuższy	länger
imperf		spódnica	Rock
Morze Bałtyckie	Ostsee	ciemniejszy	dunkler
	(wörtlich:	krótszy	kürzer
	Baltisches	węższy	enger
	Meer)	bardziej elegancki	eleganter
długość	Länge	metka	Preisschild
kraina tysiąca jezior	Land der 1000	droższy	teurer
	Seen	ładniejszy	schöner
północny wschód	Nordwesten	Kręci mi się w głowie.	Mir dreht sich
jezioro	See		alles.
zagadka	Rätsel	bardziej skomplikowany	komplizierter

17

Gramatyka

1. Der Komparativ der Adjektive ćw. 1, 2, 3, 6

Den Komparativ bilden Sie, indem Sie zwischen Stamm und Endung des Adjektivs -(i)ejsz- oder -sz- einfügen.

▌-sz- benutzen Sie, wenn der Stamm auf einen einzigen Konsonanten auslautet:
ciekawy ▶ ciekawszy *interessant* ▶ *interessanter*
młody ▶ młodszy *jung* ▶ *jünger*

Bei der Bildung der Steigerungsformen mit -sz- kommt es zu Alternationen, z. B.:
c ▶ t: gorący ▶ gorętszy *heiß* ▶ *heißer*
g ▶ ż: drogi ▶ droższy *teuer* ▶ *teurer*
ł ▶ l: miły ▶ milszy *nett* ▶ *netter*
n ▶ ń: tani ▶ tańszy *billig* ▶ *billiger*

Im Beispiel **gorący** beobachten Sie auch einen Wechsel von ą zu ę.
Darüber hinaus können folgende Vokal-Alternationen auftreten:
a ▶ e: biały ▶ bielszy *weiß* ▶ *weißer*
o ▶ e: wesoły ▶ weselszy *fröhlich* ▶ *fröhlicher*

Auch Adjektive, die auf -k-, -ok- oder -ek- auslauten, werden mit Hilfe von -sz- gesteigert; -k-, -ok- und -ek- gehen dabei verloren:
krótki ▶ krótszy *kurz* ▶ *kürzer*
szeroki ▶ szerszy *weit* ▶ *weiter*
In dieser Gruppe alterniert s zu ż:
wysoki ▶ wyższy *hoch* ▶ *höher*
wąski ▶ węższy *eng* ▶ *enger*

▌-ejsz- benutzen Sie, wenn der Stamm auf mehrere Konsonanten auslautet. Das zusätzliche Element -ej- verhindert, dass zu viele Konsonanten aufeinander folgen. Es erleichtert somit die Aussprache. Handelt es sich bei dem letzten auslautenden Konsonanten um ein **n**, fügen Sie zusätzlich ein -i- ein:
ładny ▶ ładniejszy *hübsch* ▶ *hübscher*
ciemny ▶ ciemniejszy *dunkel* ▶ *dunkler*
Auch hier sind Alternationen möglich:
s ▶ ś: jasny ▶ jaśniejszy *hell* ▶ *heller*
r ▶ rz: ostry ▶ ostrzejszy *scharf* ▶ *schärfer*

▌Ausnahmen: Adjektive, die auf -st- oder -rd- auslauten, steigern Sie mit -sz-:
tłusty ▶ tłustszy *fettig* ▶ *fettiger*
twardy ▶ twardszy *hart* ▶ *härter*

Hier noch einmal die Regeln im Überblick:

Stammauslaut des Adjektivs	Steigerung mit Hilfe von	häufige Alternationen
mehrere Konsonanten	-ejsz-	r ▸ rz
… von denen der letzte ein **n** ist	-iejsz-	s ▸ ś
ein Konsonant	-sz-	c ▸ t g ▸ ż ł ▸ l n ▸ ń zusätzlich können alternieren: a ▸ e o ▸ e ą ▸ ę
k / ok / ek (gehen verloren)		s ▸ ż
st / rd		

Unregelmäßige Steigerungsformen:

dobry	▸ lepszy	*gut*	▸ *besser*
zły	▸ gorszy	*schlecht*	▸ *schlechter*
mały	▸ mniejszy	*klein*	▸ *kleiner*
duży	▸ większy	*groß*	▸ *größer*

duży · większy

2. Die Steigerung mit *bardziej / najbardziej*

Einige Adjektive werden mit **bardziej** *mehr* bzw. **najbardziej** *am meisten* gesteigert:
kolorowy ▸ **bardziej** kolorowy ▸ **naj**bardziej kolorowy
bunt ▸ bunter ▸ der bunteste

Partizipien, die Sie an den Wortteilen **-any** oder **-ący** erkennen, werden immer mit **(naj)bardzej** gesteigert:
skomplikowany ▸ bardziej skomplikowany ▸ najbardziej skomplikowany
kompliziert ▸ komplizierter ▸ der komplizierteste
interesujący ▸ bardziej interesujący ▸ najbardziej interesujący
interessant ▸ interessanter ▸ der interessanteste

3. Die Konstruktion Superlativ + *ze* + *wszystkich*   ćw. 5

Um eine Sache oder eine Person aus einer Menge hervorzuheben, benutzen Sie die Konstruktion: Superlativ + **ze** + **wszystkich**:
To jest najładniejsza sukienka ze wszystkich. *Das ist das schönste Kleid von allen.*
To jest najdroższy sweter ze wszystkich. *Das ist der teuerste Pullover von allen.*

17

Język polski w kontekście

Wichtige Redemittel zum Kleider- und Schuhkauf ćw. 7

Jaki to jest rozmiar? *Welche Größe ist das?*
Czy jest większy / mniejszy rozmiar? *Gibt es das auch größer / kleiner?*
Czy jest też w innym kolorze? *Gibt es das auch in einer anderen Farbe?*

Numer buta trzydzieści osiem albo trzydzieści dziewięć. *Schuhgröße 38 oder 39.*

Gdzie jest przymierzalnia? *Wo ist die Ankleide?*

Dobrze / źle leży. *Das sitzt gut / schlecht.*
W tym kolorze jest ci do twarzy. *Diese Farbe steht dir.*

> **i** In Polen werden Konfektions- und Schuhgrößen mit den gleichen Nummern angegeben wie in Deutschland. Das moderne Polen ist ein Paradies für Modeinteressierte. Man kann hier Produkte aller bekannten ausländischen Firmen sowie die Kreationen polnischer Modemacher kaufen. Nach einer Umfrage gehören die Polinnen zu den modebewusstesten Frauen in Europa.

Dodatkowe konstrukcje leksykalne

garnitur	*Anzug*	bluzka	*Bluse*
marynarka	*Sakko*	spodnie *Pl*	*Hose*
sukienka	*Kleid*	dżinsy *Pl*	*Jeans*

Ćwiczenia

1 Setzen Sie die Adjektive im Komparativ ein.

1. Ten film jest ciekawy. Ale tamten jest ....ciekawszy........... .

2. Moja sukienka jest jasna. Twoja jest ....

3. Ten fason jest nowy. Tamten fason jest ....

4. Ten kostium jest tani. Tamten jest ....

5. To dziecko jest ładne. Moje jest ....

6. To miasto jest stare. Tamto miasto jest ....

2 Wie lauten die Steigerungsformen dieser Adjektive?

1. szeroki żakiet ▶ .....*szerszy*..... żakiet

2. wysoki chłopiec ▶ .... chłopiec

3. wąska ulica ▶ .... ulica

4. drogi samochód ▶ .... samochód

5. brzydki but ▶ .... but

6. długa spódnica ▶ .... spódnica

3 Setzen Sie die Adjektive im Komparativ ein: **mały – duży – dobry – zły**.

wczoraj   Dzisiaj jest dobra pogoda.   jutro

1. Wczoraj była .... pogoda.

2. Jutro będzie .... pogoda.

3. Polska jest .... od Hiszpanii.

4. Polska jest .... od Wielkiej Brytanii.

4 Setzen Sie **od** oder **niż** ein. Achten Sie darauf, ob Nominativ oder Genitiv verwendet wird.

1. Francja jest większa ....*od*.... Polski.

2. Bałtyk jest mniejszy .... Atlantyk.*

3. Gdańsk jest mniejszy .... Warszawa.

4. Witek jest starszy .... Jasia.

5. Ten kostium jest droższy .... tamten.

6. Czy język polski jest trudniejszy .... języka niemieckiego?

*Atlantik

5 Beschreiben Sie die Bilder mit Hilfe folgender Adjektive:
wysoki – piękny – drogi – silny.

1. *On jest najwyższy ze wszystkich.* ....

2. ....

3. ....

4. ....

6 Kreuzen Sie die richtigen Antworten an.

1. Które miasto jest większe?   **a.** Warszawa ☐   **b.** Gdańsk ☐

2. Jak nazywa sie najwyższa góra w Polsce?   **a.** Rysy ☐   **b.** Śnieżka*☐

3. Jak nazywa sie największe jezioro?   **a.** Śniardwy ☐   **b.** Bałtyk ☐

4. Który kraj jest większy?   **a.** Polska ☐   **b.** Niemcy ☐

*Schneekoppe

7 Vervollständigen Sie den Dialog.

w innym kolorze   za wąska   większy   jak leży   ładniejszy   przymierzyć

● Ta spódnica jest za krótka i ....

   Czy jest .... rozmiar?

● Mamy większe rozmiary, ale ....

● Hm ... ta spódnica jest trochę jaśniejsza.

● Ale kolor jest ....

● Muszę .... i zobaczyć, ...

Diese Lektion vermittelt Ihnen:
▮ wie Sie Ihre **Meinung äußern**
▮ wie Sie einer fremden Meinung **zustimmen**
  oder **widersprechen**
▮ die reflexiv-unpersönliche Konstruktion mit **się**
▮ die **Bildung** der **Adverbien** aus Adjektiven
▮ die **Steigerung der Adverbien**
▮ Konstruktionen mit **gesteigerten Adverbien**
  und Adjektiven

Trzy opinie o Warszawie

Drei Meinungen über Warschau

Mówi się, że Warszawa jest miastem może nie najpiękniejszym, ale fascynującym. Myślę, że to prawda. Warszawa burzona i zawsze odbudowywana na nowo – to miasto ma siłę i charakter.
Caroline Krehl z Niemiec

Man sagt, dass Warschau nicht unbedingt die schönste, aber dafür eine faszinierende Stadt ist. Ich denke, das stimmt. Warschau wurde immer wieder zerstört und neu aufgebaut – diese Stadt hat Stärke und Charakter.
Caroline Krehl aus Deutschland

Moim zdaniem Warszawa to przede wszystkim warszawianki. Uśmiechnięte, elegancko i modnie ubrane. Mają wdzięk i szyk. Dzięki nim ulica wygląda ładnie i kolorowo.
Carlos Moreno z Hiszpanii

Meiner Meinung nach macht Warschau vor allem eines aus: die Warschauerinnen. Lächelnd, elegant und modisch gekleidet. Sie haben Anmut und Eleganz. Dank ihnen sehen die Straßen schön und bunt aus.
Carlos Moreno aus Spanien

W Warszawie ludzie się spieszą. Wszystko załatwia się w biegu. W stolicy jest najwięcej pracy, najwięcej pieniędzy i najmniej czasu na prywatne sprawy. Tu żyje się szybko i intensywnie.
Lars Persson ze Szwecji

In Warschau beeilen sich die Leute. Alles wird im Laufschritt erledigt. In der Hauptstadt gibt es die meiste Arbeit, das meiste Geld und die wenigste Zeit für private Angelegenheiten. Hier lebt man schnell und intensiv.
Lars Persson aus Schweden

18

Co nowego? ćw. 1

Die so genannte reflexiv-unpersönliche Konstruktion, bei der das Reflexivpronomen **się** in Verbindung mit nicht reflexiven Verben benutzt wird, kann im Deutschen entweder durch das Passiv oder mit *man* wiedergegeben werden:

Wszystko załatwia się w biegu.	*Alles wird im Laufschritt erledigt.*
	Alles erledigt man im Laufschritt.
Tu żyje się szybko i intensywnie.	*Hier wird schnell und intensiv gelebt.*
	Hier lebt man schnell und intensiv.

Das Verb vor dem Pronomen **się** steht immer in der 3. Person Singular. Im Präteritum benutzen Sie die neutrale Präteritalendung **-ło**:

Wcześniej żyło się w Warszawie spokojnie. *Früher lebte man in Warschau gelassen.*

Szerokiej drogi!

Witek:	Czy nie jedziemy za szybko?
Jola:	A skąd! Jadę dziewięćdziesiąt kilometrów na godzinę, a wolno sto.
Witek:	Moim zdaniem dziewięćdziesiąt to już trochę za dużo.
Jola:	Witeczku, nie masz racji. Nie można jechać wolniej, to może być niebezpieczne.
Witek:	Ciekawe ... Zawsze myślałem, że szybka jazda jest niebezpieczna ...
Jola:	W mieście tak, ale nie tu. Tutaj nie ma takich ograniczeń szybkości jak w Warszawie, tam jeżdżę wolniej.
Witek:	Tak, ale tylko dlatego, że wszędzie są korki.
Jola:	No, nie tylko dlatego, ale zgadzam się z tobą: te korki!!
Witek:	Najlepiej chodzić pieszo – zdrowiej, przyjemniej, taniej i bardziej ekologicznie! Jest jeszcze tramwaj, autobus, metro ...
Jola:	Masz rację, ale samochodem jest wygodniej. ... Chyba już trzeba skręcić. ... Dorota ładnie mieszka, ale strasznie daleko!
Witek:	Oooo! Policja! Mówiłem, że jedziesz za szybko!!
Jola:	Rzeczywiście ... Kontrola drogowa! No, trudno. Musimy się zatrzymać.

(...)

Policjantka:	Dzień dobry. Kontrola drogowa. Prawo jazdy, proszę.
Jola:	Dzień dobry. Proszę.
Witek:	Musimy zapłacić mandat?
Policjantka:	Mandat? Dlaczego? Wszystko w porządku.

Do Joli z uśmiechem:

Policjantka:	Świetnie pani prowadzi. Szerokiej drogi!

Słownictwo

Trzy opinie o Warszawie

opinia o + *Lok*	*Meinung über*
mówi się	*man sagt*
fascynujący	*faszinierend*
burzony	*zerstört*
odbudowywany na nowo	*immer wieder neu aufgebaut*
siła	*Stärke*
charakter	*Charakter*
moim zdaniem	*meiner Meinung nach*
przede wszystkim	*vor allem*
uśmiechnięty	*lächelnd*
elegancko *Adv*	*elegant*
modnie *Adv*	*modisch*
ubrany	*angezogen, gekleidet*
wdzięk	*Anmut*
szyk	*Eleganz*
kolorowo *Adv*	*bunt*
załatwiać *imperf* – **załatwić** *perf* w biegu	*im Laufschritt / in Eile erledigen*
najwięcej *Adv*	*am meisten*
najmniej *Adv*	*am wenigsten*
żyje się	*man lebt*
szybko *Adv*	*schnell*
intensywnie *Adv*	*intensiv*
Szerokiej drogi!	
Szerokiej drogi!	*Gute Fahrt!*
A skąd!	*Ach wo!*

dziewięćdziesiąt kilometrów na godzinę	*90 km/h*
nie mieć racji	*Unrecht haben*
wolniej *Adv*	*langsamer*
jazda	*Fahren, Fahrt*
ograniczenie szybkości	*Geschwindigkeitsbegrenzung*
jeżdżę	*ich fahre*
korek	*Stau*
zgadzać się *imperf* – **zgodzić się** *perf* z + *Instr*	*einverstanden sein mit*
zdrowiej *Adv*	*gesünder*
przyjemniej *Adv*	*angenehmer*
taniej *Adv*	*billiger*
bardziej ekologicznie	*ökologischer*
mieć rację	*Recht haben*
wygodniej *Adv*	*bequemer*
policja	*Polizei*
kontrola drogowa	*Verkehrskontrolle*
No, trudno.	*Da kann man nichts machen.*
zatrzymywać się *imperf* – **zatrzymać się** *perf*	*anhalten*
prawo jazdy	*Führerschein*
płacić *imperf* – **zapłacić** *perf*	*bezahlen*
mandat	*Strafzettel*
prowadzić *imperf*	*hier: Auto fahren*

Grammatik

1. Die Bildung der Adverbien von Adjektiven ćw. 2, 3

Adverbien haben zwei wichtige Funktionen:
▮ Sie charakterisieren Verben, die eine Handlung oder einen Zustand beschreiben:
szybko jeździć *schnell fahren*
mieszkać daleko *weit weg wohnen*

❚ Sie charakterisieren Adjektive oder andere Adverbien:
dużo większe miasto *eine viel größere Stadt*
dużo lepiej *viel besser*

Viele Adverbien können Sie von Adjektiven herleiten, indem Sie die Adjektivendung durch -o oder -(i)e ersetzen (→ L 3).
❚ Lautet ein Adjektiv auf **-g**, **-k** oder **-ch** aus, bilden Sie das Adverb ausnahmslos mit **-o**:
długi czas *eine lange Zeit* ▶ czekać długo *lange warten*
szybka jazda *eine schnelle Fahrt* ▶ jeździć szybko *schnell fahren*
cicha muzyka *leise Musik* ▶ mówić cicho *leise sprechen*

❚ Auch wenn ein Adjektiv auf einen weichen oder historisch weichen Konsonanten auslautet, bilden Sie das Adverb mit **-o**:
tani bilet *eine billige Fahrkarte* ▶ tanio kupić *billig kaufen*
gorący dzień *ein heißer Tag* ▶ jest mi gorąco *mir ist heiß*

❚ Lautet ein Adjektiv auf **-n-** oder **-liw-** aus, bilden Sie das Adverb mit **-ie**:
ładne mieszkanie *eine schöne Wohnung* ▶ ładnie mieszkać *schön wohnen*
szczęśliwy człowiek *ein glücklicher Mensch* ▶ szczęśliwie zakochany *glücklich verliebt*

In der Kategorie auf **-n-** gibt es jedoch eine Reihe von Ausnahmen, z. B.:
ciemna noc *eine dunkle Nacht* ▶ Robi się ciemno. *Es wird dunkel.*
trudne ćwiczenie *eine schwierige Übung* ▶ Trudno znaleźć parking. *Es ist schwierig, einen Parkplatz zu finden.*

In allen anderen Fällen gibt es für die Verteilung von **-o** und **-ie** keine zuverlässigen Regeln.

2. Die Steigerung der Adverbien   *ćw. 4, 5*

Regelmäßige Formen
Adverbien werden ähnlich wie Adjektive gesteigert. Im Komparativ erhalten Adverbien den Wortteil -(i)ej. Zur Bildung des Superlativs wird die Vorsilbe **naj-** vorangestellt. Es kommt zu Alternationen bzw. zum Wegfall von -k- / -ok- / -ek-, z. B.:
miło ▶ milej ▶ najmilej *nett* ▶ *netter* ▶ *am nettesten*
cicho ▶ ciszej ▶ najciszej *leise* ▶ *leiser* ▶ *am leisesten*
szybko ▶ szybciej ▶ najszybciej *schnell* ▶ *schneller* ▶ *am schnellsten*
krótko ▶ krócej ▶ najkrócej *kurz* ▶ *kürzer* ▶ *am kürzesten*

Adverbien können auch mit Hilfe von **(naj)bardziej** gesteigert werden:
elegancko ▶ **bardziej** elegancko ▶ **najbardziej** elegancko
elegant ▶ *eleganter* ▶ *am elegantesten*

Unregelmäßige Formen:
dobrze ▶ lepiej ▶ najlepiej *gut* ▶ *besser* ▶ *am besten*
źle ▶ gorzej ▶ najgorzej *schlecht* ▶ *schlechter* ▶ *am schlechtesten*
mało ▶ mniej ▶ najmniej *wenig* ▶ *weniger* ▶ *am wenigsten*
dużo ▶ więcej ▶ najwięcej *viel* ▶ *mehr* ▶ *am meisten*

Język polski w kontekście

Die eigene Meinung äußern　　*ćw. 7*

Moim zdaniem ... / Według mnie ...　*Meiner Meinung nach ...*
Myślę / Uważam / Sądzę, że ...　*Ich denke / finde / meine, dass ...*

Jemandem zustimmen

Jestem tego samego zdania.　*Ich bin der gleichen Meinung.*
Zgadzam się.　*Ich stimme zu. / Ich bin einverstanden.*
Masz rację. / To prawda.　*Du hast Recht. / Das stimmt.*

Jemandem widersprechen

Jestem innego zdania.　*Ich bin anderer Meinung.*
Nie zgadzam się.　*Ich stimme nicht zu. / Ich bin nicht einverstanden.*
Nie masz racji. / To nieprawda.　*Du hast Unrecht. / Das stimmt nicht.*

Konstruktionen mit gesteigerten Adverbien und Adjektiven　　*ćw. 6*

▌coraz *immer* + Komparativ / *von Mal zu Mal* + Komparativ
　Mówię coraz lepiej po polsku. *Ich spreche immer besser Polnisch.*
　Jesteś coraz ładniejsza! *Du wirst von Mal zu Mal hübscher.*

▌im ..., tym / *je ..., desto*
　Im ciemniej, tym przyjemniej. *Je dunkler, desto angenehmer. (Im Dunkeln ist gut munkeln.)*
　Wino im starsze, tym lepsze. *Je älter der Wein, desto besser.*

▌Sprichwörter und Redensarten:
　Wszędzie dobrze, ale w domu najlepiej. *Überall ist es gut, aber zu Hause ist es am besten.*
　Lepiej późno niż wcale. *Besser spät als gar nicht.*

i Polens Hauptstadt Warschau blickt auf eine bewegte Geschichte zurück.
Mehrfach wurde es zerstört – im Zweiten Weltkrieg sogar bis zu 90% –, aber
immer wieder aufgebaut und zu neuem Leben erweckt. Die Altstadt und das Königs-
schloss wurden originalgetreu rekonstruiert. Der Lieblingsplatz vieler Warschauer
ist der Łazienki-Park im Zentrum der Stadt. Von Juni bis September finden am
Chopin-Denkmal im Park Klavierkonzerte mit namhaften Interpreten statt. Der Eintritt ist frei, das Erlebnis unvergesslich.

Dodatkowe konstrukcje leksykalne

stacja benzynowa	*Tankstelle*	kierownica	*Lenkrad*
tankować *imperf* –	*tanken*	hamulec	*Bremse*
zatankować *perf*		wypadek drogowy	*Verkehrsunfall*
benzyna	*Benzin*		

Ćwiczenia

1 Setzen Sie ein.

żyje się	pije się	załatwia się	jedzie się	mówi się	pracuje się

1. ...... *Mówi się* ...... , że Warszawa jest fascynującym miastem.

2. W Warszawie .... intensywnie.

3. W firmie GERPOL .... dużo.

4. Wszystko .... w biegu.

5. W Polsce .... dużo herbaty.

6. Do Doroty .... przez las.

2 Adverb oder Adjektiv? Unterstreichen Sie alle Adverbien.

szybko	zdrowy	wysoko	wolno	ciemny	trudna
trudno	dalekie	szczęśliwe	szczęśliwie	duże	
dużo	małe	ciekawe	źle	dobrze	dobry
wygodnie	tanio	przyjemny			

3 Bilden Sie aus den fett gedruckten Adjektiven Adverbien und setzen Sie sie ein.

1. Samochód to **wygodna** rzecz. – Samochodem podróżuje się _wygodnie_ .
2. Jola lubi **szybką** jazdę. – Jola jedzie ....
3. Dzisiaj jest **ciemny** dzień. – Robi się ....
4. Byli **szczęśliwi**. – Żyli ....
5. **Serdeczne** pozdrowienia! – .... pozdrawiam.
6. Mam **dobre** lekarstwo. – Czuję się już ....

4 Bilden Sie den Komparativ und Superlativ der Adverbien.

1. ładnie ▶ _ładniej_ ▶ _najładniej_
2. ciemno ▶ .... ▶ ....
3. trudno ▶ .... ▶ ....
4. ekologicznie ▶ .... ▶ ....
5. gorąco ▶ .... ▶ ....
6. elegancko ▶ .... ▶ ....
7. miło ▶ .... ▶ ....

5 Setzen Sie die Adverbien im Komparativ ein.

1. Mam _mniej_ pieniędzy niż ty. (mało)
2. Czuję się .... niż wczoraj. (źle)
3. Mówię po polsku .... niż ty. (dobrze)
4. W niedzielę mam .... czasu niż w środę. (dużo)
5. Jola jedzie .... niż Jurek. (szybko)
6. Mieszkam .... niż Dorota. (daleko)

Mam mniej pieniędzy niż ty.

6 Verbinden Sie die Satzteile zu sinnvollen Aussagen.

1. Kocham cię
2. Im ciemniej,
3. Wszędzie dobrze,
4. Lepiej późno
5. Im więcej się uczę,
6. Wino im starsze,

a. tym przyjemniej.
b. tym lepsze.
c. coraz bardziej.
d. tym więcej rozumiem.
e. ale w domu najlepiej.
f. niż wcale.

7 Stimmen Sie folgenden Meinungen zu oder widersprechen Sie.

1. Według mnie język polski jest łatwy.
   Nie zgadzam się z tobą.
   ....

2. Polska jest największym krajem w Europie.
   ....

3. Uważam, że Warszawa to fascynujące miasto.
   ....

4. Myślę, że Jola źle prowadzi samochód.
   ....

5. Moim zdaniem jeździć samochodem jest wygodnie.
   ....

6. Sądzę, że mieszkają ładnie.
   ....

8 Ergänzen Sie den Dialog.

prawo jazdy	kontrola drogowa	za szybko	mandat

- Dzień dobry. .... , proszę dokumenty.
- Proszę, to moje ....
- Pan jechał ....
- Za szybko?! To niemożliwe!
- Niestety, tak. Trzeba zapłacić ....

In dieser Lektion lernen Sie:
■ Wortschatz und Redemittel zum Thema **Wohnen**
■ die Formen des **Konjunktivs**
■ den **Gebrauch** des Konjunktivs
■ den **Konjunktiv im zeitlichen Kontext**
■ den **Konjunktiv unpersönlicher Verben**
■ Bedingungssätze mit **jeżeli** und **gdy**

Lekcja

19

Ciasne, ale własne!

Klein, aber mein!

Kupilibyście chętnie mieszkanie? Kawalerkę czy dwa pokoje z kuchnią? A może wolelibyście dom z ogrodem?

Würdet ihr gern eine Wohnung kaufen? Eine Ein-Zimmer-Wohnung oder zwei Zimmer mit Küche?

Oder hättet ihr vielleicht lieber ein Haus mit Garten?

Przyjdźcie do nas!
W naszym banku kredyty są tanie! Dzięki nam kupicie mieszkanie nie jutro i nie pojutrze, ale już dziś!

Kommt zu uns!
Bei unserer Bank gibt es günstige Kredite! Dank uns kauft ihr eine Wohnung, nicht morgen und nicht übermorgen, sondern bereits heute!

Popatrzcie na nich –
już mieszkają we własnych czterech ścianach. Gdyby nie skorzystali z naszej oferty, musieliby nadal wynajmować mieszkanie. Tak jak wy.
Lepsze ciasne, ale własne!

Seht sie euch an –
sie wohnen schon in ihren eigenen vier Wänden. Hätten sie unser Angebot nicht genutzt, müssten sie immer noch zur Miete wohnen. So wie ihr.
Besser klein, aber mein!

Co nowego? *ćw. 1, 2, 3, 4, 5*

Im Polnischen gibt es nur eine Konjunktivform. Sie wird mit Hilfe der Präteritalformen der 3. Person Singular oder Plural und den Endungen **-bym, -byś, -by** im Singular bzw. **-byśmy, -byście, -by** im Plural gebildet. Wie im Präteritum muss das Genus des Subjekts berücksichtigt werden.

Im Falle des Verbs **kupić** *kaufen* werden die Konjunktivendungen also an die Präteritalformen **kupił, kupiła, kupiło** bzw. **kupili, kupiły** angehängt:

Singular		maskulin	feminin	neutral	
1. Person	ja	kupił**bym**	kupiła**bym**		*ich würde kaufen*
2. Person	ty	kupił**byś**	kupiła**byś**		*du würdest kaufen*
3. Person	on / pan	kupił**by**			*er / Sie würde(n) kaufen*
	ona / pani		kupiła**by**		*sie / Sie würde(n) kaufen*
	ono			kupiło**by**	*es würde kaufen*

Plural		männlich-persönlich	nicht-männlich-persönlich	
1. Person	my	kupili**byśmy**	kupiły**byśmy**	*wir würden kaufen*
2. Person	wy	kupili**byście**	kupiły**byście**	*ihr würdet kaufen*
3. Person	oni / panowie / państwo	kupili**by**		*sie / Sie würden kaufen*
	one / panie		kupiły**by**	

Zrobiłybyśmy to chętnie. *Wir würden das gerne machen.*
Nie czytałabym tej książki. *Ich würde das Buch nicht lesen.*

Die Konjunktivendungen können in vielen Fällen auch abgetrennt und als Einzelwort vor das Verb gestellt werden:
Co kupił**byś**? *oder* Co **byś** kupił? *Was würdest du kaufen?*

Co byś zrobił, gdybyś wygrał milion w totolotka?

Jola:	Co byś zrobił, gdybyś miał milion?
Witek:	Nie wiem. Nie zastanawiałem się nad tym. To mało prawdopodobne.
Jola:	A gdybyś wygrał w totolotka?
Witek:	Nie gram w totolotka.
Jola:	Ale gdybyś grał! Gdybyś grał i wygrał?!
Witek:	Czy ja wiem ... Chyba pojechałbym w podróż dookoła świata. Oczywiście z tobą, kochanie.
Jola:	Podróż dookoła świata ... Jeżeli ja wygrałabym milion, kupiłabym dom za miastem z dużym ogrodem.
Witek:	Ja wolałbym mieszkanie w centrum. Wszędzie byłoby blisko.
Jola:	Nie chciałbyś mieszkać za miastem? Cisza, spokój. Do centrum moglibyśmy dojeżdżać samochodem.
Witek:	Ty mogłabyś. Ja nie mam prawa jazdy!
Jola:	No właśnie! Mógłbyś wreszcie zrobić prawo jazdy.
Witek:	Ale po co? Ty świetnie prowadzisz. A poza tym nie mam samochodu.
Jola:	Ale gdybyś miał samochód?!
Witek:	Nawet gdybym miał pieniądze, nie kupiłbym samochodu. Zanieczyszcza środowisko.
Jola:	Ale ogród to też część środowiska!
Witek:	Masz rację, ale z drugiej strony ...
Jola:	Więc gdybyśmy mieli dom za miastem, kupiłbyś samochód?
Witek:	Najpierw musielibyśmy wygrać w totolotka.
Jola:	Ale jeżeli byśmy wygrali, zamieszkałbyś ze mną za miastem?
Witek:	Z tobą zamieszkałbym nawet na księżycu, kochanie!

Słownictwo

Ciasne, ale własne!		bank	*Bank (Kredit-institut)*
Ciasne, ale własne!	*Klein, aber mein! (wörtl: Eng, aber die Eigene.)*	kredyt	*Kredit*
		pojutrze	*übermorgen*
		patrzeć *imperf –* **popatrzeć** *perf*	*ansehen*
ciasny	*eng*		
kupilibyście	*ihr würdet kaufen*	we własnych czterech ścianach	*in den eigenen vier Wänden*
kawalerka	*Ein-Zimmer-Wohnung; Apartment*	**gdyby nie skorzystali z** *+ Gen*	*wenn sie nicht ... genutzt hätten*
wolelibyście	*ihr würdet lieber haben / wollen*	**gdy**	*wenn, falls*
		oferta	*Angebot*

musieliby	sie müssten	Czy ja wiem ...	Was weiß ich ...
wynajmować *imperf* –	mieten	pojechać w podróż	eine Weltreise
wynająć *perf*		dookoła świata	machen
		dom za miastem	Haus in der Vorstadt
Co byś zrobił, gdybyś wygrał milion w totolotka?		cisza	Stille
totolotek	Lotto	Ale po co?	Aber wozu?
milion	Million	świetnie *Adv*	großartig
zastanawiać się	nachdenken	zanieczyszczać *imperf* –	verunreinigen,
imperf – zastanowić	über	zanieczyścić *perf*	verschmutzen
się *perf* nad + *Instr*		środowisko	Umwelt
To mało	Das ist un-	z drugiej strony	andererseits
prawdopodobne.	wahrscheinlich.	księżyc	Mond

Gramatyka

1. Der Gebrauch des Konjunktivs

Den Konjunktiv benutzen Sie,
- um Aufforderungen, Wünsche oder Vermutungen in abgeschwächter oder höflicher Form auszudrücken:
  Czy **mógłbyś** zamknąć okno? *Könntest du das Fenster schließen?*
  Chciałbym mieć własny dom. *Ich würde gern ein eigenes Haus haben.*
  Byłoby dobrze mieć samochód. *Es wäre gut, ein Auto zu haben.*

- um Sachverhalte zu formulieren, deren mögliche Realisierung an eine Bedingung geknüpft ist:
  Jeżeli **miałbym** pieniądze, **kupiłbym** dom.
  Wenn ich Geld hätte, würde ich ein Haus kaufen.
  Pojechałbym w podróż dookoła świata. *Ich würde eine Weltreise machen.*
  Gdybym nie **miała** samochodu, **wolałabym** mieszkać w centrum.
  Wenn ich kein Auto hätte, würde ich lieber im Zentrum wohnen.

- um in der Vergangenheit nicht realisierte Möglichkeiten auszudrücken:
  Gdybym wtedy **grał** w totolotka, może **wygrałbym** milion.
  Wenn ich damals Lotto gespielt hätte, hätte ich vielleicht eine Million gewonnen.
  Gdyby nie **skorzystali** z naszej oferty, **musieliby** nadal wynajmować mieszkanie.
  Hätten sie unser Angebot nicht genutzt, müssten sie immer noch zur Miete wohnen.

2. Der Konjunktiv im zeitlichen Kontext

Die verschiedenen Zeitformen des deutschen Konjunktivs (z. B. *ich würde kaufen* oder *ich hätte gekauft*) werden im Polnischen von nur einer Konjunktivform (z. B. **kupiłbym**) dargestellt. Die zeitliche Einordnung müssen im Polnischen deshalb der Kontext oder Zeitangaben wie **rok temu** *vor einem Jahr* oder **za rok** *in einem Jahr* leisten:

Vergangenheit	Jeżeli (rok temu) **miałbym** pieniądze, **kupiłbym** dom. *Wenn ich (vor einem Jahr) Geld gehabt hätte, hätte ich ein Haus gekauft.*
Gegenwart	Jeżeli (teraz) **miałbym** pieniądze, **kupiłbym** dom. *Wenn ich (jetzt) Geld hätte, würde ich ein Haus kaufen.*
Zukunft	Jeżeli (za rok) **miałbym** pieniądze, **kupiłbym** dom z ogrodem. *Wenn ich (in einem Jahr) Geld hätte, würde ich ein Haus kaufen.*

3. Der Konditionalsatz ćw. 6

Einen Konditional- oder Bedingungssatz leiten Sie mit **gdy** oder **jeżeli** *falls / wenn* ein.
Im Konditionalsatz mit **gdy** muss die Konjunktivendung an **gdy** angehängt werden:
Gdybyśmy mieli pieniądze, **kupilibyśmy** mieszkanie.
Wenn wir Geld hätten, würden wir eine Wohnung kaufen.

Im Konditionalsatz mit **jeżeli** wird die Konjunktivendung meistens an das Verb angehängt:
Jeżeli mielibyśmy pieniądze, **kupilibyśmy** mieszkanie.
Wenn wir Geld hätten, würden wir eine Wohnung kaufen.
Die Konjunktivendung kann aber auch separat vor dem Verb stehen:
Jeżeli **byśmy mieli** pieniądze, kupilibyśmy mieszkanie.

4. Der Konjunktiv unpersönlicher Verben ćw. 7

Bei unpersönlichen Verben, z. B. **można, warto** oder **trzeba,** wird die Endung **by** immer separat geschrieben.
Warto **by** nauczyć się języka polskiego. *Es würde sich lohnen, Polnisch zu lernen.*
Można **by** pojechać do Polski. *Man könnte nach Polen fahren.*
Trzeba **by** zrobić prawo jazdy. *Man müsste den Führerschein machen.*

19

Język polski w kontekście

Eine Wohnung mieten

- Dzwonię w sprawie ogłoszenia. *Ich rufe wegen der Anzeige an.*
- Chciałbym wynająć mieszkanie. *Ich möchte eine Wohnung mieten.*
- Jakie to jest mieszkanie? *Was ist das für eine Wohnung?*
- Mieszkanie trzypokojowe z balkonem. *Es ist eine 3-Zimmer-Wohnung mit Balkon.*
- Jak duże jest to mieszkanie? *Wie groß ist die Wohnung?*
- Siedemdziesiąt pięć metrów kwadratowych. *75 Quadratmeter.*
- Czy jest umeblowane? *Ist sie möbliert?*

Dodatkowe konstrukcje leksykalne

meble *Pl*	*Möbel*	fotel	*Sessel*
stół	*Tisch*	sypialnia	*Schlafzimmer*
krzesło	*Stuhl*	pokój dzienny	*Wohnzimmer*
łóżko	*Bett*	winda	*Aufzug*
kanapa / sofa	*Sofa*		

i **Ciasne, ale własne!** *Klein, aber mein!* Auf die Frage, wofür sie ihr Geld ausgeben würden, lautet die Antwort vieler Polen seit Jahren immer gleich: für eine Wohnung. In Polen werden Wohnungen lieber gekauft als gemietet. Der polnische Immobilienmarkt ist sehr dynamisch: Kleine Wohnungen werden gekauft und wieder verkauft, um sie gegen größere „einzutauschen". Der Traum polnischer Familien ist ein eigenes Haus im Grünen.

Ćwiczenia

1 Was würden diese Personen gern machen, wenn Sie Zeit hätten?
Setzen Sie die Verben im Konjunktiv ein.

1. Jaś *malowałby* .... obrazek. (malować)

2. Pan Antoni i pan Staś .... w brydża. (grać)

3. Dorota .... z Jolą. (spotkać się)

4. Jola .... Berlin. (zwiedzić)

5. Witek .... (podróżować)

6. Pani Schmidt i pani Müller .... języka polskiego. (uczyć się)

2 Was würden diese Personen machen, wenn sie einen Wunsch frei hätten?
Setzen Sie die Verben in den Konjunktiv.

zamieszkać na księżycu   kupić dom z ogrodem   jeść kiełbasę   już nie pracować

1. Jola ....
2. Pan Staś ....
3. Jaś ....
4. Mefisto ....

3 Die Telefonverbindung ist schlecht. Sie verpassen jedes Mal den Schluss.
Fragen Sie nach. Achten Sie auf die richtige Personalendung.

1. ● Pojechałabym do Polski.
   ● *Dokąd byś pojechała* .... ?

2. ● Zjadłbym bigos.
   ● Co .... ?

3. ● Wypilibyśmy kawę.
   ● Co .... ?

4. ● Chętnie spotkaliby się z tobą.
   ● Z kim .... ?

5. ● Zagralibyście z nami w karty?
   ● W co .... ?

6. ● Wolałaby mieszkać za miastem.
   ● Gdzie .... ?

4 Es ist gut, Polnisch zu können! Setzen Sie die richtige Form von **chcieć** *wollen* im
Konjunktiv ein *(f = feminin, m = maskulin)*.

1. Pan Schmidt *chciałby* .... rozmawiać z Polkami i Polakami.
2. Ona .... oglądać polskie filmy.
3. Ty .... *(m)* czytać polską prasę.
4. Wy .... *(m+f)* pracować w Warszawie.
5. My .... *(f+f)* pojechać do Polski na wakacje.
6. A co państwo .... robić?

5 Formulieren Sie höfliche Aufforderungen mit Hilfe des Verbs **móc** *können* im Konjunktiv.

1. Zamknij *(m)* okno! Czy ....*mógłbyś zamknąć okno*................................. ?

2. Zrób *(f)* to ćwiczenie! Czy .... ?

3. Zaproście *(m+f)* ich do Polski! Czy .... ?

4. Dajcie *(f+f)* nam pieniądze! Czy .... ?

5. Kup *(m)* mi samochód na urodziny! Czy ....

   .... ?

6 Setzen Sie die Verben im Konjunktiv ein.

1. Gdy *byśmy* ....*mieli*....... (mieć) czas, podróżowalibyśmy częściej.

2. Gdy.................... Witek .... (mieć) prawo jazdy, kupiłby samochód.

3. Gdy.................... .... (znać) język polski, nie robilibyście tego ćwiczenia.

4. Gdy.................... autorzy .... (mieć) więcej czasu, napisaliby lepszą książkę.

5. Gdy.................... Mefisto nie .... (być) psem, lubiłby Atoma.

6. Gdy.................... nie .... (być) kobietą, byłabym mężczyzną.

7 Ordnen Sie die Wörter zu sinnvollen Sätzen.

1. nauczyć – polskiego – warto – się – by – języka

   ....

2. Polski – do – by – można – pojechać

   ....

3. by – porządek – trzeba – zrobić

   ....

4. coś – można – zjeść – by – teraz

   ....

5. nimi – trzeba – by – z – porozmawiać

   ....

6. ten film – zobaczyć – warto – by

   ....

In dieser Lektion erfahren Sie etwas über:
- polnische **Weihnachts- und Osterbräuche**
- das **possessive Reflexivpronomen** *swój*
- die Verkleinerungsformen (**Diminutive**)
- die **Konjunktionen** *obwohl* (chociaż, mimo że) und *weil* (bo, dlatego, że, ponieważ)
- **Weihnachts- und Ostergrüße**

Polskie zwyczaje świąteczne

Świętem, z którym związanych jest najwięcej tradycji, jest Wigilia 24 grudnia. Chociaż przy wigilijnej kolacji spotykają się tylko najbliżsi, na stole jest zawsze dodatkowe nakrycie dla nieoczekiwanego gościa: w wieczór wigilijny, każdy jest serdecznie witany. Mimo że każda rodzina ma swoje przepisy i kulinarne tajemnice, potrawy są wszędzie podobne: nigdy nie je się mięsa, głównym daniem jest zawsze karp.

Z Wielkanocą związany jest ciekawy zwyczaj tzw. śmigus-dyngus: w poniedziałek wielkanocny ludzie oblewają się wodą. Najczęściej jest to symboliczna kropelka, ale może się zdarzyć, że ktoś wyleje z okna całe wiadro! W Polsce maluje się jajka na Wielkanoc, zwyczaj chowania i szukania jajek jest nieznany. Na Boże Narodzenie i Wielkanoc wysyła się życzenia świąteczne.

Polnische Festtagsbräuche

Das Fest, mit dem am meisten Traditionen verbunden sind, ist Heiligabend am 24. Dezember.

Obwohl sich beim weihnachtlichen Abendessen nur der engste Familienkreis trifft, gibt es auf dem Tisch immer auch ein Gedeck für einen unerwarteten Gast: Am Heiligabend ist jeder herzlich willkommen. Obwohl jede Familie ihre (eigenen) Rezepte und kulinarischen Geheimnisse hat, sind die Gerichte überall ähnlich: Man isst nie Fleisch, das Hauptgericht ist immer Karpfen.

Mit Ostern ist ein interessanter Brauch verbunden, der so genannte Śmigus-Dyngus-Brauch: Am Ostermontag bespritzen sich die Leute mit Wasser. Meist handelt es sich um ein symbolisches Tröpfchen, es kann aber passieren, dass jemand einen ganzen Eimer aus dem Fenster gießt! In Polen färbt man zu Ostern Eier, der Brauch des Versteckens und Suchens ist nicht bekannt. Zu Weihnachten und Ostern werden Festtagswünsche verschickt.

Co nowego?

Das possessive Reflexivpronomen *swój*   ćw. 1, 2

Ein Possessivpronomen kann immer dann durch eine Form von **swój** ersetzt werden, wenn es bei einem Satzobjekt steht, dessen „Besitzer" Subjekt des Satzes ist; dies gilt vor allem für die 1. und 2. Person Singular und Plural:

Mamy **nasze** zwyczaje, a **wy** macie **wasze**. *oder*
Mamy **swoje** zwyczaje, a **wy** macie **swoje**.
*Wir haben **unsere** Bräuche, ihr habt **eure**.*
Bei der 3. Person Singular oder Plural ist die Verwendung von **swój** üblich:
Każda rodzina ma **swoje** przepisy. *Jede Familie hat **ihre** (eigenen) Rezepte.*
Das Possessivpronomen kann aber **nicht** durch eine Form von **swój** ersetzt werden, wenn es beim Satzsubjekt selbst steht:
Ich tradycje są interesujące. *Ihre Traditionen sind interessant.*

Singular	maskulin	feminin	neutral
	swój	swoja	swoje
Plural	**männlich-persönlich**	**nicht-männlich-persönlich**	
	swoi	swoje	

Das Pronomen **swój** wird genau so dekliniert wie die Possessivpronomen, z. B. **mój** (→ L 4).

Szkoda, że Wigilia jest tylko raz w roku

Jaś:	Mamusiu, możesz mi pomóc? Muszę napisać list, a jeszcze nie umiem pisać.
Dorota:	A do kogo chcesz napisać?
Jaś:	Do Świętego Mikołaja!
Dorota:	Aha ... ale wiesz, że Święty Mikołaj przynosi prezenty tylko grzecznym dzieciom?
Jaś:	Wiem, i dlatego przez cały zeszły tydzień byłem bardzo grzeczny.
Dorota:	Aha ... To dlatego. (*do siebie*) A ja już myślałam, że mój synek jest chory ...
Jaś:	Czy dziadek na pewno kupił już choinkę?
Dorota:	Choinka jest już kupiona, ale będzie ubrana dopiero w dzień wigilijny rano.

Jaś:	Na Wigilię idziemy do babci i dziadka? Babcia wspaniale gotuje! Najbardziej lubię karpia i zupę grzybową i makowiec ... Wszystko lubię. Szkoda, że Wigilia jest tylko raz w roku ...
Dorota:	Ja też bardzo lubię wigilijne potrawy. Powinno ich być dwanaście.
Jaś:	A dlaczego wkłada się sianko pod obrus?
Dorota:	Na pamiątkę stajenki betlejemskiej, gdzie urodził się malutki Jezus. Leżał na sianie. To święto nazywa się Boże Narodzenie – narodzenie Boga.
Jaś:	Ale dlaczego leżał na sianie?! Nie miał łóżeczka?!
Dorota:	Nie miał, bo jego rodzina była bardzo biedna.
Jaś:	Aha ... A czy po kolacji pójdę ze wszystkimi do kościoła na pasterkę?
Dorota:	Pasterka jest o północy. Wtedy już będziesz spał.
Jaś:	Mamusiu ... A czy to prawda, że w wigilijny wieczór zwierzęta mówią ludzkim głosem?
Dorota:	Podobno tak, ale ja jeszcze nigdy nie słyszałam ...

Słownictwo

Polskie zwyczaje świąteczne

zwyczaj świąteczny	*Festtagsbrauch*
święto	*Fest*
związany	*verbunden*
Wigilia	*Heiligabend*
wigilijny	*den Heiligabend betreffend*
najbliżsi	*der engste Familienkreis*
dodatkowy	*zusätzlich*
nakrycie	*Gedeck*
nieoczekiwany	*unerwartet*
ponieważ	*weil*
witany	*willkommen*
mimo że	*obwohl*
swoje	*hier: ihre*
przepis	*Kochrezept*
kulinarny	*kulinarisch*
tajemnica	*Geheimnis*
potrawa	*Gericht, Speise*
wszędzie	*überall*
główne danie	*Hauptgericht*
karp	*Karpfen*
Wielkanoc	*Ostern*
poniedziałek wielkanocny	*Ostermontag*

oblewać się *imperf* –		*sich bespritzen*
oblać się *perf* + *Instr*		*mit*
symboliczny		*symbolisch*
kropelka *Dim von* kropla		*Tröpfchen*
zdarzać się *imperf* –		*vorkommen,*
zdarzyć się *perf*		*passieren*
wylewać *imperf* –		*ausgießen*
wylać *perf*		
wiadro		*Eimer*
chowanie		*das Verstecken*
szukanie		*das Suchen*
nieznany		*unbekannt*
wysyłać *imperf* –		*verschicken*
wysłać *perf*		
życzenie świąteczne		*Festtagswunsch*

Szkoda, że Wigilia jest tylko raz w roku

Święty Mikołaj		*Weihnachts- mann; Hl. Nikolaus*
przynosić *imperf* –		*bringen*
przynieść *perf*		
grzeczny		*artig, brav*
zeszły tydzień		*letzte Woche*
choinka		*Weihnachts- baum*

miejsce	*Platz*	**Boże Narodzenie**	*Weihnachten*
ubrany	*hier: geschmückt*	narodzenie	*Geburt*
makowiec	*Mohnkuchen*	Bóg	*Gott*
wkładać *imperf* –	*unter die Tisch-*	łóżeczko *Dim von* łóżko	*Bettchen*
włożyć *perf* pod obrus	*decke legen*	**biedny**	*arm*
sianko *Dim von* siano	*Heu*	kościół	*Kirche*
na pamiątkę	*zur Erinnerung*	pasterka	*Christmette*
stajenka betlejemska	*Stall von*	zwierzęta *Pl von* zwierzę	*Tiere*
	Bethlehem	mówić ludzkim głosem	*mit mensch-*
malutki *Dim von* mały	*sehr klein*		*licher Stimme*
Jezus	*Jesus*		*sprechen*

Gramatyka

1. Die Verkleinerungsform (Diminutiv)   *ćw. 7, 8*

Im Polnischen werden Verkleinerungs- und Verniedlichungsformen wesentlich häufiger benutzt als im Deutschen. Sie werden mit Hilfe verschiedener Nachsilben und Wortteile gebildet. Alternationen können auftreten:

▌Verkleinerungsformen maskuliner Substantive bilden Sie mit **-ek**, **-ik** (z. B. nach **ł, d** oder **sz**) oder **-yk** (z. B. nach **c, ż, cz** oder **rz**):
kot *Kater* ▶ kot**ek** *Katerchen*
dom *Haus* ▶ dom**ek** *Häuschen*
samochód *Auto* ▶ samochodz**ik** *kleines Auto*
stół *Tisch* ▶ stol**ik** *Tischchen*
talerz *Teller* ▶ talerz**yk** *Tellerchen*

▌Verkleinerungsformen femininer Substantive bilden Sie mit **-ka**:
kawa *Kaffee* ▶ kaw**ka** *„Käffchen"* (wörtlich: *kleiner Kaffee*)
herbata *Tee* ▶ herbat**ka** *Tee* (wörtlich: *kleiner Tee, Teechen*)

▌Verkleinerungsformen neutraler Substantive bilden Sie mit **-ko**:
piwo *Bier* ▶ piw**ko** *Bierchen*

Zur Bildung der Verkleinerungsform von Substantiven, die bereits auf **-ek / -ik / -yk**, **-ka** oder **-ko** enden, fügen Sie meistens den Wortteil **-ecz-** ein:
zegarek *Armbanduhr* ▶ zega**recz**ek *kleine Armbanduhr*
wódka *Wodka* ▶ wód**ecz**ka *kleiner Wodka*
ciastko *Kuchen* ▶ cias**tecz**ko *kleiner Kuchen, Küchlein*

Darüber hinaus gibt es weitere unregelmäßige Möglichkeiten, Verkleinerungsformen zu bilden, z. B. von Adjektiven und Adverbien:
mały *klein* ▶ malutki *klitzeklein*
trochę *ein bisschen* ▶ troszeczkę *ein kleines bisschen, ein wenig*

In Polen könnten Sie folgende Einladung bekommen:
Może wpadniesz wieczorkiem na troszeczkę na herbatkę i ciasteczko?
Vielleicht kommst du am „Abendlein" für ein Weilchen auf ein „Teechen" und ein Küchlein vorbei?

2. Die Konjunktionen *obwohl* und *weil*   ćw. 3, 4

Chociaż ... / Mimo że ... *obwohl* ...
Chociaż Jaś był niegrzeczny, dostanie prezent od Świętego Mikołaja.
Obwohl Jaś unartig war, bekommt er ein Geschenk vom Weihnachtsmann.
Mimo że każda rodzina ma swoje kulinarne zwyczaje, jedzenie jest wszędzie podobne.
Obwohl jede Familie ihre kulinarischen Bräuche hat, ist das Essen überall ähnlich.

Bo ... / Dlatego, że ... / Ponieważ ... *weil* ... / *denn* ...
Alle drei Konjunktionen bedeuten *weil / denn*, wobei **bo** vorwiegend umgangssprachlich verwendet wird:
Warto pojechać do Polski, **bo** to interesujący kraj. *Es lohnt sich, nach Polen zu fahren, weil es ein interessantes Land ist.*
Uczę się języka polskiego **dlatego, że** podoba mi się Polska.
Ich lerne Polnisch, weil mir Polen gefällt.
W wigilijny wieczór nikt nie jest głodny, **ponieważ** podaje się aż 12 potraw.
Am Heiligabend ist niemand hungrig, weil nicht weniger als 12 Gerichte serviert werden.

Język polski w kontekście   ćw. 9

Weihnachts- und Ostergrüße

Zu beiden großen Festen im Kalenderjahr können Sie **Wesołych Świąt!** *Frohes Fest!* wünschen. Darüber hinaus wünscht man sich in Polen:
Wesołych Świąt Bożego Narodzenia i szczęśliwego Nowego Roku!
Frohe Weihnachten und ein glückliches neues Jahr!

Wesołych Świąt Wielkanocnych! *Frohes Osterfest!*
Wesołego Alleluja! *Fröhliche Ostern!* (wörtlich: *Fröhliches Halleluja!*)

In dem alten polnischen Weihnachtslied (**kolęda**) „Jezus malusieńki" werden viele Verkleinerungsformen benutzt. Sehen Sie selbst:

Jezus **malusieńki** leży wśród **stajenki**.
Płacze z zimna, nie dała mu **matusia** sukienki.
Bo uboga była, rąbek z głowy zdjęła, w który dziecię owinąwszy, **siankiem** je okryła.

Jesulein liegt im Stall.
Weint vor Kälte, es gab ihm die Mami kein Kleid.
Weil sie arm war, nahm sie ihr Kopftuch in das sie das Kind einwickelte, mit Heu bedeckte sie es.

i In der Adventszeit kauft man in Polen Oblaten (**opłatek**) mit weihnachtlichen Motiven. Bevor sich die Familie am Heiligabend zu Tisch begibt, bricht die älteste Person die Oblate und teilt sie mit den anderen Familienmitgliedern. Das Teilen gilt als Symbol der Einheit und Verbundenheit miteinander. Auch am Ostersonntag teilt die Familie vor dem Frühstück ein hart gekochtes Ei untereinander auf und wünscht sich **Wesołych Świąt!** *Frohes Fest!*

Ćwiczenia

1 Kreuzen Sie die Sätze an, in denen Sie das Possessivpronomen durch eine Form von **swój** ersetzen können.

1. Jego pies jest czarny i duży. ☐
2. Idę z moim psem na spacer. ☐
3. Co dacie waszemu psu na obiad? ☐
4. Nasz pies nigdy nie je obiadu. ☐
5. Mamy nasze tradycje. ☐
6. Nasze tradycje są ciekawe. ☐

2 Setzen Sie das reflexive Possessivpronomen in der richtigen Form ein.

1. Zawsze spędzam Wigilię ze ....*swoją*.......... rodziną.
2. Polacy mają .... tradycje wigilijne.
3. Dzielimy się opłatkiem ze .... najbliższymi.
4. Babcia Jasia ma .... przepis na karpia.
5. Każdy ma .... problemy.
6. Opowiedz nam o .... dzieciach.

3 Verbinden Sie die Haupt- und Nebensätze zu sinnvollen Aussagen.

1. Jaś pisze do Świętego Mikołaja,

2. Robicie to ćwiczenie

3. Na stole wigilijnym jest zawsze dodatkowe nakrycie,

4. Jedzenie jest wszędzie podobne,

5. Jaś nie pójdzie na pasterkę,

6. Jaś dostanie prezent od Świętego Mikołaja,

a. bo będzie już spał.

b. mimo że był niegrzeczny.

c. dlatego, że chce dostać prezent.

d. dlatego, że uczycie się języka polskiego.

e. ponieważ w ten wieczór każdy jest serdecznie witany.

f. chociaż każda rodzina ma swoje tradycje.

4 Verbinden Sie die Sätze mit **chociaż** oder **dlatego, że**.

1. Śpiewamy kolędy ....*dlatego, że*........... jest Boże Narodzenie.

2. Polacy i Niemcy mają inne tradycje świąteczne, ... są sąsiadami.

3. Dorota pomaga swojej mamie, ... nie ma czasu.

4. W noc wigilijną Mefisto mówi ludzkim głosem, ... jest psem.

5. Malujemy jajka .... jest Wielkanoc.

6. Warto pojechać do Polski .... to jest interesujący kraj.

5 Kreuzen Sie an, welche dieser Weihnachtstraditionen auf welches Land zutreffen.

Wigilia	Polska	Niemcy
1. Na stole jest nakrycie dla nieoczekiwanego gościa.		
2. Pod obrusem jest siano.		
3. Nigdy nie je się mięsa.		
4. Na stole jest 12 potraw.		
5. Karp jest zawsze głównym daniem.		
6. Rodzina dzieli się opłatkiem przy kolacji.		
7. Ubiera się choinkę.		
8. Wysyła się życzenia świąteczne.		
9. Zwierzęta mówią ludzkim głosem.		
10. O północy idzie się do kościoła.		

6 Wie wird Ostern in Polen und Deutschland gefeiert? Kreuzen Sie an.

Wielkanoc	Polska	Niemcy
1. Rodzina dzieli się jajkiem.		
2. Maluje się jajka.		
3. Chowa się jajka.		
4. W poniedziałek wielkanocny ludzie oblewają się wodą.		

7 Bilden Sie die Verkleinerungsform.

1. dom *domek* ......
2. kawa ......
3. herbata ......
4. rodzina ......
5. pies ......

6. kot ......
7. wódka ......
8. zegarek ......
9. siano ......
10. piwo ......

8 Von welchen Wörtern wurden hier die Verkleinerungsformen gebildet?

1. malutki *mały* ......
2. mamusia ......
3. troszeczkę ......
4. łóżeczko ......
5. stolik ......

6. choineczka ......
7. ciasteczko ......
8. chwileczka ......
9. wieczorkiem ......
10. zegareczek ......

9 Schreiben Sie zu den Karten passende Wünsche.

1. ......

2. ......

1 Sagen Sie auf Polnisch, …

1. dass Ihr Gesprächspartner Recht hat.

....

2. dass Sie anderer Meinung sind.

....

3. "Frohes Fest".

....

4. dass Krakau im Süden und Danzig im Norden liegt.

....

5. dass Sie eine Drei-Zimmer-Wohnung mit Balkon haben.

....

6. dass Sie keinen Führerschein haben.

....

Punkte

....../6

2 Verbinden Sie die Teilsätze zu sinnvollen Aussagen. Achten Sie dabei auf die jeweilige Person. (→ L 19)

1. Gdybym miał czas i pieniądze,
2. Dorota odwiedzałaby nas częściej,
3. Spacerowaliby codziennie po parku,
4. Co byś zrobił,
5. Jeżeli dzieci byłyby niegrzeczne,
6. Nie musielibyście robić tego ćwiczenia,

a. gdyby nie mieszkała tak daleko.
b. nie dostałyby prezentu od Świętego Mikołaja.
c. gdybyście bardzo dobrze mówili po polsku.
d. pojechałbym w podróż dookoła świata.
e. gdybyś był w takiej sytuacji?
f. gdyby mieli psa.

Punkte

....../6

3 Welches Wort gehört inhaltlich nicht dazu? Kreuzen Sie es an.

1. **a.** ☐ spodnie – **b.** ☐ sukienka – **c.** ☐ koszula – **d.** ☐ rozmiar

2. **a.** ☐ wschód – **b.** ☐ zachód – **c.** ☐ stolica – **d.** ☐ północ

3. **a.** ☐ krótki – **b.** ☐ długi – **c.** ☐ szeroki – **d.** ☐ drogi

4. **a.** ☐ kawa – **b.** ☐ herbatka – **c.** ☐ ciasteczko – **d.** ☐ winko

Punkte

....../4

Test 4

4 Setzen Sie das richtige Verb im Imperativ der 2. Pers. Sg. (*du*) bzw. in der Höflichkeitsform (*Sie*) ein. (→ L 16)

> mówić   zrobić   czekać   przetłumaczyć   iść   zwiedzić

1. .... już do domu!

2. .... państwo .... to na niemiecki!

3. .... pan nie .... na nią!

4. Nie .... o tym nikomu!

5. .... pani .... park Łazienki.

6. .... zakupy!

Punkte

......./6

5 Setzen Sie **bo** oder **chociaż** ein. (→ L 20)

1. .... nie lubicie zielonej sałaty, powinniście jeść ją codziennie.

2. Jestem gruby, ... uprawiam sport.

3. .... polski jest trudny, już bardzo dużo się nauczyliśmy.

4. Polacy niechętnie wynajmują mieszkania, ... wolą "ciasne, ale własne".

5. Nie gram w totolotka, ... chciałbym mieć dużo pieniędzy.

6. Dzieci dostają prezenty od Świętego Mikołaja, ... były grzeczne.

Punkte

......./6

6 Setzen Sie die Adjektive und Adverbien in der richtigen Steigerungsform ein. (→ L 17 + 18)

1. Polska jest .... (mała) od Niemiec.

2. Warszawa jest .... (duża) ze wszystkich miast w Polsce.

3. Wszędzie dobrze, ale w domu .... (dobrze).

4. Wisła jest .... (długa) rzeką w Polsce.

5. Jutro będzie .... (dobra) pogoda.

6. Ten hotel jest .... (drogi) od tamtego.

Punkte

......./6

Gesamt

......./34

Übersetzung der Dialoge

1 Willkommen!

Witek:	Hallo!
Jurek:	Hallo Witek! Oh! Was ist das?
Witek:	Das? ... Na ja ...
Jurek:	Ist das (etwa) ein Blumenstrauß?
Witek:	Ja, das ist ein Blumenstrauß ... Jola ...
Jurek:	Aha ... Ich verstehe: Jola, Familie, der erste Besuch.
Witek:	Mhmmm...
Jurek:	Viel Erfolg! Tschüss!
Witek:	Danke. Tschüss!

Witek klingelt an der Tür.

Pani Zosia:	Herein, herein!
Witek:	Guten Tag!
Pani Zosia:	Guten Tag!
Pan Stanisław:	Willkommen.
Jola:	Das ist Witek.
Witek:	Witold Stary. Sehr erfreut.
Pani Zosia:	Stary? Ohhh ... ein sehr origineller Nachname* ... Zofia Bystrzycka. Und das ist mein Mann Stanisław.
Pan Stanisław:	Bystrzycki. Angenehm.
Witek:	Ebenfalls.
Jola:	Witek!
Witek:	Ach so ... Natürlich. Bitte! Das sind Blumen für Sie.
Pani Zosia:	Ohhh, danke! Ein schöner Strauß. – Ach so ... Und das ist unser Hund Mefisto.
Witek:	Aber das ist (hier doch wohl) noch nicht die Hölle!
Pani Zosia:	Wie bitte?
Witek:	Ach, nichts, nichts ... Ein sehr schöner Hund. Schwarz, groß und ... ein origineller Name ...

---

* "Stary" heißt *alt*. Es ist auch der Beiname des polnischen Königs Zygmunt I Stary, Sigismund I., *des Alten* (1467–1548).

2. Unter guten Freundinnen
(wörtlich: Wie eine Freundin mit einer Freundin)

Jola:	Hallo Dorotka! Wie geht's?
Dorota:	Nichts Neues. Und bei dir?
Jola:	Danke. Alles in Ordnung. Bist du erkältet?
Dorota:	Ein wenig ... und sehr müde.
Jola:	Wie immer. Kind, Haus, Schule. Du arbeitest zu viel!
Dorota:	Zu viel? Aber ich bin Mutter, Ehefrau, Lehrerin ...
Jola:	Du bist (aber) auch eine junge, hübsche, attraktive Frau.
Dorota:	Wirklich? Schade, so denkt nicht ...
Jola:	Dein Mann!? Ich verstehe nicht, warum du mit ihm (zusammen) bist ...
Dorota:	Jola, bitte!
Jola:	Ist ja schon gut. Entschuldige, aber mit wem, wenn nicht mit mir, kannst du darüber reden? Wie unter guten Freundinnen? Krzysztof ist kein guter Ehemann! Witek ist anders ...
Dorota:	Witek?!!! Wer ist denn Witek?
Jola:	Mein neuer Freund. Er heißt Witold. Er sieht sehr gut aus. Er ist wirklich ein gut aussehender Mann! Groß, schlank. Und ... immer ein wenig zerzaust.
Dorota:	Zerzaust? Aha ...
Jola:	Witek ist Wissenschaftler, Physiker. Er beschäftigt sich mit Atomen. Sogar sein Kater heißt Atom. Er ist sehr intelligent und sympathisch.
Dorota:	Wer? Witek oder Atom?
Jola:	Witek natürlich! Er ist wirklich sehr klug. Ich bin glücklich und verliebt!
Dorota:	Verliebt! Das ist ja wunderbar.

3. Liebt sie mich?

Witek:	Hallo!
Jurek:	Hallo!
Witek:	Was machst du?
Jurek:	Siehst du (das) nicht? Ich lese.
Witek:	Ich verstehe ... Du bist beschäftigt?
Jurek:	Ein wenig. Ich wiederhole deutsche Grammatik. Ich habe morgen eine Prüfung!
Witek:	Jola kann sehr gut Deutsch. Sie ist Übersetzerin.
Jurek:	Aha ...
Witek:	Sie spricht ausgezeichnet Deutsch. Und Englisch auch. Und außerdem kann sie Spanisch ...
Jurek:	Wirklich? Mhhmmm ... Jola ist eine "Polyglotte"!

Witek:	Jola ist eine wunderbare Frau. Sie hat so ein bezauberndes Lächeln.
Jurek:	In der Tat: Sie ist nicht hässlich.
Witek:	Nicht hässlich?! Jola ist schön … und sympathisch. Alle mögen sie, sogar Atom …
Jurek:	Aha! Und mag sie diesen verrückten, aggressiven Kater (denn) auch?
Witek:	Du bist gehässig. Atom hat tatsächlich manchmal schlechte Laune, aber das heißt nicht, dass er aggressiv ist. Jola …
Jurek:	Schon gut. Atom ist ein sanftmütiges Katerchen und Jola ist eine außergewöhnliche Frau. Du hast Glück! Aber ich habe morgen eine Prüfung!
Witek:	Aber vielleicht habe ich dennoch Pech …
Jurek:	Warum? Jola ist intelligent, spricht Deutsch und Spanisch, sie hat ein bezauberndes Lächeln, Atom mag sie, du liebst sie. Wo ist das Problem?
Witek:	Ich weiß nicht … ich bin mir nicht sicher … Ich weiß nicht, ob sie mich liebt …
Jurek:	Ohhhh … Witek! Kannst du bitte das Thema wechseln!!!

4 Hallo! Ja bitte?

Telefongespräch

Firma:	Firma Gerpol. Ja bitte?
Dorota:	Guten Tag. (Hier) spricht Dorota Nowak. Kann ich mit Frau Jolanta Bystrzycka sprechen?
Firma:	Frau Bystrzycka ist nicht da. Sie ist beim Chef. (Kann ich) etwas ausrichten?
Dorota:	Danke, ich rufe (später) noch einmal an. Auf Wiedersehen!
Firma:	Auf Wiedersehen!
Jaś:	Mami! Wen rufst du an?
Dorota:	Jola. Aber sie ist nicht da.
Jaś:	Papa ist auch nicht da … , Oma Kasia und Tante Hala auch nicht … Mami! Warum gehen wir heute nicht in den Kindergarten?
Dorota:	Weil du krank bist. Bitte, (hier ist) Medizin und (hier ist) ein Glas warme Milch.
Jaś:	Ich mag keine Milch.
Dorota:	Milch ist gesund.
Jaś:	Aber nicht lecker. Bitte ein Stück Schokolade.
Dorota:	Schokolade ist ungesund.
Jaś:	Das stimmt nicht! Das ist Vollmilchschokolade. Und Milch ist gesund. Mama! Telefon!

Dorota:	Hallo!
Jola:	Hallo Dorotka. Ich bin's, Jola.
Dorota:	Jola! Endlich!
Jola:	Worum geht's?
Dorota:	Jaś ist krank, ich muss am Nachmittag in die Schule fahren, Krzysztof ist nicht da und ...
Jola:	Natürlich! Wie gewöhnlich ist er nicht da!! Und deine Mama? Schwester? Nachbarin?
Dorota:	Die sind auch nicht da. Nur du bist da ...
Jola:	Dorotka, ich bin auch nicht da! Ich bin schrecklich beschäftigt. Ich fahre gleich mit dem Chef zur deutschen Botschaft. Am Nachmittag vielleicht ...
Dorota:	Jola, danke!!!
Jola:	Ich mache das nur für dich! Deine Ehe ... Das alles ist sinnlos.

5 Ins Kino? Ins Konzert? Oder vielleicht ins Theater?

Café „Zum Grünen Frosch"

Jola:	Entschuldige die Verspätung! Wartest du (schon) lange auf mich?
Witek:	Ziemlich lange, wie immer ...
Jola:	Warum schaust du mich so an?
Witek:	Dieses karierte Kleid ... ist sehr hübsch. Du bist hübsch!
Jola:	Danke für das Kompliment, aber ich sehe überhaupt nicht hübsch aus. Ich bin sehr müde und erkältet. Nur ein starker Kaffee und Hustensaft können mich (noch) retten.
Witek:	Der Kaffee kommt jeden Moment! Und was ist mit dem Hustensaft? (Soll ich) in die Apotheke gehen und Arznei holen? Die haben bestimmt etwas gegen Erkältung.
Jola:	Danke, Witek, du bist lieb. Aber du weißt (doch), dass es gegen Erkältung keine Arznei gibt. Was liest du?
Witek:	Das Kulturprogramm für die nächste Woche. Vielleicht unternehmen wir etwas?
Jola:	Gerne. Was schlägst du vor?
Witek:	Vielleicht in die Philharmonie? In ein Konzert. Chopin ... ein gutes Programm.
Jola:	Du weißt (doch), dass ich keine klassische Musik mag.
Witek:	Dann vielleicht ins Kino? In diesen neuen polnischen Film.
Jola:	(Der soll) angeblich (nur) mittelmäßig (sein).
Witek:	Ins Theater?
Jola:	Aber wann? Morgen arbeite ich, und am Freitag fahre ich für den ganzen Tag nach Lodz. Wir haben eine Delegation aus Berlin (da). Nur am Samstag habe (wörtlich: bin) ich frei.

Witek:	So ein Pech, denn am Samstag muss ich zu einer Konferenz an die Universität. Vielleicht am Sonntag?
Jola:	Am Sonntag fahre ich zu Dorota. Jaś ist krank.
Witek:	Also es wird's nichts aus unserem Wochenende?
Jola:	So sieht's aus.
Witek:	Schade … Dann vielleicht in einer Woche?

6 Wir müssen über die Liebe reden.

Pani Zosia:	Ich muss mit dir reden.
Pan Staś:	Worüber?
Pani Zosia:	Über die Liebe. Jola hat sich verliebt.
Pan Staś:	Schon wieder? In wen diesmal?
Pani Zosia:	In diesen Witek!
Pan Staś:	In den, der vor einer Woche zum Mittagessen war? Du hattest einen ausgezeichneten Braten in Pilzsoße gemacht. Mmmm …
Pani Zosia:	Du redest vom Braten, dabei ist die Sache ernst. Unsere Tochter hat sich tatsächlich in diesen zerzausten Physiker verliebt!
Pan Staś:	Was ist daran schlimm? Du hattest dich doch auch mal in einen dicken Elektriker verliebt, Zosienka!
Pani Zosia:	Damals warst du nicht dick, na ja, nicht so dick wie heute … Erinnerst du dich noch, wann und wo wir uns zum ersten Mal getroffen haben?
Pan Staś:	Natürlich erinnere ich mich. Das war, … gleich … das war … das war vor langer Zeit.
Pani Zosia:	Das war im Mai, in diesem kleinen Café in der Altstadt. Ich war mit meiner Schwester Ela auf einen Kaffee dort.
Pan Staś:	Jetzt fällt es mir wieder ein! (wörtlich: Jetzt weiß ich es!) Nach dem Fußballspiel!
Pani Zosia:	Ich hatte so einen kleinen roten Hut …
Pan Staś:	FC Legia hatte gewonnen! 1:0.
Pani Zosia:	Du hattest gesagt, dass ich wie Rotkäppchen aussehe! Und du wärst der böse Wolf!
Pan Staś:	Das habe ich wirklich gesagt? Pech!
Pani Zosia:	Wieso Pech!? Unser Treffen?! Pech?!!!!!
Pan Staś:	Nicht unser Treffen, aber dieses Tor! Lewandowski schoss das Tor im letzten Augenblick!
Pani Zosia:	Und erinnerst du dich, wann du mich das erste Mal geküsst hast?
Pan Staś:	Natürlich! … Das war … das war im … Park beim Spazierengehen!
Pani Zosia:	Beim Spazierengehen, aber nicht im Park, sondern im botanischen Garten. Das war im Sommer, bei Nacht. Es war so eine warme, romantische Nacht.
Pan Staś:	Ich erinnere mich. Es war verdammt heiß.

Pani Zosia:	Du sagtest, dass du dich an meiner Seite wie in dem Märchen von Rotkäppchen und dem bösen Wolf fühltest.
Pan Staś:	Das habe ich gesagt? Und ich hatte vorher nichts getrunken?

7 Wenn ich groß bin ...

Jaś:	Störe ich dich?
Dorota:	Nein, du störst mich überhaupt nicht ...
Jaś:	Mir ist langweilig und ich bin traurig.
Dorota:	Warum bist du traurig, Liebes? Wir fahren bald in Urlaub. Wir werden im Meer baden und uns am Strand sonnen ...
Jaś:	Und werden wir (auch) jeden Tag Eis essen?
Dorota:	Vielleicht nicht jeden Tag, aber manchmal. Aber warum ist (denn) dein Gesicht so schmutzig?
Jaś:	Es ist überhaupt nicht schmutzig, es ist bemalt. Ich bin ein Indianer! Du bemalst (dein) Gesicht (doch) auch.
Dorota:	Ja, aber ich bemale mich mit Schminke und nicht mit Tinte! Und was ist das?
Jaś:	Ein Geschenk für Opa! Ich habe ein Bildchen gemalt.
Dorota:	Sehr schön. Und wer ist das?
Jaś:	Ich und du. Wir schauen uns das Meer, den Himmel und die Sonne an. Und essen Eis.
Dorota:	Ein tolles Geschenk! Ich muss Opa auch (noch) etwas zum Namenstag kaufen ...
Jaś:	Gehen wir morgen einkaufen?
Dorota:	Ja, morgen früh. Am Nachmittag werde ich Oma helfen.
Jaś:	Ich werde Oma auch helfen!
Dorota:	Gut, aber du wirst weder Gesicht noch die Wand noch (irgendetwas) bemalen.
Jaś:	Na klar! Wenn ich groß bin, werde ich nicht Indianer! Ich werde Maler!

8 Café „Zum Grünen Frosch"

Jola:	Hallo!
Witek:	Na, endlich! Ich warte und warte ...
Jola:	Du wolltest dich unbedingt mit mir treffen ... Ist etwas passiert?
Witek:	Nein, nichts ... Ich wollte dich einfach sehen, reden ...
Jola:	Wir haben uns doch (erst) gestern gesehen. Wir haben den ganzen Abend geredet.
Witek:	Gestern Abend hast du die ganze Zeit mit diesem Typen geredet. Vergessen?!

Jola:	Von wem sprichst du?
Witek:	Du weißt nicht, von wem ich rede! Sage ich dir sofort. Ich rede von diesem Werbefuzzi!
Jola:	Werbefuzzi? Meinst du diesen gut aussehenden, intelligenten und lustigen Mann, der in der Werbeagentur arbeitet?
Witek:	Gut aussehend – na vielleicht … Aber intelligent und lustig?!
Jola:	Du bist eifersüchtig?
Witek:	Eifersüchtig? Ich?!!!!
Jola:	Warum regst du dich so auf? Es gibt keinen Grund.
Witek:	Ich rege mich überhaupt nicht auf. Noch nicht. Aber ich werde mich bestimmt aufregen, wenn … wenn du dich mit ihm triffst! Gestern hast du die ganze Zeit mit ihm getanzt. Und mit mir hast du nur ein einziges Mal getanzt, nur ein einziges Mal …
Jola:	Zweimal …
Witek:	Vielleicht hörst du endlich (mal) mit dieser Ironie auf?! Er hat dir eine Visitenkarte gegeben …
Jola:	Und was ist daran schlimm? Er ist ein interessanter Mensch. Er schreibt sogar Gedichte.
Witek:	Bestimmt wird er (auch) ein Gedicht für dich schreiben. … Und ich? … Ich habe meine Doktorarbeit, aber kein Gedicht geschrieben. Ich habe dich ins Kino und ins Theater eingeladen. Ich habe deine Mutter besucht. Ich habe Blumen gekauft. Aber ich habe kein Gedicht geschrieben!
Jola:	Du hast mich zweimal ins Kino und einmal ins Theater eingeladen. Nach dem Besuch bei (meiner) Mutter hast du gesagt, dass es das erste und letzte Mal war. Blumen hast du mir zuletzt zu meinem Namenstag gekauft.
Witek:	Blumen habe ich dir zuletzt vor einer halben Stunde gekauft. Es sind Vergissmeinnicht. Wirst du mich auch nicht vergessen? Selbst wenn ich kein Gedicht schreibe?

9 Guten Appetit!

Restaurant „Staropolska"

Witek:	Ich bin hungrig wie ein Wolf! Was bestellen wir? Was essen wir, was trinken wir? Worauf hast du Lust?
Jola:	Ich weiß es noch nicht.
Witek:	Suppen … (*Er liest die Karte.*) Alles klar: Die haben hier guten Żurek.
Jola:	Żurek mit Wurst … ? Die Wurst könnte nicht frisch sein.
Witek:	Die Wurst nicht frisch! Du machst Witze! Das ist ein gutes Restaurant.

Jola:	Ich nehme lieber eine Pilzsuppe mit Nudeln. Ich mag Nudeln. Und ich mag Pilze.
Witek:	Also einmal Żurek und einmal Pilzsuppe.
Jola:	Ja ... obwohl, die Pilze... können giftig sein ...
Witek:	Giftige Pilze!? Jola, jetzt übertreibst du aber wirklich!
Jola:	Giftige und essbare Pilze sind sich sehr ähnlich. Ich möchte (dann doch) lieber eine Fleischbrühe, eine Fleischbrühe mit Gemüse. Gemüse ist immer lecker und frisch. Aber das Fleisch ... ? Vielleicht eine Rote-Bete-Suppe ...
Witek:	Endlich! Rote-Bete-Suppe: frisch, heiß und nicht giftig.
Jola:	Hm, und als Hauptspeise?
Witek:	Oh nein ...
Jola:	Ich verstehe nicht, worum es dir geht. Ich wähle das aus, worauf ich Lust habe.
Witek:	Natürlich Liebling. ... Also?
Jola:	Ich habe Appetit auf ... Fisch oder auf Ente. Obwohl, nein. Ente ist entschieden zu fettig.
Witek:	Vielleicht das Hähnchen: Es ist mager, mit Kartoffeln und grünem Salat.
Jola:	Das stimmt, aber der Salat ist mit fettigem Sahnedressing. Vielleicht Piroggen? ... Und du? Was bestellst du?
Witek:	Bigos.
Jola:	Bigos? Aha. Ich dann vielleicht auch.
Witek:	Aber das ist ein schrecklich ungesundes und fettiges Gericht ... mit Pilzen ... Vorsicht!
Kellnerin:	Was darf's sein?
Jola:	Ein Momentchen noch.

Im Lebensmittelgeschäft

Zosia:	Guten Tag!
Verkäuferin:	Guten Tag! Kühl heute, nicht wahr? Die Kalte Sophie! Stimmt ja ... Sie haben ja Namenstag. Alles Gute!
Zosia:	Danke. Bitte 10 Eier und anderthalb Kilo Magerquark.
Verkäuferin:	Werden Sie einen Käsekuchen backen?
Zosia:	Einen Käsekuchen und einen Apfelkuchen. Wir werden ziemlich viele Gäste haben.
Verkäuferin:	Aha ... Also wie viele Äpfel für den Apfelkuchen?
Zosia:	Ein Kilo reicht.
Verkäuferin:	Bitte. Das ist eine neue Sorte ... Äpfel süß wie Honig!
Zosia:	Honig ... Vielleicht auch ein Glas Honig.
Verkäuferin:	Ein kleines oder ein großes?
Zosia:	Wie viel kostet dieses kleine?

Verkäuferin:	6 Złoty, und 10 Złoty das große.
Zosia:	Ich nehme das große.
Verkäuferin:	Bitte sehr. Was noch?
Zosia:	Ein Kilo Tomaten.
Verkäuferin:	Für eine Suppe oder für einen Salat?
Zosia:	Für einen Salat. Mein Mann und ich essen zurzeit viel Salat. Mein Mann ist ein wenig zu dick ...
Verkäuferin:	Ach ... Sie übertreiben.
Zosia:	Oh, doch, doch! Zu viel Bier, zu viele fettige Sachen, zu wenig frisches Obst und Gemüse. Und zu wenig Bewegung. Noch ein Brot ... oder vielleicht Brötchen? Die sehen gut aus.
Verkäuferin:	Und schmecken gut. Das ist eine neue Sorte. Wie viele Brötchen?
Zosia:	5.
Verkäuferin:	Ist das alles?
Zosia:	Noch 300 g Schnittkäse bitte. Und ein Bund Radieschen.
Verkäuferin:	Für den Salat?
Zosia:	Genau. Wie viel macht das (wörtlich: bezahle ich)?

11 Wir haben noch eine Menge Zeit!

Hauptbahnhof in Warschau – Witek wartet nervös auf Jola.

Jola:	Hallo Liebling!
Witek:	Jola!! Weißt du, wie viel Uhr es ist?!
Jola:	Weiß ich: Viertel nach elf.
Witek:	Elf Uhr siebzehn. Es ist sehr spät! Unser Zug fährt gleich ab!
Jola:	Nicht gleich, sondern (erst) in fünf Minuten. Hier ist der Fahrplan: IC nach Krakau: Elf Uhr zweiundzwanzig, Bahnsteig vier, Gleis zwei. Wir haben eine Menge Zeit.
Witek:	Ganze 5 Minuten!
Jola:	Genau! Ich schaffe es noch eine Zeitung zu kaufen.
Witek:	Hörst du?! Das ist unser Zug!

Stimme aus dem Lautsprecher:
"EC nach Berlin über Kutno, Posen, Rzepin, Frankfurt an der Oder fährt ein auf Gleis eins, Bahnsteig drei. Die Wagen der ersten Klasse mit den Nummern 270, 271 sowie das Bordrestaurant halten im Abschnitt eins. Die Wagen der zweiten Klasse mit den Nummern 266, 267, 268, 269 halten in den Abschnitten zwei und drei. Wir bitten Sie zu den entsprechenden Abschnitten zu gehen. Der Zug ist reservierungspflichtig. Bitte Vorsicht und von der Bahnsteigkante zurücktreten!"

Jola:	Na siehst du, sie sagen erst den EC nach Berlin an.
Witek:	Jola, bitte ...

Jola:	Bist du vor einer Reise immer so nervös?
Witek:	Nicht immer, nur, wenn ich mit dir fahre!

"IC nach Krakau fährt ein auf Gleis zwei, Bahnsteig vier:
Die Wagen mit den Nummern ..."

Witek:	Unser Zug! Wir kommen bestimmt zu spät!
Jola:	Witek, wir sind doch schon fast auf dem Bahnsteig. Für welchen Wagen haben wir Platzreservierungen?
Witek:	Wagen fünf, zweite Klasse, Nichtraucher-Abteil, zwei Plätze am Fenster, Nummer 45 und 47.
Jola:	Großartig! Ich sitze gern am Fenster. Wann sind wir in Krakau?
Witek:	Um zwei Uhr acht.
Jola:	Acht nach zwei. Wir haben noch ...
Witek:	... eine Menge Zeit!

12. Wie kommen wir hin?

Jola:	Das war eine sehr angenehme und bequeme Reise. Gehen wir direkt zur Galerie? Witek! Witek! Du hörst mir überhaupt nicht zu! Was suchst du?
Witek:	Ich habe wohl die Einladung vergessen.
Jola:	Das macht nichts. Wir kommen (auch) ohne Einladung rein. Es ist schließlich eine Ausstellung der Bilder deines Vaters.
Witek:	Ja, aber ... Das Problem dabei ist, dass ich mich nicht an die Adresse erinnere ...
Jola:	Bestimmt wird uns jemand sagen (können), wo das ist. Wie heißt die Galerie?
Witek:	Gute Frage ...
Jola:	Witek! Du hast die Einladung vergessen und erinnerst dich nicht an den Namen der Galerie??!
Witek:	Wahrscheinlich ... "Am Tor" ... oder vielleicht "Im Tor". "Hinter dem Tor?"
Jola:	Hm ... Um welches Tor geht es? Vielleicht um das Florianstor? ... Hast du einen Stadtplan?
Witek:	Einen Stadtplan?! Ich bin hier geboren! Ich kenne hier jeden Stein!
Jola:	Aber du weißt nicht, wo die Galerie ist, in der dein Vater eine Ausstellung hat! Wir müssen nach dem Weg fragen. Es wird uns bestimmt jemand helfen.
Witek:	In Krakau werde ich nicht nach dem Weg fragen!
Jola:	Ich werde fragen. Ich bin Warschauerin. Ich habe das Recht, Krakau nicht zu kennen. ... Entschuldigen Sie, wo ist die Galerie "Hinter dem Tor"?
Passant:	"Hinter dem Tor"? Und in welcher Straße?

Jola:	Leider kennen wir die Adresse nicht.
Passant:	Einen Moment ... vielleicht die Galerie "Im Tor"?
Jola:	Ja! "Im Tor".
Passant:	Sie gehen geradeaus, dann über diesen Platz, bis zur Grodzka-Straße, nach links abbiegen, oder vielleicht nach rechts ... Momentchen ... Nach links, ja, sicher nach links, gleich hinter der Post. Dann gehen Sie noch einmal geradeaus – 100 Meter – bis zum großen Tor. Leicht zu finden – es ist grün angestrichen.
Jola:	Ein grünes Tor. ... Also (doch) nicht das Florianstor. ... Und dort ist die Galerie?
Passant:	Ja, Sie gehen die Treppe hinunter und sind schon da.
Jola:	Ist es weit? Kann man mit der Straßenbahn hinfahren?
Passant:	Mit der Straßenbahn? Na ja, man kann (schon), aber es ist nur eine Haltestelle. Zu Fuß 10 Minuten.
Jola:	Herzlichen Dank!
Passant:	Keine Ursache!
Jola:	Siehst du?! In 10 Minuten sind wir in der Galerie.
Witek:	Wenn es diese Galerie (wirklich) ist ...

13 Es regnet und regnet!

Pan Staś:	Es regnet und regnet!
Pani Zosia:	Es regnet?! Nicht genug, dass es regnet, es donnert auch noch! Hörst du? Ohh, und es blitzt. Es kommt bestimmt ein Gewitter.
Pan Staś:	Nach einem Gewitter ändert sich das Wetter. Irgendwann muss es ja aufklaren!
Pani Zosia:	Aber wann? In den Bergen kann das schlechte Wetter sogar eine Woche andauern. Psst ...

Stimme aus dem Radio:
"Und hier die Wettervorhersage: An der Küste und in Masowien viel Sonne, schwacher Wind, niederschlagsfrei. In Kleinpolen und in Schlesien stark bewölkt mit Aufheiterungen, vorübergehende Niederschläge. In der Tatra starker, böiger Wind, anhaltende Niederschläge, Gewitter ..."

Pani Zosia:	In Masowien Sonne ... Wir hätten wie jedes Jahr zum Schrebergarten fahren können.
Pan Staś:	Im Schrebergarten müssen wir arbeiten, und hier können wir uns endlich erholen! Eine schöne Pension, gutes Essen, frische Bergluft.
Pani Zosia:	Bergluft! Heute Nachmittag wirst du wieder Karten spielen. Und Zigaretten rauchen!
Pan Staś:	Zosia, du weißt (doch), dass ich nicht Bridge spielen will, aber ...
Pani Zosia:	Ich weiß, ich weiß. Du willst nicht, aber du musst.

Jemand klopft an die Tür.

Pan Antoni:	Guten Tag (Frau) Zofia!
Pani Zosia:	Ahh, guten Tag (Herr) Antoni.
Pan Antoni:	(Herr) Stanisław, spielen wir 'ne Runde?
Pan Staś:	(*zu Zosia*) Du siehst selbst, dass ich muss ...

14 Spezialisten gesucht

Jola:	Polen mit Deutschkenntnissen, Deutsche mit Polnischkenntnissen.
Chef:	Aha – zwei deutsche Architekten mit Polnischkenntnissen ...
Jola:	Beide polnischer Herkunft. Vier polnische Architekten, die Deutsch können.
Chef:	Hervorragend! Und Bauingenieure?
Jola:	Wir haben einige Kandidaten. In der Mehrzahl sehr junge Leute.
Chef:	Begabte, energische, junge Leute sind gute Arbeiter. Und Handwerker?
Jola:	Alle Kandidaten mit Berufserfahrung, einige Polen mit Grundkennt- nissen in Deutsch.
Chef:	Wir schalten die Anzeige noch einmal. Und bitte hinzufügen: Buch- halter mit einem Abschluss in Wirtschaft, Berufserfahrung usw. Wie immer. Sie wissen schon.
Jola:	In Ordnung.
Chef:	Denken Sie an das Treffen in der deutschen Botschaft heute Abend?
Jola:	Natürlich!
Chef:	Sie werden wie immer elegant sein. Hübsche Polinnen ...
Jola:	Solide Deutsche, hübsche Polinnen, zuvorkommende Polen – das sind alles Klischees.
Chef:	Hübsche Polinnen ein Klischee?! Auf keinen Fall!

15 Mir fehlt nichts!

Jurek:	Warum macht dieser Kater schon wieder so einen Lärm?! Nirgend- wo gibt es Ruhe, nicht einmal im eigenen Haus! (*zu Atom*) Ruhe!!

Jurek klopft an Witeks Zimmertür.

Jurek:	Witek! Dein Kater miaut seit einer Stunde. Vielleicht kümmerst du dich endlich um ihn?!
Witek:	Gleich ... Ich fühle mich ein wenig seltsam.
Jurek:	Ohhh! Was hast du? Es sieht so aus, als wärst du krank.
Witek:	Krank? Ich? Ich bin nie krank. (wörtlich: Ich erkranke nie an nichts.)
Jurek:	Tut dir etwas weh?

Witek:	Mir tut nichts weh ... Naja, ... vielleicht der Kopf und der Hals ... und die Ohren. Das ist seltsam – die Ohren haben mir noch nie weh getan.
Jurek:	Nun ja, aber heute tun sie weh. Du bist krank. Du hast sicherlich eine Grippe.
Witek:	Grippe ... Warum Grippe?
Jurek:	Weil halb Warschau an Grippe erkrankt ist. Du hast dich irgendwo angesteckt.
Witek:	Ich habe mich nirgendwo angesteckt. Niemals ...
Jurek:	Das sagtest du bereits: Du bist nie krank, du hattest (noch) nie eine Grippe, und hast dich (auch) nirgendwo angesteckt. Und bist gesund wie ein Fisch (im Wasser)! Ich kann nirgendwo das Thermometer finden.
Witek:	Ich brauche überhaupt kein Thermometer!
Jurek:	Ah, hier ist es endlich. Du musst Fieber messen. Wenn du Fieber hast, musst du zum Arzt gehen.
Witek:	Ich gehe nie zum Arzt. Die haben von nichts eine Ahnung.
Jurek:	Aber dein Vater ist doch Arzt.
Witek:	Ja, genau. Deshalb weiß ich, dass Ärzte nichts wissen.
Jurek:	Ist ja gut. Zeig (mal) das Thermometer. Aha ... Du musst nicht zum Arzt gehen.
Witek:	Na siehst du! Ich habe doch gesagt, dass mir nichts fehlt.
Jurek:	Nicht ganz ... Du musst nicht zum Arzt gehen, weil du so hohes Fieber hast, dass wir einen Arzt rufen müssen.

16 Amüsier dich gut!

Firma Gerpol, Jola fährt für einige Tage dienstlich nach Berlin.

Jola:	Na dann, auf Wiedersehen!
Basia:	Auf Wiedersehen! Und arbeite nicht die ganze Zeit! Amüsier dich gut!
Pani Hania:	Genau! Amüsieren Sie sich gut, (Frau) Jola!
Basia:	Geh einkaufen! In Berlin kann man tolle Klamotten kaufen!
Pani Hania:	Einkaufen?! Sie sollten das Pergamon-Museum besichtigen – dort gibt es großartige Sammlungen.
Basia:	Und mach eine Bootsfahrt auf der Spree! Du siehst alles ohne Rumrennerei.
Pani Hania:	Ohne Rumrennerei? Gehen Sie unbedingt spazieren. Auf der Straße lernt man eine Stadt am besten kennen!
Basia:	Genau – Geschäfte, Restaurants, Cafés ...
Pani Hania:	Geschäfte! Zum Einkaufen ist die Zeit zu schade! Besichtigen Sie lieber die Sehenswürdigkeiten Berlins! Zum Beispiel ...
Basia:	Jola, Telefon für dich – deine Mama.

Jola:	Hallo?
Zosia:	Jola, Liebes. Gut, dass ich dich noch im Büro erreiche. Nimm einen Pullover mit – es könnte kühl werden. Und einen Regenschirm – es könnte regnen. Und pass auf dich auf! Jede große Stadt ist gefährlich. Nachts solltest du nicht allein herumlaufen. Und ruf uns bitte aus Berlin an.
Jola:	Mami, mach dir keine Sorgen, es sind nur zwei Tage. Mir tut der Kopf weh ... (*zu sich*) sicherlich von (all) diesen Ratschlägen ...
Pani Hania:	Höre ich recht? Kopfschmerzen? Nehmen Sie ein Aspirin!
Basia:	Nimm kein Aspirin! Geh jetzt, bitte! Beeil dich! Du verpasst (sonst noch) den Zug!

17 Dieses oder jenes?

Witek:	Was machen wir (eigentlich) hier, Liebling?
Jola:	Was wohl? Wir gehen einkaufen. Du hilfst mir, etwas Elegantes auszusuchen.
Witek:	Sicher berät Dorota dich besser.
Jola:	Red dich nicht raus!! Vielleicht dieses Kostüm? Interessanter Schnitt ... und meine Größe!
Witek:	Sehr hübsch. Gehen wir zur Kasse?
Jola:	Gleich! Ich muss es anprobieren! Ich weiß (doch) nicht, ob es gut sitzt.

Sie probiert es an.

Jola:	Na, (und) wie gefällt es dir?
Witek:	Du siehst sehr schön aus, wie immer. Gehen wir zur Kasse?
Jola:	Hm ... ich möchte vielleicht doch lieber das hellere.

Sie probiert es an.

Jola:	Na, und? Dieses ist wohl besser? Es hat einen etwas anderen Schnitt ... eine weitere Jacke und ein längerer Rock ...
Witek:	Ehrlich? ... Ist mir nicht aufgefallen.
Jola:	Das dunklere dort hat einen kürzeren Rock und ein engeres Jackett und ist eleganter als das hellere. (*Sie schaut auf das Preisschild.*) Ohh!! Und es ist etwas teurer.
Witek:	Na, dann nimm das dunklere.
Jola:	Aber das hellere ist hübscher.
Witek:	Warum willst du nicht das hellere, wenn es hübscher als das dunklere ist?!!
Jola:	Aber das habe ich (dir doch) schon gesagt: Das hellere ist ... Witek? Was hast du?
Witek:	Mir dreht sich alles ein wenig. Einkaufen mit dir ist noch komplizierter als ich gedacht habe.

18 Gute Reise!

Witek:	Fahren wir nicht zu schnell?
Jola:	Ach wo! Ich fahre 90 km/h, erlaubt sind 100.
Witek:	Meiner Meinung nach sind 90 schon ein wenig zu viel.
Jola:	Witek, du hast Unrecht. Man kann nicht langsamer fahren, das kann gefährlich sein.
Witek:	Interessant ... Ich dachte immer, dass schnelles Fahren gefährlich ist ...
Jola:	In der Stadt ja, aber nicht hier. Hier gibt es solche Geschwindigkeitsbegrenzungen wie in Warschau nicht, dort fahre ich langsamer.
Witek:	Ja, aber nur, weil dort überall Staus sind.
Jola:	Na ja, nicht nur deshalb, aber du hast schon Recht: diese Staus!!
Witek:	Am besten ist es, zu Fuß zu gehen – gesünder, angenehmer, billiger und ökologischer! Es gibt (ja auch) noch die Straßenbahn, den Bus, die U-Bahn ...
Jola:	Du hast Recht, aber mit dem Auto ist es bequemer. ... (Hier) müssen wir wohl schon abbiegen. ... Dorota wohnt schön, aber schrecklich weit außerhalb!
Witek:	Ohhh! Polizei! Ich habe doch gesagt, dass du zu schnell fährst!!
Jola:	Tatsächlich ... Eine Verkehrskontrolle! Nun ja, was soll's? Wir müssen anhalten.

(...)

Polizistin:	Guten Tag. Verkehrskontrolle. Den Führerschein bitte.
Jola:	Guten Tag. Bitte sehr!
Witek:	Müssen wir Strafe zahlen?
Polizistin:	Strafzettel? Warum? Alles in Ordnung! (*lächelnd zu Jola*) Sie fahren ausgezeichnet! Gute Fahrt!

19 Was würdest du machen, wenn du eine Million im Lotto gewinnen würdest?

Jola:	Was würdest du machen, wenn du eine Million hättest?
Witek:	Ich weiß nicht. Ich habe noch nie darüber nachgedacht. Das ist sehr unwahrscheinlich (wörtlich: sehr wenig wahrscheinlich).
Jola:	Und wenn du im Lotto gewinnen würdest?
Witek:	Ich spiele nicht Lotto.
Jola:	Aber wenn du spielen würdest! Wenn du spielen und gewinnen würdest?!
Witek:	Was weiß ich? Ich würde wahrscheinlich eine Weltreise machen. Natürlich mit dir, Liebling.
Jola:	Eine Weltreise ... Wenn ich eine Million gewinnen würde, würde ich ein Haus am Stadtrand mit großem Garten kaufen.

Witek:	Ich hätte lieber eine Wohnung im Zentrum. Alles wäre nahe.
Jola:	Würdest du nicht (draußen) vor der Stadt wohnen wollen? Stille, Ruhe. Ins Zentrum könnten wir mit dem Auto fahren.
Witek:	Du könntest. Ich habe keinen Führerschein.
Jola:	Ja, genau! Du könntest endlich den Führerschein machen.
Witek:	Aber wozu? Du fährst großartig. Und außerdem habe ich kein Auto.
Jola:	Aber wenn du ein Auto hättest?!
Witek:	Sogar wenn ich Geld hätte, würde ich kein Auto kaufen. Es verschmutzt die Umwelt.
Jola:	Aber ein Garten ist auch ein Teil Umwelt!
Witek:	Du hast Recht, aber andererseits ...
Jola:	Wenn wir also ein Haus am Stadtrand hätten, würdest du dann ein Auto kaufen?
Witek:	Zuerst müssten wir im Lotto gewinnen.
Jola:	Aber wenn wir gewinnen würden, würdest du dann mit mir in der Vorstadt wohnen?
Witek:	Mit dir würde ich sogar auf dem Mond wohnen, Liebling!

20 Schade, dass Weihnachten nur einmal im Jahr ist!

Jaś:	Mami, kannst du mir helfen? Ich muss einen Brief schreiben, und ich kann (doch) noch nicht schreiben.
Dorota:	Und an wen willst du schreiben?
Jaś:	An den Weihnachtsmann!
Dorota:	Aha ... aber du weißt (doch), dass der Weihnachtsmann nur braven Kindern Geschenke bringt?
Jaś:	Ich weiß, und deshalb war ich die ganze letzte Woche sehr brav.
Dorota:	Aha ... Also deshalb (*zu sich*). Und ich dachte schon, mein kleiner Sohn ist krank ...
Jaś:	Hat Opa wirklich schon einen Weihnachtsbaum gekauft?
Dorota:	Der Weihnachtsbaum ist schon gekauft, aber er wird erst am Morgen des Heiligabends geschmückt.
Jaś:	Gehen wir Heiligabend zu Oma und Opa? Oma kocht toll! Am meisten mag ich den Karpfen und die Pilzsuppe und den Mohnkuchen. ... Ich mag alles. Schade, dass Weihnachten nur einmal im Jahr ist ...
Dorota:	Ich mag die Gerichte am Heiligabend auch sehr gern. Es sollten (immer) 12 sein.
Jaś:	Und warum legt man Heu unter die Tischdecke?
Dorota:	Zur Erinnerung an den Stall von Bethlehem, wo das Jesukind geboren wurde. Er lag auf Heu. Das Fest heißt "Boże Narodzenie" – Geburt Gottes.
Jaś:	Aber warum lag er auf Heu?! Hatte er kein Bettchen?!
Dorota:	Nein, hatte er nicht, weil seine Familie sehr arm war.

Jaś:	Aha … und gehe ich nach dem Abendessen mit allen zur Christmette in die Kirche?
Dorota:	Die Christmette ist um Mitternacht. Da wirst du (sicherlich) schon schlafen.
Jaś:	Mami, … und stimmt es, dass am Heiligabend die Tiere wie Menschen sprechen (wörtlich: mit menschlicher Stimme sprechen)?
Dorota:	Angeblich ja, aber ich habe es noch nie gehört …

Deklinationsübersicht

Substantive Singular

	auslautender Konsonant	maskulin belebt	maskulin unbelebt	feminin	neutral
Nominativ		– auch -a	–	-a auch -i oder –	-e, -o, -ę auch -um*
Genitiv	• hart (außer g, k) • historisch weich (außer l)	-a	-u oder -a	-y	-a
	• weich • g, k, l			-i	
Dativ		-owi oder -u		-e, -i, -y** (Verteilung vgl. Lok)	-u
Akkusativ		= Gen	= Nom	-ę	= Nom
Instrumental		-em		-ą	-em
Lokativ	• hart (außer g, h/ch, k)	-e**			
	• g, h/ch, k	-u		-e**	-u
	• weich • l			-i	
	• historisch weich (außer l)			-y	
Vokativ	• hart	= Lok**		-o	= Nom -o
	• weich • historisch weich	(auf -a) -o		-u	

* Neutrale Substantive auf **-um** werden im Singular nicht dekliniert.
** Hier treten Alternationen auf.

Substantive Plural

	auslautender Konsonant	maskulin		feminin	neutral
		männlich-persönlich	nicht-männlich-persönlich		
Nominativ	• hart (außer g, k, -or, -er, -ar)	-i		-y	-a
	• weich • historisch weich (außer -ca, -ec)	-e			
	• g, k	-y*		-i	
	• -or, -er, -ca, -ec, -ar			-y	
	• unabhängig vom Auslaut	-owie / -ie			
Genitiv	• hart	-ów		–	–
	• c, dz			-y	
	• l	-i oder -ów		–	
	• historisch weich (außer l)	-y			
	• weich	-i			(auf -um) -ów
Dativ		-om			
Akkusativ		= Gen		= Nom	
Instrumental		-ami			
Lokativ		-ach			
Vokativ		= Nom			

* Hier treten Alternationen auf.

Adjektive Singular

	maskulin		feminin	neutral
	belebt	unbelebt		
Nominativ	-y / -i		-a / -ia	-e / -ie
Genitiv	-ego / -iego		-ej / -iej	-ego / -iego
Dativ	-emu / -iemu		= Gen	-emu / -iemu
Akkusativ	= Gen	= Nom	-ą / -ią	= Nom
Instrumental	-ym / -im		= Akk	-ym / -im
Lokativ	= Instr		= Gen	= Instr
Vokativ	= Nom			

Adjektive Plural

	auslautender Konsonant	maskulin	feminin	neutral
		männlich-persönlich	nicht-männlich-persönlich	
Nominativ	• hart (außer g, k, r) • weich • sz, ż	-i*	-e / -ie	
	• historisch weich (außer sz, ż) • g, k, r • -ący	-y*		
Genitiv		-ych / -ich		
Dativ		-ym / -im		
Akkusativ		= Gen	= Nom	
Instrumental		-ymi / -imi		
Lokativ		= Gen		
Vokativ		= Nom		

* Hier treten Alternationen auf.

Personalpronomen

	Singular					Plural			
Nominativ	ja	ty	on	ona	ono	my	wy	oni	one
Genitiv	mnie	ciebie cię	jego go niego	jej niej	jego go niego	nas	was	ich nich	
Dativ	mnie mi	tobie ci	jemu mu niemu	jej niej	jemu mu niemu	nam	wam	im	
Akkusativ	mnie	ciebie cię	jego go niego	ją nią	je nie	nas	was	ich nich	je
Instrumental	mną	tobą	nim	nią	nim	nami	wami	nimi	
Lokativ	mnie	tobie	nim	niej	nim	nas	was	nich	
Vokativ	ja	ty	–	–	–	my	wy	–	–

Höflichkeitsformen

	Singular		Plural		
Nominativ	pan	pani	panowie	panie	państwo
Genitiv	pana	pani	panów	pań	państwa
Dativ	panu	pani	panom	paniom	państwu
Akkusativ	pana	panią	panów	panie	państwa
Instrumental	panem	panią	panami	paniami	państwem
Lokativ	panu	pani	panach	paniach	państwu
Vokativ	panie	pani	panowie	panie	państwo

Verbtabelle

Hier finden Sie eine Übersicht über die wichtigsten Konjugationsklassen. Die römischen Ziffern, die Sie auch im Glossar finden, geben an, zu welcher Klasse das Verb gehört.
Bei den mit IV gekennzeichneten Verben treten Unregelmäßigkeiten auf (ab S. 270).

Ia: Verben auf -ować; -ę, -esz-Konjugation; eingefügt -uj-

malować malen

Präsens	maluję	malujesz	maluje	malujemy	malujecie	malują
Präteritum	malowałem	malowałeś	malował	malowaliśmy	malowaliście	malowali
	malowałam	malowałaś	malowała	malowałyśmy	malowałyście	malowały
			malowało			
Futur	będę malować	będziesz malować	będzie malować	będziemy malować	będziecie malować	będą malować
	będę malował	będziesz malował	będzie malował	będziemy malowali	będziecie malowali	będą malowali
	będę malowała	będziesz malowała	będzie malowała	będziemy malowały	będziecie malowały	będą malowały
			będzie malowało			
Konjunktiv	malowałbym	malowałbyś	malowałby	malowalibyśmy	malowalibyście	malowaliby
	malowałabym	malowałabyś	malowałaby	malowałybyśmy	malowałybyście	malowałyby
			malowałoby			
Imperativ	–	maluj!	niech maluje!	malujmy!	malujcie!	niech malują!

Ib: einsilbige Verben auf -ić; -ę, -esz-Konjugation; eingefügt -ij-

pić trinken

Präsens	piję	pijesz	pije	pijemy	pijecie	piją
Präteritum	piłem	piłeś	pił	piliśmy	piliście	pili
	piłam	piłaś	piła	piłyśmy	piłyście	piły
			piło			
Futur	będę pić	będziesz pić	będzie pić	będziemy pić	będziecie pić	będą pić
	będę pił	będziesz pił	będzie pił	będziemy pili	będziecie pili	będą pili
	będę piła	będziesz piła	będzie piła	będziemy piły	będziecie piły	będą piły
			będzie piło			

Konjunktiv	piłbym	piłbyś	piłby	pilibyśmy	pilibyście	piliby
	piłabym	piłabyś	piłaby	piłybyśmy	piłybyście	piłyby
			piłoby			
Imperativ	–	pij!	niech pije!	pijmy!	pijcie!	niech piją!

Ic: einsilbige Verben auf -yć; -ę, -esz-Konjugation; eingefügt -yj-

myć   *waschen*

Präsens	myję	myjesz	myje	myjemy	myjecie	myją
Präteritum	myłem	myłeś	mył	myliśmy	myliście	myli
	myłam	myłaś	myła	myłyśmy	myłyście	myły
			myło			
Futur	będę myć	będziesz myć	będzie myć	będziemy myć	będziecie myć	będą myć
	będę mył	będziesz mył	będzie mył	będziemy myli	będziecie myli	będą myli
	będę myła	będziesz myła	będzie myła	będziemy myły	będziecie myły	będą myły
			będzie myło			
Konjunktiv	myłbym	myłbyś	myłby	mylibyśmy	mylibyście	myliby
	myłabym	myłabyś	myłaby	myłybyśmy	myłybyście	myłyby
			myłoby			
Imperativ	–	myj!	niech myje!	myjmy!	myjcie!	niech myją!

IIa: -ię, -isz-Konjugation

lubić   *mögen*

Präsens	lubię	lubisz	lubi	lubimy	lubicie	lubią
Präteritum	lubiłem	lubiłeś	lubił	lubiliśmy	lubiliście	lubili
	lubiłam	lubiłaś	lubiła	lubiłyśmy	lubiłyście	lubiły
			lubiło			
Futur	będę lubić	będziesz lubić	będzie lubić	będziemy lubić	będziecie lubić	będą lubić
	będę lubił	będziesz lubił	będzie lubił	będziemy lubili	będziecie lubili	będą lubili
	będę lubiła	będziesz lubiła	będzie lubiła	będziemy lubiły	będziecie lubiły	będą lubiły
			będzie lubiło			
Konjunktiv	lubiłbym	lubiłbyś	lubiłby	lubilibyśmy	lubilibyście	lubiliby
	lubiłabym	lubiłabyś	lubiłaby	lubiłybyśmy	lubiłybyście	lubiłyby
			lubiłoby			
Imperativ	–	lub!	niech lubi!	lubmy!	lubcie!	niech lubią!

IIb: -ę, -isz-Konjugation

chodzić *gehen*					
Präsens	chodzę	chodzisz	chodzi	chodzimy	chodzicie	chodzą
Präteritum	chodziłem chodziłam	chodziłeś chodziłaś	chodził chodziła chodziło	chodziliśmy chodziłyśmy	chodziliście chodziłyście	chodzili chodziły
Futur	będę chodzić	będziesz chodzić	będzie chodzić	będziemy chodzić	będziecie chodzić	będą chodzić
	będę chodził będę chodziła	będziesz chodził będziesz chodziła	będzie chodził będzie chodziła będzie chodziło	będziemy chodzili będziemy chodziły	będziecie chodzili będziecie chodziły	będą chodzili będą chodziły
Konjunktiv	chodziłbym chodziłabym	chodziłbyś chodziłabyś	chodziłby chodziłaby chodziłoby	chodzilibyśmy chodziłybyśmy	chodzilibyście chodziłybyście	chodziliby chodziłyby
Imperativ	–	chodź!	niech chodzi!	chodźmy!	chodźcie!	niech chodzą!

IIc: -ę, -ysz-Konjugation

leżeć *liegen*					
Präsens	leżę	leżysz	leży	leżymy	leżycie	leżą
Präteritum	leżałem leżałam	leżałeś leżałaś	leżał leżała leżało	leżeliśmy leżałyśmy	leżeliście leżałyście	leżeli leżały
Futur	będę leżeć	będziesz leżeć	będzie leżeć	będziemy leżeć	będziecie leżeć	będą leżeć
	będę leżał będę leżała	będziesz leżał będziesz leżała	będzie leżał będzie leżała będzie leżało	będziemy leżeli będziemy leżały	będziecie leżeli będziecie leżały	będą leżeli będą leżały
Konjunktiv	leżałbym leżałabym	leżałbyś leżałabyś	leżałby leżałaby leżałoby	leżelibyśmy leżałybyśmy	leżelibyście leżałybyście	leżeliby leżałyby
Imperativ	–	leż!	niech leży!	leżmy!	leżcie!	niech leżą!

IIIa: *-am*, *-asz*-Konjugation

czytać *lesen*					
Präsens	czytam	czytasz	czyta	czytamy	czytacie	czytają
Präteritum	czytałem	czytałeś	czytał	czytaliśmy	czytaliście	czytali
	czytałam	czytałaś	czytała	czytałyśmy	czytałyście	czytały
			czytało			
Futur	będę czytać	będziesz czytać	będzie czytać	będziemy czytać	będziecie czytać	będą czytać
	będę czytał	będziesz czytał	będzie czytał	będziemy czytali	będziecie czytali	będą czytali
	będę czytała	będziesz czytała	będzie czytała	będziemy czytały	będziecie czytały	będą czytały
			będzie czytało			
Konjunktiv	czytałbym	czytałbyś	czytałby	czytalibyśmy	czytalibyście	czytaliby
	czytałabym	czytałabyś	czytałaby	czytałybyśmy	czytałybyście	czytałyby
			czytałoby			
Imperativ	–	czytaj!	niech czyta!	czytajmy!	czytajcie!	niech czytają!

IIIb: *-em*, *-esz*-Konjugation

umieć *können*					
Präsens	umiem	umiesz	umie	umiemy	umiecie	umieją
Präteritum	umiałem	umiałeś	umiał	umieliśmy	umieliście	umieli
	umiałam	umiałaś	umiała	umiałyśmy	umiałyście	umiały
			umiało			
Futur	będę umieć	będziesz umieć	będzie umieć	będziemy umieć	będziecie umieć	będą umieć
	będę umiał	będziesz umiał	będzie umiał	będziemy umieli	będziecie umieli	będą umieli
	będę umiała	będziesz umiała	będzie umiała	będziemy umiały	będziecie umiały	będą umiały
			będzie umiało			
Konjunktiv	umiałbym	umiałbyś	umiałby	umielibyśmy	umielibyście	umieliby
	umiałabym	umiałabyś	umiałaby	umiałybyśmy	umiałybyście	umiałyby
			umiałoby			
Imperativ	–	umiej!	niech umie!	umiejmy!	umiejcie!	niech umieją!

Unregelmäßige Verben

Hier werden alle Verben des Lehrbuchs aufgeführt, die Unregelmäßigkeiten aufweisen. Diese Unregelmäßigkeiten können im Präsens, im perfektiven Futur, im Präteritum oder im Imperativ auftreten. Bei den Präteritalformen wird nur die maskuline Form bzw. die Personalform angeführt. Die feminine bzw. Sachform bilden Sie auf die Ihnen bekannte Weise. Im Imperativ wird die 2. Person Singular angegeben.

bać się *imperf* sich fürchten

Präs.	boję się	boisz się	boi się	boimy się	boicie się	boją się
Imp.	bój się!					

brać *imperf* nehmen

Präs.	biorę	bierzesz	bierze	bierzemy	bierzecie	biorą
Imp.	bierz!					

być *imperf* sein

Präs.	jestem	jesteś	jest	jesteśmy	jesteście	są
Fut.	będę	będziesz	będzie	będziemy	będziecie	będą
Imp.	bądź!					

chcieć *imperf* wollen

Präs.	chcę	chcesz	chce	chcemy	chcecie	chcą
Imp.	chciej!					

czuć się *imperf* sich fühlen

Präs.	czuję się	czujesz się	czuje się	czujemy się	czujecie się	czują się
Imp.	czuj się!					

dać *perf* geben

Futur	dam	dasz	da	damy	dacie	dadzą
Imp.	daj!					

dawać *imperf* geben

Präs.	daję	dajesz	daje	dajemy	dajecie	dają
Imp.	dawaj!					

deptać *imperf* (be-)treten

Präs.	depczę	depczesz	depcze	depczemy	depczecie	depczą
Imp.	depcz!					

dodać *perf* hinzugeben **vgl.** dać
dodawać *imperf* hinzugeben **vgl.** dawać
dojechać *perf* hinfahren **vgl.** jechać

dojść *perf* hingehen

Futur	dojdę	dojdziesz	dojdzie	dojdziemy	dojdziecie	dojdą
Prät.	doszedłem	doszedłeś	doszedł	doszliśmy	doszliście	doszli
	doszłam	doszłaś	doszła	doszłyśmy	doszłyście	doszły
			doszło			
Imp.	dojdź!					

dostać *perf* bekommen

Futur	dostanę	dostaniesz	dostanie	dostaniemy	dostaniecie	dostaną
Imp.	dostań!					

dostawać *imperf* bekommen

Präs.	dostaję	dostajesz	dostaje	dostajemy	dostajecie	dostają
Imp.	dostawaj!					

iść *imperf* gehen

Präs.	idę	idziesz	idzie	idziemy	idziecie	idą
Prät.	szedłem	szedłeś	szedł	szliśmy	szliście	szli
	szłam	szłaś	szła	szłyśmy	szłyście	szły
			szło			
Imp.	idź!					

jechać *imperf* fahren

Präs.	jadę	jedziesz	jedzie	jedziemy	jedziecie	jadą
Imp.	jedź!					

jeść *imperf* essen

Präs.	jem	jesz	je	jemy	jecie	jedzą
Prät.	jadłem	jadłeś	jadł	jedliśmy	jedliście	jedli
	jadłam	jadłaś	jadła	jadłyśmy	jadłyście	jadły
			jadło			
Imp.	jedz!					

jeździć *imperf* fahren

Präs.	jeżdżę	jeździsz	jeździ	jeździmy	jeździcie	jeżdżą
Imp.	jeźdź!					

Verbtabelle

kąpać się imperf baden

| Präs. | kąpię się | kąpiesz się | kąpie się | kąpiemy się | kąpiecie się | kąpią się |
| Imp. | kąp się! | | | | | |

kłaść imperf hinlegen

Präs.	kładę	kładziesz	kładzie	kładziemy	kładziecie	kładą
Prät.	kładłem	kładłeś	kładł	kładliśmy	kładliście	kładli
Imp.	kładź!					

mieć imperf haben

| Präs. | mam | masz | ma | mamy | macie | mają |
| Imp. | miej! | | | | | |

móc imperf können, dürfen

Präs.	mogę	możesz	może	możemy	możecie	mogą
Prät.	mogłem	mogłeś	mógł	mogliśmy	mogliście	mogli
	mogłam	mogłaś	mogła	mogłyśmy	mogłyście	mogły
			mogło			

musieć imperf müssen

| Präs. | muszę | musisz | musi | musimy | musicie | muszą |

napisać perf schreiben vgl. pisać

obiecywać imperf versprechen

| Präs. | obiecuję | obiecujesz | obiecuje | obiecujemy | obiecujecie | obiecują |
| Imp. | obiecuj! | | | | | |

oblać perf bespritzen, begießen

| Futur | obleję | oblejesz | obleje | oblejemy | oblejecie | obleją |
| Imp. | oblej! | | | | | |

odjechać perf abfahren vgl. jechać

odpocząć perf sich erholen

| Futur | odpocznę | odpoczniesz | odpocznie | odpoczniemy | odpoczniecie | odpoczną |
| Imp. | odpocznij! | | | | | |

odsunąć się perf beiseite gehen

| Futur | odsunę się | odsuniesz się | odsunie się | odsuniemy się | odsuniecie się | odsuną się |
| Imp. | odsuń się! | | | | | |

pęknąć *perf* *platzen*

Futur	pęknę	pękniesz	pęknie	pękniemy	pękniecie	pękną
Prät.	pękłem	pękłeś	pękł	pękliśmy	pękliście	pękli
Imp.	pęknij!					

piec *imperf* *backen*

Präs.	piekę	pieczesz	piecze	pieczemy	pieczecie	pieką
Prät.	piekłem	piekłeś	piekł	piekliśmy	piekliście	piekli
Imp.	piecz!					

pisać *imperf* *schreiben*

Präs.	piszę	piszesz	pisze	piszemy	piszecie	piszą
Imp.	pisz!					

płakać *imperf* *weinen*

Präs.	płaczę	płaczesz	płacze	płaczemy	płaczecie	płaczą
Imp.	płacz!					

pobrać się *perf* heiraten *vgl.* brać
podać *perf* geben *vgl.* dać
podawać *imperf* geben *vgl.* dawać
podeptać *perf* (be-)treten *vgl.* deptać
pojechać *perf* fahren *vgl.* jechać

pokonywać *imperf* *besiegen*

Präs.	pokonuję	pokonujesz	pokonuje	pokonujemy	pokonujecie	pokonują
Imp.	pokonuj!					

połknąć *perf* *schlucken*

Futur	połknę	połkniesz	połknie	połkniemy	połkniecie	połkną
Prät.	połknąłem	połknąłeś	połknął	połknęliśmy	połknęliście	połknęli
	połknęłam	połknęłaś	połknęła	połknęłyśmy	połknęłyście	połknęły
			połknęło			
Imp.	połknij!					

pomóc *perf* *helfen*

Futur	pomogę	pomożesz	pomoże	pomożemy	pomożecie	pomogą
Prät.	pomogłem	pomogłeś	pomógł	pomogliśmy	pomogliście	pomogli
Imp.	pomóż!					

poprosić *perf* bitten **vgl. prosić**

powiedzieć *perf* sagen

Futur	powiem	powiesz	powie	powiemy	powiecie	powiedzą
Imp.	powiedz!					

powinien / powinna / powinno er, sie, es sollte

Präs.	powinienem	powinieneś	powinien	powinniśmy	powinniście	powinni
	powinnam	powinnaś	powinna	powinnyśmy	powinnyście	powinny
			powinno			
Prät.	powinienem	powinieneś	powinien był	powinniśmy	powinniście	powinni byli
	był	był	powinna była	byli	byli	powinny były
	powinnam	powinnaś	powinno było	powinnyśmy	powinnyście	
	była	była		były	były	

poznawać *imperf* kennen lernen

Präs.	poznaję	poznajesz	poznaje	poznajemy	poznajecie	poznają
Imp.	poznawaj!					

pójść *perf* gehen **vgl. dojść**

prosić *imperf* bitten

Präs.	proszę	prosisz	prosi	prosimy	prosicie	proszą
Imp.	proś!					

przejechać *perf* hindurchfahren **vgl. jechać**
przejść *perf* hindurchgehen **vgl. dojść**

przekazać *perf* ausrichten

Futur	przekażę	przekażesz	przekaże	przekażemy	przekażecie	przekażą
Imp.	przekaż!					

przekazywać *imperf* ausrichten

Präs.	przekazuję	przekazujesz	przekazuje	przekazujemy	przekazujecie	przekazują
Imp.	przekazuj!					

przeprosić *perf* sich entschuldigen **vgl. prosić**

przesłać *perf* schicken

Futur	prześlę	prześlesz	prześle	prześlemy	prześlecie	prześlą
Imp.	prześlij!					

przynieść *perf* bringen

Futur	przyniosę	przyniesiesz	przyniesie	przyniesiemy	przyniesiecie	przyniosą
Imp.	przynieś!					

przynosić *imperf* bringen

Präs.	przynoszę	przynosisz	przynosi	przynosimy	przynosicie	przynoszą
Imp.	przynoś!					

przypomnieć (sobie) *perf* (sich) erinnern

Futur	przypomnę (sobie)	przypomnisz (sobie)	przypomni (sobie)	przypomnimy (sobie)	przypomnicie (sobie)	przypomną (sobie)
Imp.	przypomnij sobie!					

siedzieć *imperf* sitzen

Präs.	siedzę	siedzisz	siedzi	siedzimy	siedzicie	siedzą
Imp.	siedź!					

spać *imperf* schlafen

Präs.	śpię	śpisz	śpi	śpimy	śpicie	śpią
Imp.	śpij!					

stać *imperf* stehen

Präs.	stoję	stoisz	stoi	stoimy	stoicie	stoją
Imp.	stój!					

ścisnąć *perf* drücken

Futur	ścisnę	ściśniesz	ściśnie	ściśniemy	ściśniecie	ścisną
Imp.	ścisnij!					

ubrać się *perf* sich anziehen *vgl.* brać
upiec *perf* backen *vgl.* piec

uśmiechnąć się *perf* lächeln

Futur	uśmiechnę się	uśmiechniesz się	uśmiechnie się	uśmiechniemy się	uśmiechniecie się	uśmiechną się
Imp.	uśmiechnij się!					

wejść *perf* hineingehen *vgl.* dojść

wezwać *perf* herbeirufen

Futur	wezwę	wezwiesz	wezwie	wezwiemy	wezwiecie	wezwą
Imp.	wezwij!					

Verbtabelle

widzieć *imperf* sehen

| Prät. | widzę | widzisz | widzi | widzimy | widzicie | widzą |
| Imp. | widź! | | | | | |

wiedzieć *imperf* wissen

| Präs. | wiem | wiesz | wie | wiemy | wiecie | wiedzą |
| Imp. | wiedz! | | | | | |

wjechać *perf* hineinfahren *vgl.* **jechać**

wpaść *perf* vorbeikommen

Futur	wpadnę	wpadniesz	wpadnie	wpadniemy	wpadniecie	wpadną
Prät.	wpadłem	wpadłeś	wpadł	wpadliśmy	wpadliście	wpadli
Imp.	wpadnij!					

wsiąść *perf* einsteigen

Futur	wsiądę	wsiądziesz	wsiądzie	wsiądziemy	wsiądziecie	wsiądą
Prät.	wsiadłem	wsiadłeś	wsiadł	wsiedliśmy	wsiedliście	wsiedli
Imp.	wsiądź!					

wstać *perf* aufstehen

| Prät. | wstanę | wstaniesz | wstanie | wstaniemy | wstaniecie | wstaną |
| Imp. | wstań! | | | | | |

wstawać *imperf* aufstehen

| Präs. | wstaję | wstajesz | wstaje | wstajemy | wstajecie | wstają |
| Imp. | wstawaj! | | | | | |

wybrać *perf* auswählen *vgl.* **brać**
wyjechać *perf* hinausfahren *vgl.* **jechać**
wyjść *perf* hinausgehen *vgl.* **dojść**
wykąpać się *perf* baden *vgl.* **kąpać się**

wylać *perf* ausgießen

| Futur | wyleję | wylejesz | wyleje | wylejemy | wylejecie | wyleją |
| Imp. | wylej! | | | | | |

wynająć *perf* mieten

| Futur | wynajmę | wynajmiesz | wynajmie | wynajmiemy | wynajmiecie | wynajmą |
| Imp. | wynajmij! | | | | | |

wynosić *imperf* betragen; hinaustragen *vgl.* **przynosić**

wyobrazić sobie *perf* *sich vorstellen*

Futur	wyobrażę sobie	wyobrazisz sobie	wyobrazi sobie	wyobrazimy sobie	wyobrazicie sobie	wyobrażą sobie
Imp.	wyobraź sobie!					

wysiąść *perf* *aussteigen* *vgl.* wsiąść

wziąć *perf* *nehmen*

Futur	wezmę	weźmiesz	weźmie	weźmiemy	weźmiecie	wezmą
Prät.	wziąłem	wziąłeś	wziął	wzięliśmy	wzięliście	wzięli
	wzięłam	wzięłaś	wzięła	wzięłyśmy	wzięłyście	wzięły
			wzięło			
Imp.	weź!					

zachowywać *imperf* *beibehalten*

Präs.	zachowuję	zachowujesz	zachowuje	zachowujemy	zachowujecie	zachowują
Imp.	zachowuj!					

zadawać (pytanie) *imperf* *(eine Frage) stellen* *vgl.* dawać

zająć się *perf* *sich beschäftigen*

Futur	zajmę się	zajmiesz się	zajmie się	zajmiemy się	zajmiecie się	zajmą się
Imp.	zajmij się!					

zamknąć *perf* *schließen*

Futur	zamknę	zamkniesz	zamknie	zamkniemy	zamkniecie	zamkną
Imp.	zamknij!					

zanieczyścić *perf* *verschmutzen*

Futur	zanieczyszczę	zanieczyścisz	zanieczyści	zanieczyścimy	zanieczyścicie	zanieczyszczą
Imp.	zanieczyść!					

zapomnieć *perf* *vergessen*

Futur	zapomnę	zapomnisz	zapomni	zapomnimy	zapomnicie	zampomną
Imp.	zapomnij!					

zapowiedzieć *perf* *sagen* *vgl.* powiedzieć
zaprosić *perf* *einladen* *vgl.* prosić

zarazić się *perf* *sich anstecken*

Futur	zarażę się	zarazisz się	zarazi się	zarazimy się	zarazicie się	zarażą się
Imp.	zaraź się!					

zastać *perf*   *(telefon.) erreichen*   **vgl.** wstać
zastawać *imperf*   *(telefon.) erreichen*   **vgl.** wstawać

zatrzymywać się *imperf*   *anhalten*

Präs.	zatrzymuję się	zatrzymujesz się	zatrzymuje się	zatrzymujemy się	zatrzymujecie się	zatrzymują się
Imp.	zatrzymuj się!					

zazdrościć *imperf*   *beneiden*

Präs.	zazdroszczę	zazdrościsz	zazdrości	zazdrościmy	zazdrościcie	zazdroszczą
Imp.	zazdrość!					

zdjąć *perf*   *abnehmen*

Futur	zdejmę	zdejmiesz	zdejmie	zdejmiemy	zdejmiecie	zdejmą
Imp.	zdejmij!					

zejść *perf*   *hinuntergehen*   **vgl.** dojść
zjechać *perf*   *hinunterfahren*   **vgl.** jechać
zjeść *perf*   *essen*   **vgl.** jeść

znaleźć *perf*   *finden*

Futur	znajdę	znajdziesz	znajdzie	znajdziemy	znajdziecie	znajdą
Imp.	znajdź!					

Präpositionen

bez	*Gen*	*ohne*	kawa bez cukru	*Kaffee ohne Zucker*
dla	*Gen*	*für*	prezent dla ciebie	*ein Geschenk für dich*
do	*Gen*	*nach*	jechać do Polski	*nach Polen fahren*
		bis	do piętnastego sierpnia	*bis zum 15. August*
		zu	jechać do Doroty	*zu Dorota fahren*
dookoła	*Gen*	*um (... herum)*	podróż dookoła świata	*eine Reise um die Welt*
między	*Instr*	*zwischen*	między domem i garażem	*zwischen Haus und Garage*
na	*Lok*	*an*	na uniwersytecie	*an der Universität*
		auf	na stole	*auf dem Tisch*
	Akk	*in*	iść na pocztę	*in die Post gehen*
		zu	zapraszać na kawę	*zum Kaffee einladen*
		für	jechać na dwa dni do Berlina	*für zwei Tage nach Berlin fahren*

nad	Instr	über	nad stołem	über dem Tisch
o	Lok	über	film o miłości	ein Film über die Liebe
		an	Myślę o tobie.	Ich denke an dich.
		um	o północy	um Mitternacht
	Akk	um	prosić o rachunek	um die Rechnung bitten
obok	Gen	neben	obok poczty	neben der Post
od	Gen	von	prezent od Świętego Mikołaja	ein Geschenk vom Weihnachtsmann
		seit	Od wczoraj pada.	Es regnet seit gestern.
		ab	Od dzisiaj pracuję w firmie Gerpol.	Ich arbeite ab heute bei der Firma Gerpol.
około	Gen	gegen	około czwartej (godziny)	gegen vier (Uhr)
po	Lok	nach	pięć po drugiej (godzinie)	fünf nach zwei (Uhr)
	Akk	–	iść po chleb	Brot holen
pod	Instr	unter	leżeć pod stołem	unter dem Tisch liegen
	Akk	unter	kłaść pod obrus	unter die Tischdecke legen
podczas	Gen	während	podczas wakacji	während der Ferien
przeciw	Dat	gegen	być przeciw wojnie	gegen den Krieg sein
przed	Instr	vor	przed garażem	vor der Garage
			przed obiadem	vor dem Mittagessen
przez	Akk	durch	iść przez park	durch den Park gehen
		über	iść przez ulicę	über die Straße gehen
przy	Lok	an	siedzieć przy stole	am Tisch sitzen
		bei	Przy tobie jestem szczęśliwa.	Bei dir bin ich glücklich.
u	Gen	bei	u matki	bei der Mutter
w / we	Lok	in	mieszkać w Warszawie	in Warschau wohnen
	Akk	an	we wtorek	am Dienstag
		nach	iść w prawo	nach rechts gehen
wśród	Gen	unter	wśród ludzi	unter Menschen
z / ze	Gen	aus	Jestem z Berlina.	Ich bin aus Berlin.
	Instr	mit	spacerować z psem	mit dem Hund spazieren gehen
za	Instr	hinter	za domem	hinter dem Haus
	Akk	für	przepraszać za spóźnienie	sich für die Verspätung entschuldigen
		in	za dwa dni	in zwei Tagen

Grammatische Fachausdrücke

Fachausdrücke	deutsche Bezeichnung und Erklärungen	Beispiele
Adjektiv	Eigenschaftswort	*das groβe Haus*
Adverb	Umstandswort	*Sie fährt schnell.*
Akkusativ	4. Fall *(wen oder was?)*	*Ich sehe dich.* *Ich lese ein Buch.*
Alternation	Wechsel von Buchstaben bei der Deklination	*Mutter → Mütter*
Artikel	Geschlechtswort	*der, die, das, ein, eine*
Aspekt	Kategorie des Verbs, mit der die Handlung aus verschiedenen zeitlichen Blickwinkeln betrachtet wird	*parkować – zaparkować (parken)*
Auslaut	Laut oder Buchstabe(n) vor der grammatischen Endung	*matka*
Belebtheitskategorie	maskuline Substantive, die etwas „Lebendiges" bezeichnen	*Vater, Hund*
Dativ	3. Fall *(wem?)*	*Von diesem Film habe ich noch nie gehört.*
Deklination	Beugung, z. B. eines Substantivs oder Adjektivs	*ein netter Mann, eines netten Mannes*
Demonstrativpronomen	hinweisendes Fürwort	*dieser, diese, dieses*
Diminutiv	Verkleinerungsform	*Bällchen, Liedchen, Kindlein*
Endung	Buchstabe(n), die bei der Deklination an den Stamm angehängt werden	*ein netter Mann – eines netten Mannes*
feminin	weiblich	*die Blume*
Fragepartikel	Fragewort, das eine Entscheidungsfrage einleitet	*Czy to jest Polak? (Ist das ein Pole?)*
Futur	Zukunftsform eines Verbs	*ich werde lernen*
Genitiv	2. Fall *(wessen?)*	*das Haus des Nachbarn*
Genus	grammatisches Geschlecht eines Substantivs	*der Mann, die Frau, das Kind*
Hilfsverb	Verb, das zur Bildung der Zeitformen benutzt wird	*ich werde singen*
Imperativ	Befehlsform	*ruf mich an!*

Fachausdrücke	deutsche Bezeichnung und Erklärungen	Beispiele
Imperfekt	Vergangenheitsform des Verbs	*ich arbeitete, es regnete*
imperfektiv	Aspekt eines Verbs; die Handlung ist nicht abgeschlossen oder sie wiederholt sich	*wstawać (aufstehen)*
Infinitiv	Grundform des Verbs	*laufen, rufen*
Instrumental	6. Fall *(womit?)* im Polnischen	*Jadę samochodem.* *(Ich fahre mit dem Auto.)*
Komparativ	l. Steigerungsform des Adjektivs	*größer, besser*
Konjugation	Beugung eines Verbs	*ich sage, du sagst, er sagt*
Konjunktion	Bindewort	*weil, aber, obwohl*
Konjunktiv	Möglichkeitsform eines Verbs	*ich würde machen, ich hätte gemacht*
Konsonant	Mitlaut	*b, c, d, s, t ...*
Lokativ	5. Fall *(wo?)* im Polnischen	*Jestem w Warszawie.* *(Ich bin in Warschau.)*
maskulin	männlich	*der Garten*
neutral	sächlich	*das Auto*
Nominativ	1. Fall *(wer oder was?)*	*Das ist ein Haus. Hier ist Peter.*
perfektiv	Aspekt eines Verbs; die Handlung ist abgeschlossen oder einmalig	*wstać (aufstehen)*
Personalendung	Buchstabe(n), die bei der Konjugation an den Verbstamm angehängt werden	*ich singe, du singst, er singt*
Personalpronomen	persönliches Fürwort	*ich, du, ...; mich, dich ...; mir, dir ...*
Plural	Mehrzahl	*Tage, Berufe*
possessives Reflexivpronomen	Pronomen, welches das Subjekt des Satzes als Besitzer des Satzobjekts anzeigt	*On idzie ze swoim psem na spacer. (Er geht mit seinem Hund spazieren.)*
Possessivpronomen	besitzanzeigendes Fürwort	*mein, dein, unser*
Präposition	Verhältniswort	*in, auf, unter*
Präsens	Gegenwartsform eines Verbs	*ich antworte, ich laufe*
Präteritum	Vergangenheitsform eines Verbs	*ich las, ich machte*

Fachaus-drücke	deutsche Bezeichnung und Erklärungen	Beispiele
Pronomen	Fürwort	*ich, du, er, sie ...; mein, dein ...; dieser, diese ...*
Reflexiv-pronomen	rückbezügliches Fürwort	*er wäscht* **sich**, *ich kämme* **mich**
reflexiv unpersönliches Pronomen	rückbezügliches, unpersönliches Fürwort	*robi* **się (man macht)**
Relativ-pronomen	bezügliches Fürwort	*das Buch,* **das** *ich lese*
Singular	Einzahl	*Haus, Baum*
Stamm	Teil eines Wortes ohne grammatische Endung	**matka, matki, matce**
Stammauslaut	Laut oder Buchstabe(n) vor der grammatischen Endung eines Wortes	*ich schreibe*
Subjekt	Satzgegenstand	**Die Frau** *liest ein Buch.* **Er** *spielt Karten.*
Substantiv	Hauptwort	*Buch, Film*
Superlativ	höchste Steigerungsform	**der schönste** *Film*
Verb	Zeitwort	*kommen, gehe, machst*
Verbstamm	Teil des Verbs, der nicht zur Personalendung gehört	*ich* **lese**
Vokal	Selbstlaut	*a, e, i, o, u*
Vokativ	7. Fall *(Anredeform)* im Polnischen	**Panie Stasiu,** *co słychać?* *(Herr Staś, wie geht es Ihnen?)*

Lösungen zum Lektionsteil

Lekcja 1

1 maskulin: dziennikarz, mąż, bukiet, pies, poeta, sukces, mecz – feminin: wizyta, praca, miłość, pogoda, gazeta, aktorka, szansa – neutral: życie, dziecko, nazwisko, niebo

2 2. ta – 3. ta – 4. to – 5. to – 6. ten – 7. ta – 8. ten

3 2. wielka szansa – 3. czarne piekło – 4. oryginalne imię – 5. znany dziennikarz – 6. piękna aktorka – 7. ważny mecz – 8. stary pies – 9. ładna pogoda – 10. trudny język

4 młody – stary / gruby – szczupły / duży – mały

5 1. Co to jest? – 2. Kto to jest? – 3. Czy to jest Witek? – 4. Czy to jest miłość? – 5. Kto to jest? – 6. Co to jest? – 7. Czy to jest czarny pies? – 8. Kto to jest?

6 pan Stanisław – pani Zosia – państwo Stanisław i Zofia Bystrzyccy – pani Jola Bystrzycka – pan Witold Stary

7 ja – ty – on – ona – ono – pan – pani – my – wy – oni – one – panowie – panie – państwo jestem – jesteś – jest – jest – jest – jest – jest – jesteśmy – jesteście – są – są – są – są – są

8 1. dobry – nazwisko – 2. Miło – Jestem *oder* Nazywam się

10 1. Małgosia – 2. Krzysio – 3. Kasia – 4. Stasio – 5. Zosia – 6. Krzyś – 7. Staś – 8. Dosia

Lekcja 2

1 Vincent van Gogh jest malarzem. – Günter Grass jest pisarzem. – Lech Wałęsa jest elektrykiem. – Sofia Loren jest Włoszką. – Marlene Dietrich jest Niemką.

2 2. przystojnym mężczyzną – 3. naukowcem – 4. fizykiem – 5. fizyką – 6. szczęśliwą dziewczyną – 7. inteligentnym kotem

3 **a.** 1. Nazywam się – 2. Polakiem – 3. naukowcem / fizyką – 4. sztuką – 5. ma na imię – 6. atrakcyjną dziewczyną

b. (*Lösungsvorschläge*)
Mann: Nazywam się Hans Glück. Jestem Niemcem. Jestem dziennikarzem. Interesuję się sportem i literaturą. *Frau:* Nazywam się Bianca Schmidt. Jestem Niemką. Jestem nauczycielką. Interesuję się muzyką.

4 2. się nazywasz / się interesujesz – 3. interesuje się – 4. interesują się – 5. nazywa się / nazywa się – 6. nazywają się

5 2. d. – 3. c. – 4. b. – 5. f. – 6. a. – 7. g.

6 przed – za – nad – pod – między

7 2. Czym – 3. nią / mną – 4. nimi – 5. nim – 6. tobą – 7. nami / nami – 8. wami

8 2. rozmawiają – 3. rozmawiam – 4. Mam – 5. pracujesz – 6. się nazywacie – 7. ma – 8. się zajmujesz

9 1. słychać – nowego – u ciebie – Wszystko – 2. masz – Tak sobie – Wspaniale

10 Es fehlt jeweils das ł!

Lekcja 3

1 2. robi zakupy – **3.** sprząta mieszkanie – **4.** odwiedza fryzjera – **5.** ogląda telewizję

2 2. g. gramatykę niemiecką – **3.** e. egzamin – **4.** h. zły humor – **5.** e. gazetę – **6.** f. małą działkę – **7.** d. kosmetyczkę – **8.** a. Polskę

3 2. trudny egzamin (*tak*) – **3.** gramatykę hiszpańską (*nie*) – **4.** dziecko (*tak*) – **5.** pana Stanisława (*tak*) – **6.** język polski (*tak/nie*) – **7.** czas wolny (*tak*) – **8.** Dorotę (*nie*)

4 2. go – **3.** mnie / cię – **4.** niego – **5.** je – **6.** ich – **7.** nas / was – **8.** nią

5 2. Kogo znasz? – **3.** Kto kocha Jolę? – **4.** Kogo Jola często odwiedza? – **5.** Co państwo Bystrzyccy mają za miastem? – **6.** Co oglądacie? – **7.** Kto czyta książkę? – **8.** Co powtarza Jurek?

6 2. rozumieją – **3.** mówisz / mówię – **4.** robicie / sprzątamy – **5.** lubią – **6.** robi / pyta – **7.** powtarzasz / powtarzam – **8.** odwiedzacie

7 2. zapraszają – **3.** odwiedza *oder* zna – **4.** czytacie / oglądacie – **5.** znam / znasz – **6.** spędzają – **7.** sprząta / sprzątam – **8.** rozumiem / sprzątam

8 2. (*Rzadko*) sprzątam mieszkanie. – **3.** (*Często*) powtarzam gramatykę polską. – **4.** (*Dziś*) odwiedzam rodzinę. – **5.** (*Wieczorem*) zwykle oglądam telewizję. – **6.** (*Rano*) czytam gazetę. – **7.** (*Chętnie*) podróżuję. – **8.** (*Często*) zapraszam gości. – **9.** (*Codziennie*) mówię po polsku.

9 2. Jola chętnie odwiedza przyjaciółkę. – **3.** Czy państwo codziennie powtarzają gramatykę polską? – **4.** Pan Stanisław zawsze wieczorem ogląda telewizję. – **5.** Atom często ma zły humor. – **6.** Dorota zwykle spędza czas wolny z rodziną. – **7.** Czy zawsze wszystko rozumiesz? – **8.** Dlaczego ja mam zawsze pecha?!!!

10 1. robisz – gramatykę – Rozumiem – zajęty – **2.** kocha – go – wspaniale – ma – pecha – znam

11 1. Oglądam chętnie telewizję. – **2.** Masz szczęście. – **3.** Znam Jolę. – **4.** Ja wolę dobrą książkę. – **5.** (*Oni*) Często to robią. – **6.** (*Oni*) Piszą, czytają i oglądają telewizję.

Lekcja 4

1 2. czekolady mlecznej – **3.** czarnej kawy – **4.** małego dziecka – **5.** ciepłego mleka – **6.** pracy – **7.** języka polskiego – **8.** rodziny

2 2. Nie, tu nie ma Witka. – **3.** Nie, tu nie ma Doroty. – **4.** Tak, tu jest Jaś. – **5.** Nie, tu nie ma pana Stanisława. – **6.** Tak, tu jest pani Zosia.

3 2. Zosi – **3.** Joli – **4.** Doroty i Krzysztofa – **5.** (pana) Stanisława i (pani) Zosi – **6.** Jasia – **7.** (pana) Stanisława i (pani) Zosi – **8.** Witka

4 2. Twój / miły i mały – **3.** Nasze / małe i grzeczne – **4.** Wasze / duże i niegrzeczne – **5.** Moja / młoda i piękna – **6.** Twój / stary i brzydki – **7.** Nasza / wysoka i szczupła – **8.** Wasz / niski i gruby

5 2. Czyj / Joli / jej – **3.** Czyj / pani Zosi i pana Stanisława / ich – **4.** Czyje / Doroty i Krzysztofa / ich – **5.** Czyja / Doroty / jej – **6.** Czyj / Witka / jego

6 2. jedzie / Doroty – **3.** jadą / ambasady niemieckiej – **4.** idziecie / szkoły – **5.** idzie / fryzjera – **6.** jedziemy / Berlina – **7.** idę / domu – **8.** jadę / Warszawy

7 2. ich – **3.** nas – **4.** ich – **5.** mnie – **6.** jej – **7.** niej – **8.** ciebie / mnie

8 1. polskiego piwa – **2.** francuskiego wina – **3.** czarnej kawy – **4.** ciepłego mleka

9 2. bez / sensu – **3.** dla / Jasia – **4.** do / przedszkola – **5.** do / Joli – **6.** u / szefa – **7.** do / szkoły – **8.** obok / przedszkola

10 1. Słucham – Czy mogę prosić – Niestety – Czy coś przekazać? – Dziękuję – **2.** z panem Witoldem Starym – Chwileczkę – Słucham – Cześć!

11 Krzysztof Bystrzycki – Picasso to malarz. – Thomas Mann to pisarz. – Czy coś przekazać? – Cześć! Czy masz dla mnie czas? – Mefisto to czarny i duży pies. – Czego często szukasz?

Lekcja 5

1 2. na – **3.** w – **4.** o – **5.** po – **6.** o – **7.** na – **8.** za – **9.** za – **10.** po

2 2. tamtej / tę (tą) – **3.** tym / tamtym – **4.** ten – **5.** tej – **6.** To – **7.** tego / tamto – **8.** tą

3 (*Lösungsvorschläge*)
2. Jola jest Polką. Ona jest z Polski. – **3.** Carlos jest Hiszpanem. On jest z Hiszpanii. – **4.** Pierre jest Francuzem. On jest z Francji. – **5.** Marlene jest Niemką. Ona jest z Niemiec. – **6.** Elizabeth jest Angielką. Ona jest z Anglii.

4 2. Ten pociąg jedzie do Warszawy. – **3.** Ten pociąg jedzie do Berlina. – **4.** Ten pociąg jedzie do Moskwy. – **5.** Ten pociąg jedzie do Paryża. – **6.** Ten pociąg jedzie do Lipska. – **7.** Ten pociąg jedzie do Krakowa. – **8.** Ten pociąg jedzie do Gdańska.

5 2. Ten samolot leci z Warszawy do Madrytu. – **3.** Ten samolot leci z Moskwy do Londynu. – **4.** Ten samolot leci z Krakowa do Rzymu. – **5.** Ten samolot leci z Pragi do Budapesztu. – **6.** Ten samolot leci z Hamburga do Brukseli.

6 2. do / z – **3.** do / od – **4.** do / z – **5.** do / z – **6.** do / z – **7.** do / od– **8.** do / z

7 do kina na film – do parku na spacer – do teatru na spektakl – do restauracji na obiad – do kawiarni na kawę – do szkoły na lekcję

8 2. do / na – **3.** na / na – **4.** do / na – **5.** do / na – **6.** do / na

9 2. w sobotę – **3.** w piątek – **4.** w czwartek

10 (*Lösungsvorschläge*)
1. To bardzo miło z twojej/pani/pana strony. – **2.** Z przyjemnością. – **3.** Może innym razem. – **4.** Niestety, nie mogę, jestem bardzo zajęty/a.

11 1. Chrząszcz i chrabąszcz brzmią w trzcinie. – **2.** Dżdżownica ma szczęście.

12 2. We wtorek Witek idzie do kina na nowy film polski. – **3.** W środę Witek idzie do kawiarni "Pod Zieloną Żabą" na kawę z Jolą. – **4.** W czwartek Witek idzie do Joli na kolację. – **5.** W piątek Witek idzie do klubu "Akwarium" na koncert jazzowy. – **6.** W sobotę Witek idzie na uniwersytet na konferencję. – **7.** W niedzielę Witek idzie do ojca na obiad.

Lekcja 6

1 1. Piękna i mądra królewna zakochała się w młodym szewcu. *oder* Młody szewc zakochał się w pięknej i mądrej królewnie *(unregelmäßig)*. – **2.** Jola zakochała się w rozczochranym fizyku. *oder* Rozczochrany fizyk zakochał się w Joli. – **3.** Pani Zosia zakochała się w grubym elektryku. *oder* Gruby elektryk zakochał się w pani Zosi.

2 2. Pan Bolle mieszka w Berlinie. – **3.** Pani Stöver mieszka w Hamburgu. – **4.** Państwo Bystrzyccy mieszkają w Warszawie. – **5.** Pan Wałęsa mieszka w Gdańsku. – **6.** Państwo Schmidtbauer mieszkają w Monachium. (*Zur Erinnerung: Substantive auf -um werden im Singular nicht dekliniert.*)

3 2. byłam – **3.** rozmawialiśmy – **4.** strzelił – **5.** były – **6.** pracowali – **7.** pocałowała – **8.** spotkaliście się

4 2. Nie rozumiałem. – **3.** Oni mieli problem. – **4.** Czy mnie rozumiałaś? – **5.** Smok mieszkał w jaskini. – **6.** On miał dobry pomysł.

5 2. spotkał / ciemnym lesie (*Hinweis: Bei Czerwony Kapturek entscheidet das grammatische, nicht das natürliche Geschlecht.*) – **3.** zrobiła / sosie grzybowym – **4.** Warszawie / wygrała – **5.** pocałował / parku – **6.** tańczyli / wspaniałym weselu

6 1. mnie – **2.** niej / nim – **3.** was / nas – **4.** nich – **5.** kim – **6.** czym

7 2. lato / w lecie *oder* latem – **3.** jesień / jesienią – **4.** zima / zimą *oder* w zimie

8 2. na uniwersytecie – **3.** na poczcie – **4.** na kawie – **5.** na wspaniałym weselu

9 1. W lesie. – **2.** W jaskini. – **3.** Dawno temu. – **4.** W kawiarni. – **5.** W ogrodzie botanicznym. – **6.** W lecie.

10 żył – Krakowie – mieszkał – jaskini – Wzgórzu Wawelskim – Terroryzował – obiecał – napełnił – położył – połknął – miał – pił – zakochała się – młodym szewcu – tańczył – wspaniałym weselu

Lekcja 7

1 2. będzie / będzie – **3.** będziesz – **4.** będziemy – **5.** będziecie – **6.** będę / będę

2 2. będzie przeszkadzać – **3.** będę – **4.** będę przyglądać się – **5.** będę pomagać – **6.** będę rozmawiać – **7.** będzie kąpać się – **8.** będzie malować

3 2. rozmawiali *oder* rozmawiały – **3.** kąpali się / spacerowali – **4.** uczył się *oder* uczyła się – **5.** pomagała – **6.** kupowali *oder* kupowały – **7.** malowały się – **8.** robili

4 2. mi – **3.** jej – **4.** nam / wam – **5.** im – **6.** Mnie / tobie – **7.** niej – **8.** Komu – **9.** Czemu

5 2. tej pięknej pani – **3.** mojemu małemu dziecku – **4.** autorce i autorowi – **5.** matce i ojcu – **6.** babci i dziadkowi – **7.** kotu i psu

6 1. Zimno mi. – **2.** Wesoło mi. – **3.** Przykro mi. – **4.** Miło mi. – **5.** Smutno mi. – **6.** Gorąco mi.

7 2. Joli bardzo podoba się Witek. – **3.** Panu Stanisławowi bardzo podoba się pani Zosia. – **4.** Jasiowi podoba się morze tak sobie. – **5.** Dziadkowi podoba się prezent od Jasia. – **6.** Dorocie (*wcale*) się nie podoba brudna buzia Jasia. – **7.** Atomowi (*w ogóle*) się nie podoba Mefisto. – **8.** Panu Schmidtowi podoba się ta ładna Polka.

8 1. Tak. – **2.** Nie. – **3.** W morzu. – **4.** Od czasu do czasu. – **5.** Morze i słońce. – **6.** Dziadkowi. – **7.** Jutro. – **8.** Malarzem.

9 Jaś życzy dziadkowi (*zdrowia i szczęścia*). – Autorka i autor tej książki życzą państwu powodzenia w nauce języka polskiego. – Pan Stanisław życzy pani Zosi (*wszystkiego najlepszego*).

Lekcja 8

1 2. porozmawiać – **3.** zdenerwować się – **4.** wypić – **5.** przeczytać – **6.** zrozumieć – **7.** zaparkować – **8.** skończyć

2 1. kupić – **2.** tańczyć – **3.** dać – **4.** parkować – **5.** spotkać – **6.** spóźnić się – **7.** pić – **8.** skończyć

3 *Fotoapparat:* zobaczyć – powiedzieć – zdenerwować się – odwiedzić –
Kamera: czekać – chcieć – być – stać

4 (*Lösungsvorschläge*)
2. nagle – **3.** naresz cie – **4.** często – **5.** w każdy poniedziałek – **6.** rzadko – **7.** codziennie

5 Vergangenheit: **1.** – Gegenwart: **2.** / **8.** – Zukunft: **3.** / **4.** / **5.** / **6.** / **7.** / **9.**

6 **2.** porozmawia – **3.** zrobi – **4.** skończy – **5.** kupi – **6.** spotka – **7.** odwiedzi – **8.** wypije

7 **2.** przyjaźń – **3.** szacunek – **4.** miłość – **5.** sympatia

8 **2.** zaśpiewałem – **3.** wybierałem – **4.** wybrałem – **5.** pożegnałem się – **6.** zaparkowałem –
7. pomyślałem – **8.** myślałem

9 **2.** zobaczyłam – **3.** Spotkałam – **4.** Rozmawialiśmy / zatańczyliśmy – **5.** Dał – **6.** Zaprosił

Lekcja 9

1 **1.** domy – dziewczyny – ryby – **2.** kurczaki – kaczki – kelnerki – **3.** śledzie – łososie – **4.** kuchnie – panie –
pieczenie – **5.** dania – piwa – jabłka – wina – **6.** desery – truskawki – soki – sałaty

2 **2.** trzy torty czekoladowe – **3.** cztery barszcze czerwone – **4.** dwa kotlety schabowe – **5.** trzy bigosy –
6. dwie wody mineralne

3 **2.** pije / pił – **3.** jedzą / jedli – **4.** jesz / jadłeś *oder* jadłaś – **5.** pijecie / piliście *oder* piłyście – **6.** je / jadło –
7. piję / piłem *oder* piłam – **8.** jem / jadłem *oder* jadłam

4 *nicht-männlich-persönlich*: pies – matka – kelnerka – dziecko – zupa – kurczak – łosoś – barszcz –
rodzina – samochód – kot – żona – mięso

5 (*Lösungsvorschläge*)
Proszę wodę mineralną *oder* piwo jasne *oder* wino czerwone *oder* sok jabłkowy.
Proszę barszcz czerwony *oder* zupę grzybową *oder* pierogi.
Proszę kaczkę po polsku *oder* bigos *oder* pieczeń wołową.
Proszę kawę z mlekiem *oder* tort czekoladowy *oder* herbatę.

6 **2.** ma ochotę – **3.** ma ochotę – **4.** lubi – **5.** lubią – **6.** lubi – **7.** masz ochotę – **8.** ma ochotę

7 **2.** gotowanymi ziemniakami – **3.** czerwonymi buraczkami – **4.** świeżymi truskawkami – **5.** pieczonymi
jabłkami – **6.** smacznymi warzywami – **7.** grzybami – **8.** łazankami

8 **1.** głodny – drugie danie – wolę – na deser – z truskawkami
2. zamawiamy – zupy – Mam ochotę – z jabłkami – zieloną – za tłusta – bardzo – do picia – woda
mineralna

9 **2.** jeden – **3.** jedna – **4.** jeden – **5.** jeden – **6.** dwie – **7.** dwie – **8.** jedno

10 **2.** dziewięć – **3.** sześć – **4.** jeden – **5.** cztery – **6.** osiem – **7.** dziesięć – **8.** siedem – **9.** dwa – **10.** sześć

Lekcja 10

1 **2.** kilogramów – **3.** pomidorów – **4.** cytryn – **5.** butelek – **6.** jajek – **7.** jabłek – **8.** puszek

2 **2.** wody mineralnej – **3.** ziemniaków – **4.** sardynek – **5.** czerwonego wina – **6.** zapałek – **7.** soku
pomarańczowego – **8.** szynki

3 **2.** krawatów w paski – **3.** filmów kryminalnych – **4.** dużych kości – **5.** rzodkiewek – **6.** sałatek

4 **2.** żółtych cytryn – **3.** dużych jajek – **4.** czerwonych pomidorów – **5.** żółtych ananasów – **6.** małych
rzodkiewek – **7.** świeżych bułeczek – **8.** słodkich truskawek

5 **2.** rok – **3.** lat – **4.** lat – **5.** lata – **6.** lata – **7.** lat – **8.** lata

6 **2.** są – **3.** jest – **4.** są – **5.** jest – **6.** jest

7 **2.** złoty / groszy – **3.** złotych / groszy – **4.** złote / grosze – **5.** złotych / groszy – **6.** złote / grosze

8 **2.** czarnych kotów – **3.** nowych słów – **4.** złotych kluczy

9 **2.** 14 – **3.** 82 – **4.** 11 – **5.** 200 – **6.** 29 – **7.** 54 – **8.** 381

10 **1.** kilogram – Tłustego – Co – pomidorów – wszystko – Ile – **2.** kostkę – jajek – sernik – smacznych – na szarlotkę – Butelkę – francuskich win – Ile kosztuje – złotych – butelek

Lekcja 11

1 **2.** piąty – **3.** siódmy – **4.** czwarty – **5.** trzeci – **6.** drugi – **7.** jedenasta – **8.** pierwsze

2 **1.** pierwszy / drugi – **2.** drugi / pierwszy – **3.** trzeci / pierwszy – **4.** czwarty / drugi – **5.** piąty / drugi – **6.** szósty / pierwszy

3 **2.** pierwszego / drugim – **3.** pierwszy / trzecim – **4.** drugiego / czwartym

4 **2.** Jest szesnasta trzydzieści. *oder* Jest czwarta trzydzieści. – **3.** Jest trzynasta dwadzieścia cztery. – **4.** Jest dwudziesta piętnaście. – **5.** Jest dwudziesta czwarta pięć. *oder* Jest dwunasta pięć. – **6.** Jest ósma trzydzieści pięć.

5 **2.** Jest dwadzieścia po szóstej *(wieczorem)*. – **3.** Jest piętnaście po siódmej *(rano)*. – **4.** Jest dziesięć po ósmej *(rano)*. – **5.** Jest za piętnaście dziesiąta *(wieczorem)*. – **6.** Jest za dziesięć piąta *(wieczorem)*.

6 **2.** dużych przedziałach – **3.** ostatnich miesiącach – **4.** problemach gramatycznych – **5.** polskich miastach – **6.** ostatnich dniach

7 **1.** która jest godzina – Kwadrans – późno – **2.** O której – wpół do – wcześnie

8 **1.** Na dworcu Warszawa Centralna. – **2.** O 11:22. – **3.** Z peronu trzeciego. – **4.** W sektorze pierwszym. – **5.** W sektorze drugim i trzecim. – **6.** Gazetę.

9 **1.** odjeżdża *oder* jest – peronu – będzie – **2.** drugiej *oder* pierwszej – Eurocity – Normalny *oder* Ze zniżką – niepalących *oder* palących – przy oknie

Lekcja 12

1 w styczniu – lutego – w marcu – kwiecień – maja – w czerwcu – lipiec – lipca – w sierpniu – września – październik – w listopadzie – listopada – grudzień

2 **1.** 1982 – **3.** 842 – **4.** 1989 – **5.** 1898 – **6.** 1974

3 **2.** Urodził się w tysiąc czterysta sześćdziesiątym siódmym roku. – **3.** Urodził się w tysiąc siedemset dziewięćdziesiątym ósmym roku. – **4.** Urodził się w tysiąc osiemset dziesiątym roku. – **5.** Urodziła się w tysiąc osiemset sześćdziesiątym siódmym roku. – **6.** Urodził się w tysiąc dziewięćset dwudziestym roku.

4 **2.** aleja – **3.** plac – **4.** mieszkania

5 **2.** do – **3.** z – **4.** do – **5.** z – **6.** z

6 **2.** Warto – **3.** można – **4.** należy – **5.** Warto – **6.** Trzeba

7 **2.** niemieckim turystom – **3.** obrazom – **4.** miłym sąsiadkom – **5.** naszym czytelnikom – **6.** dobrym kolegom

8 prosto – skręcić – wsiąść – przystanki – wysiąść – przejść – po schodach – mieszkanie

Lekcja 13

1 2. mogą – **3.** chcemy – **4.** musisz – **5.** możemy – **6.** chcę / muszę – **7.** chcą – **8.** musicie

2 2. chciał – **3.** musiała – **4.** mogli – **5.** chcieliście *oder* chciałyście – **6.** musieliśmy *oder* musiałyśmy

3 2. Mogłaś, ale nie chciałaś. – **3.** Nie chciałem, ale musiałem. – **4.** Nie musieliśmy, ale chcieliśmy. – **5.** Chciały i mogły. – **6.** Robiliśmy tylko to, co umieliśmy. – **7.** Nie mogła, bo nie umiała. – **8.** Nie chcieliście i nie mogliście.

4 2. mogę – **3.** umie – **4.** mogą – **5.** umiecie – **6.** Może

5 1. Pan Staś gra w karty. – **2.** Fryderyk Chopin gra na fortepianie. – **3.** Jaś gra w piłkę nożną.

6 2. bawi się – **3.** grać – **4.** bawią się – **5.** gra – **6.** bawi się

7 2. Doroto! – **3.** Krzysztofie! – **4.** Stasiu! – **5.** Witku! – **6.** Jolu! – **7.** pani Zofio! – **8.** panie doktorze!

8 2. a. – **3.** d. – **4.** e. – **5.** c. – **6.** g. – **7.** f.

9 1. a. – **2.** a. – **3.** b. – **4.** b. – **5.** b. – **6.** a.

10 2. Na Mazowszu jest zachmurzenie duże. – **3.** Na Pomorzu jest burza. – **4.** W Małopolsce pada deszcz. – **5.** W Wielkopolsce świeci słońce. – **6.** W Tatrach pada śnieg.

Lekcja 14

1 2. murarze – **3.** synowie – **4.** studenci – **5.** goście – **6.** inżynierowie – **7.** elektrycy – **8.** mężczyźni

2 1. Belg – **2.** inżynier – **3.** chłopiec – **4.** brat – **5.** Niemiec – **6.** hydraulik

3 2. mądrzy profesorowie – **3.** niemieccy tłumacze – **4.** polscy architekci – **5.** interesujący autorzy – **6.** znani ministrowie

4 2. studentka – **3.** pani minister – **4.** aktorka – **5.** pani inżynier – **6.** tłumaczka

5 2. mądre / mądrzy – **3.** znani / znane – **4.** dobrzy / dobre – **5.** polscy / polskie – **6.** niemieccy / niemieckie

6 2. Niemcy – **3.** Austriacy – **4.** Belgowie – **5.** Szwajcarzy – **6.** Francuzi

7 2. ci specjaliści – **3.** tamci ludzie – **4.** nasi przyjaciele – **5.** twoi dziadkowie – **6.** wasi ojcowie

8 2. dwóch – **3.** Trzech – **4.** Trzej – **5.** Czterej – **6.** Czterech

9 2. niemieckich inżynierów budowlanych – **3.** solidnych hydraulików – **4.** dobrych rzemieślników – **5.** zdolnych tłumaczy – **6.** energicznych elektryków

10 Nazywam – się – architektem – żona – Polką – dobrze – Byłem *oder* Pracowałem – sześć lat – dwa – Anglii

Lekcja 15

1 2. Coś – **3.** Ktoś – **4.** kimś – **5.** Jakieś – **6.** Czegoś

2 2. którego – **3.** Która – **4.** Jakie – **5.** Jakie – **6.** Która – **7.** Jaka – **8.** Jaki

3 2. którego – **3.** które – **4.** które – **5.** którą – **6.** których

4 2. nikt / nie – **3.** nigdy / nie – **4.** nigdy / nie – **5.** nikt / nie – **6.** nigdy / nie – **7.** nigdzie / nie – **8.** nikt / nie

5 2. Nie, nigdy z nikim nie będzie szczęśliwa. – **3.** Nie, Witek nigdy nie był na nic chory. – **4.** Nie, nigdzie nigdy nikogo nie spotkasz. – **5.** Nie, nikt nigdy nie był w nikim zakochany. – **6.** Nie, nikomu nigdy nie podobała się gramatyka polska.

6 2. żadnego – **3.** żadnych – **4.** żadnej – **5.** żadnego – **6.** żadnego

7 1. Jasia boli brzuch / żołądek. – **2.** Witka bolą uszy. – **3.** Pana Stanisława boli ząb / bolą zęby.

8 1. a. – 2. b. – 3. a. – 4. b. – 5. b. – 6. a.

9 1. Jestem przeziębiony/przeziębiona i boli mnie gardło. – 2. Jest mi niedobrze i boli mnie żołądek. –
3. Boli mnie noga. – 4. Boli mnie głowa.

Lekcja 16

1 2. Kup – 3. Zrób – 4. idź

2 2. Niech pani kupi ładne ciuchy! – 3. Niech pani zrobi wycieczkę po Szprewie! –
4. Niech pani idzie na spacer!

3 2. Pijmy – 3. Uczmy się – 4. Uprawiajmy – 5. jedzmy – 6. Sprawiajmy

4 (*Lösungsvorschläge*)
2. Gimnastykujcie się – 3. Spacerujcie – 4. Spotykajcie się – 5. Róbcie – 6. Uczcie się – 7. Uśmiechajcie się

5 2. Niech państwo gimnastykują się rano! – 3. Niech państwo spacerują często! – 4. Niech państwo
spotykają się ze znajomymi! – 5. Niech państwo robią tylko to, co sprawia państwu przyjemność! –
6. Niech państwo uczą się języka polskiego! – 7. Niech państwo uśmiechają się co najmniej trzy razy
dziennie!

6 2. Nie powtarzaj tego słowa! – 3. Nie zwiedzaj tego miasta! – 4. Nie jedzcie sałaty! – 5. Nie rób tego! –
6. Nie czytaj tej lekcji!

Lekcja 17

1 2. jaśniejsza – 3. nowszy – 4. tańszy – 5. ładniejsze – 6. starsze

2 2. wyższy – 3. węższa – 4. droższy – 5. brzydszy – 6. dłuższa

3 1. lepsza – 2. gorsza – 3. mniejsza – 4. większa

4 2. niż – 3. niż – 4. od – 5. niż – 6. od

5 2. Ona jest najpiękniejsza ze wszystkich. – 3. On jest najdroższy ze wszystkich. – 4. On jest najsilniejszy
ze wszystkich.

6 1. a. – 2. a. – 3. a. – 4. b.

7 za wąska – większy – w innym kolorze – ładniejszy – przymierzyć – jak leży

Lekcja 18

1 2. żyje się – 3. pracuje się – 4. załatwia się – 5. pije się – 6. jedzie się

2 *Adverbien:* szybko – wysoko – wolno – trudno – szczęśliwie – dużo – źle – dobrze – wygodnie – tanio

3 2. szybko – 3. ciemno – 4. szczęśliwie – 5. Serdecznie – 6. dobrze

4 2. (naj)ciemniej – 3. (naj)trudniej – 4. (naj)bardziej ekologicznie – 5. (naj)goręcej – 6. (naj)bardziej
elegancko – 7. (naj)milej

5 2. gorzej – 3. lepiej – 4. więcej – 5. szybciej – 6. dalej

6 2. a. – 3. e. – 4. f. – 5. d. – 6. b.

7 (*Lösungsvorschläge*)

2. To nieprawda. – **3.** Jestem tego samego zdania. *oder* Jestem innego zdania. – **4.** Nie masz racji. *oder* Masz rację. – **5.** To prawda. *oder* To nieprawda. – **6.** Zgadzam się. *oder* Nie zgadzam się.

8 Kontrola drogowa – prawo jazdy – za szybko – mandat

Lekcja 19

1 2. graliby – **3.** spotkałaby się – **4.** zwiedziłaby – **5.** podróżowałby – **6.** uczyłyby się

2 1. Jola kupiłaby dom z ogrodem. – **2.** Pan Staś już nie pracowałby. – **3.** Jaś zamieszkałby na księżycu. – **4.** Mefisto jadłby kiełbasę.

3 2. Co byś zjadł? – **3.** Co byście wypili? – **4.** Z kim by się spotkali? – **5.** W co byśmy zagrali z wami ? – **6.** Gdzie by wolała mieszkać?

4 2. chciałaby – **3.** chciałbyś – **4.** chcielibyście – **5.** chciałybyśmy– **6.** chcieliby

5 2. Czy mogłabyś zrobić to ćwiczenie? – **3.** Czy moglibyście zaprosić ich do Polski? – **4.** Czy mogłybyście dać nam pieniądze? – **5.** Czy mógłbyś kupić mi samochód na urodziny?

6 2. Gdyby Witek miał – **3.** Gdybyście znali – **4.** Gdyby autorzy mieli – **5.** Gdyby Mefisto nie był – **6.** Gdybym nie była

7 1. Warto by się nauczyć języka polskiego. – **2.** Można by pojechać do Polski. – **3.** Trzeba by zrobić porządek. – **4.** Można by teraz coś zjeść. – **5.** Trzeba by z nimi porozmawiać. – **6.** Warto by zobaczyć ten film.

Lekcja 20

1 *ersetzbar in:* **2.** – **3.** – **5.**

2 2. swoje – **3.** swoimi – **4.** swój – **5.** swoje – **6.** swoich

3 2. d. – **3.** e. – **4.** f. – **5.** a. – **6.** b.

4 2. chociaż – 3. chociaż – **4.** chociaż – **5.** dlatego, że – **6.** dlatego, że

5 Polska: 1, 2, 3, 4, 5, 6, 7, 8, 9, 10 – Niemcy: 7, 8, (10)

6 Polska: 1, 2, 4 – Niemcy: 2, 3

7 2. kawka – **3.** herbatka – **4.** rodzinka – **5.** piesek – **6.** kotek – **7.** wódeczka – **8.** zegareczek – **9.** sianko – **10.** piwko

8 2. mama – **3.** trochę – **4.** łóżko – **5.** stół – **6.** choinka – **7.** ciastko – **8.** chwilka – **9.** wieczorem – **10.** zegarek

9 1. Wesołych Świąt Bożego Narodzenia i szczęśliwego Nowego Roku! – **2.** Wesołych Świąt Wielkanocnych!

Lösungen zu den Tests

34–26 Punkte *celująco* – Tolle Leistung!

25–17 Punkte: *dobrze* – Sie haben schon gute Fortschritte gemacht. Sehen Sie sich jetzt noch einmal die Themen im Buch an, mit denen Sie Probleme hatten.

Weniger als 17 Punkte: *dostatecznie* – Na ja, das könnten Sie bestimmt besser. Wiederholen Sie die Grammatikerklärungen und den Wortschatz der letzten fünf Lektionen noch einmal.

TEST 1

1 **1.** Co słychać? – **2.** Jak pani się nazywa? *oder* Jak się nazywasz? – **3.** Jak pani ma na imię? *oder* Jak masz na imię? – **4.** Czy dzisiaj jest wtorek? – **5.** Czy pani mówi po niemiecku? *oder* Czy pan mówi po niemiecku? *oder* Czy mówisz po niemiecku? – **6.** Skąd pani jest? *oder* Skąd pan jest? *oder* Skąd jesteś?

2 *maskulin belebt:* pies, kot, ogrodnik, Polak – *maskulin unbelebt:* teatr, samolot, długopis, sport – *feminin:* działka, Niemka, pogoda, Szwajcarka – *neutral:* miasto, pióro, dziecko, imię

3 **1.** moja córka – **2.** jego brat – **3.** nasz ojciec – **4.** ich babcia – **5.** pani mąż – **6.** twój wujek

4 **1.** Czytam – **2.** pracuje – **3.** robicie – **4.** piszesz – **5.** mówi – **6.** rozumiem

5 **1.** c. – **2.** b. – **3.** c. – **4.** c. – **5.** a. – **6.** a.

6 **1.** do – **2.** z – **3.** dla – **4.** Na – **5.** za – **6.** bez

TEST 2

1 **1.** *Mann:* Urodziłem się w sierpniu. – *Frau:* Urodziłam się w sierpniu. – **2.** Mieszkam w Kolonii. – **3.** *Mann:* Jestem kawalerem. – *Frau:* Jestem panną. – **4.** *Mann:* Jestem żonaty. – *Frau:* Jestem zamężna. *oder* Jestem mężatką. – **5.** Jest mi zimno. – **6.** Dwa lata temu byłem (*Frau:* byłam) pierwszy raz w Polsce.

2 **1.** c. – **2.** a. – **3.** e. – **4.** b. – **5.** d. – **6.** f.

3 **1.** jabłek - **2.** książki / książek - **3.** domy / domów – **4.** pół kilo(grama) truskawek – **5.** litr mleka – **6.** dwa kilogramy ziemniaków

4 **1.** oglądam / obejrzałem – **2.** kupi / kupuje – **3.** Uczę się / nauczyłem się – **4.** spotykamliśmy się / spotkamy się – **5.** zamawiam / zamówiłem – **6.** zjadł / jem

5 **1.** d. *(kein Getränk)* – **2.** c. *(keine Verpackungseinheit)* – **3.** d. *(keine Mahlzeit)* – **4.** a. *(kein Geschäft)*

6 **1.** a. – **2.** a. – **3.** b. – **4.** b. – **5.** b. – **6.** b.

TEST 3

1 **1.** Boli mnie brzuch. – **2.** Która jest (godzina)? – **3.** Jak dojść / dojechać do hotelu „Europejskiego"? – **4.** Jestem elektrykiem i pracuję w firmie „GERPOL" – **5.** Dzisiaj jest jedenasty listopada. - **6.** Jaka jutro będzie pogoda?

2 **1.** Kim – **2.** kogo – **3.** Co – **4.** Komu – **5.** czym – **6.** którego

3 **1.** nikogo – **2.** nigdy – **3.** nigdzie – **4.** nikim – **5.** nikomu – **6.** nic

4 **1.** b. – **2.** b. – **3.** b. – **4.** a. – **5.** b. – **6.** b.

5 na dworcu: dla niepalących – odjazd – peron – przyjazd
pytać o drogę: skrzyżowanie – skręcić w lewo – prosto – w prawo
o pogodzie: wieje wiatr – pada deszcz – świeci słońce – zachmurzenie
u lekarza: gorączka – przeziębiony – boli mnie – lekarstwo

6 **1.** tych sympatycznych Niemców – **2.** wagonach / żadnych wolnych miejsc – **3.** Nasi dobrzy koledzy – **4.** tym miłym sąsiadkom

TEST 4

1 **1.** Pan / pani ma rację. *oder* Masz rację. – **2.** Jestem innego zdania. *oder* Nie zgadzam się. – **3.** Wesołych Świąt! – **4.** Kraków leży na południu, a Gdańsk na północy. – **5.** Mam trzypokojowe mieszkanie z balkonem. – **6.** Nie mam prawa jazdy.

2 **1.** d. – **2.** a. – **3.** f. – **4.** e. – **5.** b. – **6.** c.

3 **1.** d. *(kein Kleidungsstück)* – **2.** c. *(keine Himmelsrichtung)* – **3.** d. *(kein Adjektiv, das die (Kleider-) Größe beschreibt)* – **4.** a. *(keine Verkleinerungsform)*

4 **1.** Idź – **2.** Niech / przetłumaczą – **3.** Niech / czeka – **4.** mów – **5.** Niech / zwiedzi – **6.** Zrób

5 **1.** Chociaż – **2.** chociaż – **3.** Chociaż – **4.** bo – **5.** chociaż – **6.** bo

6 **1.** mniejsza – **2.** największa – **3.** najlepiej – **4.** najdłuższą – **5.** lepsza – **6.** droższy

Glossar

Bei maskulinen, unbelebten Substantiven ist die Genitivendung im Singular notiert, weil es für die Verteilung von **-a** und **-u** keine umfassenden Regeln gibt.
Bei den Verben ist jeweils der imperfektive Aspektpartner alphabetisch notiert. Wenn Sie z. B. die Bedeutung von **napisać** *perf* oder **zamknąć** *perf* nachschlagen wollen, müssen Sie unter den imperfektiven Partnern **pisać** *imperf* bzw. **zamykać** *imperf* nachsehen. Den imperfektiven Partner finden Sie in den meisten Fällen durch Weglassen der Vorsilbe (**napisać ▶ pisać**) oder in unmittelbarer Nähe (**zamknąć ▶ zamykać**).
Die römische Ziffer gibt bei Verben die Zugehörigkeit zur Konjugationsklasse an (→ S. 266).

A

a [a] und **1**

A co u ciebie? [a 'tsɔ u 'tɕeɓɛ] Und bei dir? **2**

a może [a 'mɔʒɛ] oder vielleicht **1**

A skąd! [a 'skɔnt] Ach wo! **18**

absolutnie nie [absɔ'lutnɛ 'ɲɛ] überhaupt nicht **7**

adres, -u ['adrɛs] Adresse **12**

agencja reklamowa [a'gɛntsja rɛkla'mɔva] Werbeagentur **8**

agresywny [agrɛ'sɨvnɨ] aggressiv **3**

aktor ['aktɔr] Schauspieler **2**

aktorka [ak'tɔrka] Schauspielerin **1**

akwarium [a'kfaɾum] Aquarium **5**

al. *Abk von* aleja [a'lɛja] Allee **12**

albo ['albɔ] oder **3**

ale ['alɛ] aber; sondern **1/19**

Ale po co? ['alɛ 'pɔ tsɔ] Aber wozu? **19**

alergia [a'lɛrɡ̑ja] Allergie **15**

alkoholowy [alkɔxɔ'lɔvɨ] alkoholisch **9**

ambasada [amba'sada] Botschaft **4**

Amerykanin [amɛri'kaɲin] Amerikaner **2**

Amerykanka [amɛri'kanka] Amerikanerin **2**

Angielka [aŋ'ɡ̑ɛlka] Engländerin **2**

angielski [aŋ'ɡ̑ɛlsk̑i] englisch **3**

angina [aŋ'ɡ̑ina] Angina **15**

Anglia ['aŋɡ̑lja] England **3**

Anglik ['aŋɡ̑lik] Engländer **2**

ani ... ani ['aɲi ... aɲi] weder ... noch **4**

ani razu ['aɲi 'razu] nicht ein einziges Mal **8**

apetyt, -u [a'pɛtɨt] Appetit **9**

apteka [ap'tɛka] Apotheke **5**

arbuz, -a ['arbus] Wassermelone **4**

architekt [ar'xitɛkt] Architekt **14**

aria operowa ['aɾja ɔpɛ'rɔva] Opernarie **8**

artykuł, -u [ar'tikuw] Artikel **6**

aspiryna [aspi'rɨna] Aspirin **16**

atom ['atɔm] Atom **2**

atrakcyjny [atrak'tsɨjnɨ] attraktiv **2**

atrament, -u [a'tramɛnt] Tinte **7**

Austria ['awstȓja] Österreich **3**

austriacki [awstri'jatsk̑i] österreichisch **3**

Austriaczka [awstri'jatʃka] Österreicherin **2**

Austriak [aw'strijak] Österreicher **2**

autobus, -u [aw'tɔbus] Bus **2**

autor ['awtɔr] Autor **14**

aż [aʃ] bis; sogar **6**

B

babcia ['babtɕa] Oma **4**

bać się *imperf + Gen* IV ['batɕ ɕɛ] sich fürchten vor, Angst haben vor **4**

bajka ['bajka] Märchen **6**

balkon, -u ['balkɔn] Balkon **19**

balon, -u ['balɔn] Ballon **16**

banan, -a ['banan] Banane **3**

bank, -u ['baŋk] Bank **19**

bardziej *Sup von* bardzo ['bardʑej] mehr **17**

bardzo ['bardzɔ] sehr **1**

Bardzo mi miło. ['bardzɔ m̑i 'm̑iwɔ] Sehr angenehm! **1**

barszcz, -u czerwony ['barʃtʃː ɛr'vɔnɨ] klare Suppe aus Roter Bete **9**

bawić się *imperf* IIa ['baɣitɕ ɕɛ]
  spielen; sich amüsieren **13**

benzyna [bɛn'zina] Benzin **18**

bez + *Gen* [bɛs] ohne **4**

bezpłatny [bɛ'spwatni] kostenfrei **12**

bezrobocie [bɛzrɔ'bɔtɕɛ] Arbeitslosigkeit **14**

bezrobotny [bɛzrɔ'bɔtni] arbeitslos **14**

biała kiełbasa ['ba̦wa k̦ɛw'basa] Weißwurst **9**

Białoruś *f* [ba̦'wɔruɕ] Weißrussland **17**

biały ['ba̦wi] weiß **8**

biały ser, -a ['ba̦wi 'sɛr] weißer Käse, Quark **10**

biedny ['b̦ɛdni] arm **20**

bieg, -u ['b̦ɛk] Lauf **18**

biegać *imperf* IIIa ['b̦ɛgatɕ] laufen **16**

biegła znajomość języka polskiego
  ['b̦ɛgwa zna'jɔmɔɕtɕ jɛ̃'zika pɔl'sk̦ɛgɔ]
  sehr gute Polnischkenntnisse **14**

bigos, -u ['b̦igɔs] Bigos (polnischer Eintopf) **9**

bilet powrotny ['b̦ilɛt pɔ'vrɔtni]
  Rückfahrkarte **11**

bilet, -u ['b̦ilɛt] Eintrittskarte; Fahrkarte **5/11**

bita śmietana ['b̦ita ɕm̦ɛ'tana] Schlagsahne **9**

biuro ['b̦urɔ] Büro **16**

blisko *Adv* ['bl̦iskɔ] nah **19**

bluzka ['bluska] Bluse **17**

błyska się ['bwiska ɕɛ] es blitzt **13**

bo [bɔ] weil **5**

boleć *imperf* IIb – zaboleć *perf* IIb
['bɔlɛtɕ] – [za 'bɔlɛtɕ] schmerzen, weh tun **15**

Boże Narodzenie ['bɔʒɛ narɔ'dzɛn̦ɛ]
  Weihnachten **20**

Bóg, -a [buk] Gott **20**

ból, -u [bul] Schmerz **15**

ból gardła ['bul 'gardwa] Halsschmerzen **15**

ból głowy ['bul 'gwɔvi] Kopfschmerzen **15**

brać *imperf* IV – wziąć *perf* IV [bratɕ] – [vʑɔ̦ntɕ]
  nehmen **8**

brak, -u [brak] Mangel **4**

brama ['brama] Tor **12**

bramka ['bramka] (Fußball-)Tor **6**

brat [brat] Bruder **4**

brudny ['brudni] schmutzig **7**

brutalny [bru'talni] brutal **5**

brydż, -a [britʃ] Bridge **13**

brzmieć *imperf* IIa [bʒm̦ɛtɕ] klingen **5**

brzuch, -a [bʒux] Bauch **4**

brzydki ['bʒitk̦i] hässlich **1**

bukiet, -u ['buk̦ɛt] (Blumen-)Strauß **1**

bułeczka *Dim* [bu'wɛtʃka] Brötchen **10**

buraczek, -a *Dim* [bu'ratʃɛk] Rote Bete **9**

burza ['buʒa] Gewitter **13**

burzony [bu'ʒɔni] zerstört **18**

but, -a [but] Schuh **17**

butelka [bu'tɛlka] Flasche **14**

buzia *Dim* ['buʑa] Gesicht(chen) **7**

być *imperf* IV [bitɕ] sein **1**

być innego zdania ['bitɕ i'nːɛgɔ 'zdan̦a]
  anderer Meinung sein **18**

być komuś do twarzy ['bitɕ 'kɔmuɕ dɔ 'tfaʒi]
  jemandem gut stehen (Kleidung) **17**

być na emeryturze ['bitɕ na ɛmɛri'tuʒɛ]
  pensioniert sein **14**

być na miejscu ['bitɕ na 'm̦ɛjstsu]
  am Ort sein, angekommen sein **12**

być pochodzenia polskiego
  ['bitɕ pɔxɔ'dzɛn̦a pɔl'sk̦ɛgɔ] polnischer
  Herkunft sein **14**

być tego samego zdania ['bitɕ 'tɛgɔ sa'mɛgɔ 'zdan̦a]
  der gleichen Meinung sein **18**

C

całkowity [tsawkɔ'ɣiti] ganz, gänzlich **11**

całować *imperf* Ia – pocałować *perf* Ia
  [tsa'wɔvatɕ] – [pɔtsa'wɔvatɕ] küssen **6**

cały ['tsawi] ganz **6**

cena ['tsɛna] Preis **5**

centrum ['tsɛntrum] Zentrum **17**

charakter, -u [xa'raktɛr] Charakter **18**

chcieć *imperf* IV [xtɕɛtɕ] wollen **8**

chętnie *Adv* ['xɛntn̦ɛ] gern **2**

chleb, -a [xlɛp] Brot **10**

chłodno *Adv* ['xwɔdnɔ] kühl **10**

chłodzący [xwɔ'dzɔntsi] kühl, kühlend **9**

chłopak ['xwɔpak] Junge; (fester) Freund **2**

chłopiec ['xwɔp̦ɛts] Junge **14**

chmura ['xmura] Wolke **2**

chociaż ['xɔtɕaʃ] obwohl **4**

chodzenie [xɔ'dzɛn̦ɛ] das Gehen **16**

chodzić *imperf* IIb ['xɔdʑitɕ] gehen **15**

chodzi o + *Akk* ['xɔdʑi ɔ] es handelt sich um **12**

choinka [xɔ'inka] Weihnachtsbaum **20**

cholernie *Adv* [xɔ'lɛrɲɛ] verdammt, verflixt **6**

choroba [xɔ'rɔba] Krankheit **15**

chorować *imperf* Ia – zachorować *perf* Ia na + *Akk*
[xɔ'rɔvatɕ] – [zaxɔ'rɔvatɕ] krank sein,
erkrankt sein an **5**

chory ['xɔri] krank **4**

chowanie [xɔ'vaɲɛ] das Verstecken **20**

chrząszcz ['xʃɔ̃ʃtʃ] Maikäfer **5**

chudy ['xudi] mager; dünn **9**

chwila ['xfila] Moment, Augenblick **5**

Chwileczkę. *Dim von* chwila [xfi'lɛtʃkɛ]
Einen Augenblick! **9**

chyba ['xiba] wohl, wahrscheinlich **1**

ci *Dat von* ty [tɕi] dir; hier: dich **7**

ciasny ['tɕasni] eng **19**

ciastko ['tɕastkɔ] Kuchen **20**

ciągły ['tɕɔŋgwi] andauernd **13**

cicho *Adv* ['tɕixɔ] leise **18**

Cicho! ['tɕixɔ] Ruhe! **15**

cichy ['tɕixi] leise **18**

ciebie *Gen/Akk von* ty ['tɕɛbɛ] hier: dich **4**

ciekawy [tɕɛ'kavi] interessant **3**

ciemno *Adv* ['tɕɛmnɔ] dunkel **18**

ciemny ['tɕɛmni] dunkel **1**

ciepły ['tɕɛpwi] warm **4**

cieszyć się *imperf* IIc – ucieszyć się *perf* IIc z + *Gen*
['tɕɛʃitɕ ɕɛ] – [u'tɕɛʃitɕ ɕɛ] sich freuen über **5**

Cii! [tɕiː] Psst! **13**

ciocia ['tɕɔtɕa] Tante **4**

cisza ['tɕiʃa] Stille **19**

ciuchy *Pl ugs* ['tɕuxi] Klamotten **16**

co? [tsɔ] was? **1**

co najmniej [tsɔ 'najmɲɛj] mindestens **16**

Co pani / panu dolega? ['tsɔ 'paɲi / 'panu dɔ'lɛga]
Was fehlt Ihnen? **15**

Co podać? ['tsɔ 'pɔdatɕ] Was darf's sein? **9**

co roku [tsɔ 'rɔku] jedes Jahr **13**

Co słychać? [tsɔ 'swixatɕ] Wie geht's? **2**

Co w tym złego? ['tsɔ f tim 'zwɛgɔ]
Was ist daran schlimm? **6**

co za ['tsɔ za] was für ein(e) **3**

codziennie *Adv* [tsɔ'dʑɛɲːɛ] täglich **3**

coraz + *Komp* ['tsɔras] immer + *Komp* **18**

coś [tsɔɕ] (irgend)etwas **15**

coś ciepłego ['tsɔɕ tɕɛ'pwɛgɔ] etwas Warmes **15**

coś na [tsɔɕ na] etwas gegen / für **5**

córka ['tsurka] Tochter **4**

cudowny [tsu'dɔvni] bezaubernd, wunderbar **3**

cukier, -u ['tsuĸɛr] Zucker **10**

cukiernia [tsu'ĸɛrɲa] Konditorei **10**

cytryna [tsi'trina] Zitrone **10**

czarny ['tʃarni] schwarz **1**

czas, -u [tʃas] Zeit **3**

czas wolny [tʃas 'vɔlni] Freizeit **3**

czasami [tʃa'sami] manchmal **3**

czasem ['tʃasɛm] manchmal **3**

Czech [tʃɛx] Tscheche **4**

Czechy *Pl* ['tʃɛxi] Tschechien **17**

czekać *imperf* IIIa – zaczekać *perf* IIIa na + *Akk*
['tʃɛkatɕ] – [za'tʃɛkatɕ] warten auf **3**

czekolada [tʃɛkɔ'lada] (Trink-)Schokolade **4**

czekolada mleczna [tʃɛkɔ'lada 'mlɛtʃna]
Vollmilchschokolade **4**

czerwiec, -a ['tʃɛrvɛts] Juni **12**

czerwony [tʃɛr'vɔni] rot **6**

Czerwony Kapturek [tʃɛr'vɔni kap'turɛk]
Rotkäppchen **6**

Cześć! ['tʃɛɕtɕ] Hallo!; Tschüss! **1**

często ['tʃɛ̃stɔ] oft **3**

człowiek *Pl* ludzie ['tʃwɔvʲɛk] Mensch **8**

czterdziestogodzinny tydzień pracy
[tʃtɛrdʑɛstɔɡɔ'dʑinːi 'tidʑɛɲ 'pratsi]
40-Stunden-Woche **14**

czterdziesty [tʃtɛr'dʑɛsti] vierzigster **11**

czterdzieści [tʃtɛr'dʑɛɕtɕi] vierzig **11**

czterech *männl-pers von* cztery ['tʃtɛrɛx] vier **14**

czterechsetny [tʃtɛrɛ'xsɛtni] vierhundertster **12**

czternasty [tʃtɛr'nasti] vierzehnter **11**

czternaście [tʃtɛr'naɕtɕɛ] vierzehn **10**

cztery ['tʃtɛri] vier **9**

czterysta ['tʃtɛrista] vierhundert **10**

czuć się *imperf* IV – poczuć się *perf* IV
['tʃutɕ ɕɛ] – [pɔ'tʃutɕ ɕɛ] sich fühlen **15**

czwartek, -u ['tʃfartɛk] Donnerstag **5**

czwarty ['tʃfarti] vierter **11**

czy [tʃɨ] *Fragepartikel*; oder **1**

Czy coś się stało? [tʃɨ 'tsɔɕ ɛ 'stawɔ]
Ist etwas passiert? **8**

Czy ja wiem ... ['tʃɨ ja 'ɣɛm] Was weiß ich ... **19**

czyj?, czyja?, czyje? [tʃɨj], ['tʃɨja], ['tʃɨjɛ]
wessen? **4**

Czym mogę służyć? [tʃɨm 'mɔgɛ 'swuʒɨtɕ]
Womit kann ich dienen? **10**

czym? *Instr von* co? [tʃɨm] wofür?, womit? **2**

czynsz, -u [tʃɨnʃ] Miete **19**

czytać *imperf* IIIa – przeczytać *perf* IIIa
['tʃɨtatɕ] – [pʃɛ'tʃɨtatɕ] lesen **3**

czytelniczka [tʃɨtɛl'ɲitʃka] Leserin **12**

czytelnik [tʃɨ'tɛlɲik] Leser **12**

Ć

ćwiczenie [tɕfi'tʃɛɲɛ] Übung **6**

ćwierć *f* [tɕfɛrtɕ] Viertel **10**

D

daleko *Adv* [da'lɛkɔ] weit (weg) **3**

danie ['daɲɛ] Gericht, Speise **9**

dawać *imperf* IV – dać *perf* IV
['davatɕ] – [datɕ] geben **7**

dawno temu ['davnɔ 'tɛmu] vor langer Zeit **6**

dawny ['davnɨ] ehemalig **17**

dąb, -u [dɔmp] Eiche **3**

dbać *imperf* IIIa – zadbać *perf* IIIa o + *Akk*
[dbatɕ] – ['zadbatɕ] sich kümmern, sorgen um **3**

deko *Abk von* dekagram ['dɛkɔ]
Dekagramm (10 Gramm) **10**

delegacja z Berlina [dɛlɛ'gatsja z bɛr'lina]
Delegation aus Berlin **5**

delikatesy *Pl* [dɛlika'tɛsɨ] Feinkostladen **10**

denerwować się *imperf* Ia – zdenerwować się
perf Ia [dɛnɛr'vɔvatɕ ɕɛ] – [zdɛnɛr'vɔvatɕ ɕɛ]
sich aufregen, nervös werden **8**

deptać *imperf* IV – podeptać *perf* IV
['dɛptatɕ] – [pɔ'dɛptatɕ] (be)treten **12**

deser, -u ['dɛsɛr] Nachspeise **5**

deszcz, -u [dɛʃtʃ] Regen **13**

dkg *Abk von* dekagram [dɛ'kagram]
Dekagramm (10 Gramm) **10**

dla + *Gen* [dla] für **1**

dlaczego? [dla'tʃɛgɔ] warum? **1**

dlatego [dla'tɛgɔ] deshalb **15**

dlatego, że ... [dla'tɛgɔ ʒɛ] ... deshalb, weil ...; weil **4**

długi ['dwugˌi] lang **18**

długo *Adv* ['dwugɔ] lang **3**

długopis, -u [dwu'gɔpis] Kugelschreiber **2**

długość *f* ['dwugɔɕtɕ] Länge **17**

do + *Gen* [dɔ] zu, nach; bis **4/11**

Do usłyszenia! [dɔ uswɨ'ʃɛɲa] Auf Wiederhören! **4**

Do widzenia! [dɔ vi'dzɛɲa] Auf Wiedersehen! **1**

Do zobaczenia! [dɔ zɔba'tʃɛɲa]
Auf Wiedersehen! **1**

Dobranoc! [dɔ'branɔts] Gute Nacht! **1**

dobry ['dɔbrɨ] gut **1**

Dobry wieczór! ['dɔbrɨ 'ɣɛtʃur] Guten Abend! **1**

dobrze *Adv* ['dɔbʒɛ] gut **2**

dochodzić *imperf* IIb – dojść *perf* IV do + *Gen*
[dɔ'xɔdzitɕ] – [dɔjɕtɕ] zugehen auf, herangehen **12**

dodatkowy [dɔda'tkɔvi] zusätzlich **20**

dodawać *imperf* IV – dodać *perf* IV
[dɔ'davatɕ] – ['dɔdatɕ] hinzufügen **14**

dojeżdżać *imperf* IIIa – dojechać *perf* IV
do + *Gen* [dɔ'jɛʒdʒatɕ] – [dɔ'jɛxatɕ] zufahren
auf, heranfahren **12**

dokąd? ['dɔkɔnt] wohin? **5**

doktorat, -u [dɔ'ktɔrat] Doktorarbeit **8**

dokumenty *Pl* [dɔku'mɛntɨ] Dokumente;
Unterlagen **14**

dolegać *imperf* IIIa [dɔ'lɛgatɕ] fehlen
(gesundheitlich) **15**

dom, -u [dɔm] Haus **2**

dom za miastem [dɔm za 'mastɛm]
Haus in der Vorstadt **2**

dookoła + *Gen* [dɔ'kɔwa]
um ... herum; ringsherum **19**

dopiero [dɔ'pɛrɔ] erst **11**

doradzać *imperf* IIIa – doradzić *perf* IIb
[dɔ'radzatɕ] – [dɔ'radʑitɕ] raten,
einen Rat geben **15**

dostawać *imperf* IV – dostać *perf* IV
[dɔ'stavatɕ] – ['dɔstatɕ] bekommen **20**

dość [dɔɕtɕ] ziemlich; genug **5**

doświadczony [dɔɕfa'ttʃɔni] erfahren **14**

dowcipny [dɔ'ftɕipni] witzig **8**

Drezno ['drɛznɔ] Dresden **6**

droga ['drɔga] Weg **5**

drogeria [drɔ'gɛrʲa] Drogerie **10**

drogi ['drɔˌɡ̑i] teuer **2**

druga klasa ['druga 'klasa] zweite Klasse **11**

drugi ['druˌɡ̑i] zweiter **11**

drugie danie ['druˌɡ̑ɛ 'danɛ] Hauptspeise **9**

drzwi *Pl* [dʒᵻ] Tür **11**

duch, -a [dux] Geist **16**

dusza ['duʃa] Seele **5**

dużo *Adv* ['duʒɔ] viel **2**

duży ['duʒᵻ] groß **1**

dwa [dva] zwei **9**

dwa razy ['dva 'razᵻ] zweimal **8**

dwadzieścia [dva'dʑɛɕt̑ɕa] zwanzig **10**

dwaj *männl-pers von* dwa [dvaj] zwei **14**

dwanaście [dva'naɕt̑ɕɛ] zwölf **10**

dwie *f* [dʑɛ] zwei **9**

dwieście ['dʑɛɕt̑ɕɛ] zweihundert **10**

dworzec (główny), *Gen* dworca
['dvɔʒɛdz 'gwuvnᵻ] (Haupt-)Bahnhof **11**

Dworzec Centralny, ['dvɔʒɛts ɛn'tralnᵻ]
Hauptbahnhof in Warschau **11**

dwudziesty [dvu'dʑɛstᵻ] zwanzigster **11**

dwunasty [dvu'nastᵻ] zwölfter **11**

dwusetny [dvu'sɛtnᵻ] zweihundertster **12**

dyplomata [dᵻplɔ'mata] Diplomat **1**

dyrektor [dᵻ'rɛktɔr] Direktor **13**

dyskoteka [dᵻskɔ'tɛka] Diskothek **5**

dziadek ['dʑadɛk] Opa **4**

dziadkowie *Pl* [dʑa'tkɔʋɛ] Großeltern **4**

działka ['dʑawka] Schrebergarten **3**

dziecko *Pl* dzieci ['dʑɛtskɔ] Kind **1**

dziennie *Adv* ['dʑɛɲːɛ] täglich **16**

dziennikarka [dʑɛɲːi'karka] Journalistin **2**

dziennikarz [dʑɛ'ɲːikaʃ] Journalist **1**

dzień, *Pl* dni, *Gen* dnia ['dʑɛɲ] Tag **1**

Dzień dobry! [dʑɛɲ 'dɔbrᵻ] Guten Tag! **1**

dzień roboczy [dʑɛɲ rɔ'bɔtʃᵻ] Werktag **11**

dzień świąteczny ['dʑɛɲ ɕfɔn'tɛt̑ʃnᵻ] Feiertag **11**

dziesiąty [dʑɛ'ɕɔntᵻ] zehnter **11**

dziesięć ['dʑɛɕɛɲt̑ɕ] zehn **9**

dziewczyna [dʑɛf'tʃina] Mädchen;
(feste) Freundin **2**

dziewiąty [dʑɛ'ʲɔntᵻ] neunter **11**

dziewięć ['dʑɛʲɛɲt̑ɕ] neun **9**

dziewięćdziesiąt [dʑɛʲɛɲ'dʑɛɕɔnt] neunzig **10**

dziewięćdziesiąt kilometrów na godzinę
[dʑɛʲɛɲ'dʑɛɕɔnt k̑ilɔ'mɛtruf na gɔ'dʑinɛ]
90 km/h **18**

dziewięćdziesiąty [dʑɛʲɛɲdʑɛ'ɕɔntᵻ]
neunzigster **12**

dziewięćset ['dʑɛʲɛɲt̑ɕsɛt] neunhundert **10**

dziewięćsetny [dʑɛʲɛɲt̑ɕ'sɛtnᵻ]
neunhundertster **12**

dziewiętnasty [dʑɛʲɛn'tnastᵻ] neunzehnter **11**

dziewiętnaście [dʑɛʲɛn'tnaɕt̑ɕɛ] neunzehn **10**

dzięki + *Dat* ['dʑɛɲk̑i] dank **7**

dziękować *imperf* Ia – podziękować *perf* Ia za +
Akk [dʑɛɲ'kɔvat̑ɕ] – [pɔdʑɛɲ'kɔvat̑ɕ] danken
für **5**

Dziękuję! [dʑɛɲ'kujɛ] Danke! **1**

dzisiaj ['dʑiɕaj] heute **1**

dziś ['dʑiɕ] heute **4**

dziwnie *Adv* ['dʑivɲɛ] seltsam **15**

dziwny ['dʑivnᵻ] seltsam **15**

dzwonić (do drzwi) ['dzvɔɲit̑ɕ dɔ dʒᵻ]
(an der Tür) klingeln **1**

dzwonić *imperf* IIa – zadzwonić *perf* IIa
['dzvɔɲit̑ɕ] – [za'dzvɔɲit̑ɕ] anrufen **4**

dźwig, -u [dʑʋik] Kran **5**

dżdżownica [dʒːɔ'vɲitsa] Regenwurm **5**

dżem, -u [dʒɛm] Marmelade **5**

dżinsy *Pl* ['dʒinsᵻ] Jeans **17**

E

egzamin, -u [ɛg'zaminᵻ] Prüfung **3**

ekologicznie *Adv* [ɛkɔlɔˌɡ̑itʃnɛ] ökologisch **18**

ekonomia [ɛkɔ'nɔmʲa] Ökonomie, Wirtschaft **14**

elegancki [ɛlɛ'gantsk̑i] elegant **3**

elegancko *Adv* [ɛlɛ'gantskɔ] elegant **18**

elektryk [ɛ'lɛktrᵻk] Elektriker/-in **2**

emeryt [ɛ'mɛrᵻt] Senior, Rentner **11**

emerytura [ɛmɛrᵻ'tura] Pension **14**

energiczny [ɛnɛrˌɡ̑itʃnᵻ] energisch **14**

euro ['ɛwrɔ] Euro **10**

F

facet ['fatsɛt] Typ, Kerl **8**

fascynujący [fastsinu'jɔntsi] faszinierend **18**

fason,- u ['fasɔn] Schnitt (Kleidung) **17**

fatalny [fa'talni] sehr schlecht **13**

filharmonia narodowa [ɸilxar'mɔnja narɔ'dɔva] Nationalphilharmonie **5**

filiżanka [ɸili'ʒaŋka] Tasse **4**

film, -u (kryminalny) ['ɸilm krimi'nalni] (Kriminal-) Film **5**

finansowy [ɸinan'sɔvi] finanziell **4**

firma ['ɸirma] Firma **4**

fizyk ['ɸizik] Physiker **2**

fizyka ['ɸizika] Physik **2**

folklor, -u ['fɔlklɔr] Folklore **5**

fortepian, -u [fɔr'tɛpan] Klavier **13**

fotel, -a ['fɔtɛl] Sessel **19**

Francja ['frantʂja] Frankreich **3**

francuski [fran'tsuski] französisch **3**

Francuz ['frantsus] Franzose **2**

Francuzka [fran'tsuska] Französin **2**

Frankfurt nad Odrą ['fraŋkfurt nad 'ɔdrɔ̃] Frankfurt an der Oder **11**

fryzjer ['friZjer] Friseur **3**

G

galareta [gala'rɛta] Aspik, Gelee **9**

galeria [ga'lɛrja] Galerie **12**

garaż, -u ['garaʃ] Garage **4**

gardło ['gardwɔ] Hals **15**

garnitur, -u [gar'nitur] Anzug **8**

gatunek, -u [ga'tunɛk] Gattung **10**

gazeta [ga'zɛta] Zeitung **1**

Gdańsk, -a ['gdaŋsk] Danzig **4**

gdy [gdi] wenn, falls **19**

gdzie? [gdʑɛ] wo?; wohin? **1**

gdzieś [gdʑɛɕ] irgendwo(hin) **5**

gimnastykować się imperf Ia [ɡimnasti'kɔvatɕ ɕɛ] Gymnastik machen **16**

gitara [ɡi'tara] Gitarre **13**

głodny ['gwɔdni] hungrig **9**

głodny jak wilk ['gwɔdni jag ʋilk] hungrig wie ein Wolf **9**

głos, -u [gwɔs] Stimme **11**

głowa ['gwɔva] Kopf **15**

główne danie ['gwuvnɛ 'daɲɛ] Hauptgericht **20**

główny ['gwuvni] Haupt- **20**

głupi ['gwupi] dumm **1**

gniew, -u [gɲɛf] Ärger **8**

godzina [gɔ'dʑina] Stunde; Uhrzeit **11**

godzinami [gɔdʑi'nami] stundenlang **8**

gol, -a [gɔl] Tor **6**

golf, -a [gɔlf] Golf **13**

gorąco Adv [gɔ'rɔntsɔ] wärmstens, heiß **5**

gorący [gɔ'rɔntsi] heiß **9**

gorączka [gɔ'rɔntʃka] Fieber **15**

gorzej Adv Komp von źle ['gɔʒej] schlechter **18**

gorzki ['gɔʃki] bitter **15**

gościnny [gɔ'ɕtɕinːi] gastfreundlich **3**

gość [gɔɕtɕ] Gast **3**

gotować imperf Ia – ugotować perf Ia [gɔ'tɔvatɕ] – [ugɔ'tɔvatɕ] kochen **20**

gotowany [gɔtɔ'vani] gekocht **9**

góra ['gura] Berg **13**

górskie powietrze ['gurskɛ pɔ'ʋetʃɛ] Bergluft **13**

gra [gra] Spiel **10**

grać imperf IIIa – zagrać perf IIIa (w karty / w brydża) [gratɕ] – ['zagratɕ] (Karten / Bridge) spielen **5/13**

grad, -u [grat] Hagel **13**

gramatyka [gra'matika] Grammatik **1**

granica polsko-niemiecka [gra'ɲitsa 'pɔlskɔ ɲe'mɛtska] polnisch-deutsche Grenze **14**

graniczyć imperf IIc z + Instr [gra'ɲitʃitɕ] grenzen an **17**

grosz, -a [grɔʃ] Groschen **10**

gruby ['grubi] dick **1**

grudzień, Gen grudnia ['grudʑeɲ] Dezember **12**

grypa ['gripa] Grippe **5**

grzeczny ['gʒetʃni] brav, artig **4**

grzmi [gʒmi] es donnert **13**

grzyb, -a [gʒip] Pilz **9**

H

Halo! ['xalɔ] Hallo! **4**

hałasować imperf Ia [xawa'sɔvatɕ] lärmen **15**

hamulec, -a [xa'mulɛts] Bremse **18**

herbata [xɛr'bata] Tee **15**

Glossar

historia [xi'stɔrja] Geschichte **6**

Hiszpan ['xiʃpan] Spanier **2**

Hiszpania [xi'ʃpaɲja] Spanien **3**

Hiszpanka [xi'ʃpanka] Spanierin **2**

hiszpański [xiʃ'paɲskji] spanisch **3**

hobby *n* ['xɔbːi] Hobby **16**

humor, -u ['xumɔr] Laune **3**

hydraulik [xi'drawljik] Installateur, Klempner **14**

I

i [i] und **1**

ich [ix] ihr, ihre, ihr **4**

ich *Gen von* **oni, one** [ix] hier: sie **4**

ile? ['ile] wie viel? **19**

im ... tym [im] ... [tɨm] je ... desto **18**

imieniny *Pl* [imje'ɲinɨ] Namenstag **7**

imię ['imjɛ] (Vor)Name **1**

impresja [im'prɛsja] Impression **12**

Indianin [in'djaɲin] Indianer **7**

informacja [infɔr'matsja] Information **11**

inny ['inːɨ] ein anderer **2**

innym razem ['inːɨm 'razɛm] ein anderes Mal **5**

inteligentny [intɛlji'gɛntnɨ] intelligent **1**

intensywnie *Adv* [intɛn'sivɲɛ] intensiv **18**

interesować się *imperf* Ia – zainteresować się *perf* Ia + *Instr* [intɛrɛ'sɔvatɕ ɕɛ] – [zaintɛrɛ'sɔvatɕ ɕɛ] sich interessieren für **2**

interesujący [intɛrɛsu'jɔntsɨ] interessant **1**

inżynier (budowlany) [in'ʒɨnɛr] (Bau-)Ingenieur **14**

ironia [i'rɔɲja] Ironie **8**

iść *imperf* IV – pójść *perf* IV [iɕtɕ] – [pujɕtɕ] gehen **4**

iść na spacer ['iɕtɕ na 'spatsɛr] spazieren gehen **16**

iść po + *Akk* [iɕtɕ pɔ] (ab)holen **5**

itd. *Abk von* **i tak dalej** [i tag 'dalɛj] usw. **14**

J

ja [ja] ich **1**

jabłko ['jabwkɔ] Apfel **9**

jadalny [ja'dalnɨ] essbar **9**

jajko ['jajkɔ] Ei **10**

jak [jak] wie?; wenn, sobald **1/7**

Jak się masz? ['jak ɕɛ 'maʃ] Wie geht es dir? **2**

Jak to? ['jak tɔ] Wie jetzt? **6**

jaki?, jaka?, jakie? ['jakji], ['jaka], ['jakjɛ] welche(r, s)?, was für ein? **12**

jako ['jakɔ] als **14**

jaskinia [ja'skjiɲa] Höhle **6**

jasny ['jasnɨ] hell **17**

jazda ['jazda] das Fahren, Fahrt **18**

ją *Akk von* **ona** [jɔ̃] sie **3**

jechać *imperf* IV – pojechać *perf* IV ['jɛxatɕ] – [pɔ'jɛxatɕ] fahren **4**

jechać po + *Akk* ['jɛxatɕ pɔ] (ab)holen **5**

jeden ['jɛdɛn] eins **5**

jeden, jedna, jedno ['jɛdɛn], ['jɛdna], ['jɛdnɔ] ein, eine, ein **9**

jedenasty [jɛdɛ'nastɨ] elfter **11**

jedenaście [jɛdɛ'naɕtɕɛ] elf **10**

jednak ['jɛdnak] dennoch **3**

jedzenie [jɛ'dzɛɲɛ] Essen **13**

jego ['jɛgɔ] sein, seine, sein **2**

jego *Gen/Akk von* **on** ['jɛgɔ] hier: er **4**

jej [jɛj] ihr, ihre, ihr **4**

jej *Gen/Dat von* **ona** [jɛj] hier: sie **4**

jesienią [jɛ'ɕɛɲɔ̃] im Herbst **6**

jesień *f* ['jɛɕɛɲ] Herbst **6**

jeszcze ['jɛʃtʃɛ] noch **1**

jeszcze raz ['jɛʃtʃɛ ras] nochmal **4**

jeść *imperf* IV – zjeść *perf* IV [jɛɕtɕ] – [zjɛɕtɕ] essen **7**

jeśli ['jɛɕlji] wenn, falls **2**

jezioro [jɛ'ʑɔrɔ] See **17**

Jezus ['jɛzus] Jesus **20**

jeździć *imperf* IV ['jɛʑdʑitɕ] fahren **18**

jeżeli [jɛ'ʒɛlji] wenn, falls **3**

język polski ['jɛ̃zɨk 'polskji] Polnisch, polnische Sprache **2**

jutro ['jutrɔ] morgen **3**

już [juʃ] schon **2**

już nie [juʃ 'ɲɛ] nicht mehr **15**

K

kaczka ['katʃka] Ente **9**

kamień, -a ['kamjɛɲ] Stein **12**

kanapa [ka'napa] Sofa **19**

kanarek [ka'narɛk] Kanarienvogel **3**

kandydat [kan'dɨdat] Kandidat **14**

kapelusz, -a [ka'peluʃ] Hut **6**

kapusta [ka'pusta] Kohl **9**

kapusta kiszona [ka'pusta ḳi'ʃɔna] Sauerkraut **9**

kariera [ka'rɛra] Karriere **1**

karp *Gen* karpia [karp] Karpfen **20**

karta ['karta] (Speise-)Karte **5**

kartofel, -a [kar'tɔfɛl] Kartoffel **10**

kasa ['kasa] Kasse **17**

kasa biletowa ['kasa ḅilɛ'tɔva]
Fahrkartenschalter **11**

kasza gryczana ['kaʃa gri'tʃana]
Buchweizengrütze **9**

kaszel, -u ['kaʃɛl] Husten **15**

katar, -u ['katar] Schnupfen **15**

katastrofa [kata'strɔfa] Katastrophe **6**

kawa ['kava] Kaffee **4**

kawaler [ka'valɛr] Junggeselle; ledig **6**

kawalerka [kava'lɛrka] Ein-Zimmer-Wohnung,
Apartment **19**

kawałek, -a [ka'vavɛk] Stück(chen) **4**

kawiarnia [ka'ɣarɲa] Café **4**

każdy, każda, każde ['kaʒdɨ], ['kaʒda], ['kaʒdɛ]
jeder, jede, jedes **12**

kąpać się *imperf* IV – wykąpać się *perf* IV
['kɔmpatɕ ɕɛ] – [vɨ'kɔmpatɕ ɕɛ] baden **7**

kelner ['kɛlnɛr] Kellner **9**

kelnerka [kɛl'nɛrka] Kellnerin **9**

kg *Abk von* kilogram [ḳi'lɔgram] Kilogramm **10**

kiedy? ['ḳɛdɨ] wann? **5**

kiedyś ['ḳɛdɨɕ] irgendwann **6**

kieliszek do wina [ḳe'liʃɛg dɔ 'ɣina] Weinglas **5**

kiełbasa [ḳɛw'basa] Wurst **9**

kierownica [ḳɛrɔ'vɲitsa] Lenkrad **18**

kilka ['ḳilka] einige **10**

kilkuletni [ḳilku'lɛtɲi] mehrjährig **14**

kilogram, -a [ḳi'lɔgram] Kilogramm **4**

kim? *Instr von* kto? [ḳim] hier: wer? **2**

kino ['ḳinɔ] Kino **3**

kiosk, -u [ḳɔsk] Kiosk **6**

klasa ['klasa] Klasse (auch im Zug) **11**

klient ['kḷijɛnt] Kunde **10**

klub, -u (jazzowy) [klub dʒɛ'zɔvɨ] (Jazz-)Club **5**

klucz, -a [klutʃ] Schlüssel **10**

kłaść *imperf* IV – położyć *perf* IIc [kwaɕtɕ] –
[pɔ'wɔʒitɕ] hinlegen **6**

kłopoty *Pl* [kwɔ'pɔti] Probleme **16**

kobieta [kɔ'ḅeta] Frau **2**

kochać *imperf* IIIa – pokochać *perf* IIIa
['kɔxatɕ] – [pɔ 'kɔxatɕ] lieben **3**

kochanie [kɔ'xaɲɛ] Liebes, Liebling **7**

kochany [kɔ'xanɨ] geliebt; lieb **5**

kolacja [kɔ'latsja] Abendessen **5**

kolega [kɔ'lɛga] Freund, Kollege **1**

kolega z pracy [kɔ'lɛga s 'pratsɨ] Arbeitskollege **5**

kolęda [kɔ'lɛnda] Weihnachtslied **20**

Kolonia [kɔ'lɔɲja] Köln **6**

kolor, -u ['kɔlɔr] Farbe **8**

kolorowo *Adv* [kɔlɔ'rɔvɔ] bunt **18**

kolorowy [kɔlɔ'rɔvɨ] bunt **17**

kolorowy ołówek, -a [kɔlɔ'rɔvɨ ɔ'wuvɛk]
Buntstift **2**

komplement, -u [kɔm'plɛmɛnt] Kompliment **5**

kompozytor [kɔmpɔ'zitɔr] Komponist **2**

komputer, -a [kɔm'putɛr] Computer **4**

koncert, -u ['kɔntsɛrt] Konzert **5**

kondycja fizyczna [kɔn'ditsja ɸi'zitʃna]
körperliche Kondition **3**

konferencja [kɔnfɛ'rɛntsja] Konferenz **5**

koniec, -a ['kɔɲɛts] Ende, Schluss **8**

koniecznie *Adv* [kɔ'ɲɛtʃɲɛ] unbedingt **5**

konkurencja [kɔŋku'rɛntsja] Konkurrenz **1**

konserwatorim [kɔnsɛrva'tɔrjum]
Konservatorium **1**

kontrola [kɔn'trɔla] Kontrolle **11**

kontrola drogowa [kɔn'trɔla drɔ'gɔva]
Verkehrskontrolle **18**

kończyć *imperf* IIc – skończyć *perf* IIc
['kɔɲtʃitɕ] – ['skɔɲtʃitɕ] beenden, aufhören **8**

korek, -a ['kɔrɛk] Stau **18**

korespondencja [kɔrɛspɔn'dɛntsja]
Korrespondenz **4**

korzystać *imperf* IIIa – skorzystać *perf* IIIa z +
Gen [kɔ'ʒistatɕ] – [skɔ'ʒistatɕ] (be)nutzen **19**

kosmetyczka [kɔsmɛ'titʃka] Kosmetikerin **3**

kostium, -u ['kɔstjum] (Damen-)Kostüm **17**

kostka ['kɔstka] Stück; Würfel **10**

kostka masła ['kɔstka 'maswa] Stück Butter **10**
kosztować *imperf* Ia [kɔ'ʃtɔvatɕ] kosten **10**
koszula [kɔ'ʃula] Hemd **8**
kościół, -a ['kɔɕtɕuw] Kirche **20**
kość *f* [kɔɕtɕ] Knochen **10**
kot [kɔt] Kater, Katze (Gattung) **2**
kotek ['kɔtɛk] Kätzchen, Katerchen **3**
kotlet, -a/-u schabowy ['kɔtlɛt sxa'bɔvɨ]
  Schweinekotelett **9**
kraina tysiąca jezior [kra'ina tɨ'ɕɔntsa 'jɛzɔr]
  Land der 1000 Seen **17**
kraj, -u [kraj] Land **7**
krakowski [kra'kɔfsḳi] Krakauer **12**
Kraków, -a ['krakuf] Krakau **4**
krawat, -u/-a ['kravat] Krawatte **8**
kredyt, -u ['krɛdɨt] Kredit **19**
krem, -u (do golenia) ['krɛm dɔ gɔ'lɛɲa]
  (Rasier-)Creme **5**
Kręci mi się w głowie. ['krɛɲtɕi m̥i ɕɛ v 'gwɔvɛ]
  Mir dreht sich alles. **17**
kręcić się *imperf* IIb ['krɛɲtɕitɕ ɕɛ] sich drehen **17**
kropelka *Dim von* kropla [krɔ'pɛlka]
  Tröpfchen **20**
król [krul] König **6**
królewna [kru'lɛvna] Prinzessin **6**
krótki ['krutḳi] kurz **17**
krótko *Adv* ['krutkɔ] kurz **8**
krótko przed + *Instr* ['krutkɔ pʃɛt] kurz vor **11**
krzesło ['kʃɛswɔ] Stuhl **19**
książka ['kɕɔ̃ʃka] Buch **3**
księgarnia [kɕɛŋ'garɲa] Buchhandlung **10**
księgowy [kɕɛŋ'gɔvɨ] Buchhalter **14**
księżyc, -a ['kɕɛ̃ʒɨts] Mond **19**
kto? [ktɔ] wer? **1**
ktoś [ktɔɕ] (irgend)jemand **12**
Która jest (godzina)? ['ktura jɛst gɔ'dʑina]
  Wie viel Uhr ist es? **11**
Który (dzień) jest dzisiaj? ['kturɨ dʑɛɲ jɛst 'dʑiɕaj]
  Welcher (Tag) ist heute? **12**
który, która, które *Rel* ['kturɨ], ['ktura], ['kturɛ]
  der, die, das **6/15**
który?, która?, które? ['kturɨ], ['ktura], ['kturɛ]
  welcher, welche, welches? **15**
kuchnia ['kuxɲa] Küche **9**

kufel, -a ['kufɛl] Bierglas **4**
kulinarny [kuḷi'narnɨ] kulinarisch **20**
kupiony [ku'pɔnɨ] gekauft **20**
kupować *imperf* Ia – kupić *perf* IIa
  [ku'pɔvatɕ] – ['kupitɕ] kaufen **7/8**
kurczak ['kurtʃak] Hähnchen **9**
kursować *imperf* Ia [kur'sɔvatɕ] fahren,
  verkehren **11**
kwadrans, -a ['kfadrans] Viertel(stunde) **11**
kwartet, -u jazzowy ['kfartɛt: ʒɛ'zɔvɨ]
  Jazzquartett **5**
kwestia ['kfɛsṭa] Frage **4**
kwiaciarnia [kɕa'tɕarɲa] Blumengeschäft **10**
kwiat, -u [kɕat] Blume **1**
kwiecień, *Gen* kwietnia ['kɕetɕeɲ] April **12**

L

las, -u [las] Wald **6**
lata, lat *Nom bzw. Gen Pl von* rok ['lata], [lat]
  Jahre **10**
latać *imperf* IIIa balonem ['latadʑ ba'lɔnɛm]
  Ballon fahren **16**
latem ['latɛm] im Sommer **6**
lato ['latɔ] Sommer **6**
legenda [lɛ'gɛnda] Legende **6**
lekarka [lɛ'karka] Ärztin **2**
lekarstwo [lɛ'karstfɔ] Medikament **4**
lekarz ['lɛkaʃ] Arzt **2**
lekceważyć *imperf* IIc – zlekceważyć *perf* IIc
  [lɛktsɛ'vaʑitɕ] – [zlɛktsɛ'vaʑitɕ] auf die leichte
  Schulter nehmen **15**
lepiej *Adv Komp von* dobrze ['lɛpej] besser **17**
lepszy *Komp von* dobry ['lɛpʃɨ] besser **14**
lewo ['lɛvɔ] links **8**
leżeć *imperf* IIc ['lɛʒɛtɕ] liegen **8**
lipiec, -a ['ḷipɛts] Juli **4**
Lipsk, -a [ḷipsk] Leipzig **6**
list, -u [ḷist] Brief **13**
lista (zakupów) ['ḷista za'kupuf]
  (Einkaufs-)Liste **10**
listopad, -a [ḷi'stɔpat] November **12**
litr, -a [ḷitr] Liter **4**
Litwa ['ḷitfa] Litauen **17**
lody *Pl* ['lɔdɨ] (Speise-)Eis **7**

lubić *imperf* IIa – polubić *perf* IIa
['luḃitç] – [pɔ'luḃitç] mögen **3**

ludzie *Pl* ['ludʑɛ] Leute, Menschen **14**

ludzki ['lutski] menschlich **20**

luty ['lutɨ] Februar **12**

Ł

ładnie *Adv* ['wadɲɛ] hübsch, schön **5**

ładny ['wadnɨ] hübsch, schön **1**

łagodny [wa'gɔdnɨ] sanftmütig **3**

łatwo *Adv* ['watfɔ] einfach, leicht **12**

łatwy ['watfɨ] einfach, leicht **1**

łazanki *Pl* [wa'zanki] kleine Nudeln **9**

łazienka [wa'ʑɛnka] Badezimmer **8**

Łączę pozdrowienia ['wɔntʃɛ pɔzdrɔ'ɣɛɲa]
  Mit freundlichen Grüßen **13**

łączyć *imperf* IIc – połączyć *perf* IIc ['wɔntʃitç]
  [pɔ'wɔntʃitç] verbinden, hinzufügen **4**

Łódź *f* [wutç] Lodz **5**

łosoś w galarecie ['wɔsɔʑ v gala'rɛtçɛ]
  Lachs in Aspik **9**

łóżeczko *Dim von* łóżko [wu'ʒɛtʃkɔ] Bettchen **20**

łóżko ['wuʃkɔ] Bett **19**

M

m. *Abk von* mieszkania [mɛ'ʃkaɲa] Wohnung **12**

maj, -a [maj] Mai **4**

makowiec, -a [ma'kɔɣɛts] Mohnkuchen **20**

malarka [ma'larka] Malerin **2**

malarz ['malaʃ] Maler **2**

Malbork, -a ['malbɔrk] Marienburg **11**

malować *imperf* Ia – namalować *perf* Ia
  ['malɔvatç] – [nama'lɔvatç] (an)malen **7**

malować *imperf* Ia – pomalować *perf* Ia
  [ma'lɔvatç] – [pɔma'lɔvatç] malen; bemalen **7**

malować się *imperf* Ia – umalować się *perf* Ia
  [ma'lɔvatç çɛ] – [uma'lɔvatç çɛ]
  sich schminken **7**

malutki *Dim von* mały [ma'lutki] winzig **20**

mało *Adv* ['mawɔ] wenig **10**

Małopolska [mawɔ'pɔlska] Kleinpolen **13**

mały ['mawɨ] klein **1**

małżeństwo [maw'ʒɛɲstfɔ] Ehe; Ehepaar **4**

mama ['mama] Mama **4**

mamusia *Dim von* mama [ma'muça] Mami **4**

mandat, -u ['mandat] Strafzettel **18**

mapa ['mapa] (Land-)Karte **6**

martwić się *imperf* IIa – zmartwić się *perf* IIa
  o + *Lok* ['martɕitç çɛ] – ['zmartɕitç çɛ]
  sich Sorgen machen um **16**

marynarka [marɨ'narka] Sakko **17**

marzec, *Gen* marca ['maʒɛts] März **12**

masło ['maswɔ] Butter **10**

matematyka [matɛ'matɨka] Mathematik **1**

matka ['matka] Mutter **2**

Mazowsze [ma'zɔfʃɛ] Masowien **5**

Mazury *Pl* [ma'zurɨ] Masuren **17**

mądry ['mɔndrɨ] weise, klug **1**

mąka ['mɔŋka] Mehl **10**

mąż [mɔ̃ʃ] Ehemann **1**

Mdli mnie. ['mdli mɲɛ] Mir ist schlecht. **15**

meble *Pl* ['mɛblɛ] Möbel **19**

mecz, -u ['mɛtʃ] Spiel, Match **1**

megafon, -u [mɛ'gafɔn] Lautsprecher **11**

metka ['mɛtka] Preisschild **17**

metr, -a (kwadratowy) ['mɛtr kfadra'tɔvɨ]
  (Quadrat-)Meter **4/19**

metro ['mɛtrɔ] U-Bahn **2**

mężatka [mɛ̃'ʒatka] verheiratet (Frau) **6**

mężczyzna [mɛ̃ʃ'tʃɨzna] Mann **2**

mi *Dat von* ja [mi] mir, hier: mich **7**

miasto ['mʲastɔ] Stadt **2**

miauczeć *imperf* IIc – zamiauczeć *perf* IIc
  ['mʲawtʃɛtç] – [za'mʲawtʃɛtç] miauen **15**

mieć *imperf* IV [mʲɛtç] haben **2**

mieć + *Inf* [mʲɛtç] sollen **16**

mieć na imię ['mʲɛtç na 'imʲɛ] (mit Vornamen)
  heißen **2**

mieć nadzieję ['mʲɛtç na'dʑɛjɛ] hoffen **13**

mieć ochotę na + *Akk* ['mʲɛtç ɔ'xɔtɛ na]
  Lust haben auf **5**

mieć pragnienie ['mʲɛtç pra'gɲɛɲɛ] Durst haben **6**

mieć rację ['mʲɛtç 'ratsjɛ] Recht haben **18**

miejsce ['mʲɛjstsɛ] Platz **11**

miejsce przy drzwiach ['mʲɛjstsɛ pʃɨ 'dʒɣax]
  Platz am Gang **11**

miejsce przy oknie ['mʲɛjstsɛ pʃɨ 'ɔkɲɛ]
  Fensterplatz **11**

miejscówka [mɛjˈstsufka] Platzkarte **11**

mierzyć *imperf* IIc – zmierzyć *perf* IIc temperaturę
[ˈmɛʒitɕ] – [ˈzmɛʒitɕ] Fieber messen **15**

miesiąc, -a [ˈmɛɕɔnts] Monat **6**

mieszkać *imperf* IIIa – zamieszkać *perf* IIIa
[ˈmɛʃkatɕ] – [zaˈmɛʃkatɕ] wohnen **3**

mieszkanie (trzypokojowe) [mɛˈʃkaɲɛ tʃipɔkɔˈjɔvɛ]
(Drei-Zimmer-)Wohnung **1/19**

mieszkaniec [mɛʃˈkaɲɛts] Bewohner, Einwohner **4**

między + *Instr* [ˈmɛndzi] zwischen **2**

międzynarodowy [mɛndzinarɔˈdɔvi]
international **11**

mięso [ˈmɛ̃sɔ] Fleisch **9**

mięso i wędliny [ˈmɛ̃sɔ i vɛnˈdlini] Wurst- und
Fleischwaren **10**

milion, -a [ˈmiljɔn] Million **19**

miło *Adv* [ˈmiwɔ] nett **18**

Miło mi! [ˈmiwɔ mi] Angenehm! **1**

miłość *f* [ˈmiwɔɕtɕ] Liebe **1**

miły [ˈmiwi] nett **1**

mimo że [ˈmimɔ ʒɛ] obwohl **20**

minimum [ˈminimum] mindestens **14**

minister [miˈɲistɛr] Minister **14**

minuta [miˈnuta] Minute **11**

miód, -u [mut] Honig **10**

miś, -a [miɕ] Bärchen, Teddy **13**

mleko [ˈmlɛkɔ] Milch **4**

mln *Abk von* milion [ˈmiljɔn] Million **17**

młody [ˈmwɔdi] jung **1**

młodzież *f* [ˈmwɔdʑɛʃ] Jugend **5**

mną *Instr von* ja [mnɔ̃] hier: mir **2**

mnie *Gen/Akk/Lok von* ja [mɲɛ] hier: mich **3**

Mnie również. [mɲɛ ˈruvɲɛʃ] Mir ebenso! **1**

mniej *Adv Komp von* mało [mɲɛj] weniger **18**

mniejszy *Komp von* mały [ˈmɲɛjʃi] kleiner **17**

mnóstwo [ˈmnustfɔ] sehr viel, eine Menge **11**

mocno *Adv* [ˈmɔtsnɔ] stark, kräftig **13**

mocny [ˈmɔtsni] stark, kräftig **5**

modnie *Adv* [ˈmɔdɲɛ] modisch **18**

Moguncja [mɔˈguntsja] Mainz **6**

moim zdaniem [ˈmɔim ˈzdaɲɛm]
meiner Meinung nach **18**

moment, -u [ˈmɔmɛnt] Moment **5**

Monachium [mɔˈnaxjum] München **6**

morze [ˈmɔʒɛ] Meer **7**

Morze Bałtyckie [ˈmɔʒɛ bawˈtitskɛ] Ostsee **17**

most, -u [mɔst] Brücke **12**

może [ˈmɔʒɛ] vielleicht **1**

możliwy [mɔˈʑlivi] möglich **7**

można [ˈmɔʒna] man kann **7**

móc *imperf* IV [muts] können, dürfen **8**

mój, moja, moje [muj], [ˈmɔja], [ˈmɔjɛ]
mein, meine, mein **1**

mówić *imperf* IIa – powiedzieć *perf* IV
[ˈmuvitɕ] – [pɔˈɣɛdzɛtɕ] sprechen, sagen **3**

mówić ludzkim głosem [ˈmuvitɕ ˈlutskim ˈgwɔsɛm]
mit menschlicher Stimme sprechen **20**

mówić po niemiecku [ˈmuvitɕ pɔ ɲɛˈmɛtsku]
Deutsch sprechen **3**

mróz, -u [mrus] Frost **13**

mu *Dat von* on [mu] ihm **7**

mucha [ˈmuxa] Fliege **6**

murarz [ˈmuraʃ] Maurer **14**

musieć *imperf* IV [ˈmuɕɛtɕ] müssen **13**

muzeum [muˈzɛum] Museum **1**

Muzeum Pergamon [muˈzɛum pɛrˈgamɔn]
Pergamon-Museum **16**

muzyka (poważna) [ˈmuzika pɔˈvaʒna]
(klassische) Musik **5**

my [mi] wir **1**

myć *imperf* Ic – umyć *perf* Ic [mitɕ] – [ˈumitɕ]
waschen **9**

myśleć *imperf* IIb – pomyśleć *perf* IIb o + *Lok*
[ˈmiɕlɛtɕ] – [pɔˈmiɕlɛtɕ] denken an **8**

N

na + *Akk* [na] für; zu; in **5**

na + *Lok* [na] auf **5**

na cały dzień [na ˈtsawi dʑɛɲ]
(für) den ganzen Tag **5**

na następny tydzień [na naˈstɛmpni ˈtidzɛɲ]
für die nächste Woche **5**

na nowo [na ˈnɔvɔ] aufs Neue **18**

na pamiątkę [na paˈmɔntkɛ]
zur Erinnerung, als Souvenir **20**

na pewno [na ˈpɛvnɔ] sicherlich **5**

Na razie! [na 'raʑɛ] Bis bald! 1
na wszelki wypadek [na 'fʃɛlki vɨ'padɛk] für alle Fälle 5
nabiał, -u ['nab̦aw] Milchprodukte 10
nad + *Instr* [nat] unter 2
nad rzeką [nad 'ʒɛkɔ̃] am Fluss 17
nadal ['nadal] immer noch 4
nadzieja [na'dʑeja] Hoffnung 13
nagle ['naglɛ] plötzlich 8
naj- ... [naj] *Vorsilbe der Superlativform* 17
najbardziej *Adv Sup von* **bardzo** [naj'bardʑej] am meisten 17
najbliżsi *Pl* [naj'bliɕːi] der engste Familienkreis 20
najpierw ['najpɛrf] zuerst 19
nakrycie [na'krɨtɕɛ] Gedeck 20
należy [na'lɛʒɨ] man sollte, es gehört sich 12
napełniać *imperf* IIIa – **napełnić** *perf* IIa [na'pɛwɲatɕ] – [na'pɛwɲitɕ] füllen 6
napój, -u ['napuj] Getränk 9
naprawdę [na'pravdɛ] wirklich 2
narada [na'rada] Beratung, Besprechung 8
nareszcie [na'rɛʃtɕɛ] endlich 4
narodowość *f* [narɔ'dɔvɔɕtɕ] Nationalität 2
narodzenie [narɔ'dzɛɲɛ] Geburt 20
następujący [nastɛmpu'jɔntsɨ] folgender 14
nasz, nasza, nasze [naʃ], ['naʃa], ['naʃɛ] unser, unsere, unser 1
natomiast [na'tɔmast] hingegen, während 8
natychmiast [na'tɨxmast] sofort 8
nauczyciel [nau'tʃɨtɕɛl] Lehrer 2
nauczycielka [nautʃɨ'tɕɛlka] Lehrerin 2
nauka [na'uka] Lehre, das Lernen 7
naukowiec [nau'kɔvʲɛts] Wissenschaftler 2
nawet ['navɛt] sogar 2
nazwa ['nazva] Name, Bezeichnung 12
nazwisko [na'zviskɔ] Nachname 1
nazywać się *imperf* IIIa – **zazwać się** *perf* IIIa [na'zɨvatɕ ɕɛ] – ['zazvatɕ ɕɛ] heißen 1/2
nic [nits] nichts 1
Nic mi nie jest! ['ɲits mi 'ɲe jɛst] Mir fehlt nichts! 15
Nic nowego! [ɲits nɔ'vɛgɔ] Nichts Neues! 2
nic z + *Gen* [ɲidz z] nichts mit / aus 5
nie [ɲɛ] nicht; nein 1
nie ma ['ɲɛ ma] es gibt nicht / kein 4
Nie ma za co! ['ɲɛ ma 'za tsɔ] Keine Ursache! 5
nie mieć pojęcia ['ɲe mʲetɕ pɔ'jeɲtɕa] keine Ahnung haben 15
nie mieć racji ['ɲe mʲetɕ 'ratʂji] Unrecht haben 18
Nie szkodzi! [ɲɛ 'ʃkɔdʑi] Das macht nichts! 12
nie wolno [ɲɛ 'vɔlnɔ] es ist nicht erlaubt 12
niebezpieczny [ɲɛbɛs'pʲɛtʃnɨ] gefährlich 15
niebieski [ɲe'bʲeski] blau 1
niebo ['ɲɛbɔ] Himmel 1
niebrzydki [ɲɛ'bʒɨtki] nicht hässlich 3
niech [ɲɛx] *Hilfswort für den Imp der 3. Pers Sg und Pl* 16
Niech żyje nam! [ɲɛɣ 'ʒɨjɛ 'nam] Er / Sie soll (hoch) leben! 10
niechęć *f* ['ɲɛxɛɲtɕ] Abneigung, Unlust 8
niedługo *Adv* [ɲɛ'dwugɔ] nicht lange, kurz 7
niedobrze *Adv* [ɲɛ'dɔbʒɛ] nicht gut, schlecht 2
niedziela [ɲɛ'dʑɛla] Sonntag 5
niegrzeczny [ɲɛ'gʒɛtʃnɨ] unartig 20
nieinteligentny [ɲɛintɛli'gɛntnɨ] einfältig, dumm 1
Niemcy *Pl, Gen* **Niemiec**, *Lok* **w Niemczech** ['ɲemtsɨ] Deutschland 1
Niemiec *Pl* **Niemcy** ['ɲɛmʲɛts] Deutscher 2
niemiecki [ɲe'mʲɛtski] deutsch 3
niemiły [ɲɛ'mʲiwɨ] nicht nett 1
Niemka ['ɲɛmka] Deutsche 2
nienormalny [ɲɛnɔr'malnɨ] nicht normal, verrückt 3
nieoczekiwany [ɲɛɔtʃɛki'vanɨ] unerwartet 20
niepalący [ɲɛpa'lɔntsɨ] Nichtraucher 11
niepogoda [ɲɛpɔ'gɔda] schlechtes Wetter 13
Nieprawda! [ɲɛ'pravda] Stimmt nicht! 4
niesmaczny [ɲɛ'smatʃnɨ] nicht lecker 4
niestety [ɲɛ'stɛtɨ] leider 5
niesympatyczny [ɲɛsɨmpa'tɨtʃnɨ] unsympathisch 1
nieświeży [ɲe'ɕfʲɛʒɨ] nicht frisch 9
nieudany [ɲɛu'danɨ] nicht gelungen, missraten 5
niezadowolenie [ɲɛzadɔvɔ'lɛɲɛ] Unzufriedenheit 8
niezapominajka [ɲɛzapɔmi'najka] Vergissmeinnicht 8
niezdrowy [ɲɛ'zdrɔvɨ] ungesund 4
nieznany [ɲɛ'znanɨ] unbekannt 20
niezupełnie *Adv* [ɲɛzu'pɛwɲɛ] nicht ganz 15

niezłe *Adv* ['ɲɛzɫɛ] nicht schlecht, nicht übel **5**

nigdy ['ɲigdi] niemals **15**

nigdzie ['ɲigdʑɛ] nirgends **15**

nikt [ɲikt] niemand **15**

nim *Instr/Lok von* on [ɲim] hier: ihm **2**

niski ['ɲiskʲi] niedrig, klein **1**

niż + *Nom* [ɲiʃ] als (im Vergleich) **3**

No właśnie! [nɔ 'vwaɕɲɛ] Ja genau! **15**

No, trudno. [nɔ 'trudnɔ]

Da kann man wohl nichts machen. **18**

noc *f* [nɔts] Nacht **1**

noga ['nɔga] Bein **15**

Nooo ... [nɔ] Ähm ... **1**

normalny [nɔr'malni] normal **11**

nos, -a [nɔs] Nase **4**

nowy ['nɔvi] neu **1**

np. *Abk von* na przykład [na 'pʃikwat] z. B. **15**

nudny ['nudni] langweilig **5**

nudzić się *imperf* IIb – znudzić się *perf* IIb

['nudʑitɕ ɕɛ] – ['znudʑitɕ ɕɛ] sich langweilen **7**

numer, -u ['numɛr] Nummer **11**

numer buta ['numɛr 'buta] Schuhgröße **17**

O

o + *Lok* [ɔ] über; um (zeitlich) **6/11**

O co chodzi? [ɔ tsɔ 'xɔdʑi] Worum geht's? **4**

o czym? *Lok von* co? ['ɔ tʃim] worüber? **6**

o kim? *Lok von* kto? [ɔ kʲim] über wen? **6**

O której (godzinie)? [ɔ 'kturɛj gɔ'dʑiɲɛ]

Um wie viel Uhr? **11**

o tym ['ɔ tim] darüber **2**

obaj *männl-pers* ['ɔbaj] beide **14**

obcy ['ɔptsi] fremd **14**

obiad, -u ['ɔbʲat] Mittagessen **2**

obiecywać *imperf* IV – obiecać *perf* IIIa

[ɔbʲɛ'tsivatɕ] – [ɔ'bʲɛtsatɕ] versprechen **6**

objazd, -u ['ɔbjast] Umleitung **12**

objęty całkowitą rezerwacją

[ɔ'bjɛnti tsawkɔ'vitɔ̃ rɛzɛr'vatsjɔ̃]

reservierungspflichtig **11**

oblewać się *imperf* IIIa– oblać się *perf* IV + *Instr*

[ɔ'blɛvatɕ ɕɛ], ['ɔblatɕ ɕɛ] sich bespritzen mit **20**

obowiązek, -u [ɔbɔ'vjɔ̃zɛk] Verpflichtung **16**

obraz, -u ['ɔbras] Bild **5**

obrus, -a ['ɔbrus] Tischdecke **20**

obserwator [ɔpsɛr'vatɔr] Beobachter **5**

obywatel [ɔbi'vatɛl] Staatsbürger **14**

ochota [ɔ'xɔta] Lust **5**

oczy *Pl von* oko ['ɔtʃi] Augen **8**

oczywiście [ɔtʃi'viɕtɕɛ] selbstverständlich **2**

od + *Gen* [ɔt] von; als; seit, ab **5/11/17**

od ... do + *Gen* [ɔt] ... [dɔ] von ... bis **11**

od czasu do czasu [ɔt 'tʃasu dɔ 'tʃasu]

von Zeit zu Zeit **3**

od tamtej pory [ɔt: 'amtɛj 'pɔri]

von jenem Zeitpunkt an **8**

odbudowywany na nowo [ɔdbudɔvi'vani na 'nɔvɔ]

immer wieder neu aufgebaut **18**

odjazd, -u ['ɔdjast] Abfahrt **11**

odjeżdżać *imperf* IIIa – odjechać *perf* IV

[ɔdʲ'jɛʒdʑatɕ] – [ɔdʲ'jɛxatɕ] abfahren **11**

odmiana [ɔd'mʲana] Sorte **10**

odpoczywać *imperf* IIIa – odpocząć *perf* IV

[ɔtpɔ'tʃivatɕ] – [ɔt'pɔtʃɔ̃tɕ] sich erholen **13**

odpowiedni [ɔtpɔ'vjɛdni] entsprechend **11**

odpowiednio *Adv* [ɔtpɔ'vjɛdnɔ] angemessen **15**

odradzać *imperf* IIIa – odradzić *perf* IIb

[od'radzatɕ] – [od'radʑitɕ] abraten **5**

odsuwać się *imperf* IIIa – odsunąć się *perf* IV od +

Gen [ɔt'suvatɕ ɕɛ] – [ɔt'sunɔ̃tɕ ɕɛ]

Abstand nehmen von **11**

odwiedzać *imperf* IIIa – odwiedzić *perf* IIb

[ɔd'vʲɛdzatɕ] – [ɔd'vʲɛdʑitɕ] besuchen **3**

odżywiać się *imperf* IIIa [ɔd'ʒiviatɕ ɕɛ]

sich ernähren **16**

oferta (pracy) [ɔ'fɛrta 'pratsi]

(Stellen-)Angebot **14/19**

oficjalny [ɔfi'tsjalni] offiziell **13**

oglądać *imperf* IIIa – obejrzeć *perf* IIc

[ɔ'glɔndatɕ] – [ɔ'bɛjʒɛtɕ] (an)schauen **8**

oglądać telewizję [ɔ'glɔndatɕ tɛlɛ'vizjɛ] fernsehen **3**

ogłoszenie [ɔgwɔ'ʃɛɲɛ] Anzeige, Inserat **14**

ograniczenie szybkości [ɔgraɲi'tʃɛɲɛ ʃip'kɔɕtɕi]

Geschwindigkeitsbegrenzung **18**

ogrodnik-hobbysta [ɔ'grɔdɲik xɔ'bːista]

Hobby-Gärtner **3**

ogród, -u (botaniczny) ['ɔgrut bɔta'ɲitʃni]

(botanischer) Garten **6/19**

ojciec, *Gen* ojca ['ɔjtɕɛts] Vater **4**

okno ['ɔknɔ] Fenster **10**

oko, *Pl* oczy [ɔkɔ] Auge **15**

około + *Gen* [ɔ'kɔwɔ] ungefähr, gegen **11**

okrywać *imperf* IIIa – okryć *perf* Ic [ɔ'krivatɕ] – ['ɔkritɕ] zudecken **20**

ołówek, -a [ɔ'wuvɛk] Bleistift **2**

on [ɔn] er **1**

ona ['ɔna] sie *f Sg* **1**

one *nicht-männl-pers* ['ɔnɛ] sie *Pl* **1**

oni *männl-pers* ['ɔɲi] sie *Pl* **1**

ono ['ɔnɔ] es **1**

opady *Pl* (przelotne) [ɔ'padɨ pʃɛ'lɔtnɛ] (vorübergehende) Niederschläge **13**

opalać się *imperf* IIIa – opalić się *perf* IIb [ɔ'palatɕ ɕɛ] – [ɔ'paļitɕ ɕɛ] sich sonnen **7**

opinia o + *Lok* [ɔ'piɲja ɔ] Meinung über **18**

opłatek, -a [ɔ'pwatɛk] Oblate **20**

oraz ['ɔras] sowie **11**

oryginalny [ɔrɨgi'nalnɨ] originell **1**

osiem ['ɔɕɛm] acht **9**

osiemdziesiąt [ɔɕɛm'dʑɛɕɔnt] achtzig **10**

osiemdziesiąty [ɔɕɛmdʑɛ'ɕɔntɨ] achtzigster **12**

osiemnasty [ɔɕɛm'nastɨ] achtzehnter **11**

osiemnaście [ɔɕɛm'naɕtɕɛ] achtzehn **10**

osiemset ['ɔɕɛmsɛt] achthundert **11**

osiemsetny [ɔɕɛm'sɛtnɨ] achthundertster **12**

osobisty [ɔsɔ'ɓistɨ] persönlich **7**

ostatecznie *Adv* [ɔsta'tɛtʃnɛ] letztendlich **8**

ostatni [ɔ'statɲi] letzter **1**

ostry ['ɔstrɨ] scharf **17**

otwarcie [ɔ'tfartɕɛ] Eröffnung **12**

owca ['ɔftsa] Schaf **6**

owinąwszy [ɔvi'nɔfʃɨ] eingewickelt **20**

owoc, -u ['ɔvɔts] Frucht **3**

Ó

ósmy ['usmɨ] achter **11**

P

p. *Abk von* piętro ['pɛntrɔ] Etage **12**

paczka ['patʃka] Packung, Paket **10**

pada deszcz ['pada 'dɛʃtʃ] es regnet **13**

pada grad ['pada 'grat] es hagelt **13**

pada śnieg ['pada 'ɕɲɛk] es schneit **13**

padać *imperf* IIIa ['padatɕ] fallen **13**

pajac z reklamy ['pajadz z rɛ'klamɨ] Werbefuzzi **8**

palący [pa'lɔntsi] Raucher **11**

palić *imperf* IIb – zapalić *perf* IIb ['paļitɕ] – [za'paļitɕ] rauchen; brennen **12**

pamiątka [pa'mɔntka] Andenken, Souvenir **20**

pamiętać *imperf* IIIa – zapamiętać *perf* IIIa [pa'mɛntatɕ] – [zapa'mɛntatɕ] sich erinnern **6**

pamiętnik, -a (liryczny) [pa'mɛntɲik ļi'ritʃni] (lyrisches) Tagebuch **5**

pan [pan] Herr; Sie **1**

pani ['paɲi] Frau; Sie **1**

panna ['panːa] ledig (Frau) (wörtlich: Fräulein) **6**

papieros, -a [pa'pɛrɔs] Zigarette **13**

parasolka [para'sɔlka] Regenschirm **13**

park, -u [park] Park **5**

parking, -u ['parkiŋk] Parkplatz **18**

parkować *imperf* Ia – zaparkować *perf* Ia [par'kɔvatɕ] – [zapar'kɔvatɕ] parken **8**

partyjka [par'tijka] *Dim* (Spiel-)Runde, Partie **13**

pasterka [pa'stɛrka] Christmette **20**

patrzeć *imperf* IIc – popatrzeć *perf* IIc na + *Akk* ['patʃɛtɕ] – [pɔ'patʃɛtɕ] ansehen **5/19**

październik, -a [pa'ʑdʑɛrɲik] Oktober **12**

pech, -a [pɛx] Pech **3**

pensja ['pɛnsja] Gehalt **14**

pensjonat, -u [pɛn'sjɔnat] Pension **13**

peron, -u ['pɛrɔn] Bahnsteig **11**

pewnego dnia [pɛ'vnɛgɔ 'dɲa] eines Tages **6**

pewnie *Adv* ['pɛvɲɛ] bestimmt **15**

pewny ['pɛvnɨ] sicher **3**

pęczek, -a ['pɛntʃɛk] Bund, Bündel **10**

pękać *imperf* IIIa – pęknąć *perf* IV ['pɛŋkatɕ] – ['pɛŋknɔntɕ] platzen **6**

pianista [pa'ɲista] Pianist **1**

piątek, -u ['pɔntɛk] Freitag **5**

piąty ['pɔntɨ] fünfter **11**

picie; coś do picia ['pitɕɛ], ['tsɔʑ dɔ 'pitɕa] Trinken, etwas zum Trinken **9**

pić *imperf* Ib – wypić *perf* Ib [pitɕ] – ['vɨpitɕ] trinken **6/8**

piec *imperf* IV – upiec *perf* IV [pɛts] – ['upɛts] backen **10**

Glossar

pieczeń *f* (wołowa) ['pɛtʃɛŋ vɔ'wɔva]
(Rinder-)Braten **6/9**

pieczony [pɛ'tʃɔni] gebraten **9**

pieczywo [pɛ'tʃivɔ] Backwaren **10**

piekarnia [pɛ'karɳa] Bäckerei **10**

piekło ['pɛkwɔ] Hölle **1**

pieniądze *Pl* [pɛ'ɳɔndzɛ] Geld **1**

pierogi *Pl* [pɛ'rɔɡ̴i] Piroggen
(gefüllte Teigtäschchen) **9**

pierwsza klasa ['pɛrfʃa 'klasa] erste Klasse **11**

pierwszy ['pɛrfʃi] erster **1**

pies [pɛs] Hund **1**

pieszo ['pɛʃɔ] zu Fuß **12**

pięć [pɛɳtɕ] fünf **9**

pięćdziesiąt [pɛɳ'dʑɛɕɔnt] fünfzig **10**

pięćdziesiąty [pɛɳdʑɛ'ɕɔnti] fünfzigster **12**

pięćset ['pɛɳtɕsɛt] fünfhundert **10**

pięćsetny [pɛɳtɕ'sɛtni] fünfhundertster **12**

pięknie *Adv* ['pɛ̃ŋkɲɛ] hübsch, schön **17**

piękny ['pɛ̃ŋkni] schön **1**

piętnasty [pɛn'tnasti] fünfzehnter **11**

piętnaście [pɛn'tnaɕtɕɛ] fünfzehn **10**

piętro ['pɛntrɔ] Etage **12**

piłka nożna ['piwka 'nɔʒna] Fußball **6**

pióro ['purɔ] Füller **2**

pisać *imperf* IV – napisać *perf* IV ['pisatɕ] –
[na'pisatɕ] schreiben **2**

pisarka [pi'sarka] Schriftstellerin **2**

pisarz ['pisaʃ] Schriftsteller **2**

piwo ['pivɔ] Bier **4**

pl. *Abk von* plac [plats] Platz **12**

plan miasta ['plan 'm̦asta] Stadtplan **12**

plaża ['plaʒa] Strand **7**

plotki *Pl* ['plɔtḳi] Klatsch **1**

płacić *imperf* IIb – zapłacić *perf* IIb za + *Akk*
['pwatɕitɕ] – [za'pwatɕitɕ] bezahlen für **5**

płakać *imperf* IV – zapłakać *perf* IV
['pwakatɕ] – [za'pwakatɕ] weinen **20**

pływać *imperf* IIIa ['pwivatɕ] schwimmen **16**

po + *Lok* [pɔ] nach (zeitlich) **6**

po co? ['pɔ tsɔ] wozu? **19**

po lewej stronie [pɔ 'lɛvɛj 'strɔɲɛ]
auf der linken Seite **8**

po niemiecku [pɔ ɲɛ'm̦ɛtsku] (auf) Deutsch **3**

po polsku [pɔ 'pɔlsku] (auf) Polnisch;
nach polnischer Art **9**

po południu [pɔ pɔ'wudɲu] am Nachmittag **3**

po prawej stronie [pɔ 'pravɛj 'strɔɲɛ]
auf der rechten Seite **8**

po prostu [pɔ 'prɔstu] einfach **8**

po raz pierwszy ['pɔ ras 'pɛrfʃi] zum ersten Mal **6**

po schodach [pɔ 'sxɔdax] über die Treppen **12**

pobierać się *imperf* – pobrać się *perf* IV
[pɔ'b̦ɛratɕ ɕɛ] – ['pɔbratɕ ɕɛ] heiraten **6**

pochodzenie polskie [pɔxɔ'dzɛɲɛ 'pɔlsḳɛ]
polnische Herkunft **14**

pociąg, -u ['pɔtɕɔŋk] Zug **2**

pociąg ekspresowy ['pɔtɕɔŋk ɛksprɛ'sɔvi]
ICE, Eilzug **11**

pociąg osobowy ['pɔtɕɔŋk ɔsɔ'bɔvi]
RB, Personenzug **11**

pociąg pospieszny ['pɔtɕɔŋk pɔ'spɛʃni]
IC, Schnellzug **11**

poczta ['pɔtʃta] Post **12**

pocztówka [pɔtʃ'tufka] Postkarte **13**

pod + *Instr* [pɔt] unter **2**

Pod Zieloną Żabą [pɔd ʑɛ'lɔnɔ̃ 'ʒabɔ̃]
Zum Grünen Frosch **5**

podanie o pracę [pɔ'daɲɛ ɔ 'pratsɛ] Bewerbung **14**

podawać *imperf* IV – podać *perf* IV [pɔ'davatɕ] –
['pɔdatɕ] geben; bringen, servieren **9/13**

podczas + *Gen* ['pɔttʃas] während **8**

podobać się *imperf* IIIa – spodobać się *perf* IIIa
[pɔ'dɔbatɕ ɕɛ] – [spɔ'dɔbatɕ ɕɛ] gefallen **7**

podobno *Adv* [pɔ'dɔbnɔ] angeblich **5**

podobny do + *Gen* [pɔ'dɔbni] ähnlich **9**

podróż *f* ['pɔdruʃ] Reise **11**

podróżować *imperf* Ia [pɔdru'ʒɔvatɕ] reisen **2**

podstawowa znajomość języka niemieckiego
[pɔtsta'vɔva zna'jɔmɔɕtɕ jɛ̃'zika ɲɛm̦ɛ'tsḳɛɡɔ]
Grundkenntnisse in Deutsch **14**

pogoda [pɔ'ɡɔda] Wetter **1**

pogoda ducha [pɔ'ɡɔda 'duxa] Heiterkeit **16**

pojechać w podróż dookoła świata
[pɔ'jɛxatɕ f 'pɔdruʒ dɔ:'kɔwa 'ɕf̦ata]
eine Weltreise machen **19**

pojęcie [pɔ'jɛntɕɛ] Ahnung **15**

pojutrze [pɔ'jutʃɛ] übermorgen **19**

pokonywać *imperf* IV – pokonać *perf* IIIa
[pɔkɔ'nivatɕ] – [pɔ'kɔnatɕ] besiegen,
überwältigen 6

pokój, -u (dzienny) ['pɔkuj 'dʑɛnːi]
(Wohn-)Zimmer 15/19

Polak ['pɔlak] Pole 2

polecać *imperf* IIIa – polecić *perf* IIb
[pɔ'lɛtsatɕ] – [pɔ'lɛtɕitɕ] empfehlen 5

policja [pɔ'litsja] Polizei 18

policjantka [pɔli'tʂjantka] Polizistin 18

poliglotka [pɔli'glɔtka] Polyglotte,
Mehrsprachige 3

polityka [pɔ'litika] Politik 1

Polka ['pɔlka] Polin 18

Polska ['pɔlska] Polen 1

polski ['pɔlskі] polnisch 2

połączenie [pɔwɔn'tʃɛɲɛ] Verbindung,
Anschluss 5

południe [pɔ'wudɲɛ] Süden 11

połykać *imperf* IIIa – połknąć *perf* IV
[pɔ'wikatɕ] – ['pɔwknɔntɕ] schlucken 17

pomagać *imperf* IIIa – pomóc *perf* IV
[pɔ'magatɕ] – ['pɔmuts] helfen 6

pomalowany (na zielono) [pɔmalɔ'vani na ʑɛ'lɔnɔ]
(grün) angemalt 7/12

pomidor, -a [pɔ'midɔr] Tomate 7

pomoc *f* ['pɔmɔts] Hilfe 10

Pomorze [pɔ'mɔʒɛ] Pommern 5

pomyłka [pɔ'miwka] Versehen 13

pomysł, -u ['pɔmisw] Idee, Einfall 4

pomyślność *f* [pɔ'miɕlnɔɕtɕ] Wohlergehen 6

poniedziałek, -u [pɔɲɛ'dʑawɛk] Montag 5

poniedziałek wielkanocny
[pɔɲɛ'dʑawɛg vjɛlka'nɔtsni] Ostermontag 7

ponieważ [pɔ'ɲɛvaʃ] weil 20

poniżej zera [pɔ'ɲiʒɛj 'zɛra] unter Null 20

pora (roku) ['pɔra 'rɔku] (Jahres-)Zeit 13

porywisty [pɔri'yisti] böig 8

poszukiwany [pɔʃuki'vani] gesucht 14

potem ['pɔtɛm] danach 6

potrawa [pɔ'trava] Gericht; Speise 20

potrzebować *imperf* Ia + *Gen/Akk* [pɔtʃɛ'bɔvatɕ]
etwas brauchen, benötigen 15

poważny [pɔ'vaʒni] ernst 6

powieść *f* ['pɔvjɛɕtɕ] Roman 3

powietrze [pɔ'vjɛtʃɛ] Luft 13

powinien / powinna IV [pɔ'viɲɛn], [pɔ'vinːa]
er, sie sollte 16

Powodzenia! [pɔvɔ'dzɛɲa] Viel Erfolg! 1

powód, -u ['pɔvut] Grund 8

powrót, -u ['pɔvrut] Rückkehr 15

powtarzać *imperf* IIIa – powtórzyć *perf* IIc
[pɔf'taʒatɕ] – [pɔf'tuʒitɕ] wiederholen 3

poza tym [pɔ'zatim] außerdem 3

pozdrowienia *Pl* [pɔzdrɔ'yɛɲa] Grüße 13

Poznań, -a ['pɔznaɲ] Posen 11

poznawać *imperf* IV – poznać *perf* IIIa
[pɔ'znavatɕ] – ['pɔznatɕ] kennen lernen 7/16

pożądany [pɔʒɔn'dani] erwünscht 14

pół [puw] halb 10

pół do + *Gen* ['puw dɔ] halb (Uhrzeit) 11

pół godziny ['puw gɔ'dʑini] halbe Stunde 8

północ *f* ['puwnɔts] Norden; Mitternacht 17/20

północny wschód [puw'nɔtsni 'fsxut]
Nordwesten 17

półtłusty [puw'twusti] halb fett 10

półtora [puw'tɔra] anderthalb 10

późno *Adv* ['puʑnɔ] spät 11

praca ['pratsa] Arbeit 1

pracować *imperf* Ia [pra'tsɔvatɕ] arbeiten 2

pracownik [pra'tsɔvɲik] Arbeiter 14

pragnienie [pra'gɲɛɲɛ] Durst 6

praktyka w zawodzie ['praktika v za'vɔdʑɛ]
Berufserfahrung 14

prasa ['prasa] Presse 6

prawda ['pravda] Wahrheit 9

prawdopodobny [pravdɔpɔ'dɔbni]
wahrscheinlich 19

prawie ['pravjɛ] fast 11

prawo ['pravɔ] rechts; Recht 8/12

prawo jazdy ['pravɔ 'jazdi] Führerschein 18

preferowany [prɛfɛrɔ'vani] bevorzugt 14

premiera [prɛmjɛra] Premiere 5

prezent, -u ['prɛzɛnt] Geschenk 7

problem, -u ['prɔblɛm] Problem 3

profesor [prɔ'fɛsɔr] Professor 8

prognoza pogody [prɔ'gnɔza pɔ'gɔdi]
Wettervorhersage 13

Glossar

program, -u (kulturalny) ['prɔgram kultu'ralnɨ]
(Kultur-)Programm 5

projekt, -u (budowlany) ['prɔjɛgd budɔ'vlani]
(Bau-)Projekt 14

proponować imperf Ia – zaproponować perf Ia
[prɔpɔ'nɔvatɕ] – [zaprɔpɔ'nɔvatɕ] vorschlagen 5

prosić imperf IV – poprosić perf IV o + Akk
['prɔɕitɕ] – [pɔ'prɔɕitɕ] bitten um 5/11

prosto Adv ['prɔstɔ] direkt; geradeaus 12

proszek, -u do prania ['prɔʃɛg dɔ 'praɲa]
Waschmittel 5

proszek, -u do pieczenia ['prɔʃɛg dɔ pɛ'tʃɛɲa]
Backpulver 10

Proszę! ['prɔʃɛ] Bitte!, Herein! 1

protestować imperf Ia – zaprotestować perf Ia
[prɔtɛs'tɔvatɕ] – [zaprɔtɛs'tɔvatɕ] protestieren 7

prowadzić imperf IIb samochód
[prɔ'vadʑitɕ sa'mɔxut] Auto fahren 18

prywatny [prɨ'vatnɨ] privat 13

przecena [pʃɛ'tsɛna] ermäßigter Preis 10

przechodzić imperf IIb – przejść perf IV przez +
Akk [pʃɛ'xɔdʑitɕ] – [pʃɛjɕtɕ]
(hinüber) gehen über / durch 11

przecież ['pʃɛtɕɛʃ] doch, schließlich; aber 8

przeciw + Dat ['pʃɛtɕif] gegen 7

przed + Instr [pʃɛt] vor 2

przed południem [pʃɛt pɔ'wudɲɛm] am
Vormittag 3

przede wszystkim ['pʃɛdɛ 'fʃistkʲim] vor allem 18

przedszkole [pʃɛt'ʃkɔlɛ] Kindergarten, Vorschule 4

przedtem ['pʃɛtːɛm] vorher 6

przedwczoraj [pʃɛt'ftʃɔraj] vorgestern 6

przedział, -u ['pʃɛdʑaw] Abteil 11

przejaśnienie [pʃɛja'ɕɲɛɲɛ] Aufheiterung 13

przejeżdżać imperf IIIa – przejechać perf IV
[pʃɛ'jɛʒdʒatɕ] – [pʃɛ'jɛxatɕ] hindurch- /
hinüberfahren 11

przejście ['pʃɛjɕtɕɛ] Durchgang 12

przekazywać imperf IV – przekazać perf IV
[pʃɛka'zɨvatɕ] – [pʃɛ'kazatɕ] etwas ausrichten 4

przelotny [pʃɛ'lɔtnɨ] vorübergehend 13

przepis, -u ['pʃɛpis] Kochrezept 20

przepraszać imperf IIIa – przeprosić perf IVa za +
Akk [pʃɛ'praʃatɕ] – [pʃɛ'prɔɕitɕ] sich
entschuldigen für 5

Przepraszam! [pʃɛ'praʃam] Entschuldigung! 2

przesada [pʃɛ'sada] Übertreibung 15

przesadzać imperf IIIa – przesadzić perf IIb
[pʃɛ'sadzatɕ] – [pʃɛ'sadʑitɕ] übertreiben 9

przesiadka [pʃɛ'ɕatka] das Umsteigen 11

przesyłać imperf IIIa – przesłać perf IV
[pʃɛ'sɨwatɕ] – ['pʃɛswatɕ] senden, schicken 13

przeszkadzać imperf IIIa – przeszkodzić perf IIb
+ Dat [pʃɛ'ʃkadzatɕ] – [pʃɛ'ʃkɔdʑitɕ] stören 7

przewodnik, -a kulturalny [pʃɛ'vɔdɲik kultu'ralnɨ]
Kulturführer 5

przez + Akk [pʃɛs] durch; während; über 8/11

przeziębiać się imperf IIIa – przeziębić się perf IIa
[pʃɛ'ʑɛmbatɕ ɕɛ] – [pʃɛ'ʑɛmbitɕ ɕɛ]
sich erkälten 15

przeziębienie [pʃɛʑɛm'bɛɲɛ] Erkältung 5

przeziębiony [pʃɛʑɛm'bɔnɨ] erkältet 2

przy + Lok [pʃɨ] bei 6

przyglądać się imperf IIIa – przyjrzeć się perf IIc +
Dat [pʃɨ'glɔndatɕ ɕɛ] – ['pʃɨjʒɛtɕ ɕɛ]
sich etwas anschauen 7

przyjaciel [pʃɨ'jatɕɛl] (guter) Freund 12

przyjaciółka [pʃɨja'tɕuwka] (gute) Freundin 2

przyjazd, -u ['pʃɨjast] Ankunft 11

przyjaźnić się imperf IIa z + Instr
[pʃɨ'jaʑɲitɕ ɕɛ] befreundet sein mit 8

przyjaźń f ['pʃɨjaʑɲ] Freundschaft 1

przyjemnie Adv [pʃɨ'jɛmɲɛ] angenehm 18

przyjemność f [pʃɨ'jɛmnɔɕtɕ] Vergnügen 5

przyjemny [pʃɨ'jɛmnɨ] angenehm 12

przykład, -u, na przykład ['pʃɨkwat], [na 'pʃɨkwat]
Beispiel, zum Beispiel 16

Przykro mi. ['pʃɨkrɔ mi] Es tut mir leid. 5

przymierzać imperf IIIa – przymierzyć perf IIc
[pʃɨ'mɛʒatɕ] – [pʃɨ'mɛʒitɕ] anprobieren 17

przymierzalnia [pʃɨmɛ'ʒalɲa] Umkleidekabine,
Ankleide 17

przynosić imperf IV – przynieść perf IV
[pʃɨ'nɔɕitɕ] – ['pʃɨɲɛɕtɕ] bringen 20

przypominać sobie *imperf* IIIa – przypomnieć
sobie *perf* IV + *Akk* [pʃipɔ'mjinatç sɔbɛ] –
[pʃi'pɔmnɛtç sɔbɛ] sich erinnern an **8**

przystanek, -u (tramwajowy / autobusowy)
[pʃi'stanɛk tramva'jɔvi / awtɔbu'sɔvi]
(Straßenbahn- / Bus-)Haltestelle **12**

przystawka [pʃi'stafka] Vorspeise **9**

przystojny [pʃi'stɔjni] gut aussehend **1**

pudełko [pu'dɛwkɔ] Schachtel **10**

pukać *imperf* IIIa – zapukać *perf* IIIa ['pukatç] –
[za'pukatç] klopfen **13**

punktualny [puŋktu'alni] pünktlich **8**

puszka ['puʃka] Dose **10**

pytać *imperf* IIIa – zapytać *perf* IIIa (o + *Akk*)
['pitatç] – [za'pitatç] fragen (nach) **5**

pytanie [pi'tanɛ] Frage **8**

R

r. *Abk von* rok [rɔk] Jahr **12**

rachunek, -u [ra'xunɛk] Rechnung **9**

racja ['ratsja] Recht; Richtigkeit **18**

raczej *Adv* ['ratʃɛj] eher; besser, lieber **16**

rada ['rada] Ratschlag **16**

radio ['radjɔ] Radio **13**

radość *f* ['radɔçtç] Freude **8**

rano ['ranɔ] morgens; Morgen **3/8**

ratować *imperf* Ia – uratować *perf* Ia
[ra'tɔvatç] – [ura'tɔvatç] retten **5**

Ratunku! [ra'tunku] Hilfe! **16**

raz [ras] (ein)mal **8**

razem ['razɛm] zusammen **1**

rąbek,-a ['rɔmbɛk] Kopftuch **20**

realizować *imperf* Ia – zrealizować *perf* Ia
[reali'zɔvatç] – [zreali'zɔvatç] durchführen **14**

region, -u ['rɛgjɔn] Region **13**

rektor ['rɛktɔr] Rektor **8**

restauracja [rɛstaw'ratsja] Restaurant **4**

rezerwacja [rɛzɛr'vatsja] Reservierung **11**

rezerwować *imperf* Ia – zarezerwować *perf* Ia
[rɛzɛr'vɔvatç] – [zarɛzɛr'vɔvatç] reservieren **5**

rezygnować *imperf* Ia – zrezygnować *perf* Ia z +
Gen [rɛzig'nɔvatç] – [zrɛzig'nɔvatç]
verzichten auf **4**

ręka *Pl* ręce ['rɛŋka] Hand; Arm **15**

Robi się ciemno. ['rɔbi çɛ 'tçɛmnɔ]
Es wird dunkel. **18**

robić *imperf* IIa – zrobić *perf* IIa ['rɔbitç] –
['zrɔbitç] machen **3**

rodzeństwo [rɔ'dzɛŋstfɔ] Geschwister **4**

rodzice *Pl* [rɔ'dʑitsɛ] Eltern **4**

rodzić się *imperf* IIb – urodzić się *perf* IIb
['rɔdʑitç çɛ] – [u'rɔdʑitç çɛ] geboren werden **12**

rodzina [rɔ'dʑina] Familie **1**

rok, -u [rɔk] Jahr **6**

rola ['rɔla] Rolle **4**

Rosja ['rɔsja] Russland **3**

Rosjanin [rɔ'sjanin] Russe **2**

Rosjanka [rɔ'sjanka] Russin **2**

rosół, -u ['rɔsuw] Fleischbrühe **9**

rosyjski [rɔ'sijski] russisch **3**

rozczochrany [rɔstʃɔ'xrani] zerzaust **2**

rozkład, -u jazdy ['rɔskwat 'jazdi] Fahrplan **11**

rozmawiać *imperf* IIIa – porozmawiać *perf* IIIa
[rɔz'maɣatç] – [pɔrɔ'zmaɣatç]
sprechen, sich unterhalten **2**

rozmiar, -u ['rɔzmjar] (Kleider- / Schuh-)Größe **17**

rozmowa telefoniczna [rɔz'mɔva tɛlɛfɔ'nitʃna]
Telefongespräch **4**

rozpogadzać się *imperf* IIIa – rozpogodzić się *perf*
IIb [rɔspɔ'gadzatç çɛ] – [rɔspɔ'gɔdʑitç çɛ]
aufklaren (Wetter) **13**

rozumieć *imperf* IIIb – zrozumieć *perf* IIIb
[rɔ'zumjetç] – [zrɔ'zumjetç] verstehen **1/8**

rozwiedziony [rɔzɣe'dʑɔni] geschieden **6**

ruch, -u [rux] Bewegung **6**

ruszać się *imperf* IIIa – ruszyć się *perf* IIc
['ruʃatç çɛ] – ['ruʃitç çɛ] sich bewegen **16**

ryba ['riba] Fisch **9**

rzadko *Adv* ['ʒatkɔ] selten **3**

rzecz *f* [ʒɛtʃ] Sache, Ding **1**

rzeczywiście *Adv* [ʒɛtʃi'ɣiçtçɛ] natürlich,
selbstverständlich **1**

rzeka ['ʒɛka] Fluss **17**

rzemieślnik [ʒɛ'mɛçlnik] Handwerker **14**

rzodkiewka [ʒɔ'tkɛfka] Radieschen **10**

Glossar

S

salon, -u gier ['salɔn 'g̑ɛr] Spielsalon **10**

sałata [sa'wata] Salat **9**

sałatka [sa'watka] (zubereiteter) Salat **10**

sam [sam] nur **14**

sam, sama, samo [sam], ['sama], ['samɔ]
  selbst; allein **13/14**

samochód, -u [sa'mɔxut] Auto **2**

samolot, -u [sa'mɔlɔt] Flugzeug **2**

sardynka [sar'dɨnka] Sardine **10**

sądzić *imperf* IIb ['sɔn̪d̑zit̑ɕ] meinen **18**

sąsiadka [sɔ̃'ɕatka] Nachbarin **4**

schody *Pl* ['sxɔdɨ] Treppe **12**

schodzić *imperf* IIb – zejść *perf* IV w dół
  ['sxɔd̑ʑit̑ɕ] – [zɛjɕt̑ɕ] hinuntergehen **12**

sekretarka [sɛkrɛ'tarka] Sekretärin **8**

sektor, -a ['sɛktɔr] (Bahnsteig-)Abschnitt **11**

seminarium [sɛm̑i'naȓjum] Seminar **1**

sens, -u [sɛns] Sinn **4**

ser, -a [sɛr] Käse **4**

serdecznie *Adv* [sɛr'dɛt̑ʃɲɛ] herzlich **12**

serdeczny [sɛr'dɛt̑ʃnɨ] herzlich **13**

sernik, -a ['sɛrɲik] Käsekuchen **10**

setny ['sɛtnɨ] hundertster **12**

sianko *Dim von* siano ['ɕankɔ] Heu **20**

siano ['ɕanɔ] Heu **20**

siarka ['ɕarka] Schwefel **6**

siebie ['ɕɛb̑ɛ] sich **16**

sieć *f* [ɕɛt̑ɕ] Netz **1**

siedem ['ɕɛdɛm] sieben **9**

siedemdziesiąt [ɕɛdɛm'd̑ʑɛɕɔnt] siebzig **10**

siedemdziesiąty [ɕɛdɛmd̑ʑɛ'ɕɔntɨ] siebzigster **12**

siedemnasty [ɕɛdɛm'nastɨ] siebzehnter **11**

siedemnaście [ɕɛdɛm'naɕt̑ɕɛ] siebzehn **10**

siedemset ['ɕɛdɛmsɛt] siebenhundert **10**

siedemsetny [ɕɛdɛm'sɛtnɨ] siebenhundertster **12**

siedzieć *imperf* IV ['ɕɛd̑ʑɛt̑ɕ] sitzen **8**

sierpień, -a ['ɕɛrp̑ɛɲ] August **12**

się [ɕɛ] sich **1**

silny ['ɕilnɨ] stark **13**

siła ['ɕiwa] Stärke **18**

siostra ['ɕɔstra] Schwester **4**

siódmy ['ɕudmɨ] siebter **11**

skarb, -u [skarp] Schatz **13**

skąd? [skɔnt] woher? **5**

sklep, -u (spożywczy) ['sklɛp spɔ'ʒɨft̑ʃi]
  (Lebensmittel-)Geschäft **10**

składać się *imperf* IIIa z + *Gen*
  ['skwadat̑ɕ ɕɛ] bestehen aus **16**

skomplikowany [skɔmp̑likɔ'vanɨ] kompliziert **17**

skóra owcy ['skura 'ɔft̑sɨ] Schafsfell **6**

skręcać *imperf* IIIa – skręcić *perf* IIb w lewo /
  prawo ['skrɛntsat̑ɕ] – ['skrɛn̪t̑ɕit̑ɕ]
  nach links / rechts abbiegen **12**

skrzynka ['skʃinka] Kiste **10**

skrzyżowanie [skʃiʒɔ'vaɲɛ] Kreuzung **12**

skuteczny [sku'tɛt̑ʃnɨ] wirksam **15**

słaby ['swabɨ] schwach **13**

sławny ['swavnɨ] berühmt, bekannt **3**

słodki ['swɔtk̑i] süß **3**

słodycze *Pl* [swɔ'dɨt̑ʃɛ] Süßigkeiten **10**

słoik, -a ['swɔik] (Honig-)Glas **10**

słoneczny [swɔ'nɛt̑ʃnɨ] sonnig **15**

słońce ['swɔɲt̑sɛ] Sonne **1**

Słowacja [swɔ'vat̑sja] Slowakei **17**

słownik, -a ['swɔvɲik] Wörterbuch **4**

słuchać *imperf* IIIa + *Gen* ['swuxat̑ɕ] (zu)hören **4**

Słucham? ['swuxam] Bitte? **1**

służbowo *Adv* [swu'ʒbɔvɔ] dienstlich **16**

służyć *imperf* IIc ['swuʒɨt̑ɕ] dienen **10**

słyszeć *imperf* IIc – usłyszeć *perf* IIc
  ['swɨʃɛt̑ɕ] – [u'swɨʃɛt̑ɕ] hören **11**

Smacznego! [sma't̑ʃnɛgɔ] Guten Appetit! **9**

smaczny ['smat̑ʃnɨ] lecker, schmackhaft **9**

smakować *imperf* Ia [sma'kɔvat̑ɕ] schmecken **10**

smok [smɔk] Drache **6**

Smok Wawelski ['smɔg va'vɛlsk̑i] Waweldrache **6**

Smutno mi. ['smutnɔ m̑i] Ich bin traurig. **7**

sobie ['sɔb̑ɛ] sich **8**

sobota [sɔ'bɔta] Samstag **5**

sofa ['sɔfa] Sofa **19**

sok, -u (jabłkowy / pomarańczowy)
  ['sɔk jabw'kɔvɨ / pɔmaraɲ't̑ʃɔvɨ]
  (Apfel- / Orangen-)Saft **9**

solidarność *f* [sɔl̑i'darnɔɕt̑ɕ] Solidarität **1**

solidny [sɔ'l̑idnɨ] solide **14**

sos, -u (grzybowy) ['sɔz gʒɨ'bɔvɨ] (Pilz-)Soße **6**

spacer, -u ['spat̑sɛr] Spaziergang **5**

spacerować *imperf* Ia [spatsɛ'rɔvatɕ] spazieren gehen **15**

spać *imperf* IV [spatɕ] schlafen **8**

specjalista [spɛtsja'ḷista] Spezialist **14**

spektakl, -u ['spɛktakl] (Theater-)Aufführung **5**

spędzać *imperf* IIIa – spędzić *perf* IIb ['spɛndzatɕ] – ['spɛṇdʑitɕ] verbringen **3**

spieszyć się *imperf* IIc – pospieszyć się *perf* IIc ['spɛʃitɕ ɕɛ] – [pɔ'spɛʃitɕ ɕɛ] sich beeilen **16**

spodnie *Pl* ['spɔdṇɛ] Hose **17**

spokojnie *Adv* [spɔ'kɔjṇɛ] gelassen, ruhig **18**

spokój, -u ['spɔkuj] Ruhe **15**

sporo ['spɔrɔ] ziemlich viel **10**

sport, -u [spɔrt] Sport **1**

spotkanie [spɔ'tkaṇɛ] Treffen **6**

spotykać się *imperf* IIIa – spotkać się *perf* IIIa [spɔ'tɨkatɕ ɕɛ] – ['spɔtkatɕ ɕɛ] sich treffen **6/16**

spódnica [spu'dṇitsa] Rock **17**

spóźniać się *imperf* IIIa – spóźnić się *perf* IIa ['spuʑṇatɕ ɕɛ] – ['spuʑṇitɕ ɕɛ] sich verspäten **8**

spóźnienie [spuʑ'ṇɛṇɛ] Verspätung **5**

sprawa ['sprava] Angelegenheit **6**

sprawiać *imperf* IIIa – sprawić *perf* IIa komuś przyjemność ['spraɣatɕ] – ['spraɣitɕ] ['kɔmuɕ pʃijem'nɔɕtɕ] jemandem eine Freude machen **16**

sprzątać *imperf* IIIa – posprzątać *perf* IIIa ['spʃɔntatɕ] – [pɔ'spʃɔntatɕ] aufräumen **3**

sprzedawczyni *f* [spʃɛda'ftʃiṇi] Verkäuferin **1**

sprzedaż *f* ['spʃɛdaʃ] Verkauf **5**

stacja ['statsja] Station, Bahnhof **11**

stacja benzynowa ['statsja bɛnzi'nɔva] Tankstelle **18**

stacja metra ['statsja 'mɛtra] U-Bahn-Station **12**

stać *imperf* IV [statɕ] stehen **8**

stajenka *Dim* (betlejemska) [sta'jɛnka bɛtlɛ'jemska] Stall (von Bethlehem) **20**

stało się, *Präsens* staje się ['stawɔ ɕɛ] es passierte, es geschah **8**

stan cywilny ['stan tsi'ɣilni] Familienstand **6**

stanowczo *Adv* [sta'nɔftʃɔ] entschieden, eindeutig **5**

stare miasto ['starɛ 'ṃastɔ] Altstadt **6**

staropolski [starɔ'pɔlsḳi] altpolnisch **9**

stary ['starɨ] alt **1**

statek, -u ['statɛk] Boot **16**

stąd [stɔnt] von hier **1**

stereotyp, -u [stɛrɛ'ɔtip] Stereotyp **14**

sto [stɔ] hundert **10**

stolica [stɔ'ḷitsa] Hauptstadt **17**

stopień, -a ['stɔpɛṇ] Grad **13**

stół, -u [stuw] Tisch **19**

strasznie *Adv* ['straʃṇɛ] schrecklich **2**

straszny ['straʃni] schrecklich **6**

strona ['strɔna] Seite; Richtung **8/11**

strzelać *imperf* IIIa – strzelić *perf* IIb (bramkę) ['stʃɛlatɕ] – ['stʃɛḷitɕ] (ein Tor) schießen **6**

student ['studɛnt] Student **7**

studentka [stu'dɛntka] Studentin **2**

studiować *imperf* Ia [stu'djɔvatɕ] studieren **8**

styczeń, -a ['stitʃɛṇ] Januar **12**

sukces, -u [suktsɛs] Erfolg **1**

sukienka [su'ḳɛnka] Kleid **5**

sweter, -a ['sfɛtɛr] Pullover **16**

swój, swoja, swoje [sfuj], ['sfɔja], ['sfɔjɛ] *Possessivpronomen-Ersatz* **20**

symboliczny [simbɔ'ḷitʃni] symbolisch **20**

sympatia [sim'patja] Sympathie **8**

sympatyczny [simpa'titʃni] sympathisch **1**

syn [sin] Sohn **4**

sypialnia [si'palṇa] Schlafzimmer **19**

syrop, -u na kaszel ['sirɔp na 'kaʃɛl] Hustensaft **5**

szacunek, -u [ʃa'tsunɛk] Respekt, Achtung **8**

szafa ['ʃafa] Schrank **2**

szanować *imperf* Ia [ʃa'nɔvatɕ] respektieren **8**

szanowny [ʃa'nɔvni] geehrt **13**

szansa ['ʃansa] Chance **1**

szarlotka [ʃar'lɔtka] Apfelkuchen **5**

Szczecin, -a ['ʃtʃɛtɕin] Stettin **5**

szczęście ['ʃtʃɛ̃ɕtɕɛ] Glück **3**

szczęśliwie *Adv* [ʃtʃɛ̃'ɕḷiɣɛ] glücklich **18**

szczęśliwy [ʃtʃɛ̃ɕ'ḷivi] glücklich **2**

szczupły ['ʃtʃupwi] dünn **1**

szef [ʃɛf] Chef **4**

szeroki [ʃɛ'rɔḳi] weit **17**

Szerokiej drogi! [ʃɛ'rɔḳɛj 'drɔɡi] Gute Fahrt! **18**

szesnasty [ʃɛs'nasti] sechzehnter **11**

szesnaście [ʃɛs'naɕtɕɛ] sechzehn **10**

sześć [ʃɛɕtɕ] sechs **9**

Glossar

sześćdziesiąt [ʃeˈʑdzeçɔnt] sechzig **10**

sześćdziesiąty [ʃezdʑeˈçɔntɨ] sechszigster **12**

sześćset [ˈʃeçtçset] sechshundert **10**

sześćsetny [ʃeçtçˈsetnɨ] sechshundertster **12**

szewc [ʃefts] Schuster **6**

szklanka [ˈʃklanka] Glas **4**

szkoda [ˈʃkɔda] schade **2**

szkoda + Gen [ˈʃkɔda] schade um **16**

szkodzić imperf IIb – zaszkodzić perf IIb
  [ˈʃkɔdʑitç] – [zaˈʃkɔdʑitç] schaden **12**

szkoła [ˈʃkɔwa] Schule **2**

Szlezwik-Holsztyn [ˈʃlezvɨk ˈxɔlʃtin]
  Schleswig-Holstein **4**

szminka [ˈʃminka] Schminke **7**

sznur, -a [ʃnur] Schnur **4**

szósty [ˈʃustɨ] sechster **11**

Szprewa [ˈʃpreva] Spree **16**

sztuka [ˈʃtuka] Kunst **2**

szukać imperf IIIa + Gen [ˈʃukatç] suchen **4**

szukanie [ʃuˈkaɲe] das Suchen **20**

Szwajcar [ˈʃfajtsar] Schweizer **2**

Szwajcaria [ʃfajˈtsarja] Schweiz **3**

Szwajcarka [ʃfajˈtsarka] Schweizerin **2**

szwajcarski [ʃfajˈtsarskʲi] schweizerisch **3**

Szwecja [ˈʃfetsja] Schweden **18**

szybki [ˈʃipkʲi] schnell **4**

szybko Adv [ˈʃipkɔ] schnell **18**

szyk, -u [ʃik] Eleganz **18**

szynka [ˈʃinka] Schinken **10**

Ś

ściana [ˈɕtçana] Wand **7**

ściskać imperf IIIa – ścisnąć perf IV
  [ˈɕtçiskatç] – [ˈɕtçisnɔntç] drücken **13**

Śląsk, -a [ɕlɔsk] Schlesien **13**

śledź w śmietanie [ˈɕletç f ɕmʲeˈtaɲe]
  Hering in Sahne **9**

śmietana [ɕmʲeˈtana] Sahne **9**

śnieg, -u [ɕɲek] Schnee **13**

śpiewać imperf IIIa – zaśpiewać perf IIIa
  [ˈɕpʲevatç] – [zaˈɕpʲevatç] singen **8**

środa [ˈɕrɔda] Mittwoch **5**

środowisko [ɕrɔdɔˈvʲiskɔ] Umwelt **19**

świat ,-a [ɕfʲat] Welt **19**

świąteczny [ɕfʲɔnˈtetʃnɨ] feierlich, Festtags-... **20**

świecić imperf IIb [ˈɕfʲetçitç] scheinen, leuchten **13**

świetnie Adv [ˈɕfʲetɲe] hervorragend **18**

świetny [ˈɕfʲetnɨ] ausgezeichnet, hervorragend **14**

świeży [ˈɕfʲeʒɨ] frisch **9**

święto [ˈɕfʲentɔ] Fest **20**

Święty Mikołaj [ˈɕfʲentɨ mʲiˈkɔwaj]
  Weihnachtsmann, Heiliger Nikolaus **20**

T

tajemnica [tajemˈɲitsa] Geheimnis **20**

tak [tak] ja; so **1/2**

tak samo [tak ˈsamɔ] genauso **4**

tak sobie Adv [ˈtak sɔbʲe] so lala **2**

taki sobie [takʲi ˈsɔbʲe] mittelmäßig, so lala **5**

taki, taka, takie [ˈtakʲi], [ˈtaka], [ˈtakʲe]
  so ein, so eine, so ein **3**

taksówkarz [takˈsufkaʃ] Taxifahrer **14**

talerz, -a [ˈtaleʃ] Teller **10**

tam [tam] dort **6**

tamten, tamta, tamto [ˈtamten], [ˈtamta], [ˈtamtɔ]
  jener, jene, jenes **5**

tani [ˈtaɲi] billig **10**

tanio Adv [ˈtaɲɔ] billig **18**

tankować imperf Ia – zatankować perf Ia
  [taŋˈkɔvatç] – [zataŋˈkɔvatç] tanken **18**

tańczyć imperf IIc – zatańczyć perf IIc
  [ˈtaɲtʃitç] – [zaˈtaɲtʃitç] tanzen **6/8**

tata [ˈtata] Papa **4**

Tatry Pl [ˈtatrɨ] Tatra **13**

tatuś Dim [ˈtatuç] Papi **4**

teatr, -u [ˈteatr] Theater **1**

tego dnia [ˈtegɔ ˈdɲa] an diesem Tag **8**

tego rana [ˈtegɔ ˈrana] an diesem Morgen **8**

telefon, -u [teˈlefɔn] Telefon, Anruf **4**

telewizor, -a [teleˈvʲizɔr] Fernseher **4**

temat, -u [ˈtemat] Thema **3**

temperatura [temperaˈtura] Temperatur **15**

tempo [ˈtempɔ] Tempo **4**

temu [ˈtemu] vor ... (zeitlich) **6**

ten, ta, to [ten], [ta], [tɔ] dieser, diese, dieses **1**

tenis, -a [ˈteɲis] Tennis **13**

teraz [ˈteras] jetzt **2**

termometr, -u [terˈmɔmetr] Thermometer **15**

terroryzować *imperf* Ia – **sterroryzować** *perf* Ia [terːɔri'zɔvatɕ] – [sterːɔri'zɔvatɕ] terrorisieren **6**

też [tɛʃ] auch **2**

tęgi ['tɛŋɡ̣i] dick, beleibt **10**

tęsknić *imperf* IIa – **zatęsknić** *perf* IIa **za** + *Instr* oder **do** + *Gen* ['tɛ̃sknitɕ] sich sehnen nach **13**

tłumacz ['twumatʃ] Übersetzer **14**

tłumaczka [twu'matʃka] Übersetzerin **3**

tłumaczyć *imperf* IIc – **przetłumaczyć** *perf* IIc [twu'matʃitɕ] – [pʃɛtwu'matʃitɕ] übersetzen **6**

tłumaczyć *imperf* IIc – **wytłumaczyć** *perf* IIc [twu'matʃitɕ] – [witwu'matʃitɕ] erklären **7**

tłusty ['twusti] fettig, fetthaltig **9**

to (jest / są) [tɔ jɛst / sɔ̃] das (ist / sind) **1**

to (nie) znaczy [tɔ ɲɛ 'znatʃi] das heißt (nicht) **3**

To mało prawdopodobne.
[tɔ 'mawɔ pravdɔpɔ'dɔbnɛ]
Das ist unwahrscheinlich. **19**

To prawda. [tɔ 'pravda] Das stimmt. **9**

To przesada. [tɔ pʃɛ'sada] Das ist übertrieben. **15**

tor, -u [tɔr] Gleis **11**

tort, -u (czekoladowy) ['tɔrt tʃɛkɔla'dɔvi] (Schokoladen-)Torte **9**

totolotek, -a [tɔtɔ'lɔtɛk] Lotto **19**

towarzyski [tɔva'ʒiskị] gesellig **3**

tradycja [tra'dițsja] Tradition **20**

tradycyjny [tradi'tsijni] traditionell **9**

tramwaj, -u [tra̦mvaj] Straßenbahn **12**

trawnik, -a ['travnik] Rasen **12**

trochę ['trɔxɛ] ein bisschen, ein wenig **2**

troszeczkę *Dim von* trochę [trɔ'ʃɛtʃkɛ] ein kleines bisschen, ein wenig **20**

trudno *Adv* ['trudnɔ] schwierig **4**

trudny ['trudni] schwierig **1**

trujący [tru'jɔntsi] giftig **9**

truskawka [tru'skafka] Erdbeere **9**

trwać *imperf* IIIa [trfatɕ] dauern **13**

trzcina ['tʃtɕina] Schilf **5**

trzeba ['tʃɛba] man muss **5**

trzechsetny [tʃɛx'sɛtni] dreihundertster **12**

trzeci ['tʃɛtɕi] dritter **11**

trzy [tʃi] drei **4**

trzy razy dziennie *Adv* ['tʃi razi 'dʑɛɲːɛ] dreimal täglich **16**

trzydziesty [tʃi'dʑɛsti] dreißigster **11**

trzydzieści [tʃi'dʑɛtɕi] dreißig **10**

trzynasty [tʃi'nasti] dreizehnter **11**

trzynaście [tʃi'naɕtɕɛ] dreizehn **10**

trzysta ['tʃista] dreihundert **10**

tu [tu] hier **9**

tunel, -u ['tunɛl] Tunnel **12**

turysta [tu'rista] Tourist **12**

tutaj ['tutaj] hier **18**

twardy ['tfardi] hart **17**

twarz *f* [tfaʃ] Gesicht **17**

twój, twoja, twoje [tfuj], ['tfɔja], ['tfɔjɛ] dein, deine, dein **2**

ty [ti] du **1**

tydzień, *Pl* tygodnie, *Gen* tygodnia ['tidʑɛɲ] Woche **5**

tydzień temu ['tidʑɛɲ 'tɛmu] vor einer Woche **6**

tylko ['tilkɔ] nur **4**

tym razem [tim 'razɛm] diesmal **6**

tysiąc ['tiɕɔnts] tausend **11**

tysięczny [ti'ɕɛntʃni] tausendster **12**

tzw. *Abk von* tak zwany [tag 'zvani] so genannt **20**

U

u + *Gen* [u] bei **4**

ubiegać się *imperf* IIIa **o** + *Akk* [u'b̦ɛgatɕ ɕɛ] sich bewerben um **14**

ubierać się *imperf* IIIa – **ubrać się** *perf* IV [u'b̦eratɕ ɕɛ] – ['ubratɕ ɕɛ] sich anziehen **15**

ubogi [u'bɔɡ̣i] arm **20**

ubrany [u'brani] gekleidet; geschmückt **18/20**

ucho *Pl* uszy ['uxɔ] Ohr **15**

uczyć się *imperf* IIc – **nauczyć się** *perf* IIc + *Gen* ['utʃitɕ ɕɛ] – [na'utʃitɕ ɕɛ] etwas lernen **4**

Ukraina [ukra'ina] Ukraine **17**

ul. *Abk von* ulica [u'l̦itsa] Straße **12**

ulgowy [ul'gɔvi] ermäßigt **11**

ulica [u'l̦itsa] Straße **8**

ulubiony [ulu'b̦ɔni] beliebt; Lieblings- **5**

umeblowany [umɛblɔ'vani] möbliert **19**

umieć *imperf* IIIb ['umɛtɕ] können **13**

umowa o pracę [u'mɔva ɔ 'pratsɛ] Arbeitsvertrag **14**

uniwersytet [uɲi'vɛrsitɛt] Universität **5**

upał, -u ['upaw] Hitze **13**

uprawiać sport *imperf* IIIa [u'praɣatɕ 'spɔrt]
  Sport treiben **16**

uprzejmy [u'pʃɛjmi] zuvorkommend **14**

urlop, -u ['urlɔp] Urlaub **5**

uroda [u'rɔda] gutes Aussehen **3**

uszka *Pl* ['uʃka] eine Art Ravioli **9**

uszy *Pl von* ucho ['uʃi] Ohren **15**

uśmiech, -u ['uɕmɛx] Lächeln **3**

uśmiechać się *imperf* IIIa – uśmiechnąć się *perf* IV
  [u'ɕmɛxatɕ ɕɛ] – [u'ɕmɛxnɔntɕ ɕɛ] lächeln **16**

uśmiechnięty [uɕmɛ'xɲɛnti] lächelnd **18**

Uwaga! [u'vaga] Achtung! **9**

uważać *imperf* IIIa [u'vaʒatɕ] finden, meinen **11**

uważać na + *Akk* [u'vaʒatɕ na] aufpassen auf **16**

Uważaj na siebie! [u'vaʒaj na 'ɕɛbɛ]
  Pass auf dich auf! **16**

W

w / we + *Akk* [v] / [vɛ] am **5**

w + *Lok* [f] oder [v] in; bei **6/7**

w dół [v duw] nach unten **12**

w końcu [f 'kɔntsu] schließlich **8**

w kratkę [f'kratkɛ] kariert **5**

w kropki [f 'krɔpki] getupft **5**

w kwiatki [f 'kfʲatki] geblümt **5**

w lecie [v 'lɛtɕɛ] im Sommer **6**

w lewo [v 'lɛvɔ] nach links **12**

w łaty [v 'wati] gefleckt **5**

w mowie i w piśmie [v 'mɔvʲɛ i f 'piɕmɛ]
  in Wort und Schrift **14**

w ogóle [v ɔ'gulɛ] überhaupt **7**

w ostatniej chwili [v ɔ'statɲɛj 'xfʲili]
  im letzten Moment **6**

w paski [f 'paski] gestreift **5**

w prawo [f 'pravɔ] nach rechts **12**

w żadnym wypadku [v 'ʒadnim vi'patku]
  auf keinen Fall **14**

wagon, -u ['vagɔn] Wagen, Waggon **11**

wagon restauracyjny ['vagɔn rɛstawra'tsijni]
  Bordrestaurant **11**

wagon sypialny ['vagɔn si'pʲalni] Schlafwagen **11**

wagon z miejscami do leżenia (kuszetka)
  ['vagɔn z mʲej'stsami dɔ lɛ'ʒɛɲa ku'ʃɛtka]
  Liegewagen **11**

wakacje *Pl* [va'katsjɛ] Ferien **7**

wam *Dat von* wy [vam] euch **7**

Warszawa [var'ʃava] Warschau **1**

warszawianka [varʃa'ɣanka] Warschauerin **4**

warszawski [var'ʃafski] Warschauer **5**

warto ['vartɔ] es lohnt sich **5**

warzywa *Pl* [va'ʒiva] Gemüse **9**

wasz, wasza, wasze [vaʃ], ['vaʃa], ['vaʃɛ]
  euer, eure, euer **4**

ważny ['vaʒni] wichtig **1**

wąski ['vɔ̃ski] eng **17**

wcale ['ftsalɛ] überhaupt **18**

wcale nie ['ftsalɛ ɲɛ] überhaupt nicht **5**

wchodzić IIb *imperf* – wejść *perf* IV w + *Akk*
  ['fxɔdzitɕ] – [vɛjɕtɕ] hineingehen in **12**

wczesny ['ftʃɛsni] früh

wcześnie *Adv* ['ftʃɛɕɲɛ] früh **8**

wczoraj ['ftʃɔraj] gestern **6**

wdowa ['vdɔva] Witwe **6**

wdowiec ['vdɔvʲɛts] Witwer **6**

wdzięk, -u [vdʑɛŋk] Anmut **18**

we własnych czterech ścianach
  [vɛ 'vwasnix 'tʃtɛrɛx 'ɕtɕanax] in den eigenen
  vier Wänden **19**

według + *Gen* ['vɛdwuk] gemäß, nach **18**

według mnie ['vɛdwuk 'mɲɛ]
  meiner Meinung nach **18**

weekend, -u ['wikɛnt] Wochenende **5**

wejście ['vɛjɕtɕɛ] Eingang **12**

wesele [vɛ'sɛlɛ] Hochzeit **6**

wesoły [vɛ'sɔwi] fröhlich **17**

Wesołych Świąt Bożego Narodzenia!
  [vɛ'sɔwix 'ɕfɔnd bɔ'ʒɛgɔ narɔ'dzɛɲa]
  Frohe Weihnachten! **20**

Wesołych Świąt Wielkanocnych!
  [vɛ'sɔwix 'ɕfɔnd vʲɛlka'nɔtsnix]
  Frohes Osterfest! **20**

wędrować *imperf* Ia po górach
  [vɛn'drɔvatɕ pɔ 'gurax] in den Bergen wandern **13**

węższy *Komp von* wąski ['vɛ̃ʃːi] enger **17**

wiadro ['ɣadrɔ] Eimer **20**

wiatr, -u [ɣatr] Wind **13**

widzieć *imperf* IV – zobaczyć *perf* IIc ['ɣidʐɛtɕ] – [zɔ'batʃitɕ] sehen **5**

wieczorem [ɣɛ'tʃɔrɛm] abends, am Abend **3**

wieczór, -a ['ɣɛtʃur] Abend **8**

wiedzieć *imperf* IV ['ɣɛdʐɛtɕ] wissen **1**

wieje ['ɣɛjɛ] es weht (Wind) **13**

Wielkanoc *f* [ɣɛl'kanɔts] Ostern **20**

wielki ['ɣɛlḱi] sehr groß **1**

Wielkopolska [ɣɛlkɔ'pɔlska] Großpolen **13**

wiersz, -a [ɣɛrʃ] Gedicht **8**

wierzyć *imperf* IIc – uwierzyć *perf* IIc ['ɣɛʑitɕ] – [u'ɣɛʑitɕ] glauben **7**

wieś *f* [ɣɛɕ] Dorf **9**

więc [ɣɛnts] also **5**

więcej *Adv Komp von* dużo ['ɣɛntsɛj] mehr **5**

większość *f* ['ɣɛŋkʃɔtɕ] Mehrheit **14**

większy *Komp von* duży ['ɣɛŋkʃi] größer **17**

Wigilia [ɣi'g̊iljja] Heiligabend **20**

wigilijny [ɣig̊i'lijni] den Heiligabend betreffend **20**

wilk [ɣilk] Wolf **6**

winda ['ɣinda] Aufzug **19**

wino (białe / czerwone) ['ɣinɔ 'b̥awɛ / tʃɛr'vɔnɛ] (Weiß- / Rot-)Wein **4/9**

wiosna ['ɣɔsna] Frühling **6**

Wisła ['ɣiswa] Weichsel **17**

witamina C [ɣita'm̥ina 'tsɛ] Vitamin C **15**

Witamy! [ɣi'tami] Willkommen! **1**

witany [ɣi'tani] willkommen **20**

wizyta [ɣi'zita] Besuch **1**

wizytówka [ɣizi'tufka] Visitenkarte **8**

wjazd , -u [ɣjast] Auffahrt, Einfahrt **12**

wjeżdżać *imperf* IIIa – wjechać *perf* IV w + *Akk* ['ɣjɛʒdʒatɕ] – ['ɣjɛxatɕ] hineinfahren in **11**

wkładać *imperf* IIIa – włożyć *perf* IIc pod obrus ['fkwadatɕ] – ['vwɔʒitɕ] unter die Tischdecke legen **20**

własny ['vwasni] eigen **15**

właśnie *Adv* ['vwaɕɲɛ] ausgerechnet, genau **3**

Włoch [vwɔx] Italiener **2**

Włochy *Pl, Gen* Włoch, *Lok* we Włoszech ['vwɔxi] Italien **3**

włoski ['vwɔsḱi] italienisch **3**

Włoszka ['vwɔʃka] Italienerin **2**

wnuczka ['vnutʃka] Enkelin **4**

wnuk [vnuk] Enkel **4**

woda (mineralna) ['vɔda m̥inɛ'ralna] (Mineral-) Wasser **6/9**

wojna ['vɔjna] Krieg **7**

woleć *imperf* IIb ['vɔlɛtɕ] bevorzugen, lieber mögen **8**

wolno ['vɔlnɔ] es ist erlaubt; langsam **12/18**

wolny ['vɔlni] frei **3**

wódka (czysta) ['vutka 'tʃista] (klarer) Wodka **9**

wpadać *imperf* IIIa – wpaść *perf* IV ['fpadatɕ] – [fpaɕtɕ] vorbeischauen **20**

wpaść na pomysł ['fpaɕtɕ na 'pɔmisw] eine Idee haben **6**

wpół do + *Gen* ['fpuw dɔ] halb (Uhrzeit) **11**

wprowadzać się *imperf* IIIa – wprowadzić się *perf* IIb [fprɔ'vadzatɕ ɕɛ] – [fprɔ'vadzitɕ ɕɛ] (in eine Wohnung) einziehen **19**

wracać *imperf* IIIa – wrócić *perf* IIb z + *Gen* / od + *Gen* ['vratsatɕ] – ['vrutɕitɕ] zurückkommen aus / von **5**

wreszcie ['vrɛʃtɕɛ] endlich **8**

wrzesień, -a ['vʒɛɕɛɲ] September **12**

wschód, -u [fsxut] Osten **17**

wsiadać *imperf* IIIa – wsiąść *perf* IV do + *Gen* ['fɕadatɕ] – [fɕɔɕtɕ] einsteigen in **12**

wspaniale *Adv* [fspa'ɲalɛ] großartig, hervorragend **2**

wspaniały [fspa'ɲawi] hervorragend **1**

współczesny [fspuw'tʃɛsni] modern **3**

współpraca [fspuw'pratsa] Zusammenarbeit **1**

wstawać *imperf* IV – wstać *perf* IV ['fstavatɕ] – [fstatɕ] aufstehen **8**

wstęp, -u (bezpłatny) ['fstɛmb: ɛs'pwatni] (freier) Eintritt **12**

wszędzie ['fʃɛɲdʐɛ] überall **18**

wszyscy ['fʃistsi] alle **3**

Wszystkiego najlepszego! [fʃi'stkɛgɔ najlɛ'pʃɛgɔ] Alles Gute! **7**

wszystko *Adv* ['fʃistkɔ] alles **2**

Wszystko w porządku! ['fʃistkɔ f pɔ'ʒɔntku] Alles in Ordnung! **2**

wśród + *Gen* [fɕrut] inmitten von **20**

wtedy ['ftɛdi] damals; dann **6/11**

wtorek, -u ['ftɔrɛk] Dienstag **5**

wujek ['vujɛk] Onkel **4**

wulgarny [vul'garni] vulgär **5**

wy [vi] ihr **1**

wybierać *imperf* IIIa – wybrać *perf* IV
[vi'bɛratɕ] – ['vibratɕ] auswählen, aussuchen **8**

wybrzeże [vi'bʒɛʒɛ] Küste **13**

wychodzić *imperf* IIb – wyjść *perf* IV z + *Gen*
[vi'xɔdʑitɕ] – [vijɕtɕ] hinausgehen aus **12**

wychodzić za mąż *imperf* – wyjść za mąż *perf*
[vi'xɔdʑidz 'za mɔʃ] – [vijɕdʑ 'za mɔʃ]
heiraten (Frau) **6**

wychylać się *imperf* IIIa – wychylić się *perf* IIb
[vi'xilatɕ ɕɛ] – [vi'xilitɕ ɕɛ] sich hinauslehnen **16**

wycieczka statkiem po Szprewie
[vi'tɕɛtʃka 'statkɛm pɔ 'ʃprɛvɛ]
Bootsfahrt auf der Spree **16**

wydarzenie tygodnia [vida'ʒɛɲɛ tigodɲa]
Ereignis der Woche **5**

wygląda na to, że ... [vi'glɔnda 'na tɔ ʒɛ]
es sieht so aus, dass ... **15**

wyglądać *imperf* IIIa [vi'glɔndatɕ] aussehen **5**

wygodnie *Adv* [vi'gɔdɲɛ] bequem **18**

wygodny [vi'gɔdni] gemütlich, bequem **12**

wygrywać *imperf* IIIa – wygrać *perf* IIIa
[vi'grivatɕ] – ['vigratɕ] gewinnen **6**

wyjątkowo *Adv* [vijɔn'tkɔvɔ] ausnahmsweise **8**

wyjątkowy [vijɔnt'kɔvi] außergewöhnlich **3**

wyjeżdżać *imperf* IIIa – wyjechać *perf* IV z + *Gen*
[vi'jeʒdʒatɕ] – [vi'jexatɕ] hinausfahren aus **12**

wyjście (ewakuacyjne) ['vijɕtɕɛ: vakua'tsijnɛ]
(Not-)Ausgang **12**

wykręcać się *imperf* IIIa – wykręcić się *perf* IIb
[vi'krentsatɕ ɕɛ] – [vi'krentɕitɕ ɕɛ]
sich herausreden **17**

wykształcenie ekonomiczne
[vikʃtaw'tsɛɲɛ: kɔnɔ'mitʃnɛ]
Abschluss in Ökonomie **14**

wykształcenie wyższe [vikʃtaw'tsɛɲɛ 'viʃːɛ]
(Hochschul-)Abschluss **14**

wykształcenie zawodowe
[vikʃtaw'tsɛɲɛ zavɔ'dɔvɛ] Berufsausbildung **14**

wylewać *imperf* IIIa – wylać *perf* IV [vi'lɛvatɕ] –
['vilatɕ] ausgießen **20**

wymawiać *imperf* IIIa – wymówić *perf* IIa
[vi'maviatɕ] – [vi'muvitɕ] aussprechen **7**

wynagrodzenie [vinagrɔ'dzɛɲɛ] Lohn, Gehalt **14**

wynajmować *imperf* Ia – wynająć *perf* IV
[vinaj'mɔvatɕ] – [vi'najɔntɕ] mieten;
vermieten **19**

wynosić *imperf* IV – wynieść *perf* IV [vi'nɔɕitɕ]
– [viɲɛɕtɕ] betragen, hinaustragen **19**

wyobrażać sobie *imperf* IIIa – wyobrazić sobie
perf IV [viɔ'braʒatɕ 'sɔbɛ] – [viɔ'braʑitɕ 'sɔbɛ]
sich vorstellen **4**

wypadek, -u [vi'padɛk] Fall; Unfall **14**

wypadek drogowy [vi'padɛk drɔ'gɔvi]
Verkehrsunfall **18**

wysiadać *imperf* IIIa – wysiąść *perf* IV z + Gen
[vi'ɕadatɕ] – ['viɕɔɕtɕ] aussteigen aus **12**

wysoki [vi'sɔki] hoch, groß **1**

wystarczać *imperf* IIIa – wystarczyć *perf* IIc
[vi'startʃatɕ] – [vi'startʃitɕ] ausreichen,
genügen **10**

wystawa [vi'stava] Ausstellung **5**

wywiad, -u ['viviat] Interview **15**

wzgórze ['vzguʒɛ] Hügel **6**

Wzgórze Wawelskie ['vzguʒɛ va'vɛlskɛ]
Wawel-Hügel **6**

wzywać *imperf* IIIa – wezwać *perf* IV lekarza
['vzivatɕ] – ['vɛzvatɕ] einen Arzt rufen **15**

Z

z + *Gen* [z] oder [s] aus **5**

z + *Instr* [z] oder [s] mit **2**

z cyklu [s'tsiklu] aus dem Zyklus **5**

z drugiej strony [z 'drugej 'strɔni] andererseits **19**

Z poważaniem [s pɔva'ʒaɲɛm]
Hochachtungsvoll **13**

z twojej strony [s 'tfɔjej 'strɔni] deinerseits **5**

Z wyrazami szacunku [z vira'zami ʃa'tsunku]
Hochachtungsvoll **13**

za (dużo) [za 'duʒɔ] zu (viel) **2**

za + *Akk* (kilo) [za 'kilɔ] für (das Kilo) **5/10**

za + *Instr* [za] hinter **2**

za + *Akk* [za] in (zeitlich); vor **5/11**

za moment [za 'mɔmɛnt] sofort, gleich **5**

zabytek, -u [za'bɨtɛk] Sehenswürdigkeit **16**

zachmurzenie [zaxmu'ʒɛɲɛ] Bewölkung **13**

zachowywać *imperf* IV – zachować *perf* IIIa [zaxɔ'vivatɕ] – [za'xɔvatɕ] bewahren **16**

zachód, -u ['zaxut] Westen **17**

zadawać sobie *imperf* IV – zadać sobie *perf* IIIa pytanie [za'davatɕ sɔbʲɛ] – ['zadatɕ sɔbʲɛ] sich fragen **8**

zadowolenie [zadɔvɔ'lɛɲɛ] Zufriedenheit **8**

zadowolony [zadɔvɔ'lɔnɨ] zufrieden **8**

zagadka [za'gatka] Rätsel **17**

zajęty [za'jɛntɨ] beschäftigt; besetzt **3**

zajmować się *imperf* Ia – zająć się *perf* IV + *Instr* [zaj'mɔvatɕ ɕɛ] – ['zajɔ̃tɕ ɕɛ] sich kümmern um; sich beschäftigen mit **2/15**

zakładać *imperf* IIIa – założyć *perf* IIc [za'kwadatɕ] – [za'wɔʒitɕ] anlegen, anziehen **8**

zakochać się *perf* IIIa w + *Lok* [za'kɔxatɕ ɕɛ] sich verlieben in **6**

zakochany [zakɔ'xanɨ] verliebt **2**

Zakopane [zakɔ'panɛ] Zakopane (Stadt in der Tatra) **13**

zakupy *Pl* [za'kupɨ] Einkäufe **3**

załatwiać *imperf* IIIa – załatwić *perf* IIa w biegu [za'watɕatɕ] – [za'watɕitɕ] im Lauf(schritt) erledigen **18**

zamawiać *imperf* IIIa – zamówić *perf* IIa [za'mavʲatɕ] – [za'muvʲitɕ] bestellen **9**

zamężna [za'mɛ̃ʒna] verheiratet (Frau) **6**

zamieszkiwać *imperf* IIIa – zamieszkać *perf* IIIa [zamʲɛ'ʃkivatɕ] – [za'mʲɛʃkatɕ] wohnen **19**

zamykać *imperf* IIIa – zamknąć *perf* IV [za'mɨkatɕ] – ['zamknɔ̃tɕ] schließen **19**

zamyślony [zamɨ'ɕlɔnɨ] in Gedanken versunken **8**

zanieczyszczać *imperf* IIIa – zanieczyścić *perf* IV [zaɲɛ'tʃɨʃtʃatɕ] – [zaɲɛ'tʃɨɕtɕitɕ] verschmutzen **19**

zapałka [za'pawka] Streichholz **10**

zapominać *imperf* IIIa – zapomnieć *perf* IV o + *Lok* [zapɔ'mʲinatɕ] – [za'pɔmɲɛtɕ] etwas / jemanden vergessen **8**

zapowiadać *imperf* IIIa – zapowiedzieć *perf* IV [zapɔ'ɣadatɕ] – [zapɔ'ɣɛdʑɛtɕ] ansagen, durchsagen **11**

zapraszać *imperf* IIIa – zaprosić *perf* IV [za'praʃatɕ] – [za'prɔɕitɕ] einladen **3**

zaproszenie [zaprɔ'ʃɛɲɛ] Einladung **5**

zaraz ['zaras] gleich, sofort **4**

zaraz po + *Lok* ['zaras pɔ] kurz nach **11**

zarażać się *imperf* IIIa – zarazić się *perf* IV [za'raʒatɕ ɕɛ] – [za'raʑitɕ ɕɛ] sich anstecken **15**

zastanawiać się *imperf* IIIa – zastanowić się *perf* IIa nad + *Instr* [zasta'naɣatɕ ɕɛ] – [zasta'nɔɣitɕ ɕɛ] nachdenken über **19**

zastawać *imperf* IV – zastać *perf* IV [za'stavatɕ] – ['zastatɕ] erreichen **16**

zatrudniać *imperf* IIIa – zatrudnić *perf* IIa [za'trudɲatɕ] – [za'trudɲitɕ] einstellen **14**

zatrzymywać się *imperf* IV – zatrzymać się *perf* IIIa [zatʃɨ'mivatɕ ɕɛ] – [za'tʃɨmatɕ ɕɛ] (an-)halten **11/18**

zauważać *imperf* IIIa – zauważyć *perf* IIc [zau'vaʒatɕ] – [zau'vaʒitɕ] bemerken, feststellen **8**

zawód, -u ['zavut] Beruf **14**

zawsze ['zafʃɛ] immer **2**

zazdrosny [za'zdrɔsnɨ] eifersüchtig **8**

zazdrościć *imperf* IV [za'zdrɔɕtɕitɕ] beneiden **8**

zazdrość *f* ['zazdrɔɕtɕ] Eifersucht **8**

ząb, *Pl* zęby [zɔmp] Zahn **15**

zbiory *Pl* ['zbʲɔrɨ] Sammlungen **16**

zdanie ['zdaɲɛ] Meinung; Satz **18**

zdarzać się *imperf* IIIa – zdarzyć się *perf* IIc ['zdaʒatɕ ɕɛ] – ['zdaʒitɕ ɕɛ] passieren **20**

zdążać *imperf* IIIa – zdążyć *perf* IIc ['zdɔ̃ʒatɕ] – ['zdɔ̃ʒitɕ] schaffen, erreichen (z. B. den Zug) **11**

zdejmować *imperf* Ia – zdjąć *perf* IV [zdɛj'mɔvatɕ] – ['zdjɔ̃tɕ] abnehmen **20**

zdenerwowany [zdɛnɛrvɔ'vanɨ] nervös **11**

zdjęcie (z urlopu) ['zdjɛntɕɛ z ur'lɔpu] (Urlaubs-)Foto **5**

zdolny ['zdɔlnɨ] begabt **14**

zdrowie ['zdrɔvʲɛ] Gesundheit **3**

zdrowo *Adv* ['zdrɔvɔ] gesund **16**

zdrowy (jak ryba) ['zdrɔvɨ jak 'rɨba] gesund (wie ein Fisch im Wasser) 4/15

zebranie [zɛ'braɲɛ] Versammlung 5

zegarek, -a [zɛ'garɛk] Armbanduhr 20

zero ['zɛrɔ] Null 13

zespół, -u ['zɛspuw] Gruppe; Team 5/14

zeszły tydzień ['zɛʃwɨ 'tɨdʑɛɲ] letzte Woche 20

zeszyt, -u ['zɛʃɨt] Heft 6

zgadzać się imperf IIIa – zgodzić się perf IIb z + Instr ['zgadzatɕ ɕɛ] – ['zgɔdʑitɕ ɕɛ] einverstanden sein mit 18

zielony [ʑɛ'lɔnɨ] grün 1

ziemniak, -a ['ʑɛmɲak] Kartoffel 9

zima ['ʑima] Winter 6

zimą ['ʑimɔ̃] im Winter 6

zimno Adv ['ʑimnɔ] kalt 7

zjazd, -u [zjast] (Autobahn-)Ausfahrt 12

zjeżdżać imperf IIIa – zjechać perf IV z + Gen ['zjɛʒdʑatɕ] – ['zjɛxatɕ] hinunterfahren von 12

złośliwy [zwɔɕ'livɨ] gehässig, bösartig 3

złotko ['zwɔtkɔ] Goldstück 13

złotówka ugs [zwɔ'tufka] Złoty (polnische Währung) 10

złoty ['zwɔtɨ] golden; Złoty (polnische Währung) 10

zły [zwɨ] böse, schlecht; verärgert 1/8

zmarszczka ['zmarʃtʃka] Falte 16

zmęczony [zmɛn'tʃɔnɨ] müde 2

zmieniać imperf IIIa – zmienić perf IIa ['zmɛɲatɕ] – ['zmɛɲitɕ] ändern, wechseln 3

zmieniać się imperf IIIa – zmienić się perf IIa ['zmɛɲatɕ ɕɛ] – ['zmɛɲitɕ ɕɛ] sich ändern 13

znaczek, -a ['znatʃɛk] Briefmarke 4

znać imperf IIIa – poznać perf IIIa [znatɕ] – ['pɔznatɕ] kennen 3

znajdować imperf Ia – znaleźć perf IV [znaj'dɔvatɕ] – ['znalɛɕtɕ] finden 12

znajdować się imperf Ia [znaj'dɔvatɕ ɕɛ] sich befinden 17

znajomość języka [zna'jɔmɔɕtɕ jɛ̃'zɨka] Sprachkenntnisse 14

znajomy Adj [zna'jɔmɨ] Bekannter 16

znany ['znanɨ] bekannt 1

znawca ['znaftsa] Kenner 10

zniżka ['zɲiʃka] Ermäßigung 11

znowu ['znɔvu] wieder 1

zupa (grzybowa) ['zupa gʒɨ'bɔva] (Pilz-)Suppe 9

związany [zvjɔ̃'zanɨ] verbunden 20

związek, -u zawodowy [zvjɔ̃zɛg zavɔ'dɔvɨ] Gewerkschaft 14

zwiedzać imperf IIIa – zwiedzić perf IIb ['zvjɛdzatɕ] – ['zvjɛdʑitɕ] besichtigen 12

zwierzę, Pl zwierzęta ['zvjɛʒɛ] Tier 1

zwłaszcza ['zvwaʃtʃa] besonders 3

zwyczaj, -u (świąteczny) ['zvɨtʃaj ɕfjɔn'tɛtʃnɨ] (Festtags-)Brauch 20

zwykle Adv ['zvɨklɛ] normalerweise 3

zwykły ['zvɨkwɨ] normal, einfach 2

ź

źle Adv [ʑlɛ] schlecht 2

ż

żaba ['ʒaba] Frosch 6

żaden, żadna, żadne ['ʒadɛn], ['ʒadna], ['ʒadnɛ] (gar) keiner, keine, keines 14

żakiet, -u ['ʒakɛt] Jackett, Blazer 4

żaluzja [ʒa'luzja] Jalousie 4

żartować imperf Ia [ʒar'tɔvatɕ] scherzen 9

że [ʒɛ] dass 2

żeby ['ʒɛbɨ] um zu 7

żegnać się imperf IIIa – pożegnać się perf IIIa z + Instr ['ʒɛgnatɕ ɕɛ] – [pɔ'ʒɛgnatɕ ɕɛ] sich verabschieden von 8

żenić się imperf IIa – ożenić się perf IIa z + Instr ['ʒɛɲitɕ ɕɛ] – [ɔ'ʒɛɲitɕ ɕɛ] heiraten (Mann) 6

żołądek, -a [ʒɔ'wɔndɛk] Magen 15

żona ['ʒɔna] Ehefrau 2

żonaty [ʒɔ'natɨ] verheiratet (Mann) 6

żółty ['ʒuwtɨ] gelb 10

żółty ser ['ʒuwtɨ 'sɛr] (Schnitt-)Käse 10

żurek, -u ['ʒurɛk] saure Mehlsuppe 9

życie (codzienne) ['ʒitɕɛ tsɔ'dʑɛnːɛ] (alltägliches) Leben; Alltag 1/4

Życzę szybkiego powrotu do zdrowia! ['ʒitʃɛ ʃɨp'kɛgɔ pɔ'vrɔtu dɔ 'zdrɔʝa] Gute Besserung! 15

życzyć imperf IIc + Gen ['ʒitʃitɕ] wünschen 7

żyć imperf Ic [ʒitɕ] leben 6